Joseph Sobran

Genannt: Shakespeare

Joseph Sobran

Genannt: **Shakespeare**

Die Lösung des größten literarischen Rätsels

Aus dem Englischen von Heidi Zerning

DuMont

Die Deutsche Bibliothek – CIP-Einheitsaufnahme

Sobran, Joseph:
Genannt: Shakespeare: die Lösung des größten literarischen Rätsels / Joseph Sobran. Übers. aus dem
Engl.: Heidi Zerning. – Köln : DuMont Literatur und Kunst Verl., 2002
Einheitssacht.: Alias Shakespeare ‹dt.›
ISBN 3-8321-5952-5

Die Originalausgabe erschien 1997 unter dem Titel *Alias Shakespeare. Solving the Greatest Literary
Mystery of All Time* bei The Free Press, New York.

© 1997 Joseph Sobran

Erste Auflage 2002
© 2002 für die deutsche Ausgabe: DuMont Literatur und Kunst Verlag, Köln
Alle Rechte vorbehalten
Ausstattung und Umschlag: Groothuis, Lohfert, Consorten (Hamburg)
Gesetzt aus der Stempel Garamond
Gedruckt auf säurefreiem und chlorfrei gebleichtem Papier
Satz: Greiner & Reichel, Köln
Druck und Verarbeitung: Clausen & Bosse, Leck
Printed in Germany
ISBN 3-8321-5952-5

Inhalt

Einleitung
Die Verfasserschaftskontroverse

Und dieser Mann ist nun zum Gott erhöht.

Vier Jahrhunderte sind vergangen, und wie kein anderer Dichter schlägt Shakespeare uns in Bann. Er scheint uns sehr viel besser zu kennen als wir ihn. Unseren tiefsten Gefühlen hat er in seiner unvergleichlichen Sprache Ausdruck verliehen, einer Sprache, die inzwischen halb archaisch ist, uns aber immer noch mit »Verwunderung und Staunen« erfüllt, wie Milton schrieb. Allen unseren Bemühungen, ihm näherzukommen, scheint er sich jedoch zu widersetzen: »Shakespeares Persönlichkeit entzieht sich uns wieder und wieder, sogar in den Sonetten«, wie Harold Bloom in *The Western Canon* anmerkt. Und seit mittlerweile über einhundert Jahren wird die Suche nach dem wahren Verfasser als Kuriositätenzirkus am Rande der Stadt seriöser Wissenschaft hingestellt. Uns wird geraten, dort nicht zu viel Zeit zu vergeuden oder tiefere Erkenntnisse zu erwarten. Akademische Shakespeare-Forscher stellen die Vernunft, die Kompetenz und sogar die geistige Gesundheit der Verfasserschaftshäretiker – der Anti-Stratfordianer, wie sie gemeinhin genannt werden – in Frage und werfen ihnen vor, aufgrund von versnobten Vorurteilen nicht daran zu glauben, daß ein Mann bescheidenster Herkunft und Schulbildung, dessen Leben in einem Provinzstädtchen begann und endete, das größte Genie der englischen Literatur gewesen sein könnte.

Es gibt gute Gründe für die ablehnende Haltung der Wissenschaftler. Auch ich habe sie geteilt, bis ich fast vierzig war. In meiner Schulzeit und während meines Studiums (ich hatte vor, die Universitätslaufbahn einzuschlagen und mich der Shakespeare-Forschung zu widmen) zweifelte ich keine Sekunde lang an der Verfasserschaft des »Stratford-Mannes«, wie ihn die Häretiker nennen – ein Ausdruck, der mir immer noch Unbehagen bereitet. Und ein großer Teil der häretischen Literatur ist abstrus.

Trotzdem fand ich die großen Shakespeare-Biographien – die von Sidney Lee, Marchette Chute, Peter Quennell, F. E. Halliday, A. L. Rowse und Samuel Schoenbaum – immer seltsam unbefriedigend. Es gelang ihnen nie, den Kreis zu schließen. Der Autor ließ sich so gut wie gar nicht mit seinem Werk in Verbindung bringen. Wie konnte dieser nichtssagende Mann Falstaff und Cleopatra erschaffen haben? Ich ging davon aus, daß wir Antwort darauf erhalten würden, wenn wir nur mehr über ihn in Erfahrung brächten. Zumindest hatten wir sein Testament, kurz vor seinem Tode im Jahre 1616 abgefaßt. Warum enthielt dieses Testament keine einzige bestechende Formulierung? Wie konnte Shakespeare auch nur eintausend Worte schreiben, ohne seine Spur zu hinterlassen? Ich war irritiert, enttäuscht, aber noch nicht skeptisch. Wie ein braver Soldat unterdrückte ich meine Zweifel, auch nachdem ich die Universität verlassen hatte, um mich dem Journalismus zuzuwenden.

Die Schwierigkeiten, etwas über die Person Shakespeares in Erfahrung zu bringen, sind mit ungewöhnlicher Offenheit von einem orthodoxen Forscher, Irvin Leigh Matus, zusammengefaßt worden:

> Von William Shakespeare ist gesagt worden, daß er »in der Schar der großen Geister eine farblose Figur abgibt«. Gewiß eine schwer faßbare. Zu seinen Lebzeiten hören wir aus zeitgenössischen Quellen etwas über den Dichter und Dramatiker, aber von dem Mann selbst wenig mehr als Geschäftsabschlüsse und Prozesse. Es existiert ein einziger Brief, der an ihn geschrieben wurde, aber kein einziger, den er selbst schrieb. Geschichten über Shakespeare gibt es im Überfluß, aber sie kamen erst 50 Jahre nach seinem Tod oder noch später ans Licht – an zeitgenössischen Anekdoten gibt es nur eine einzige. Die zahlreichen Dokumente, in denen sein Name erscheint, enthalten fünf lesbare Unterschriften von »William Shakespeare«, aber es ist nicht sicher, daß alle von seiner Hand stammen. Als sein Stück *König Richard II.*, seit längerem mit den ehrgeizigen Umtrieben des Grafen von Essex in Verbindung gebracht, das Vorspiel zum Aufstand bildet, wird Shakespeare in dem Prozeß, der den Grafen aufs Schafott schicken sollte, nicht einmal erwähnt. Somit beharrt Shakespeare, obschon sein Genie zu seinen Lebzeiten anerkannt war, hartnäckig darauf, im Dunkeln zu bleiben …

Nach und nach kam ich zu der Überzeugung, daß sich mehr dahinter verbarg, als die orthodoxe Sichtweise wahrhaben wollte, und so begab ich mich vor ein paar Jahren in eine bizarre Welt buntscheckiger Leute, gänzlich anders als die akademische Welt, die ich bis dahin gekannt hatte.

Die Anti-Stratford-Tradition nahm ihren Anfang mit den Verfechtern von Francis Bacon, die sich in ihrer Blütezeit vor rund einem Jahrhundert darauf spezialisierten, in den Dramen verborgene Kryptogramme und Anagramme aufzuspüren, um damit Bacons Verfasserschaft zu beweisen. Die erste namhafte Baconianerin, die zufällig Delia Bacon hieß, machte mit dem Versuch von sich reden, Shakespeares Gebeine auszugraben, um so den Anspruch ihres Namensvetters auf die Werke zu erhärten. Aber es sollte noch abenteuerlicher werden. Der Chiffrenwahn begann mit einem hitzigen amerikanischen Kongreßabgeordneten und utopischen Reformer namens Ignatius Donnelly, der im Jahre 1888 einen tausendseitigen Wälzer mit dem Titel *The Great Cryptogram: Francis Bacon's Cipher in the So-Called Shakespeare Plays* veröffentlichte. Donnelly schrieb Bacon auch die Werke von Marlowe, Montaigne und vielen anderen zu – alles in allem 780 Dramen. Andere folgten seinem Beispiel, offenbar aus der Überzeugung, daß *Hamlet* und *König Lear* weniger als Tragödien interessant sind denn als Denksportaufgaben. Ein gelehrter Baconianer, Sir Edward Durning-Lawrence, entdeckte, daß man aus den Buchstaben des spaßig pedantischen Wortes *honorificabilitudinitatibus* in *Liebes Leid und Lust* den Satz *Hi ludi F. Baconis nati tuiti orbi* mit der Bedeutung »Diese Stücke, Sprößlinge F. Bacons, werden für die Welt bewahrt« bilden kann. Selten ist klassische Bildung ausgeklügelter angewendet worden.

Als aussichtsreiche Kandidaten standen Christopher Marlowe und diverse Grafen zur Auswahl – die von Oxford, Derby, Rutland, Essex und Southampton. Unter den weniger aussichtsreichen Kandidaten finden sich Elisabeth I., Jakob I., Anne Hathaway und Daniel Defoe. Was auch immer für die gekrönten Häupter oder Mrs. Shakespeare sprechen mag, Defoe jedenfalls wurde erst 1629 geboren, als bereits fast alle von Shakespeares Werken gedruckt vorlagen!

In den vierziger Jahren des zwanzigsten Jahrhunderts konvertierte Percy Allen, ein führender Oxfordianer, zu einer Theorie der Gruppenverfasserschaft, nachdem er auf Séancen die Geister von Oxford, Bacon und Shakespeare ausgefragt hatte. Er veröffentlichte seine Gespräche mit diesen drei Geistesgrößen, sehr zum Verdruß der Oxford-Gemeinde, in einem Büchlein mit dem Titel *Talks with Elizabethans*. Die drei Beteiligten waren sich einig, daß Oxford das Hauptverdienst an den Dramen gebührte. Bacon erzählte Allen: »Ich schrieb keines der Dramen; aber zu meinem Glück wurde ich häufig hinzugezogen. Es bildete sich ein fester Kreis; ich hatte die Ehre, ihm anzugehören. Ich wirkte auch als Kritiker und Berater. Sie verstehen. Es handelte sich um einen Fall gemeinsamer Verfasserschaft.« Shakespeare seinerseits gab zu: »Ich bin verantwortlich für Teile der Dramen und für Vorschläge zur Inszenierung der Stücke ... Ich wußte sofort, was auf der Bühne effektvoll sein würde. Ich suchte uns immer eine Handlung, zog Oxford hinzu und formte das Balkenwerk des Hauses, welches er dann ausstaffierte und bevölkerte, ganz wie es dem Gegenstand zukam.« Oxford bestätigte das: »Meine Aufgabe war es in den meisten Fällen nur, das Gebälk zu verkleiden. Sie sollen wissen, daß ich nicht ein einziges Stück von Anfang bis Ende schrieb. Ich füllte das Fachwerk aus.« (Shakespeare selbst hatte er als »einen guten Freund« und »einen unterhaltsamen Schelm« in Erinnerung.) Orthodoxe Shakespeare-Forscher nahmen diese Enthüllungen mit Zurückhaltung und hämischem Gelächter auf.

Ein führender, für seine Reizbarkeit bekannter Oxfordianer warf mir vor, ich hätte durchblicken lassen, er und andere Anhänger Oxfords seien entweder Narren oder Lügner: ich hatte in einem kurzen Artikel über die Verfasserfrage den Namen des Stratford-Mannes »Shakespeare« buchstabiert und nicht »Shakspere«, wie vorgeschrieben unter Anti-Stratfordianern, die dem große Bedeutung beimessen. Zwistigkeiten zwischen verschiedenen Anti-Stratfordianer-Sekten oder Spaltungen innerhalb von ihnen sind durchaus üblich. Einem Baconianer aus meinem Bekanntenkreis wurde der Zugang zu einer Internetgruppe von Oxfordianern wegen seiner ketzerischen Ansichten verweigert – Baconianer und Hunde unerwünscht! Splittergruppen von Oxfordianern beschweren sich einerseits, daß orthodoxe Forscher ihren Ideen nicht unvoreingenommen Gehör schenken, schrecken aber andererseits keineswegs davor zurück, auf ihren eigenen Versammlungen Abweichler mundtot zu machen. Die Vermutung, Oxford könnte bisexuell gewesen sein, reicht aus, um einige seiner Parteigänger in Harnisch zu bringen: anscheinend gebührt ihm nicht nur der Ruhm der Verfasserschaft, sondern er muß auch nach Kräften idealisiert werden.

Eines Tages trat eine reiche alte Dame an mich heran, die erfahren hatte, daß ich Schriftsteller mit Interesse für die Verfasserfrage war, und lud mich in ihr Haus in Mississippi ein. Dort traktierte sie mich mit ihren reichlich phantastischen Überzeugungen von den amourösen Intrigen am Hofe Elisabeths I.; sie hatte sogar in Knittelversen ein Buch darüber verfaßt und auf eigene Kosten drucken lassen. Ich fand sie reizend, wenn auch recht wirr. Schließlich bot sie mir eine schwindelerregende Summe – von einer Million Dollar war die Rede – für ein Buch, in dem ich, notfalls in Prosa, nachweisen sollte, daß Edward de Vere, der 17. Graf von Oxford, nicht nur der wahre Verfasser der Shakespeare-Dramen, sondern auch, im Verein mit der jungfräulichen Königin, der heimliche Erzeuger des Grafen von Southampton war (wovon auch etliche Oxfordianer überzeugt sind, die darin eine Romanze und nichts Ehrenrühriges sehen). Sie führte eine Reihe weiterer Lieblingsideen auf, die das Buch enthalten sollte: zum Beispiel, daß Southampton zwar ein Bastard, aber dennoch der rechtmäßige Thronfolger war. Ich gab mir große Mühe, alles mit ihren Augen zu sehen, aber ich konnte mich ihren Argumenten beim besten Willen nicht anschließen. Zu meinem gelegentlichen Bedauern wies ich sie ab.

Immerhin findet man unter den Häretikern auch Menschen von hohem intellektuellem, literarischem und künstlerischem Rang: Walt Whitman, Henry James, Mark Twain, John Galsworthy, Sigmund Freud, Vladimir Nabokov und David McCullough. Einige sind bekannte Theater- und Filmschauspieler: Charlie Chaplin, Orson Welles, Sir John Gielgud, Michael York und Kenneth Branagh. Doch diese berühmten Anti-Stratfordianer haben keine bedeutenden Beiträge zur Debatte geleistet. Nur Mark Twain ging in seiner Satire *Is Shakespeare Dead?* ausdrücklich auf die Verfasserschaftsfrage ein. Der Großteil der Anti-Stratford-Literatur ist jedoch von Autodidakten und Exzentrikern hervorgebracht worden.

Es entbehrt nicht der Komik, daß gerade Außenseitern, Stubengelehrten und notorischen Spinnern wichtige Entdeckungen gelungen sind. Die offizielle akademische Forschung ist darüber achtlos hinweggegangen und beharrt nach wie vor darauf, daß es eine ernsthafte Verfasserfrage gar nicht gibt. Unter diesen Umständen sind wir gut beraten, Titel jeglicher Art (denen durchaus ein Hauch von akademischem Dünkel anhaften kann) außer acht zu lassen und sämtliches Beweismaterial sorgfältig zu überprüfen. Ich habe gelernt, wie oft sich in einem Haufen Unsinn ein wertvolles Juwel finden läßt. Mehr als einmal bin ich an den Spruch des Apostels Paulus gemahnt worden, daß Gott erwählt hat, was vor der Welt töricht ist, damit er die Weisen zuschanden mache.

Samuel Schoenbaum, führend unter den neueren orthodoxen Biographen, verspottet »die dunkle Macht des anti-stratfordianischen Wahns«. Aber wir sollten nicht vorschnell zu dem Schluß kommen, daß die Häretiker von »jener gift'gen Wurzel« aßen, die »die Vernunft überwältigt«; viele wirken vollkommen normal. Wie ein grausames Schicksal es wollte, hieß einer der scharfsinnigsten von ihnen ausgerechnet Looney (was sich jedoch nicht auf »loony«, verrückt, sondern auf »bony« reimt) – John Thomas Looney, der als erster den Grafen von Oxford als den wahren Autor bezeichnete. Mark Twain (mehr oder weniger Baconianer), Sir George Greenwood (Agnostiker), Calvin Hoffman (Marlowianer) und Charlton Ogburn Jr. (Oxfordianer) seien hier beispielhaft aus den Reihen der Anti-Stratfordianer hervorgehoben. Tausende von vernünftigen Lesern fanden ihre Argumente recht überzeugend, und ein Urteil sollte man erst fällen, nachdem man die fundiertesten Plädoyers gehört hat.

Die Methoden der orthodoxen Forscher sind so vorsichtig, daß ihre Schlußfolgerungen einleuchten. Und obwohl ich für die Häretiker und ihre Kampfansage an die etablierte Sehweise Verständnis aufbringe, sind ihre Methoden oft so willkürlich, daß sie neurotisch wirken. Bei aller Skepsis gegenüber dem »Stratford-Mann« können sie bei ihrem Lieblingskandidaten erstaunlich leichtgläubig sein. Ihre Fehler sind nicht das wirre Gefasel des Wahnsinns, sondern die nahezu unvermeidlichen Irrtümer der Abgeschnittenheit vom stabilisierenden Forum der Forschung. Fachwissenschaftler kritisieren einander ständig und gleichen ihre Erkenntnisse ab; Amateure in ihren anarchischeren Zusammenhängen verlassen sich zu sehr auf Selbstkritik. Die Shakespeare-Häretiker haben eine Fülle wilder Früchte hervorgebracht, aber bisher sind diese Früchte noch nie sorgfältig gesichtet worden. Die Verfasserfrage muß gründlich überprüft werden.

Das tiefere Problem bei den meisten der Anti-Stratford-Theorien ist, abgesehen von Ungereimtheiten und Unzulänglichkeiten der Beweisführung, ihre geringe literarische Relevanz. Sie haben nichts mit dem zu tun, was uns widerfährt, wenn wir Shakespeare lesen oder die Stücke auf der Bühne sehen; sie degradieren die Kunstwerke eines der größten Dichter zu Vorlagen für einen schlecht konstruierten Krimi. Shakespeare verkommt zu einem komplizierten Ratespiel mit der Lösung »F. Baconis«. Selbst wenn eine derartige Theorie zuträfe, würde sie uns über Shakespeares Werke nur verraten, daß ihnen bisher ein falscher Name anhaftete – und uns dazu die endlose Grübelei bescheren, warum der nüchterne Verstandesmensch Bacon ein so erschütterndes Sonett wie »Betrauere mich nicht nach meinem Tod« geschrieben haben sollte. Bacon muß die großen Dramen und Gedichte einzig und allein verfaßt haben, nur um zu beweisen, daß sie nicht von Shakespeare sind.

Etliche Häretiker haben sich mit ihren Ausschweifungen und Phantastereien bei der Fachwissenschaft so weit in Mißkredit gebracht, daß jedwede alternative Verfasserschaftstheorie von vornherein als an den Haaren herbeigezogen abgetan wird. Laut der Fachwissenschaft, die die Vernunft auf ihrer Seite weiß, wurde Shakespeare in Stratford-upon-Avon geboren, erhielt in der dortigen Schule eine solide Bildung, heiratete jung, hatte drei Kinder, ging nach London, wurde ein erfolgreicher Schauspieler und Dramatiker, schrieb nebenbei noch Sonette und Versepen, kaufte Grundstücke und Immobilien in Stratford, zog sich dorthin zurück und starb 1616.

Literarische Erkenntnisse liefert uns jedoch dieser »offizielle« Shakespeare-Lebenslauf ebensowenig. Seine scheinbar so vernünftige Grundvoraussetzung bringt uns dem Geist und dem Herzen des Autors selbst nicht einen Schritt näher. Darüber hinaus wimmelt es – was vielen nicht bekannt ist – in der orthodoxen Darstellung von Problemen, und sie hat einige grundlegende Fragen nie zufriedenstellend beantwortet.

Zum Beispiel: Woher wußte Shakespeare so viel über Adel und Hof, Heraldik, Rechtskunde, Ovid und Italien, wie die Stücke nahelegen? Die orthodoxe Antwort lautet, daß er durchaus nicht so viel wußte. Man ist sich einig, daß er in seiner Heimatstadt eine solide Schulbildung erhielt, dieses Wissen durch eigene Lektüre hinreichend ergänzte, und dennoch Schnitzer beging, die keinem wahrhaft gebildeten Mann unterlaufen wären – indem er zum Beispiel Böhmen eine Meeresküste gab und seine Personen zu Wasser zwischen den Inlandstädten Verona und Mailand reisen ließ. Nach vorherrschender Ansicht hat Shakespeare sich viel von seinem breit gefächerten Wissen nebenbei angeeignet, vielleicht von den zahlreichen Reisenden, Kaufleuten, Soldaten und Seeleuten, die sich im elisabethanischen London tummelten und in den Wirtshäusern verkehrten. Gareth und Barbara Lloyd Evans geben eine hypothetische Anekdote zum Besten: »Der staubige Reisende im Mermaid Tavern, gerade von den Kriegen auf dem Festland in London angekommen, ahnte nicht, was aus seinen Antworten werden sollte, als der stille Fremde einen Schluck Bier trank und ihn fragte: ›Woher des

Wegs, Gevatter?‹« Das legendäre Mermaid Tavern wird zur Mermaid-Universität, mit Shakespeare als herausragendstem Absolventen. Eine vernünftige Annahme, wie es scheint – zumindest nicht unmöglich.

Der verstorbene Louis B. Wright erledigt in der Einleitung zur Folger-Library-Ausgabe von Shakespeares Werken die Verfasserfrage mit einer einzigen herablassenden Bemerkung:

> Die Argumente der Anti-Shakespearianer basieren auf zwei, drei einfachen Annahmen, die samt und sonders falsch sind. So, daß Shakespeare ein unbedarfter Bauerntölpel ohne jede Schulbildung war, daß wir über Shakespeare nichts wissen, und daß nur ein Edelmann oder jemand mit vergleichbarem Hintergrund die Stücke geschrieben haben kann. Tatsache ist, daß wir über Shakespeare mehr wissen als über die meisten Dramatiker seiner Zeit, daß er eine sehr gute Ausbildung erhielt, und zwar in der Lateinschule von Stratford, daß die Stücke keinerlei Beweise für profundes Bücherwissen enthalten und daß die in den Stücken gezeigten Kenntnisse von Königen und höfischem Leben nicht größer sind als die irgendeines intelligenten jungen Mannes, der sich umgetan hat. Die meisten der Anti-Shakespearianer sind naiv und legen einen beachtlichen Snobismus an den Tag. Der Autor ihrer Lieblingsstücke, so lassen sie durchblicken, muß an der Wand seiner Studierstube ein gerahmtes College-Diplom ganz wie das in der Praxis ihres Zahnarztes gehabt haben, und ein so bedeutender Dichter muß von vornehmer Abkunft und daher Träger eines Adelstitel oder eines gleichrangigen Ehrentitels gewesen sein. Sie vergessen, daß geniale Begabung die Eigenart hat, an unerwarteten Stellen aufzutreten, und daß keiner der Großen der Weltliteratur durch Universitätsseminare zu seinen Werken inspiriert wurde.

Schoenbaum schreibt sarkastisch über die Zunahme der Verfasserschaftsketzerei: »Im Laufe der Zeit wurden immer mehr Ersatzkandidaten präsentiert, vorzugsweise solche mit Universitätsgraden und blauem Blut in den Adern.« Seinem Bericht über Delia Bacon, einer der ersten, die sich für ihren Namensvetter Francis Bacon als Shakespeare einsetzte, fügt er hinzu:

Weitere Dissidenten haben sich seitdem für Bacon oder auch für den einen oder anderen Grafen starkgemacht: den von Oxford, Derby oder Rutland – Hauptsache, ein Graf. Diese Anti-Stratford-Theorien vermögen weder die große Mehrzahl der Leser und Theaterbesucher zu erschüttern noch jene, die sich beruflich mit Shakespeare und seiner Zeit auseinandersetzen. Als Kinder der Demokratie müssen wir nicht davon überzeugt werden, daß literarische Begabung auch in Bürgern einfacher Herkunft zutage treten kann – sogar in Nachfahren lese- und schreibunkundiger Einwanderer.

Andere akademische Biographen schließen sich dem an. Gerald Eades Bentley wirft den Häretikern »unverantwortliche Phantastereien« vor und stellt fest: »Die große Mehrheit von ihnen teilt die feste Überzeugung, daß der Verfasser ein blaublütiger Aristokrat gewesen sein muß.« Russell Fraser beschuldigt die Häretiker des »Standesdünkels«, weil nach ihrer Ansicht der wahre Verfasser »entweder mit adligem Stammbaum oder akademischen Titeln« ausgestattet war. Stanley Wells legt ihnen sowohl »Standesdünkel« als auch »den Drang, von sich reden zu machen« zur Last.

Diese bissigen Bemerkungen zeigen, wie weit inzwischen die demokratische Ideologie mit dem literarischen Symbol namens »William Shakespeare« verflochten ist. Es geht nicht nur um historische Tatsachen; moralische, politische und sogar seelisch-geistige Aspekte spielen mit hinein. Shakespeare ohne seine proletarische Identität wäre für Leser des zwanzigsten Jahrhunderts irgendwie nicht ganz Shakespeare. In seinem kürzlich erschienenen Buch *The Western Canon* feiert Harold Bloom Shakespeare mit auffallend unliterarischen Begriffen: »Es mag ein wenig unsere analytischen Fähigkeiten übersteigen, aber Shakespeares faktische Farblosigkeit verhält sich umgekehrt proportional zu seinen geradezu übernatürlichen dramatischen Gaben. ... Der Schöpfer von Hamlet und Lear starb einen weithin unbeachteten Tod nach einem ereignislosen Leben. Es gibt keine großen Biographien von Shakespeare, nicht weil wir nicht genug wissen, sondern weil es nicht genug zu wissen gibt. ... Zugleich niemand und jedermann, *ist* Shakespeare der abendländische Kanon.« Shakespeare ist nach Blooms Ansicht als Mensch »scheinbar durchschnittlich« und »bescheiden«, sogar »jemand, mit dem man gemütlich ein Bier trinken könnte«. Genau das macht sein Genie so erstaunlich. Je unscheinbarer er sich als Mensch ausnimmt, desto wundersamer erscheint sein Genie. Zwei weitere neuere Biographen, Germaine Greer und Garry O'Connor, bezeichnen Shakespeare als »unsichtbar«.

Aber die Annahme, daß der wahre Shakespeare ein Aristokrat oder zumindest ein Höfling war, muß nicht unbedingt etwas mit Standesdünkel zu tun haben, sondern mit Soziologie. Der glühende Demokrat Walt Whitman spürte die Hand eines der »wölfischen Grafen« in Shakespeares Komödien, die er »für die Demokratie unannehmbar« fand. Wie Whitman zeigt, muß man kein Parteigänger des Hochadels sein, um die Verfasserfrage zu stellen. Die wahre Streitfrage ist jedoch nicht, ob Anti-Stratford-Auffassungen die reaktionären Neigungen der Zweifler verraten, sondern ob die Shakespeare-Stücke auf einen Verfasser in privilegierter Stellung hindeuten – einen, der nicht nur die beste Schul- und Universitätsbildung erhielt, sondern auch das höfische Leben kannte, weitgereist war und andere Vorteile genoß, die einem Mann bäuerlicher Herkunft, wie intelligent auch immer, verschlossen blieben. Shakespeares Stücke geniale Werke zu nennen sagt letzten Endes sehr wenig über sie. »Genie« ist keine Erklärung. Auch kein Motiv. Wir können unser mangelndes Wissen über Shakespeare nicht mit Superlativen wettmachen. *Endstation Sehnsucht* mag kein so großes Stück wie *Hamlet* sein, aber der Verfasser von *Hamlet* kann es nicht geschrieben haben. Tennessee Williams hingegen schon. Das ist keine Frage des Genies, sondern der Individualität.

Tatsache ist, daß wir sehr wenig über Shakespeare wissen – bestimmt nicht genug, um »Biographien« von 300 bis 600 Seiten zu rechtfertigen, die ein paar dürre Dokumente, zumeist Geschäftsbelege, zu so etwas wie einem erfüllten Leben aufblasen. Die meisten Leser werden überrascht sein, zu erfahren, daß die vorhandenen Dokumente aus der ersten Hälfte von Shakespeares Leben nur fünf knappe Einträge in Kirchenregistern umfassen: seine Taufe, seine Verlobung, seine Eheschließung, die Taufen seiner drei Kinder (wovon zwei Zwillinge waren). Alles andere aus diesen Jahren – 1564 bis 1590 – muß abgeleitet werden.

Außerdem gibt es keine nachweisliche Verbindung zwischen den über diesen Mann bekannten Tatsachen und den ihm zugeschriebenen Werken. Shakespeares Leben und Person haben nichts Erkennbares mit den Dramen und Gedichten zu tun, die seinen Namen tragen. Wie Emerson es ausdrückte: »Ich kann das Leben nicht mit dem Werk verheiraten.« Es liegt nicht daran, daß uns Informationen fehlen. Wir wissen auch nicht viel über die meisten seiner Zeitgenossen, doch niemand zweifelt daran, daß Marlowe, Spenser und Jonson die ihnen zugeschriebenen Werke verfaßt haben. Selbst nach den dürftigen Zeugnissen und Gerüchten, die uns vorliegen, kommt uns Marlowe genau wie der Mann vor, der Marlowes Werke schreiben würde. Dasselbe läßt sich von Spenser und Jonson sagen. Betrachten wir andere große europäische Dichter. »Über Dantes Leben wissen wir ebensowenig wie über Shakespeare«, schreibt Paolo Milano. »Doch die Harmonie zwischen Dantes Charakter und seinem Werk ist so stark, daß uns die dürftigen Fakten fast genügen.« Dasselbe könnte von Vergil gesagt werden. Über Milton wissen wir allerdings recht viel, und seine Identität ist auch nie in Frage gestellt worden. Aber die Zweifel an Shakespeare haben im Laufe der Zeit eher zugenommen.

Der Name »Shakespeare« selbst kann dabei eine Rolle spielen. Der Familienname wurde in Stratford meistens »Shakspere« geschrieben. Das mag etwas zu bedeuten haben oder auch nicht; die elisabethanische Orthographie hält sich bekanntermaßen an keine Regeln und liefert uns keine sicheren Anhaltspunkte. Ich würde es dabei belassen, aber Anti-Stratfordianer aller Konfessionen ziehen das oft als definitiven Beweis dafür heran, daß der Mann aus Straford nicht »Shakespeare«, der Verfasser, war; die Debatte zu diesem Thema ist so end- wie ergebnislos.

Die Unterscheidung zwischen »Shakspere« und »Shakespeare« hat jedoch für dieses Buch einen Vorteil. Um der Klarheit willen werde ich den Herrn aus Stratford »Mr. Shakspere« nennen und den fraglichen Verfasser »Shakespeare«. Die Frage ist natürlich, ob beide ein und derselbe Mann sind.

Bis 1623 waren zwei Dutzend Werke, einige davon Fälschungen, gedruckt worden, die den Namen William Shakespeare trugen, jedoch keine weiteren Angaben zum Verfasser machten. Erst 1623 erschien die erste Folio-Ausgabe der Stücke, die Shakespeare mit Mr. Shakspere aus Stratford gleichsetzte. Hätte sie nicht Mr. Shakspere als Verfasser angegeben und wären die Werke ohne Namensnennung auf uns überkommen, es wäre wohl niemandem eingefallen, daß Mr. Shakspere sie geschrieben haben könnte. Nichts in den Zeugnissen von seinem Leben würde uns zu der Annahme verleiten, daß er überhaupt etwas geschrieben hat oder irgend etwas anderes war als ein Schauspieler und Teilhaber einer Londoner Theatertruppe und ein erfolgreicher Geschäftsmann in seiner Heimatstadt.

Die Folio-Ausgabe hat uns das berühmte Kupferstichporträt Shakespeares von Martin Droeshout beschert – auch wenn dieses nichtssagende Mondgesicht in der modernen Ikonographie durch ein passenderes Antlitz ersetzt worden ist, das auf das Chandos-Porträt zurückgeht: schlank, mit hoher Stirn, Spitzbart, durchdringendem Blick und einem Ohrring. Die Experten geben zu, daß die Echtheit des Chandos-Porträts zweifelhaft ist, aber es hat uns auf alle Fälle ein ansprechenderes Bild von Shakespeare gegeben: intellektuell, aber etwas verwegen, gleichsam wie ein Psychoanalytiker, der auch etwas von einem Piraten an sich hat.

Zu allem Unglück knausert die Folio-Ausgabe mit den Informationen über Shakespeare, an denen uns so gelegen ist. Sie läßt so wesentliche Fakten wie seine Geburts- und Sterbedaten aus; sie bietet keine Anekdoten oder Erinnerungen von Freunden. Sie preist ihn verschwenderisch, ohne ihn näher zu beschreiben. Sie enthält nicht die beiden Versepen *Venus und Adonis* und *Die Schändung der Lucretia*, die ihm zu seinen Lebzeiten den meisten Ruhm eintrugen, ebensowenig wie seine offenherzigen Sonette oder die unbedeutenderen Gedichte. Die Folio-Ausgabe teilt uns nur mit, daß Mr. Shakspere die Stücke zwischen ihren Buchdeckeln geschrieben hat, weiter nichts. Die Forscher, die mehr oder weniger auf Treu und Glauben von seiner Verfasserschaft ausgingen, waren gezwungen, sein Leben so gut es ging aus anderen Quellen zusammenzustückeln. Spätere Generationen haben mit der Folio-Ausgabe gewetteifert, Shakespeares Universalität zu rühmen – »deine unendliche Vielfalt« –, allerdings zu Lasten jeglicher Individualität.

Wer es auch gewesen sein mag, er war nicht, in Professor Blooms Worten, »zugleich niemand und jedermann« – oder ein Mann, der nie eine Zeile löschen mußte, wie die Folio-Ausgabe andeutet. Die Superlative, mit denen Shakespeare beschrieben wird, verraten uns nichts Nützliches über Mr. Shakspere.

Das hatte zur Folge, daß Dutzende von Fragen zu Mr. Shakspere von den Forschern trotz größter Anstrengungen nie zufriedenstellend beantwortet werden konnten. Zum Beispiel: Wie gelang ihm der kometenhafte Aufstieg von einem jungen Mann, der noch 1585 mit Frau und drei Kindern in der Provinz lebte, zum vollendetsten Dichter Englands Anfang der neunziger Jahre, der verliebte Verse an einen jungen Adligen richtete? Über diesen entscheidenden Zeitraum, der in der Forschung als »die verlorenen

Jahre« bezeichnet wird, ist nichts bekannt. Doch fast ebensowenig ist über Mr. Shaksperes Jahre in London bekannt, in denen er auf der Höhe seines Ruhmes und seines Erfolges hätte stehen müssen. Von seinem Tod im Jahre 1616 nahm die Stadt, die von den Dramen und Gedichten unter seinem Namen so begeistert war, offenbar kaum Notiz. Und wie wir sehen werden, gibt uns das einzige Werk, das anscheinend das meiste über den Dichter selbst verrät, die unergründlichsten Rätsel auf: das Büchlein, 1609 gedruckt als *Shake-speares Sonnets*.

Manche mögen trotzdem fragen: Was spielt es für eine Rolle, wer Shakespeare wirklich war, solange wir die Stücke haben? Eine vollkommen vernünftige Frage. Die Elisabethaner dachten ähnlich. Für sie waren die Verfasser kein Gegenstand der Neugier. Sie interessierten sich mehr für die Gedichte als für die Psyche des Dichters und hielten ein Bühnenstück ebensowenig für ein Selbstbekenntnis des Bühnendichters, wie sie einen Tisch für ein Selbstbekenntnis des Tischlers hielten. Das Theater war eine in der Öffentlichkeit weithin beliebte Kunst und sprach für sich selbst. Niemand suchte darin einen verborgenen Sinn. Wir Heutigen sind anders, sei es zum Guten oder Schlechten. Wir *sind* neugierig. Wir haben die literarische Biographie zu einer eigenen Gattung gemacht. Wir können das nicht immer theoretisch rechtfertigen, und wir debattieren endlos über die Beziehung zwischen dem Kunstwerk und dem Künstler, aber wir wollen unbedingt einen Blick auf ihn werfen.

Im Fall der Sonette jedoch ergeben die Gedichte keinen rechten Sinn, es sei denn, wir wüßten etwas über den Sonettdichter selbst. Die meisten Forscher raten uns dringend davon ab, nach den biographischen Hintergründen dieser intimen Gedichte zu fragen, obwohl die Sonette im Gegensatz zu den Stücken ausdrücklich von realen Personen handeln – und zwar zumindest von vier Personen, darunter der Dichter selbst. Dieser Dichter hört sich so wenig nach Mr. Shakspere an, daß die Forscher sich gezwungen sehen, die Sonette als rein fiktiv einzustufen, obwohl vieles dagegen spricht.

In der neueren Literaturwissenschaft, insbesondere im Dekonstruktivismus, gehört es zum guten Ton, der Person des Autors jede Bedeutung abzusprechen – für angehende Biographen eine hinderliche Voraussetzung. Seltsamerweise gibt es Biographen, die sich dem anschließen. Welche Berechtigung unser Interesse an der Person Shakespeares auch haben mag, ich kann nur sagen, ich fühle mich nicht verpflichtet, mich dafür zu entschuldigen. Unsere Neugier ist zu natürlich und zu weit verbreitet, als daß man sich ihrer schämen müßte. Wie Millionen andere möchte ich als schlichte historische Tatsache wissen, wer Shakespeare war; und wenn die Literaturwissenschaftler unsere Nachforschungen verdammen, können wir uns auf die Historiker berufen.

Wenn man uns Snobismus vorwirft, weil wir an Mr. Shaksperes Verfasserschaft zweifeln, können wir entgegnen, daß seine Verfechter einer Art von umgekehrtem Snobismus zu gehorchen scheinen. Und es mutet merkwürdig an, daß ein Autor mit so ausgeprägten aristokratischen Voreingenommenheiten als Prüfstein demokratischer Gesinnung herhalten muß. Wer Shakespeare auch gewesen sein mag, er scheint wenig Sympathien für den Typus des Selfmademan aufgebracht zu haben, den seine Fürsprecher in ihm sehen wollen.

Schließlich müssen wir uns dem Vorwurf der Verschrobenheit oder sogar des Irrsinns stellen, weil wir überhaupt der Frage nach der Verfasserschaft nachgehen. Diesen Vorwurf hat Schoenbaum am deutlichsten ausgedrückt:

> Im Verhalten des Anti-Stratfordianers gibt es bestimmte wiederkehrende Eigenheiten, an denen sich ein psychopathologisches Muster erkennen läßt. Den Abscheu des Häretikers vor dem Provinziellen und Niedrigen; die Erhöhung seines Helden (und, durch Identifikation, der eigenen Person), indem er ihn mit adligen, sogar königlichen Vorfahren ausstattet; seine paranoiden Gedankengänge, die sich der klassischen Utensilien des Verfolgungswahns bedienen: Geheimnisse, Bannflüche, Verschwörungen; der Zwang, in Kirchen, Schlössern, Flußbetten und Gräbern zu wühlen; die Selbsthypnose, Geisterbeschwörungen und andere halluzinatorische Phänomene; der Sturz, in einigen Fällen, in völlige geistige Umnachtung – all diese Symptome einer gestörten Psyche legen nahe, daß diese Bewegung weniger die Sachkenntnis des Literaturhistorikers braucht, als den Einblick des Psychiaters. Dr. Freud läßt grüßen.

Im äußersten Fall ergibt sich aus dieser Betrachtungsweise, daß eine vernünftige Diskussion über Shakespeares Verfasserschaft sinnlos ist, da jeder, der die orthodoxe Auffassung zurückweist, etwas verschroben sein muß; sie besag auch, daß verschrobene Käuze nur andere verschrobene Käuze zu überzeugen vermögen. Wenn das stimmt, dann können die orthodoxen Wissenschaftler, die die Empfänglichen davon abhalten wollen, sich verführen zu lassen, sich ihre Worte sparen, denn es besteht keinerlei Notwendigkeit, normale Leute vor den Anti-Stratfordianern zu warnen, da die Normalität allein ausreicht, um sie dagegen immun zu machen.

Man kann Schoenbaums Exkurs ins Reich der Psychosen als Witz verstehen oder auch als Ausbruch der Verzweiflung über die meistens weitschweifige, oft bizarre und manchmal okkulte Anti-Stratford-Literatur, bei der Wälzer von 800 Seiten die Norm sind. Einem nüchternen Wissenschaftler, der sich durch diese Wälzer hindurchliest, mag durchaus die Galle hochkommen. Aber muß er deswegen allen Häretikern unterstellen, von krankem Verstand zu sein?

Schoenbaums Haltung ist unter orthodoxen Wissenschaftlern weit verbreitet, und sie scheinen ein wenig zu sehr darauf bedacht zu sein, die Zweifler zu brandmarken und andere dringend vor ihnen zu warnen. Offenbar nehmen sie an, daß es kein schlimmeres Schicksal gibt, als ein isolierter Kauz zu sein, und daß die Drohung, von der akademischen Welt exkommuniziert zu werden, genügen müßte, um andere bei der Stange zu halten.

Das Entmutigendste an der Haltung der Philologen ist nicht ihre Einigkeit hinsichtlich Shakespeares Identität, sondern *ihre Weigerung, Zweifeln auch nur den geringsten Raum zuzugestehen.* Da ihnen sehr wohl klar ist, wie wenig wir über Mr. Shakspere aus Stratford wissen, sollten sie wenigstens einen agnostischen, neutralen Standpunkt zulassen. Es ist eines, zu sagen, daß die Beweisführung zugunsten von Mr. Shakspere als Verfasser, alles in allem genommen, befriedigender bleibt als sämtliche dagegen vorgebrachten Argumente. Etwas völlig anderes ist es jedoch, abweichenden Meinungen oder auch nur der Ungewißheit kein Recht einzuräumen. Im Schrifttum der Orthodoxen über die Anti-Stratford-Ketzereien findet sich selten auch nur die leiseste Kompromißbereitschaft. Verurteilungen, oft in beleidigender Form, sind die Regel. Fast nie wird zugegeben, daß die Häretiker je ein Argument vorgebracht haben, mit dem man sich ernsthaft auseinandersetzen muß. Der Drang, den Abweichler zu schelten; die Unfähigkeit, auch nur die Möglichkeit eines berechtigten Zweifels einzugestehen; das Mißtrauen sogar gegenüber denen, die sich nicht festlegen wollen; das Ableugnen der Mehrdeutigkeit unseres lückenhaften Quellenmaterials; das unnachgiebige Beharren auf absoluter Einmütigkeit; die Überzeugung, daß abweichende Meinungen auf einen moralischen oder psychischen Defekt deuten – das alles sind Merkmale der starren Glaubenssysteme, die wir Sekten oder Ideologien nennen, im Gegensatz zu dem ausgewogenen Urteil, das sich bemüht, das gesamte Beweismaterial zu berücksichtigen.

Der größte Teil des Anti-Stratford-Schrifttums zeigt sich als Spiegelbild und manchmal als Parodie dieser orthodoxen Haltungen. Der Leser gewinnt den Eindruck, daß der Stratford-Standpunkt weniger eine Meinung als eine Verschwörung ist, die vom Hofe Elisabeths I. bis zu den Kuratoren der Folger Shakespeare Library reicht und sich zum Ziel gesetzt hat, dem wahren Autor die Anerkennung für seine unsterblichen Werke zu verweigern. Wenn es gelänge, die führenden Stratfordianer in einen Keller zusammenzusperren, könnte man vermutlich die Wahrheit mit einem Gartenschlauch aus ihnen herausprügeln. Auch auf dieser Seite gelten Meinungsverschiedenheiten als unehrenhaft; jeder bekennende Stratfordianer, so meint man, ist in Wahrheit ein Anti-Stratfordianer, der nicht zugeben will, was er weiß.

Es liegt nicht in meiner Absicht, diese Bemerkungen unparteiisch zu gestalten – Gott behüte! Es gibt Streitfragen, bei denen man sich nicht auf halbem Wege entgegenkommen kann, und ich denke, die Beweislage zu Shakespeares Verfasserschaft ist klar genug. Ich möchte nur deutlich machen, daß ich dieselbe Beweislast trage wie jeder andere, der ein seit so langer Zeit kontroverses Problem aufgreift. Wenn ich mich als verschrobener Kauz mit aristokratischen Vorlieben und paranoiden Störungen erweisen sollte, dann sei es so.

Außerdem, was ist eigentlich so schlecht an verschrobenen Käuzen? Verschrobenheit wird Menschen oft aus keinem anderen Grunde vorgeworfen, als daß sie darauf bestehen, sich um jeden Preis eine eigene Meinung zu bilden, ungeachtet des Drucks der Gesellschaft und ihrer Konventionen. Ich persönlich würde es vorziehen, in der Tradition großer amerikanischer Käuze wie Thoreau, Ambrose Bierce, Lysander Spooner und H. L. Mencken oder sogar obskurer Käuze wie der oben erwähnten Dame in Mississippi zu stehen als zur Masse der Wissenschaftler zu gehören, die, immer bedacht auf Berufungen, Beförderungen, Forschungsgelder und – jener schändlichsten Schwäche unedler Geister – das eigene Ansehen, nie vom akademischen Konsens abweichen.

Zumindest habe ich den Vorteil, auf zwei Seiten der Verfasserfrage gestanden zu haben, zu wissen, was sich für jede Seite vorbringen läßt, und scharfsinnigen Menschen trotz ihrer unterschiedlichen Überzeugungen Achtung zu zollen. Vor allem habe ich erfahren, was es heißt, in einer Frage, die mir so am Herzen liegt wie diese, von Ungewißheit gequält zu werden. Gerade weil ich zwischen zwei völlig unvereinbaren Sichtweisen hin- und hergerissen wurde, bin ich umso eher in der Lage, mein eigenes Urteil abzugeben.

Ich habe nicht versucht, jeden strittigen Punkt der Verfasserfrage zu beantworten; einige sehr interessante Probleme sind offen geblieben, weil ich der Meinung bin, daß sie sich zumindest gegenwärtig nicht lösen lassen. In vielen Fällen habe ich gar nicht erst versucht, orthodoxe Einwände gegen verbreitete Anti-Stratford-Argumente zu entkräften, einfach weil diese Argumente oft auf schwachen Füßen stehen und die Orthodoxen nach meinem Dafürhalten in manchen Dingen vollkommen recht haben. Viel Energie ist auf solche nebensächlichen Fragen verwandt – und meiner Meinung nach verschwendet – worden wie diejenige, ob das Ashbourne-Porträt ursprünglich ein Porträt des Grafen von Oxford war; ob das ursprüngliche Stratford-Denkmal für Mr. Shakspere verändert worden ist; ob das Droeshout-Porträt in der Folio verdeckte Hinweise enthält; ob Ben Jonsons »hadst« (in: »And though thou hadst small Latin and less Greek«) als Konditonal verstanden werden muß, also nicht: »Und wußtest Du auch wenig nur Latein, / Noch weniger Griechisch …«, sondern etwa: »Selbst wenn du nur wenig Latein und noch weniger Griechisch gekonnt hättest …«; und so weiter. Fragen dieser Art verwirren und entmutigen den Leser unnötig und erwecken den Eindruck, daß die Verfasserschaftsdebatte um entsetzlich vertrackte, disparate und unlösbare Rätsel kreist. Die zentralen Probleme sind schwierig genug und zum Glück lösbar.

Um dieses Buch in Grenzen zu halten und Abschweifungen zu vermeiden, habe ich mich auf die Punkte beschränkt, die meines Erachtens den Kern des Problems bilden. Ich denke, diese wesentlichen Fragen können in relativ kurzer Form abgehandelt werden. Wir haben gewichtige Indizienbeweise dafür, daß Mr. Shakspere die Dramen und Gedichte nicht geschrieben hat, und noch gewichtigere Beweise dafür, daß es jemand anders war. Dem Leser steht es frei, am Ende zu entscheiden, daß den Zeugnissen zu Mr. Shakesperes Gunsten mehr Gewicht beigemessen werden muß als allen anderen Beweisen. Aber ich hoffe, sogar der Leser, der sich meiner Antwort nicht anschließt, wird zumindest zugeben: doch, die Verfasserschaft ist und bleibt eine Frage.

I.
Der Shakespeare-Mythos

William Shakespeare oder Mr. Shakspere, abgebildet wie in dem Folianten von 1623. Die Herausgeber des Folianten äußern sich auffällig vage über ihn, nennen weder hilfreiche Details aus seinem Leben (wie Geburts- oder Todestag) noch erwähnen sie seinen vermutlichen Förderer, Henry Wriothesley, den Grafen von Southampton. (© Folger Shakespeare Library)

1. Mr. Shaksperes Leben

Was wissen wir über den Mann, der landläufig als William Shakespeare gilt, und woher wissen wir es? Die übliche Darstellung von Shakespeares Leben findet sich in knapper Form auf einer einzigen Seite der Bantam-Taschenbuchausgabe von Shakespeares Dramen, herausgegeben von David Bevington:

William Shakespeare wurde im April 1564 in Stratford-upon-Avon geboren, sein Geburtstag wird traditionell am 23. April gefeiert. Die erhalten gebliebenen Dokumente verraten uns nur wenig über sein Leben. Er war eines von acht Kindern des John Shakespeare, eines Händlers von einigem Ansehen. William besuchte wahrscheinlich die King's New School in Stratford, jedoch keine Universität. Im November 1582 heiratete er im Alter von achtzehn Jahren Anne Hathaway, die acht Jahre älter war und von ihm schwanger ging. Das Kind, Susanna, wurde am 26. Mai 1583 geboren. 1585 kamen Zwillinge zur Welt, ein Junge, Hamnet (der nur elf Jahre alt wurde), und ein Mädchen, Judith. 1592 findet sich seine Spur in London wieder, wo er als Schauspieler arbeitete und als Dramatiker schon einen Namen hatte. Einer seiner Rivalen, Robert Greene, bezeichnete ihn als »eine emporgekommene Krähe, geschmückt mit unseren Federn«. Shakespeare wurde Teilhaber und Stückeschreiber einer erfolgreichen Theatertruppe, den Lord Chamberlain's Men (die sich später, unter Jakob I., die King's Men nannten). 1599 eröffneten und bespielten die Lord Chamberlain's Men das Globe Theatre in Southwark nahe der Themse. Hier wurden viele der Stücke Shakespeares von den berühmtesten Schauspielern der Zeit aufgeführt, darunter Richard Burbage, Will Kempe und Robert Armin. Über seine eigenen 37 Dramen hinaus beteiligte sich Shakespeare an weiteren wie *Sir*

Thomas More und *Die beiden edlen Vettern*, und er schrieb Gedichte wie *Venus und Adonis* und *Die Schändung der Lucretia*. Seine 154 Sonette wurden, wahrscheinlich ohne seine Genehmigung, 1609 veröffentlicht. 1611 oder 1612 gab er seinen Wohnsitz in London auf und zog sich zunehmend nach Stratford zurück, schrieb aber noch bis etwa 1613 Dramen wie *Der Sturm* und *Heinrich VIII*. Er starb am 23. April 1616 und wurde in der Holy Trinity Church in Stratford beigesetzt. Zu seinen Lebzeiten erschien keine Gesamtausgabe seiner Stücke, erst 1623 veröffentlichten zwei Mitglieder seiner Theatertruppe, John Heminge und Henry Condell, einen großen Sammelband, der inzwischen als die Erste Folio bekannt ist.

Abgesehen von Geschäftsbelegen hauptsächlich aus Stratford liegt uns von Mr. Shakspere nicht wesentlich mehr vor. Eine Biographie, die sich strikt an Tatsachen hielte, wäre nicht länger als dieses Kapitel.

Die orthodoxen Wissenschaftler sind sich mit Louis B. Wright darin einig, »daß wir über Shakespeare mehr wissen als über die meisten Dramatiker seiner Zeit«. Diese häufig vorgebrachte Behauptung trifft in dem Sinne zu, daß wir über Mr. Shakspere mehr wissen als über Thomas Kyd oder Christopher Marlowe, um nur zwei der zahlreichen elisabethanischen Dramatiker zu nennen. Aber was wir über Marlowe wissen, steht in engerer Beziehung zu seiner literarischen Laufbahn: Wir wissen, daß er in Cambridge studierte, und wir wissen einiges über seine Verbindungen zu wenigstens einem Schirmherrn, Sir Thomas Walsingham, und zu anderen Autoren der Zeit. (Kyds Aussage gegen Marlowe, unter Folter erzwungen, hätte zu dessen Tod führen können, wenn er nicht zuvor in einer Schlägerei den Tod gefunden hätte.) Über Ben Jonson hingegen wissen wir weitaus mehr, nicht nur durch die Quantität der Einzelheiten, sondern auch durch die schiere Präsenz seiner Persönlichkeit und durch seinen Austausch mit anderen bekannten Zeitgenossen. Wir wissen von Beziehungen zwischen solchen Autoren wie Sidney, Spenser, Lyly, Harvey, Greene, Nashe und vielen anderen. Nur Mr. Shakspere scheint sich von seinen literarischen Kollegen merkwürdig fernzuhalten. Er bedenkt andere Schauspieler in seinem Testament, aber andere Schriftsteller nicht.

Es ist aufschlußreich zu sehen, wie und aus welchen Quellen die Forscher sich Mr. Shaksperes Lebenslauf zusammenstückeln mußten.

- Eine einzige Zeile im Kirchenregister von Stratford vom April 1564 verzeichnet Mr. Shaksperes Taufe: »26 Gulielmus, filius Johannes Shakspere xxx.«
- Ähnlich knappe Einträge verzeichnen die Taufen seiner drei Brüder und zwei Schwestern. Achtzehn Jahre lang erwähnt kein anderes Dokument William Shakespeare selbst. Stratford hatte eine Lateinschule, die er besucht haben mag oder auch nicht. Da sein Vater Ratsherr und Amtmann war, wäre er zum Besuch der Schule berechtigt gewesen, aber Unterlagen darüber gibt es nicht.
- Als nächstes erscheint sein Name am 27. November 1582 in einem Diözesanregister für Aufgebote und gibt an, daß »wm Shaxpere« und eine als »Anna whately de Temple grafton« benannte Frau die Heiratserlaubnis erhielten. Am nächsten Tag, dem 28. November, verzeichnet dasselbe Register die Eheschließung von »willm Shagspere« und »Anne hathwey of Stratford in the Dioces of Worcester maiden« und merkt an, daß ihnen die Heirat nach nur einer Verlesung des Aufgebots statt der üblichen drei gestattet wurde. (Vermutlich verwechselte der Schreiber im ersten Eintrag zwei ortsansässige Familien, die Whatelys und die Hathaways.)
- Das Stratford-Register verzeichnet am 26. Mai 1583 die Taufe von Mr. Shaksperes erster Tochter: »Susanna daughter to William Shakespeare« – übrigens eines der wenigen Stratforder Dokumente mit der jetzt üblichen Schreibweise seines Namens. (Das Datum der Taufe läßt darauf schließen, daß Mrs. Shakspere zum Zeitpunkt der Heirat bereits schwanger war, was die Aussetzung des Aufgebots erklärt.) Und am 2. Februar 1585 finden wir die Taufe von Zwillingen: »Hamnet & Judeth sonne and daughter to William Shakspere«.

Das sind auch schon sämtliche urkundlichen Belege für die erste Hälfte von Mr. Shaksperes Leben, das zweiundfünfzig Jahre währen sollte. Keine dieser Quellen war, nebenbei bemerkt, vor dem frühen achtzehnten Jahrhundert bekannt, als die ernsthafte Shakespeare-Forschung einsetzte und eine kalte Fährte aufnehmen mußte. Zu diesem Zeitpunkt gab es keine zuverlässigen Überlieferungen mehr; alles mußte aus verstreuten Knochenfunden rekonstruiert werden wie ein Dinosaurier. (Die erste Biographie, ein kurzer Essay des Herausgebers Nicholas Rowe, erschien 1709. Die meisten seiner Angaben gelten inzwischen allgemein als falsch.)

Spätestens ab dem 2. Februar 1585 hatte sich Mr. Shakspere allem Anschein nach einiges aufgeladen: mit gerade zwanzig Jahren, bestenfalls einer bescheidenen Schulbildung und ohne Beziehungen zu einflußreichen Persönlichkeiten saß er mit Frau und drei Kindern in einem Provinzstädtchen. Nur wenige hätten ihm nach solchem Anfang vorausgesagt, daß er binnen noch nicht einmal eines Jahrzehnts der Liebling des literarischen London sein würde – nicht nur ein populärer Dramatiker, sondern auch ein vollendeter Dichter, der gewagte erotische Verse an einen der höchststehenden jungen Adligen Englands richtete. Wenn der Standardlebenslauf stimmt, ist es ihm mit erstaunlicher Geschwindigkeit gelungen, aus seiner Gesellschaftsschicht aufzusteigen und sich als literarisches Genie einen Namen zu machen.

Was in der Zwischenzeit geschah, bleibt ein Rätsel. Die Jahre von 1585 bis 1592 gelten als »die verlorenen Jahre«, da sich keine Spur von Mr. Shakspere findet, weder von seinen Verbindungen zum Theater, noch von seiner Entwicklung zum Dichter oder seinem gesellschaftlichen Aufstieg. Kein Beleg irgendeiner Art hilft uns dabei, zu erklären, wie er es zu so meisterlicher Beherrschung des Englischen brachte oder zu seinen Kenntnissen fremder Sprachen; wie er sich – und offenbar aus eigener Anschauung – seine Vertrautheit mit Italien erwarb; wie er sich sein umfangreiches Wissen über juristische Dinge, Adel und Hof, aristokratische Vergnügungen und die Geheimnisse der Heraldik aneignete.

Seine Spur findet sich erst wieder im Jahre 1592, als ein Pamphlet mit dem Titel *Greene's Groatsworth of Wit* (*Greenes Groschen Weisheit*) heftig einen namentlich nicht genannten Schauspieler angriff, der für Mr. Shakspere gehalten wird. Bald danach entschuldigte sich Henry Chettle, der den Druck des Pamphlets zu verantworten hatte, wortreich bei einem namentlich nicht genannten Dramatiker, den der Pamphletist auch angesprochen hatte. Die meisten Forscher glauben, daß dieser Dramatiker ebenfalls Mr. Shakspere war. Die *Groatsworth*-Episode wird ausführlich im nächsten Kapitel behandelt werden. Hier mag die Feststellung genügen, daß weder das Pamphlet noch sein Herausgeber Shakespeare namentlich erwähnten. Erst nahezu zweihundert Jahre später kam die Interpretation auf, daß beide sich auf ihn bezogen hätten.

»William Shakespeare« hatte seinen ersten Auftritt auf einem Titelblatt erst im folgenden Jahr 1593, und zwar als Verfasser von *Venus und Adonis*, einer Henry Wriothesley, dem jungen Grafen von Southampton, gewidmeten Versdichtung. Sie war sofort erfolgreich. Ebenso wie *Die Schändung der Lucretia*, einer weiteren Versdichtung, die 1594 erschien und ebenfalls Southampton gewidmet war. Beide Gedichte erfreuten sich großer Beliebtheit und wurden in den nächsten drei Jahrzehnten häufig nachgedruckt. Ab 1594 begannen auch Dramen von Shakespeare zu erscheinen, allerdings ohne den Namen des Verfassers. Bis 1598 trug keines seiner Dramen diesen Namen; ganz offenkundig war »Shakespeare« für das literarische Publikum seiner Zeit ein Dichter, kein Dramatiker. Die meisten zeitgenössischen Erwähnungen sprechen von ihm als dem Verfasser von *Venus* und *Lucretia* und – bis zur Veröffentlichung der Folio 1623 – erst in zweiter Hinsicht, wenn überhaupt, als dem Verfasser von Dramen.

Es wird weithin angenommen, daß Shakespeare bald nach 1590 seine Sonette zu schreiben begann und daß es sich bei dem jungen Mann, an den die meisten von ihnen gerichtet sind, um Southampton handelt. Darüber läßt sich streiten, allerdings wurden die Sonette erst 1609 veröffentlicht und benannten den jungen Mann nicht. Verwirrend ist ferner, daß die Sonette den Eindruck erwecken, Gedichte privater Natur zu sein, nie zur Veröffentlichung vorgesehen, und daß sie mit der Stimme eines alternden Mannes sprechen, wohingegen Mr. Shakspere, wenn man der obigen Annahme folgt, bei ihrer Abfassung erst um die Dreißig war.

Im Jahre 1594 entstand die Theatertruppe der Lord Chamberlain's Men, und es gibt einen Zahlungsbeleg an »William Kempe, William Shakespeare & Richard Burbage« für zwei Vorstellungen. Aller Wahrscheinlichkeit nach bezieht sich das auf Mr. Shakspere, der sich offenbar um diese Zeit in London befunden hat, wie auch aus anderen Unterlagen hervorgeht; er zählte mit Sicherheit zu den Teilhabern der Truppe und wahrscheinlich auch zu ihren Schauspielern. Irgendwann kam sein jüngerer Bruder Edmund ebenfalls nach London und starb dort 1607; die Bestattungsunterlagen bezeichnen Edmund als »Schauspieler«.

Von 1593 an benutzt *irgend jemand* den Namen William Shakespeare sowohl als Verfasser veröffentlichter Gedichte als auch in Verbindung mit dem Theater. Aber das Quellenmaterial ist erstaunlich spärlich. Aus dem Jahrzehnt nach 1590 haben wir eine Fülle von Dokumenten über das Theater, und einige erwähnen Stücke von Shakespeare. Aber nur wenige erwähnen Mr. Shakspere persönlich, und wenn, dann nur im Zusammenhang mit

Grundstückskäufen und ähnlichen Rechtsgeschäften, außerdem zumeist in so enttäuschend knappen und unpersönlichen Einträgen wie im Taufregister. 1596 zum Beispiel wurde Mr. Shakspere zusammen mit drei anderen Personen beschuldigt, einen William Wayte zu bedrohen, der um ein Friedensgebot gegen sie ersuchte. Die Gerichtsunterlagen verzeichnen dies nur in einer einzigen, lateinisch abgefaßten Zeile, und wir wissen wenig über den Vorfall, der zu Waytes Klage führte. (Sogar die ganze Bände füllenden Biographien übergehen ihn für gewöhnlich.) Mr. Shakspere wird auch in den Steuerlisten für dieses Jahr mit Wohnsitz im Londoner Stadtteil Southwark aufgeführt. Er legte sich im Laufe der nächsten Jahre noch zwei oder drei weitere Londoner Adressen zu, aber wir haben immer das Gefühl, bei unserer Ankunft ist er schon ausgezogen.

1599 wurden er und andere als Eigentümer des neuen Globe Theatre aufgeführt. 1597 hatte er für die stattliche Summe von 60 Pfund New Place, ein großes Haus in Stratford, gekauft. Seit dieser Zeit tritt er als recht wohlhabender Bürger von Stratford auf, erwirbt über die Jahre weiteren Grundbesitz, verkauft Getreide und andere Waren und beantragt den Titel »gentleman« sowie ein Wappen für sich und seinen Vater. (Sein einziger Sohn, Hamnet Shakspere, war 1597 gestorben – ein trauriges Ereignis, von dem nur die übliche einzeilige Eintragung im Kirchenregister kündet.) Von 1602 bis 1604 wohnte Mr. Shakspere, laut seiner späteren Aussage in einem Prozeß, in London bei einer Familie namens Mountjoy. Er besaß in London offenbar nie ein eigenes Wohnhaus.

Ab der zweiten Hälfte des Jahres 1604 bis ins Jahr 1611 wird Mr. Shakspere in Londoner Quellen nicht erwähnt (außer als Beteiligter bei einem Kauf, der seine Anwesenheit nicht erfordert hätte). Er scheint in diesem Zeitraum überwiegend nicht in London geweilt zu haben, und vier Dokumente aus diesen Jahren belegen seine Anwesenheit in Stratford. Die geringe Zahl der Londoner Belege aus dieser Zeit ist auffallend, sind dies doch die Jahre, in denen er die meisten seiner größten Dramen geschrieben haben soll. Einige Forscher glauben denn auch, daß er sich bereits 1604 nach Stratford zurückzog. Jedenfalls hat er offenbar in der Hauptstadt keine Spuren hinterlassen, während er solche Meisterwerke wie *Othello, König Lear, Macbeth, Antonius und Cleopatra* und *Der Sturm* schrieb. Die überlieferten Quellen sind insgesamt so dürftig, daß uns für sein gesamtes Leben nur eine Handvoll Daten Auskunft über Mr. Shaksperes jeweiligen Aufenthaltsort gibt. Wir können lediglich raten, wieviel seiner Zeit er in London verbrachte und wieviel in Stratford. Die meisten Forscher mutmaßen, daß Mr. Shakspere sich um 1611 nach Stratford zurückzog. Doch zwischen 1604 und 1611 gibt es keine Nachweise für seine Anwesenheit in London, während von 1611 bis 1615 belegt ist, daß er sowohl in London als auch in Stratford Geschäfte tätigte.

Mr. Shakspere ist 1612 wieder in London, um in einem Prozeß über eine Mitgift auszusagen. Der Prozeß betraf die Familie Mountjoy, bei der er offenbar von 1602 bis 1604 gewohnt hatte. Seine Erinnerungen an die Einzelheiten waren zu ungenau, um hilfreich zu sein. Ihm wird in London weder ein Wohnsitz noch ein Beruf attestiert; er wird nur als ein »gentleman« aus Stratford-upon-Avon bezeichnet, wo er seit einiger Zeit zu wohnen scheint.

Im März 1613 ist er nochmals in London, um ein »Wohn- oder Miethaus« in Blackfriars zu kaufen (er wird wieder als »gentleman« aus Stratford bezeichnet), und in einer ähnlichen Angelegenheit noch einmal im April 1615. Einer seiner Treuhänder ist John Heminge, wie er Teilhaber der King's Men und des Globe Theatre. Während seines Aufenthaltes im Jahre 1613 scheint er zusammen mit Richard Burbage für den Grafen von Rutland eine *impresa*, ein Motiv für ein Turnierschild, angefertigt zu haben. Sowohl Heminge als auch Burbage wurden in dem Testament bedacht, das Mr. Shakspere Anfang 1616 abfaßte und im März überarbeitete, einen Monat, bevor er an seinem oder um seinen zweiundfünfzigsten Geburtstag starb.

Von Mr. Shakspere Testament sollte man erwarten, daß es gewisse Verbindungen zum literarischen Leben eines Theatermannes aufweist. Stattdessen bringt es die orthodoxen Biographen eher in Verlegenheit. Nur wenige zitieren es in voller Länge. In all den Jahren – ob es nun fünf oder zwölf oder noch mehr waren –, die Mr. Shakspere überwiegend in Stratford verbrachte, hinterließ er nur dieses eine Schriftstück, das noch dazu wie das Werk eines nahezu Schreibunkundigen aussieht. Einige Forscher behaupten, er habe es unter Umständen gar nicht selbst geschrieben, trotz der einleitenden Feststellung, er »erstelle und verfüge« es »bei vollkommener Gesundheit und bei klarem Gedächtnis«. Kann sich irgend jemand nach der Lektüre des vollständigen Dokuments (siehe Anhang 1) vorstellen, daß derselbe Mann, der dies schrieb oder diktierte, auch den *Sturm* verfaßte?

In seinem Buch *Shakespeare: Eine Dokumentation seines Lebens* widmet Samuel Schoenbaum dem dürren, drei Seiten langen Testament ganze elf Seiten, obwohl es für die Dramen und Gedichte nur von geringem oder gar keinem Belang ist. »Shakespeares Letzter Wille«, sagt uns Schoenbaum, »ist kein poetisches Testament, aber die [in der Formulierung von G. E. Bentley] ›charakteristische letztwillige Verfügung eines wohlhabenden Mannes unter der Regierung Jakobs des Ersten.‹ In einer solchen Urkunde nach Metaphern oder verdeckten Wortspielen, ja nach angedeuteten Enthüllungen zu suchen, ist ein müßiges Beginnen.«

Vielleicht war ihm der Stil seines Testaments gleichgültig, aber warum wird nichts erwähnt, was auf literarische Neigungen hindeutet? Er hinterließ keine Bücher und keine Manuskripte; keinen Hinweis auf geistige Interessen; keine Erwähnung literarischer Schirmherren oder Freunde. Sogar seine sechs überlieferten Unterschriften haben Anlaß zu Zweifeln gegeben, nicht so sehr, weil sie kaum lesbar sind, sondern weil sie so unregelmäßig sind und die einheitliche Handschrift eines Mannes, der viel schrieb, vermissen lassen. Und obwohl Mr. Shakspere seinen Mitteilhabern, darunter Richard Burbage, bestimmte Summen für Andenkenringe hinterließ, hat sich nichts erhalten, was bezeugt, daß man in London vom Tod des gefeierten Dichters irgend Notiz nahm. Zu einer Zeit überschwenglicher Lobreden hielt es niemand für nötig, ihm einen Gruß nachzurufen.

Im Zeitalter des Taschenbuchs müssen wir uns in Erinnerung rufen, daß Bücher damals weit teurer waren als heute; oft waren sie an Pulte angekettet. Wir können getrost davon ausgehen, daß der Verfasser der Shakespeare-Dramen zumindest eine kleine Bibliothek besaß, da die Stücke so durchgängig Bezüge zu veröffentlichten Texten enthalten. So benutzte Shakespeare oft die Bibel (besonders die Genfer Übersetzung), Holinsheds *Chronicles*, Plutarchs *Biographien* (in der Übersetzung von Sir Thomas North), Ovid (sowohl im Original als auch in Arthur Goldings Übersetzung) und Chaucer. Aber nichts weist darauf hin, daß Mr. Shakspere auch nur ein einziges Buch besaß. Schoenbaum schlägt vor: »Die Bücher wurden vielleicht separat in einem post-mortem-Inventarium aufgeführt …« Aber es fällt schwer, das zu glauben, zumal Mr. Shaksperes eigener Schwiegersohn, Dr. John Hall, ein Testament hinterließ, in dem er seinen Sohn anwies, mit seinen Büchern und Manuskripten nach Gutdünken zu verfahren. Der Autor und Übersetzer John Florio, der seine Bücher den Grafen von Southampton und Pembroke widmete, hinterließ Pembroke viele seiner Bücher und Manuskripte. Mr. Shakspere erfreute sich wahrscheinlich der Huld beider Grafen, doch sein Testament nennt keinen von ihnen.

In ihrer Biographie *Shakespeare of London* stellt Marchette Chute nützliche Vergleiche zwischen Mr. Shaksperes Testament und denen anderer aus seinem eigenen Kreis an:

> Der Ton von Shakespeares Testament ist durchweg unpersönlich, obwohl die meisten Testamente aus dieser Zeit persönlich und liebevoll sind. Henry Condells Testament spricht von seiner »vielgeliebten Frau«, und John Heminges bittet darum, »neben meiner lieben Frau Rebecca« begraben zu werden. Augustine Phillips benutzt denselben Ausdruck, und Thomas Pope schließt in seine Zuwendung sogar seinen »lieben Freund John Jackson« ein. Shakespeare hingegen war das einzige Mitglied der Truppe, dessen Testament nicht die leiseste Spur persönlicher Gefühle zeigt.

Man vergleiche es mit der Warmherzigkeit des Testaments von Edmund Heywood, dem Onkel des Dichters und Dramatikers Thomas Heywood, aus dem Jahre 1624:

> Zwar war es meine Absicht, meiner vielgeliebten Frau Magdalen, mit der ich dank der Güte Gottes lange Zeit leben durfte, den größten Teil meines Besitzes zu hinterlassen, so daß sie ihr Lebtag den Nutznieß habe und darüber letztwillig verfüge; aber da es Gott gefallen hat, sie seit langem mit Lähme heimzusuchen, wodurch und aufgrund ihrer anderen Schwächen und Gebrechlichkeiten, wie sie oft das Alter begleiten, sie nun unfähig ist, die Dinge dieser Welt zu besorgen, so hielt ich es für besser, über diese zeitlichen Segnungen, mit denen Gott mich ausgestattet hat, zu verfügen, wie es in diesem meinem Letzten Willen festgeschrieben ist; und meine besagte Frau lieber in die Obhut ihres natürlichen und einzigen Kindes zu geben, als sie und mein Hab und Gut Fremden auszusetzen, denen an der Habe mehr gelegen sein mag als an ihr.

Jane Cox vom Public Records Office in London, eine Spezialistin für alte juristische Dokumente, nennt die berühmte Hinterlassenschaft an Anne

Hathaway Shakspere, das »zweitbeste Bett« des Dichters, rundheraus ein »erbärmliches Andenken«. Sie bemerkt dazu:

> Das war keine »liebevolle kleine Hinterlassenschaft«, auch war es im siebzehnten Jahrhundert keineswegs die Regel, daß ein Mann von Stand in seinem Testament nicht ausdrücklich für die Ehefrau Vorsorge traf. In einer Stichprobe von 150 im selben Jahr beurkundeten Testamenten ... bestimmte etwa ein Drittel der Erblasser die Ehefrau zur Testamentvollstreckerin und Haupterbin. Keiner hinterließ seiner Ehefrau etwas so Armseliges wie ein zweitbestes Bett. Bettstellen und Bettzeug waren zweifellos wertvoll und geschätzte Posten und wurden meistens sorgfältig aufgeführt, wobei die besten Betten an Ehefrauen und älteste Söhne gingen.

Mr. Shakspere bedenkt in seinem Testament drei seiner Kollegen bei den King's Men: Richard Burbage, John Heminge und Henry Condell. Aber er erwähnt keine literarischen Kollegen – keinen einzigen aus all den Jahren in einer Stadt, in der es von bekannten Autoren nur so wimmelte. Eine seltsame Auslassung, zumal Francis Meres darauf hinweist, daß Shakespeares »gezuckerte Sonette unter seinen vertrauten Freunden« kursierten. Er müßte also eigentlich mit diesen Freunden viele lebhafte Gespräche darüber geführt haben. Doch die einzigen Londoner Freunde, die das Testament benennt, sind Mr. Shaksperes Theaterpartner. Sogar Jonson, sein angeblicher Saufkumpan und freundschaftlicher Rivale, wird keiner Abschiedsgeste für wert befunden. Es mag nicht überraschen, daß wir keine Zeugnisse aus seiner Stratforder Jugend haben, als seine glanzvolle Zukunft noch vor ihm lag. Aber es ist schon sehr merkwürdig, daß die Zeugnisse aus seinem Leben in Stratford *nach* seinen Londoner Jahren nicht den mindesten Hinweis darauf enthalten, welche ruhmreiche Zeit hinter ihm lag.

Das Testament trägt drei der sechs erhaltenen Unterschriften, die Mr. Shakspere zugeschrieben werden. Jane Cox meint, daß diese Unterschriften auch von jemand anders geleistet worden sein können. Sie vertritt sogar die Ansicht, die sechs Shakspere-Unterschriften seien das Werk von vier verschiedenen Schreibern. Schoenbaum zitiert ihre Meinung, vermeidet es aber, zu dem Schluß zu kommen, der sich daraus ergibt: möglicherweise war Mr. Shakspere *unfähig, seinen eigenen Namen zu schreiben.* Ob nun die sechs Shakspere-Unterschriften übereinstimmen oder nicht, keine von ihnen zeigt die schreibgeübte Hand eines Schriftstellers. Joseph Quincy Adams versichert uns, Mr. Shakspere sei bei der Unterzeichnung seines Testaments »in einem so geschwächten und erschöpften Zustand gewesen, daß seine Hand zitterte«. Schoenbaum vermutet, daß er »schwerkrank« war. Das steht in direktem Widerspruch zum zweiten Satz des Testaments selbst.

Schließlich müssen wir uns der berühmten Inschrift auf dem Grabstein zuwenden, die allgemein, aber irrtümlich als sein Epitaph bezeichnet wird. Niemand kann sie honigzüngig, lieblich oder Ovid vergleichbar nennen:

> Good friend, for Jesus' sake forbear
> To dig the dust enclosed here:
> Blest be the man that spares these stones,
> And curst be he that moves my bones.

> [Um Jesu Willen, Freund, laß du
> Den hier verschloßnen Staub in Ruh;
> Gesegnet sei, wer schont den Stein,
> Verflucht, wer störet mein Gebein.]

>> (Alle Gedichtübertragungen stammen, soweit
>> nicht anders angegeben, von der Übersetzerin)

Die meisten Forscher meinen, daß diese plumpen Knittelverse nicht auf den Verfasser des *Hamlet* zurückgehen. Einige neuere Herausgeber jedoch nehmen in Shakespeares Gedichte einige ähnliche Verse auf, die im siebzehnten Jahrhundert Mr. Shakspere zugeschrieben wurden. Einer davon gilt einem Stratforder Wucherer namens John Combe:

> Ten in the hundred here lies engraved;
> A hundred to one his soul is not saved.
> If anyone asks who lies in this tomb,
> »O ho!« quoth the devil, »'tis my John-a-Combe.«

> [Zehn auf das Hundert fuhr nun in die Gruft;
> Hundert zu eins, daß Gott ihn nicht ruft.

Wenn jemand einst fragt, wer ruhet wohl hier,
Spricht der Teufel: »John Combe, und der gehört mir.«]

Diese linkischen Reime klingen ganz nach dem Dichter, der auch die Verse für Mr. Shaksperes Gebeine verbrach. Falls Mr. Shakspere beide schrieb, so mag ihm der Titel gebühren, Stratfords vortrefflichster Dichter zu sein.

Nichts sonst in den Stratforder Dokumenten und Überbleibseln deutet auch nur im entferntesten darauf hin, daß Mr. Shakspere ein Mann von Bildung war; es geht aus ihnen nicht einmal hervor, ob er lesen und schreiben konnte. Seine Biographen glauben, daß Mr. Shakspere mindestens die letzten fünf Jahre seines Lebens in Stratford verbrachte; doch in all diesen Jahren hinterließ er nicht den leisesten Hinweis darauf, daß er der Dichter und Dramatiker Shakespeare gewesen war. Da uns keine sicheren Beweise vorliegen, daß er zwischen 1604 und 1612 überhaupt in London war, während wir aus diesen Jahren mehrere Zeugnisse für seine Anwesenheit in Stratford haben, kann es sein, daß er zwölf Jahre lang in seiner Heimatstadt lebte, ohne irgendwelche Spuren literarischer Tätigkeit zu hinterlassen.

Die Folio von 1623 scheint in reichem Maße für das Schweigen von 1616 Buße zu tun – was dieses Schweigen nur umso merkwürdiger macht. Der Dichter Shakespeare war seit 1593 überschwenglich gerühmt worden. Der Dramatiker Shakespeare trat zum ersten Mal 1593 in Erscheinung; Francis Meres hatte ihn gleichermaßen für seine Gedichte und für seine Theaterstücke gepriesen, außerdem begannen auch einzelne Dramen mit der Verfasserangabe »William Shakespeare« zu erscheinen. Diese Stücke waren so populär, daß ab 1605 unter seinem Namen mehrere Stücke minderer Qualität publiziert und ihm offensichtlich untergeschoben wurden (wogegen Mr. Shakspere allem Anschein nach nicht protestierte). Shakespeares gedruckte Werke verkauften sich nach wie vor gut, und seine Stücke wurden regelmäßig aufgeführt, als Mr. Shakspere 1616 starb. Sieben Jahre später hatte sein Name immer noch solches Gewicht, daß die Herausgabe der Folio mit ihren zahlreichen Huldigungen an den Verfasser gerechtfertigt erschien – bei über 900 Seiten ein sehr kostspieliges Unterfangen.

Die Folio setzt in der Tat Shakespeare mit Mr. Shakspere gleich; sie ist der Hauptbeweis für Mr. Shaksperes Verfasserschaft. Leider gibt sie so gut wie nichts über den Verfasser preis, verrät uns weder Eckdaten seines Lebens noch was das für ein Mensch war.

Angesichts des Mangels an Quellenmaterial ist es kein Wunder, daß Shakespeares Stücke inzwischen als Quellen für Mr. Shaksperes Leben behandelt werden. Leider ist die Datierung der Stücke äußerst unsicher. Wir wissen, wann sie gedruckt wurden; wir kennen einige Aufführungsdaten (auch durch indirekte Hinweise); wir meinen, aus ihrem Stil die Reihenfolge ableiten zu können, in der sie geschrieben wurden; aber es gibt nur wenige Hinweise darauf, wann sie geschrieben wurden, und keine Verbindungen zum Leben ihres vermeintlichen Autors. Die Biographen sind deshalb auf Zirkelschlüsse zurückgeworfen. Sie haben sich darauf geeinigt, daß die Stücke etwa zwischen 1590 und 1612 geschrieben wurden, und verteilen sie gleichmäßig über diesen Zeitraum, wobei sie aus jedem Stück ein Ereignis in Mr. Shaksperes Leben machen. Zwei der ehrwürdigsten Shakespeare-Forscher, Edmond Malone und Sir Edmund Chambers, stützen ihr Datierungsschema ausdrücklich auf die mutmaßlichen Daten von Mr. Shaksperes Laufbahn. Andere sind ihrem Beispiel gefolgt und haben gegenteilige Beweise wegdiskutiert. Diese Methode, die Stücke zu datieren, bringt ihre eigenen Probleme mit sich. So wird etwa *Hamlet* allgemein auf das Jahr 1601 datiert. Da sich aber in den zeitgenössischen Quellen bereits ab 1589 Verweise auf dieses Stück finden, postulieren die Forscher die Existenz einer früheren Fassung, eines »*Ur-Hamlet*«, geschrieben von einem anderen, einem Unbekannten. Der *Ur-Hamlet* mußte erfunden werden, weil es kaum jemand für möglich hält, daß Mr. Shakspere den uns bekannten *Hamlet* vor 1600 schrieb.

In jüngster Zeit haben sich die Forscher eher davor gehütet, direkte Parallelen zwischen dem Werk und dem Leben, besonders dem Seelenleben von Mr. Shakspere zu ziehen. Manche lesen die Sonette als Autobiographie, aber die überwiegende Mehrheit ist agnostisch. Der Shakespeare der Wissenschaft – und unserer Hörsäle, Denkmäler und Ikonographie – besitzt keine menschliche Authentizität. Er ist eine unbefriedigende Zusammensetzung aus dem nichtssagenden Mann aus Stratford und dem Mann, der mit einer Einbildungskraft, einem Einfühlungsvermögen und einem Humor ohne gleichen den Dramen und Gedichten Leben verlieh. Unter diesen Umständen kann es kaum überraschen, daß eine Reihe von »Verfasserschaftsketzereien« aufkeimte. Mangels einer geschlossenen Persönlichkeit ist Shakespeare mit der wabernden Aura der »Universalität« ausgestattet worden. Die etablierte Forschung hat sich aus einigen Einzelteilen, die sehr schlecht zusammenpassen, ein Shakespeare-Bild zusammengeflickt und dabei andere Einzelteile, die überhaupt nicht dazu passen wollen, vernachlässigt. Wenn wir die Geschichte dieser Forschung betrachten, wird deutlich, daß sie mehr über uns selbst aussagt als über Shakespeare.

Bevor wir uns der Frage zuwenden, wer sonst die Werke von William Shakespeare geschrieben haben könnte, wollen wir den Shakespeare-Mythos selbst unter die Lupe nehmen, woraus er sich speiste und was ihn am Leben hielt.

2. Die Entstehung des Shakespeare-Mythos

Für moderne Leser besteht das größte gedankliche Hindernis für jeglichen Zweifel daran, wer Shakespeares Stücke schrieb, in der Vorstellung, daß Shakespeare zu seinen Lebzeiten ein weithin bekannter, ja sogar ein berühmter Mann gewesen sein muß. Viele seiner Zeitgenossen müssen ihn persönlich gekannt, ihn im Theater gesehen und im Mermaid ein Gläschen mit ihm getrunken haben. Kann es sein, daß sie alle getäuscht wurden? Die Quellen über Mr. Shakspere machen deutlich, wie schwierig es ist, sein Leben zu rekonstruieren, und wie wenig wir in der Hand haben. Keine Frage, es gab Menschen, die ihn kannten. Und falls es sich bei Mr. Shakspere und Shakespeare um zwei verschiedene Männer handelte, so hätten einige dieser Menschen das sicherlich gewußt. Ben Jonson zum Beispiel hätte es bestimmt gewußt. Aber ganz allgemein läßt sich schwer sagen, wer was wußte.

Wir müssen auch bedenken, daß Shakespeare zu seiner Zeit zwar als Schriftsteller beliebt und geachtet war, aber noch längst nicht auf dem Sokkel stand, auf den man ihn erst nahezu zwei Jahrhunderte später hob. Er war nicht einmal eine Person des öffentlichen Lebens; viele seiner beliebtesten Stücke wurden noch gar nicht mit ihm in Verbindung gebracht; das literarische Publikum hatte keinen Sinn für die Gesamtheit seines Werkes. Viele Zeitgenossen lobten Shakespeare *als Schriftsteller*. Aber wir haben nur eine Handvoll von Äußerungen, die sich (wie die Forscher meinen) auf den Privatmann Shakespeare beziehen.

Zwei solcher vermeintlicher Anspielungen auf Shakespeare, die für den Standardlebenslauf wesentlich sind, nennen nicht einmal seinen Namen: ein Abschnitt in dem Pamphlet *Greene's Groatsworth* und die anschließende Entschuldigung des Herausgebers Henry Chettle, beide aus dem Jahre 1592. Ein geschwätziges Gedicht mit dem Titel *Willobie his Avisa* erzählt

1594 eine schmerzliche Geschichte über einen »alten Schauspieler«, der nur als »W. S.« bezeichnet wird; das kann William Shakespeare bedeuten, dessen *Lucretia* das Gedicht auch erwähnt, aber die orthodoxe Sichtweise kann nicht erklären, warum Shakespeare zu einem so frühen Zeitpunkt seiner Laufbahn als »alt« beschrieben wird. Zwei Stücke, die um 1600 an der Universität von Cambridge aufgeführt wurden, enthalten Witze über den »süßen Mr. Shakespeare«. Ein pikantes Anekdötchen über Shakespeare wird 1602 von einem John Manningham wiedergegeben. Eine weitere Anspielung, die des Dichters Thomas Heywood aus dem Jahre 1602, ist ebenfalls nur eine versteckte, denn sie nennt Shakespeares Namen nicht. Die Folio von 1623 spricht von Shakespeare, verrät uns aber bemerkenswert wenig über ihn. Schließlich haben wir Jonsons kurzen, liebevollen, aber ein wenig sarkastischen Rückblick auf Shakespeare in seinem *Timber, or Discoveries*, einer 1640 veröffentlichten Sammlung nachgelassener Schriften.

Von diesen Hinweisen sind die von Greene und Jonson für den orthodoxen Lebenslauf am wichtigsten. Seltsamerweise liegen beide fast ein halbes Jahrhundert auseinander – der eine am Beginn von Shakespeares Laufbahn, und der andere lange danach. Dazwischen, in seiner Zeit als produktiver und erfolgreicher Dramatiker, wurde – abgesehen von lobenden Erwähnungen seiner Werke – so gut wie nichts über ihn selbst geschrieben. Greene und Jonson, zusammen mit der Folio, verdienen daher nähere Betrachtung.

Für Edmund Chambers, den konservativsten unter den Orthodoxen, ist »Greenes Brief ein hinreichender Beweis dafür, daß Shakespeare zu diesem Zeitpunkt, dem September 1592, sowohl Schauspieler war als auch Schauspiele schrieb«. Der verstorbene Samuel Schoenbaum, im allgemeinen ebenso vorsichtig wie Chambers, behauptet: »Indes, das *Groatsworth of Wit* enthält fraglos einen argen, gegen Shakespeare abgeschossenen Pfeil.« Dieser Interpretation des Pamphlets schließt sich die gesamte Shakespeare-Forschung im großen und ganzen an. Trotzdem sind immer wieder Fragen laut geworden, auf wen es denn nun wirklich abzielte.

Greene's Groatsworth ist ein langes Pamphlet, angeblich von Robert Greene auf dem Sterbebett geschrieben, das sein Leben mit Roberto als scheiterndem Helden in Form einer autobiographischen Fabel wiedergibt. Es endet mit einer bitteren Warnung an drei Dramatikerkollegen, sich vor skrupellosen Schauspielern zu hüten, die zwar für die Worte, die sie sprechen, auf Dramatiker angewiesen sind, diese Worte aber später verfälschen. Wir können uns nur verwundert fragen, wie ein Sterbender mit solcher Kraft und in solcher Länge schreiben konnte.

Das Pamphlet ist bei all seinen wortreichen Schmähungen wahrscheinlich eine Fälschung. Warren Austin vom Stephen F. Austin State College ist aufgrund einer computergestützten Stilanalyse zu diesem Schluß gelangt, zu dem auch Peter Moore gelangt ist, allerdings aus einfacheren Gründen. Der Verfasser des Pamphlets, angeblich der sterbende Robert Greene, drängt seine Frau, sich des gemeinsamen Sohnes Fortunatus anzunehmen. In Wirklichkeit war der Junge Greens Sohn von einer anderen Frau, einer Hure, mit der er zusammenlebte, nachdem er seine Frau verlassen hatte. Dem Fälscher war das offenbar unbekannt.

Nicht, daß die Verfasserschaft des Pamphlets bewiese, ob es ein Angriff auf Shakespeare war oder nicht. Aber die ziemlich späte Entdeckung, daß Greene es nicht geschrieben haben kann, zeugt davon, daß nur wenige das Pamphlet einer strengen Prüfung unterzogen haben, seit ein Shakespeare-Forscher namens Thomas Tyrwhitt im Jahre 1766 darauf stieß.

Die berühmte Stelle über die »emporgekommene Krähe« – tatsächlich nur ein einziger Satz in dem langatmigen Pamphlet – steht in der Warnung an die Dramatiker, von denen einer (wahrscheinlich der lästerliche Marlowe) vor Atheismus und anderen Sünden gewarnt wird. »Kleingeister alle drei«, sagt der Schreiber, der sich für Greene ausgibt, »wenn euch mein Elend nicht zur Warnung dient.« Die Schauspieler sind »jene Puppen, die aus unserem Munde sprechen, jene Clowns, die mit unserer Livree ausstaffiert wurden«, sogar »Affen«. Der Schreiber hebt einen Schauspieler hervor:

> Yes trust them not: for there is an upstart Crow, beautified with our feathers, that with his *Tygers hart wrapt in a Players hyde*, supposes he is as well able to bombast out a blank verse as the best of you: and being an absolute *Johannes fac totum*, is in his owne conceit the onely Shake-scene in a countrey.

> [Ja, traut ihnen nicht, denn da ist eine emporgekommene Krähe, geschmückt mit unseren Federn, der mit seinem *Tigerherzen, in Schau-*

spielerhaut gesteckt, meint, einen Blankvers ebenso gut mit Bombast ausstatten zu können wie der Beste von euch: und dieser absolute *Hans Dampf in allen Gassen* dünkt sich der einzige Bühnen-Erschütterer im Lande.]

Dieser angebliche Hieb gegen Shakespeare wird in jeder Biographie erwähnt und taucht sogar in den kürzesten biographischen Abrissen auf. Er ist so oft zitiert worden, daß die meisten Leser, darunter auch viele Anglisten, sich die falsche Meinung gebildet haben, daß nicht nur dieser Satz, sondern das ganze Pamphlet gegen Shakespeare gerichtet sei. »Tigerherz, in Schauspielerhaut gesteckt« soll eine spöttische Anspielung auf die Zeile »O Tigerherz, in Weiberhaut gesteckt!« in dem Stück sein, das wir jetzt als *König Heinrich VI. 3. Teil* kennen. Und die Bezeichnung »Shake-scene« bestätigt den meisten Forschern, daß Shakespeare die Zielscheibe ist.

Doch es gibt Probleme mit dieser Interpretation, ganz abgesehen von der Plumpheit des Wortspiels, auf dem sie fußt. Zum einen war im Jahre 1592 Shakespeare noch nicht öffentlich als Verfasser von *König Heinrich VI. 3. Teil* bekannt. Als das Stück drei Jahre später im Druck erschien, wurde kein Verfasser angegeben – was merkwürdig ist, wenn sein Verfasser bereits Ziel von Angriffen war. Erst die Folio ordnete es viele Jahre später Shakespeare zu. Der Schreiber konnte also nicht darauf zählen, daß seine Leser wußten, welcher Autor mit dieser Anspielung gemeint war. Aber was könnte der Satz sonst bedeuten?

In seinem Buch *Tiger's Heart* behauptet Jay Hoster, daß die wahre »emporgekommene Krähe« der Schauspieler und Theaterbesitzer Edward Alleyn war, der größte Star des elisabethanischen Theaters (zumindest vor Burbage), den der wahre Greene schon früher dafür angegriffen hatte, daß er die Dramatiker zu schlecht bezahle. Alleyn war bekannt für sein tobendes Pathos, das die Zuschauer liebten. Einmal brach er durch die Bühnenbretter – also ein echter »Bühnenerschütterer« sozusagen. Ein Dramatiker, der geschäftlich mit Alleyn zu tun hatte, mochte durchaus einen Groll gegen ihn hegen. Hoster weist darauf hin, daß Alleyn in *König Heinrich VI. 3. Teil* in einer Rolle glänzte, in der er »O Tigerherz, in Weiberhaut gesteckt!« zu sagen (oder zu donnern) hatte, und daß diese Zeile mit ihm, nicht mit dem anonymen Stükkeschreiber in Verbindung gebracht wurde. Immerhin wird diese Zeile von einer der Hauptfiguren gesprochen: Richard Plantagenet, Herzog von York. Als das Stück 1595 gedruckt wurde, lautete sein Titel nicht *Henry VI*, sondern *The True Tragedy of Richard, Duke of York*.

Jahre später sollte der wahre Shakespeare für sein Stück *Das Wintermärchen* Greenes Prosaromanze *Pandosto* zur Vorlage nehmen. Wenn das zutrifft, würde es bedeuten, daß Shakespeare ausgerechnet bei dem Mann Anleihen machte, der ihn am Beginn seiner Laufbahn einen Affen und Parasiten geschimpft hatte. Eine einleuchtendere Erklärung ist, daß Greenes Pamphlet Shakespeare nichts ausmachte, weil es nichts mit ihm zu tun hatte. Weder er noch sonst jemand erwähnte es später in Verbindung mit ihm.

1592 jedoch sorgte *Greene's Groatsworth* für Unruhe. Ein weiterer glänzender Pamphletist der Zeit, Thomas Nashe, beeilte sich, ein Dementi zu veröffentlichen: »Ein grindiges, nichtiges, verlogenes Pamphlet namens *Greene's Groatsworth* wird mir in die Schuhe geschoben. Gott möge sich meiner Seele nie erbarmen, sondern mich auf immer verstoßen, wenn auch nur ein Wort oder eine Silbe davon aus meiner Feder floß oder wenn ich in irgendeiner Weise an der Abfassung oder der Drucklegung beteiligt war.« Dieser Protest zeigt, daß nicht nur Nashe, sondern auch andere es für eine Fälschung hielten.

Der Herausgeber des Pamphlets, Henry Chettle, fühlte sich genötigt, zwei Monate später eine Entschuldigung zu publizieren. Er stritt ab, das Pamphlet gefälscht zu haben, übernahm jedoch eine gewisse Verantwortung dafür und entschuldigte sich bei einem der beiden »Stückeschreiber«, die an Greenes Vorwürfen Anstoß genommen hatten:

> Keiner von den beiden, die Anstoß nehmen, war mir persönlich bekannt, und mit einem von ihnen möchte ich es auch nie werden. Der andere, den ich seinerzeit nicht so schonte, wie ich es inzwischen wünschte, zumal ich die Hitzigkeit lebender Autoren besänftigt habe und (besonders in einem solchen Fall) nach eigenem Gutdünken hätte verfahren müssen, da der Autor tot war, was ich nicht tat, so bedauere ich dies, als sei der ursprüngliche Fehler mein eigener gewesen, denn ich habe selbst gesehen, daß sein Betragen nicht weniger höflich ist, als er sich in der Tätigkeit, der er nachgeht, auszeichnet: außerdem haben mehrere Personen hohen Ansehens seine Aufrichtigkeit in Geschäften bezeugt, was für seine Ehrlichkeit spricht, und

dazu die geistreiche Anmut seines Stils, welche seine Kunst unterstreicht.

Die meisten Forscher haben angenommen, daß der Adressat der »artigen Entschuldigung« Mr. Shakspere ist, und runden so die Geschichte vom ersten beruflichen Mißgeschick ihres Helden ganz im Stile Horatio Algers ab: Mr. Shakspere, dessen aufkeimendes Genie den bitteren Neid eines sterbenden Rivalen weckt, wird vom Verbreiter des Angriffs vollkommen reingewaschen. Der tugendhafte Held hat mit seinen angeborenen Gaben und seinem großmütigen Naturell allem die Stirn geboten, was ein studierter Schlaukopf ihm entgegenschleudern kann. Er hat den Hieb, er sei ein Emporkömmling ohne eigenes Talent, überlebt, und es zu Ruhm gebracht.

Doch Chettle entschuldigt sich deutlich bei einem der *Stückeschreiber*, auf die das Pamphlet zielte, nicht bei dem Schauspieler (der »emporgekommenen Krähe«). Das Pamphlet warnte die Stückeschreiber ja gerade vor solchen Leuten. Edmund Chambers räumt in seinem Kommentar zu Chettles Entschuldigung ein: »Wahrscheinlich ist der erste hier angesprochene Stückeschreiber Marlowe und der zweite Shakespeare, obwohl das auf eine gewisse Ungenauigkeit in Chettles Wortwahl hindeutet, *da Greenes Brief offensichtlich nicht an Shakespeare gerichtet war*« (meine Hervorhebung). Chettle denkt bei seiner Entschuldigung nicht einmal an die Krähe. Es wäre töricht zu sagen, daß die Krähe an einer groben Beleidigung »Anstoß nahm«, die vollkommen danebengegangen wäre, wenn sie sie *nicht* beleidigt hätte. Zu sagen, daß jemand Anstoß nahm, beinhaltet, daß die Beleidigung nicht beabsichtigt war. Diese hier war es aber. Shakespeare könnte also entweder der Stückeschreiber oder die Krähe sein, aber nicht beides. Aller Wahrscheinlichkeit nach war er weder das eine noch das andere.

Greene's Groatsworth erregte sofort Aufsehen und wurde noch mehr als zehn Jahre nach seinem Erscheinen erwähnt – doch keine dieser Erwähnungen deutet an, daß das Pamphlet irgend etwas mit Shakespeare zu tun hatte. Zu dieser Schlußfolgerung gelangte man erst zu Tyrwhitts Zeiten. Trotzdem bezeichnet Samuel Schoenbaum diese vermeintliche Erwähnung Shakespeares als »jenen ersten Blick, den wir auf den Menschen Shakespeare tun können«. Die Forscher haben der Greene-Chettle-Episode viel Gewicht beigemessen, und die meisten Biographen widmen ihr mehr Aufmerksamkeit als den eindeutigen Hinweisen auf Mr. Shakspere, in manchen

Fällen sogar mehr als den intimen und persönlichen Sonetten, deren deutliche Auskünfte über ihren Autor so schwer mit den beurkundeten Daten von Mr. Shaksperes Leben in Einklang zu bringen sind.

Ganz anders verhält es sich bei Edmund Spensers Gedicht *The Teares of the Muses*, das 1591 veröffentlicht (und wahrscheinlich einige Zeit früher geschrieben) wurde. Es beklagt, daß sich ein Dramatiker, der sich sehr nach Shakespeare anhört, seit kurzem vom Theater fernhalte. Sein Name ist »Willy«, er ist »edel«, »Honig und süßer Nektar« fließen aus seiner Feder, er ist »der Mann, den die Natur der Wahrheit und sich selbst zum Abbild schuf«, und sein Rückzug hat die Muse der Komödie betrübt. Das klingt alles nach Shakespeare, dessen spätere Lobredner ihn mit eben diesen Worten preisen sollten; seit Dryden sind Kommentatoren davon ausgegangen, daß kein anderer gemeint sein kann.

Moderne Forscher hingegen bestreiten ebenso heftig, daß Spensers »Willy« Shakespeare sein könnte, wie sie darauf beharren, daß die »emporgekommene Krähe« es sein muß. Sie argumentieren, daß Mr. Shakspere vor 1591 als Dramatiker noch nicht eine solche Vorrangstellung einnehmen und sich obendrein vorübergehend vom Theater zurückziehen konnte; wohingegen er ab 1592 als Emporkömmling angefeindet werden konnte. Ausgangspunkt dafür, die eine Anspielung zu verwerfen, die andere aber gelten zu lassen, ist natürlich die Grundthese, daß Mr. Shakspere der Dichter Shakespeare war und daß Hinweise auf Shakespeare zu den Jahreszahlen passen müssen, innerhalb derer Mr. Shakspere sich in London einen Namen machen konnte. Nichtsdestoweniger schienen Shakespeares Zeitgenossen ihn in dem Lobgesang auf Willy zu erkennen, nicht aber in dem Angriff auf die Krähe.

Über beide Stellen läßt sich streiten. Ich möchte hier deutlich machen, daß die orthodoxen Forscher den *Groatsworth*-Satz den Spenser-Versen vorziehen, nicht weil er eindeutiger auf Shakespeare verweist, sondern einfach, weil er besser mit ihrer Annahme übereinstimmt, daß Mr. Shakspere und Shakespeare ein und derselbe Mann waren.

Jedenfalls dürfte der *Groatsworth*-Vorfall, selbst wenn die übliche Deutung als Tatsache hingenommen wird, kaum eine große Rolle im Leben des Dramatikers gespielt haben. Ihm wäre nie solch unangemessener Raum in den Biographien zugestanden worden, wenn wirklich genug Quellenmaterial über Shakespeare vorläge, um keinen Platz für Zweifel an seiner Identität zu lassen.

»William Shakespeare«, mit diesem Namen verband man 1592 durchaus noch nicht den erfolgreichen Dramatiker; erst 1598 erschien unter diesem Namen ein Theaterstück. Doch blieb der Name in der Zwischenzeit nicht unbekannt; allerdings brachte man ihn nicht mit Theaterstücken in Verbindung, sondern mit zwei großen Versepen.

1593 wurde erstmals ein Werk von Shakespeare veröffentlicht. Es war *Venus und Adonis*, eine lange, geistreiche erotische Versdichtung, gewidmet dem jungen Henry Wriothesley, Graf von Southampton. Dem Gedicht war sofortiger und andauernder Erfolg beschieden. Shakespeare wurde über Nacht ein gefeierter Dichter. Dann erschien 1594 *Die Schändung der Lucretia* – ebenfalls Southampton gewidmet, diesmal mit einer unverhohlenen Liebeserklärung. *Lucretia* war länger als *Venus* und weitaus ernsthafter. Ihr tragisches sexuelles Thema hat nichts von der koketten Lüsternheit der früheren Dichtung. Sie erwies sich als nahezu ebenso erfolgreich und trug ihrem Autor auch die Achtung derer ein, die der Forscher Gabriel Harvey »the wiser sort«, die Verständigeren, nannte. Von da an stand Shakespeares Größe außer Frage.

Ab 1594 finden sich in der elisabethanischen Literatur etliche Verweise auf die Epen von Lucretia und von Venus und Adonis. Allein 1594 finden sich drei auf Lucretia; einer davon, in dem verschlüsselten, geschwätzigen Gedicht *Willobie his Avisa*, erwähnt Shakespeare namentlich: »Und Shakespeare schildert der armen Lucretia Schändung.« 1595 merkt William Covell in seinem Buch *Polimanteia* an: »Alle loben die Lucretia, den süßen Shakespeare«, und bringt wiederum den Dichter mit dem Lucretia-Stoff in Verbindung. Francis Meres' berühmte Huldigung an Shakespeare aus dem Jahre 1598 beginnt nicht mit einem Lob auf seine Stücke, sondern auf »sein *Venus und Adonis*, seine *Lucretia*, seine gezuckerten Sonette unter vertrauten Freunden«. Im selben Jahr richtet Richard Barnfield Verse an Shakespeare, erwähnt darin keines der Stücke, versichert aber, daß *Venus* und *Lucretia* seinen »Namen in des Ruhmes unsterbliches Buch gesetzt haben«.

Nach 1598 erscheinen auch einzelne Erwähnungen der Stücke, aber die meisten Lobpreisungen Shakespeares beginnen weiterhin mit den beiden Versdichtungen. Ein 1599 »Ad Gulielmum Shakespeare« gerichtetes Sonett von John Weever spricht von Shakespeares Charakteren als seinen »Sprößlingen« und »Kindern«:

Rose-cheek'd Adonis with his amber tresses,
Fair, fire-hot Venus charming him to love her,
Chaste Lucretia virgin-like her dresses,
Proud lust-stung Tarquin seeking still to prove her:
Romeo, Richard, more whose names I know not …

[Der rosenwangige Adonis mit den braunen Locken,
Die schöne, feuerheiße Venus, die um seine Liebe buhlt,
Die keusche Lucretia in jungfräulichen Gewändern,
Der stolze, lustgeschwellte Tarquinius, der sie erobern muß;
Romeo, Richard und mehr noch, deren Namen ich nicht weiß …]

Im Jahre 1600 erschienen zwei Zitatensammlungen, die auch viele Zeilen von Shakespeare enthielten. Die Mehrzahl davon – 192 von insgesamt 310 – stammte aus den beiden Versepen und nicht aus den etwa acht Stücken, die zu dem Zeitpunkt gedruckt vorlagen. Ohne jeden Zweifel assoziierten die Leser jener Zeit mit Shakespeare nicht *Greene's Groatsworth*, sondern *Venus und Adonis* und *Die Schändung der Lucretia*. Niemand erwähnte ihn in jener Epoche im Zusammenhang mit *Groatsworth*.

Zumindest sechs seiner Stücke wurden zwischen 1594 und 1597 gedruckt – also nachdem seine Versdichtungen seinen Ruhm begründet hatten. Doch keines dieser Stücke trug seinen Namen. Shakespeare war vor 1598 öffentlich überhaupt nicht als Dramatiker ausgewiesen. Warum nicht? Sein Name auf den Titelseiten hätte den Umsatz sicher beträchtlich erhöht. Die Forscher haben nicht versucht, diesen Umstand zu erklären.

1598 begann Shakespeares Name auf Einzelausgaben oder Quartos seiner Stücke zu erscheinen. Im selben Jahr, was Zufall, aber auch Absicht gewesen sein kann, feierte Francis Meres ihn in seiner Sammlung *Palladis Tamia* nicht nur als Dichter, sondern auch als Dramatiker, und setzte ihn den großen Autoren Roms gleich. Von da an war Shakespeare sozusagen offiziell ein Dramatiker, und fast alle seine Stücke, die nun erschienen, trugen auf der Titelseite seinen Namen. Nach 1605 wurden sogar einige Stücke, die er nicht geschrieben hatte, für die seinen ausgegeben.

Im Jahre 1596 beantragte William Wayte, wie schon erwähnt, ein Friedensgebot gegen Mr. Shakspere und drei andere, da er sich offenbar von ihnen körperlich bedroht fühlte. Der Vorfall bleibt unklar, aber er scheint

Teil einer Auseinandersetzung im Zusammenhang mit dem Swan Theatre gewesen zu sein. Und anders als *Greene's Groatsworth* und Chettles Entschuldigung wird in diesem Dokument Mr. Shakspere namentlich erwähnt. Wir wissen nicht, ob er sich wirklich etwas zuschulden kommen ließ und Wayte tatsächlich bedrohte. Aber hier hat er wenigstens eine deutliche Spur hinterlassen, die der Shakespeare-Forscher Leslie Hotson in den zwanziger Jahren des zwanzigsten Jahrhunderts auffand. Trotzdem erwähnen die Biographen diesen Vorfall nur am Rande, und manche übergehen ihn völlig. Warum wird, ganz im Gegensatz zu der nebulösen Greene-Chettle-Episode, dieser eindeutige Hinweis auf Mr. Shakspere so vernachlässigt? Vielleicht, weil er nicht gut in das Shakespeare-Bild vom abgeklärten Genie paßt und auch Chettles vermeintlicher Beschreibung von ihm als »höflichem« Menschen widerspricht.

Vor der Folio von 1623 ist nichts Schriftliches mit persönlichen Angaben zu Shakespeare oder Mr. Shakspere überliefert. Und die Folio selbst scheint sowohl mit ihrem Mangel an konkreten Informationen als auch mit einigen ihrer Behauptungen und Auslassungen auf Irreführung angelegt zu sein. Mr. Shakspere hatte den Titel »gentleman« erworben, eine in der damaligen Gesellschaft bedeutende Auszeichnung, doch die Folio erwähnt das nicht. Unter Ben Jonsons Federführung kreiert die Folio das dauerhafte Bild Shakespeares als eines Burschen vom Lande, der aus eigener Kraft zum Genie wurde. Was wohl auch notwendig war, wenn er mit Mr. Shakspere gleichgesetzt werden sollte. Jonson deutet an, daß er nur »wenig Latein und noch weniger Griechisch« beherrschte, doch Shakespeare benutzt in seinen Werken nahezu vierhundert klassische Namen und zeigt sich mit vielen römischen Autoren vertraut. Seine Versepen *Venus* und *Lucretia* (die sich beide nicht in der Folio finden und nicht einmal darin erwähnt werden) fußen direkt auf klassischen Quellen; in beiden ist nie der geringste Fehler im Umgang mit der Geschichte und der Mythologie der Antike nachgewiesen worden.

Vor Jonson galt Shakespeare als außerordentlich kultivierter Dichter. Eigentlich jede zeitgenössische Huldigung lobte ihn als »honigzüngig« oder »lieblich«. Meres selbst behauptet, daß »die Musen in Shakespeares fein geschliffenen Wendungen sprechen würden, wenn sie Englisch sprächen«. Erst in der Folio bemerken wir einen geschickten Versuch, Shakespeares Bild zu manipulieren, aus ihm nicht einen hochgebildeten, vornehmen Dichter, son-

Ben Jonson, Dichter, Stückeschreiber und Freund Shakespeares. Seine aufreizenden Bemerkungen über den Freund vereinen hohes Lob, Kritik und kryptische Reminiszenz. (© Folger Shakespeare Library)

dern einen populären Schauspieler und Stückeschreiber zu machen, den »Freund und Kumpan« anderer Schauspieler aus dem Volke, der sich kaum die Mühe machte, seine Texte zu überarbeiten. Das Vorwort an die Leser, vorgeblich von Mr. Shakspres Kollegen John Heminge und Henry Condell (aber wahrscheinlich von Jonson, dessen Stil durchscheint), nennt ihn einen »glücklichen Nachahmer der Natur«: »Geist und Hand wirkten bei ihm zusammen: und was er dachte, das äußerte er mit einer solchen Leichtigkeit, daß wir in seinen Papieren kaum einmal einen Kleckser finden.«

Die Folio gab den Ton für spätere Würdigungen Shakespeares an, auch Milton wich nicht davon ab und schilderte ihn als einen, der »das Lied der heimischen Wälder trällerte«. Für das folgende Jahrhundert verkörperte Shakespeare die »Natur«, Jonson hingegen die »Kunst«, und es wurde erbittert darum gestritten, welchem von beiden der Vorrang gebühre. Dies wurde zur üblichen Art, von Shakespeare zu sprechen und zu erklären, wie Mr. Shakspere ohne höhere Bildung dazu kam, so glänzend zu schreiben. Hilfreich war dabei, daß die beiden Versepen Shakespeares alsbald in Vergessenheit gerieten.

Jonson starb 1637. 1640 wurden unter dem Titel *Timber, or Discoveries* eine Sammlung seiner nachgelassenen literarischen Schriften herausgegeben, die seine berühmte stachlige Reverenz an Shakespeare enthält:

Ich erinnere mich, wie die Schauspieler es Shakespeare oft zur Ehre anrechneten, daß er in seinen Schriften (in dem, was er selbst niederschrieb) niemals eine Zeile strich. Darauf erwiderte ich: »Hätte er doch tausend gestrichen« – was sie für eine Bösartigkeit hielten. Ich würde dies der Nachwelt nicht mitteilen, wären jene nicht so ahnungslos gewesen, ihren Freund gerade in dem Punkt zu loben, in dem er am meisten gefehlt hat; und um meine eigene Offenheit zu rechtfertigen, füge ich hinzu, daß ich diesen Mann liebte und sein Andenken ehre wie andere auch, ohne ihn zum Abgott zu erheben. Er war tatsächlich ehrenwert, von offenem, freiem Wesen; hatte eine ausgezeichnete Phantasie, kühne Ideen und edle Ausdrücke, deren er sich so flüssig bediente, daß es manchmal nötig gewesen wäre, ihm Einhalt zu tun. *Sufflaminandus erat*, wie Augustus von Haterius sagte. Witz stand ihm zu Gebote, wäre es nur mit der Kraft, ihn zu beherrschen, ebenso gewesen! Oft verrannte er sich, daß es zum Lachen war, etwa wenn er seinen Caesar einem anderen auf die Worte: »Caesar, du tust mir Unrecht«, entgegnen läßt: »Caesar tat nie Unrecht, es sei denn, er war im Recht« – und dergleichen mehr, was lächerlich war. Er glich aber seine Fehler mit seinen Vorzügen aus. Stets war bei ihm mehr zu rühmen als zu entschuldigen.

Unter den erhaltenen Quellen kommt dies einer Beschreibung des Menschen Shakespeare noch am nächsten – es ist sogar das einzige Zeugnis dieser Art. Vielen gilt es als Beweis dafür, daß Mr. Shakspere mit Shakespeare identisch ist. Aber wenn Jonson gehalten war, das Geheimnis seines Freundes zu wahren, so lag nahe, daß er ihn weiterhin als »Shakespeare« bezeichnete, sogar in persönlichen Erinnerungen.

Wenn wir seine Worte genau lesen, fällt auf, daß Jonson ihm zwar tausend Schnitzer vorwirft, aber nur einen zitiert. Doch dieser eine – »Caesar tat nie Unrecht, es sei denn, er war im Recht« – findet sich bei Shakespeare nicht. Shakespeares Caesar sagt: »Wisse, Caesar tut kein Unrecht, ohne Gründe/Befriedigt man ihn nicht.«

Die Forscher haben diesen offenkundigen Widerspruch aufzulösen versucht, indem sie eine frühere Fassung des Stückes mit dem von Jonson zitierten Satz postulieren, den Shakespeare dann aufgrund von Jonsons Stichelei änderte. Jonsons Vorwurf zielt aber gerade darauf ab, daß Shakespeare seine Fehler *nicht* verbesserte. Shakespeare sind in der Tat hier und da Fehler unterlaufen, wenn auch nicht annähernd tausend an der Zahl, und den meisten Lesern würden sie ohne die Belehrung wissenschaftlicher Anmerkungen gar nicht auffallen. In Wahrheit empfangen wir heute noch von Shakespeare denselben Eindruck wie seinerzeit Francis Meres und alle anderen: er setzte zeitlose Maßstäbe für englische Sprachkunst. Shakespeare als Stümper auszugeben, als begnadetes Landei, war von Jonson eine absurde Dreistigkeit, doch sie wirkt bis heute fort.

Es ist auffällig, daß Shakespeare nie von sich selbst spricht, nur in den sehr privaten Sonetten und in seinen beiden Widmungen an Southampton. Ansonsten hält er sich aus dem literarischen Leben seiner Zeit völlig heraus. Er nimmt nie zum aktuellen Geschehen Stellung (mit zwei oder drei Ausnahmen in seinen Stücken), bedankt sich nie für das Lob seiner Zeitgenossen oder erwidert es gar, beteiligt sich nie an Kontroversen oder Fehden, ergeht sich nie in lobenden Versen, mit denen die elisabethanischen Dichter sich gegenseitig überschütteten, stimmt nie in den Chor seiner Kollegen ein mit Ruhmesliedern auf eine tote Königin oder einen toten Prinzen. Die einzigen Andeutungen seiner Kenntnis anderer zeitgenössischer Dichter sind seine ergreifenden Anspielungen auf Marlowe, den »toten Schäfer«, vor dem er sich in *Wie es euch gefällt* kurz und diskret verneigt, und vielleicht ein zarter Wink auf Spenser im *Sommernachtstraum*. Trotzdem macht er auf uns den Eindruck eines Menschen, der für alles um ihn herum und alles in ihm selbst überempfänglich war. Darin liegt Shakespeares wahres Geheimnis.

Mr. Shakspere ist nichtssagend, aber nicht geheimnisvoll. Seine Stratforder Dokumente sind bar aller Gefühlsregung oder Wortgewalt. Sein Testament ist nüchtern und kleinkrämerisch. Seine Grabinschrift ist ein Knüttelvers. Er zeigt keinerlei Liebe zur Literatur oder zur Musik; zumindest erwähnt das Testament weder Bücher noch Musikinstrumente. Nichts in seinen Stratforder Dokumenten würde irgend jemanden auf die Idee bringen, daß er sich für Gedichte interessierte geschweige denn selbst welche schrieb. Jede gegenteilige Vorstellung basiert einzig und allein auf der Annahme, daß er in London die Dramen verfaßte.

Die Shakespeare-Ikonographie ist so beherrschend, daß es eines Kraftaktes der Phantasie bedarf, um die orthodoxe Annahme seiner Verfasserschaft von dem zu trennen, was wir wirklich über Mr. Shakspere wissen. Wir sind zum Beispiel so daran gewöhnt, uns vorzustellen, wie Shakespeare und Ben Jonson im Mermaid Tavern mit Bierkannen anstießen und sich Witze erzählten, daß wir geradezu einen Schreck bekommen, wenn uns klar wird: für eine solche Szene gibt es keinerlei Anhaltspunkte.

Sobald man akzeptiert, daß Zweifel hinsichtlich der Verfasserschaft berechtigt sind und daß sie Rätsel aufgibt, drängen sich sofort bestimmte Fragen auf. Zuallererst, wenn Mr. Shakspere nicht William Shakespeare war, wie konnte dann ein so großes Geheimnis gewahrt werden? Nun, zum einen wäre es zu seiner Zeit gar kein sensationelles Geheimnis gewesen. Shakespeare galt damals keineswegs als das überragende Genie, das wir heute in ihm sehen. Zur Zeit von Elisabeth I. und Jakob I. hätte man Sidney und Spenser als Dichter weit über ihn gestellt und Jonson sowie Beaumont als Dramatiker neben ihn. Niemand hätte ihn vor dem Ende des achtzehnten Jahrhunderts zwischen Halbgötter wie Homer, Vergil und Dante gesetzt. Zum anderen, wenn der wahre Verfasser von hoher Geburt war, dann wäre die Geheimhaltung nicht nur gang und gäbe, sondern nahezu obligatorisch gewesen. Sein Rang und seine gesellschaftliche Stellung hätten ihm verboten, seine Verbindung zum Theater öffentlich kundzutun. In einem Zeitalter primitiver Kommunikationsmittel und strenger Zensur war es relativ leicht, etwas zumindest nach außen hin geheimzuhalten. Selbst wenn viele Leute die Wahrheit wußten, wäre sie niemals in Druck gelangt. Denn alles, was gedruckt wurde, mußte vom Zensor genehmigt werden, so wie heute alles, was gebaut werden soll, genehmigt werden muß. Für Standespersonen war es nicht schwer, etwas zu vertuschen. Und wenn ein geachteter Autor, der außerdem Staatsämter bekleidete, nicht mit seinem wahren Namen genannt werden wollte, so hätten seine Freunde dies selbstverständlich respektiert. Nur ein Feind, obendrein ein ihm an Macht überlegener, hätte vermocht, ihn bloßzustellen.

Unter heutigen Bedingungen wäre die Wahrheit wahrscheinlich rasch ans Licht gekommen. Andererseits hat selbst die wesentlich freiere Presse des zwanzigsten Jahrhunderts über die Affäre Eduards VIII. mit Mrs. Simpson, über Franklin D. Roosevelts wahren Gesundheitszustand und über John F. Kennedys Liebschaften Stillschweigen bewahrt, und das wohl kaum aufgrund von mangelndem Sensationswert, zumal sich in unserer Zeit mit Sicherheit wesentlich mehr Menschen für die Schäferstündchen gekrönter und gewählter Staatsoberhäupter interessieren, als sich um 1600 dafür interessierten, wer Shakespeare war.

3. Die Entstehung der Biographie

Das Täuschungsmanöver der Folio hinsichtlich Shakespeares Identität führte zu einer langen Komödie weiterer Irrungen. Nicht nur, daß Mr. Shakspere rasch als Shakespeare galt, bald kamen auch falsche Angaben über Mr. Shakspere selbst in Umlauf. So entstand eine Legende, die bis heute unser Bild des Dramatikers prägt, obwohl die Forschung vieles davon als erfunden entlarvt hat. Der erfundene Shakespeare begann seine Laufbahn als aufgewecktes Bürschchen, das in Wirtshäusern Possen riß, ein Dichter der »Natur«, der bald mit seinem klassisch gebildeten Freund Ben Jonson, dem Meister geschliffener Rhetorik, wetteiferte. Später, im achtzehnten Jahrhundert, wurde er zum Leitstern britischen Nationalstolzes. Im neunzehnten Jahrhundert purgierten die Viktorianer sein Werk »für die Familien-Lektüre«, und es gehörte zum festen Inventar jedes bürgerlichen Haushalts. Als die Amerikaner ihn adoptierten, machten sie aus ihm einen exemplarischen Selfmademan, wahrhaft demokratisch in seinem Einfühlungsvermögen, ein Feind von Standesdünkel und Vorurteilen.

Zeitgenossen wie Francis Meres sahen in dem Verfasser von *Venus und Adonis* und der *Schändung der Lucretia* einen Dichter von vollendeter Meisterschaft. Einzig Ben Jonson bekrittelte seine Werke und fand sie voller Mängel und Schnitzer. Jonson, der Literaturpapst der nächsten Generation, warf sich zum Herrscher über Shakespeares Ansehen auf und behauptete, sein Freund gewesen zu sein und ihn herzlich geliebt zu haben (wenn auch bekanntermaßen keineswegs abgöttisch). Trotzdem brachte er seine berühmten Einwände erst vor, nachdem Mr. Shakspere das Zeitliche gesegnet hatte. Plötzlich mangelte es Shakespeare an Kunstfertigkeit, seine Latein- und Griechischkenntnisse ließen zu wünschen übrig, und er hätte besser tausend Zeilen streichen sollen. Jonsons Beanstandungen wurden bald von anderen wie John Aubrey und Thomas Rymer nachgeplappert – wohingegen Shakespeares Bewunderer seine angeblichen Mängel in die Vorzüge eines »von Natur aus hellen Kopfes« verwandelten, der Gelehrsamkeit nicht brauchte. John Milton nannte ihn »süßester Shakespeare, Sohn der Phantasie, der das Lied der heimischen Wälder trällerte«.

In Anlehnung an Miltons Bild von Shakespeare vereinte die Literaturkritik der Zeit Shakespeare und Jonson zum Zwiegestirn. Jonson hatte das ganze Prestige höherer Bildung, klassischer Vorbilder und französischer Regeln auf seiner Seite; Shakespeare repräsentierte die Nationalmannschaft, die zuverlässige englische Kriegsflotte. 1662 erweiterte Thomas Fuller in seiner *History of the Worthies of England* den Gegensatz zwischen Shakespeare und Jonson und eröffnete damit die lang anhaltende Debatte, ob der »Natur« oder der »Kunst« der Vorrang gebühre. Man beachte im folgenden Auszug aus Fullers *History*, daß noch keinem der beiden Dichter deutlich der Vorzug gegeben wurde und – wichtiger noch – daß der Shakespeare-Mythos sich bereits mit dem englischen Nationalstolz verband:

> Er war ein hervorragendes Beispiel für die Gültigkeit der Regel: *Poeta not* [sic] *fit, sed nascitur,* man wird nicht zum Dichter *gemacht,* sondern man wird dazu *geboren.* In der Tat war seine Gelehrsamkeit sehr gering, wie *kornische Diamanten,* die nicht vom Steinschneider geschliffen werden müssen, sondern schon glatt und kantig aus der Erde geholt werden, so war die *Natur* selbst alle *Kunst,* die er brauchte.
>
> Gar zahlreich waren die *Wettkämpfe des Witzes* zwischen ihm und *Ben Johnson,* welche beiden ich als *spanische Galeone* und als *englischen Kriegssegler* gewahre; Meister *Johnson* war (wie erstere) an Gelehrsamkeit weit höher gebaut, *stabil,* doch *langsam* in seinen Manövern. *Shake-spear,* wie der englische *Kriegssegler,* geringer an *Gestalt,* aber leichter zu *segeln,* konnte in allen Wassern wenden, hin- und herlavieren und sich alle Winde zunutze machen, durch die Behendigkeit seines Witzes und seiner Erfindungsgabe. Er starb *Anno Domini* 16… und wurde in *Stratford* upon *Avon,* seinem Geburtsort, begraben.

Wenn Fuller Zeuge dieser »Wettkämpfe des Witzes« war, dann trieb er sich bereits in zartestem Alter im Mermaid Tavern herum, denn er wurde erst

1608 geboren. Aber die Verschmelzung von Shakespeare mit englischem Patriotismus ist hier bereits deutlich zu erkennen.

Andere gaben um die Mitte des siebzehnten Jahrhunderts apokryphe Anekdoten zum besten, in denen Shakespeare Jonson an Witz überbot. John Ward, von 1662 bis 1681 Pfarrer von Stratford, schrieb in sein Tagebuch: »Wie ich hörte, war Mr. Shakespeare von Natur aus ein heller Kopf ohne alle Künstlichkeit.« Er notierte auch zwei Legenden, die nur wenige Biographen für wahr halten: daß »er 1.000 Pfund Sterling im Jahr ausgab, so hörte ich«, und daß »Shakespeare, Drayton und Ben Jhonson sich einmal in fröhlicher Runde versammelten und anscheinend zuviel tranken, denn Shakespeare starb an einem Fieber, das er sich dabei zuzog«.

John Aubrey, der um 1681 schreibt, gibt volkstümlichen Klatsch wieder, der ebenso unerwiesen ist wie die übrigen Legenden; trotzdem ist er von Forschern oft zitiert worden, als sei er verbürgt:

> Sein Vater war Metzger, & von einem seiner Nachbarn kam mir einst zu Ohren, daß er sich als Knabe in seines Vaters Gewerbe geübt habe, schlachtete er aber ein Kalb, dann nur im erhabenen Stil, & hielt stets einen Monolog dazu. Damals gab's eines andern Fleischers Sohn in der Stadt, der um seiner natürlichen Geistesgaben wegen für nicht geringer angesehen ward, sein Bekannter & Mitschüler, starb aber früh. Dieser Wm. hatte eine natürliche Begabung zur Poesie und zum Theater, kam vermutlich mit etwa 18 nach London und wurde Schauspieler bei einer der Bühnen, noch dazu ein hervorragender: während B. Johnson nie ein guter Schauspieler war, aber ein ausgezeichneter Spielleiter.

Wie die anderen vereint Aubrey Shakespeare und Jonson zum Doppelstern. Er macht die beiden zu dicken Freunden, die zusammen über Land fahren und Dorfschenken aufsuchen: »Ben Johnson und er sammelten stets menschliche Schrullen, wohin sie auch kamen.« Die bekannte Legende nimmt sich bei ihm so aus: »Er pflegte zu sagen, daß er sein Leben lang nie eine Zeile strich, worauf Ben Johnson erwiderte: hätte er doch tausend gestrichen.« Aubreys Bericht über Shakespeares Leben, der auf weniger als einer Seite Platz findet, schließt mit den Worten: »Obschon er, wie Ben Johnson von ihm sagt, wenig Latein konnte und noch weniger Griechisch, verstand er Latein ziemlich gut: war er doch in jüngeren Jahren ein Land-schulmeister gewesen.« Einer seiner modernen Biographen, A. L. Rowse, urteilt kategorisch: »Es gibt überhaupt keinen Grund, das zu verwerfen.«

Im Gegenteil, es gibt gute Gründe, fast jede Äußerung von Aubrey in Frage zu stellen. Er machte Mr. Shakspere nicht nur zum Metzgers-jungen, bevor er mit achtzehn nach London ging, sondern ließ ihn davor auch noch als Schullehrer tätig werden. Außerdem haben wir keinen Beleg dafür, daß John Shakspere je Metzger war. Aubreys Skizze wurde erst über ein Jahrhundert später veröffentlicht und wurde rasch Teil von Shake-speares virtueller Persönlichkeit, obwohl die sorgfältigsten Forscher sie in nahezu jedem Detail für fragwürdig halten.

In seiner Ausgabe von Shakespeares Werken, die 1709 erschien, ver-suchte Nicholas Rowe, die erste umfangreichere Biographie von Shake-speare zusammenzustellen. Sie erstreckt sich über vierzig Seiten und enthält Irrtümer aller Art. Rowe war der erste, der mehrere hartnäckige Legenden druckte, wie z.B., daß Mr. Shakspere nach London floh und Schauspieler wurde, nachdem er zu Hause in Schwierigkeiten geraten war, weil er Rehe gewildert hatte. Er wiederholte auch Jonsons Bemerkungen über Shake-speares mangelnde Bildung. Rowe stellte keine seriösen Nachforschungen an, trotzdem blieb seine Biographie fast im gesamten achtzehnten Jahr-hundert maßgeblich; Samuel Johnson hatte ihr wenig hinzuzufügen und druckte sie in seiner eigenen Ausgabe der Stücke 1765 nur nach. Rowes Be-richt wurde erst von späteren Forschern nach und nach zerpflückt; wie Aubrey malte er für seine Leser ein bunteres Bild von Shakespeare, als es spätere gewissenhaftere Forscher zulassen wollten. So gesehen wissen wir durch die kritische Forschung weniger über den Dichter, als frühere Leser zu wissen meinten. Je tiefer wir schürfen, desto weiter scheint er sich zu ent-fernen.

Nahezu zweihundert Jahre mußten nach Shakespeares Tod vergehen, ehe man versuchte, mit wissenschaftlichen Methoden sein Leben aus ver-streuten Dokumenten zu rekonstruieren, eine Arbeit eher der Archäologen als der Biographen. Je zweifelhafter Ben Jonsons Aussagen und die der Fo-lio von 1623 wurden, desto zweifelhafter wurden auch alle Lebensberichte, die darauf fußten.

Im Gefolge der Restauration wurden Shakespeares Stücke für den klas-sizistischen Geschmack zum Ärgernis. Sie wucherten regellos und setzten sich über die vorgeschriebenen Einheiten von Zeit, Ort und Handlung hinweg. Die Tragödien waren zu blutrünstig, die Komödien zu possenhaft. Aber Shakespeares unbestreitbare Größe zwang schließlich die Literaturtheoretiker, ihm einen Platz einzuräumen. In Drydens Worten: »Genie ist angeboren und kann niemals anerzogen werden.« Der Geniebegriff selbst im modernen Sinn entstand im Zusammenhang mit der Betrachtung Shakespeares. Die englische Literaturtheorie mit Coleridge und Hazlitt als herausragendsten Vertretern wurde weiterhin von der Notwendigkeit geprägt, Shakespeare rechtfertigen zu müssen, der den Maßstäben des Klassizismus so gar nicht entsprach. Shakespeare nach den Regeln des Aristoteles zu beurteilen, schrieb Pope, »ist, als verurteilte man einen Mann nach den Gesetzen eines Landes, der nach denen eines anderen handelte«. Trotzdem blieben die Engländer stolz auf das etwas derbe einheimische Genie. Lange Zeit ließ es sich nicht gut exportieren; vor 1740 wurde Shakespeare in keine europäische Sprache übersetzt. Voltaire und andere rümpften über seine »Barbarei« die Nase. Sogar seine Verteidiger zu Hause räumten seine häufige »Unverständlichkeit« ein, seine Neigung zu »Wortspielen« und »Bombast«.

Ab der Restauration behauptete Shakespeare sich auf der Bühne, aber zumeist in Bearbeitungen, die ihn für Publikum und Kritiker genießbar und »korrekt« machten. Dichter wie Dryden und Sir William Davenant versuchten, Shakespeares Ausdrucksweise zu »verfeinern«; derbe Szenen wurden ganz weggelassen; kunstvolle Zwischenmusiken und spektakuläre Pantomimen wurden eingefügt. Nahum Tate gab *König Lear* sogar einen versöhnlichen Schluß mit der erhebenden Moral, daß »Wahrheit und Tugend am Ende stets obsiegen«. Herausgeber wie Rowe, Pope und Lewis Theobald »verbesserten« Shakespeares Text nach eigenem Gutdünken und ersetzten seine angeblichen Mängel durch eigene Worte. Wir dürfen diese Verbesserer nicht zu streng verurteilen. Wenn uns ihr Tun vermessen vorkommt, sollten wir dabei bedenken, daß sie nur versuchten, Shakespeare einem größeren Publikum zugänglich zu machen. Er war für sie trotz seiner Größe und Bedeutung nicht unantastbar.

All das änderte sich dramatisch in der zweiten Hälfte des achtzehnten Jahrhunderts. Als David Garrick 1769 in Stratford seine große »Shakespeare-Jubelfeier« veranstaltete, stieg Shakespeare zum nationalen Idol auf, das nicht mehr vom Sockel gestürzt werden konnte. Garricks außerordentlich beliebte Inszenierungen seiner Stücke in London trugen das ihre dazu bei; obwohl Garrick einige der Neufassungen von Tate und anderen beibehielt, leistete seine Schauspielkunst für Shakespeare im achtzehnten Jahrhundert das, was Laurence Oliviers Verfilmungen im zwanzigsten leisteten.*

Shakespeares Ruhm wuchs gemeinsam mit dem Britischen Empire. Gary Taylor, Mitherausgeber der New Oxford Edition von Shakespeares Werken, merkt an, daß er beim Kampf Englands und Frankreichs um die Weltherrschaft in Dienst gestellt wurde. Wenn die Franzosen ihre effeminierten klassizistischen Tragiker Racine und Corneille ins Feld führten, so rühmte sich England seines wahrheitsliebenden, unverbildeten Shakespeare. Taylor fährt fort:

> In den Jahren nach 1760 überboten sich [englische] Literaten darin, Shakespeare zum größten Dichter und Dramatiker der Welt auszurufen. Solche Lobreden waren im Tonfall nahezu nationalistisch und oft gegen Frankreich gerichtet. … Der Gegensatz zwischen Shakespeares Dramen und den Forderungen der französischen Literaturtherorie, der ein Jahrhundert lang im Mittelpunkt kritischer Auseinandersetzungen gestanden hatte, wurde zur Grundlage von Shakespeares wachsendem internationalem Ruhm. Shakespeare wurde zum Inbild literarischer Freiheit, zum Vorkämpfer für jeden, der ein überholtes Regelsystem außer Kraft setzen wollte.

Die Shakespeare-Verehrung führte dazu, daß Stratford nach 1769 zu einem Mekka aufstieg, wo irgendwelcher Trödel als »Shakespeare-Reliquie« feil-

---

* Wir sollten anmerken, daß Olivier und andere Schauspieler und Regisseure unserer Zeit die Stücke ebenfalls »bearbeitet« haben, nicht so sehr durch Textänderungen, als durch modische Interpretationen. Oliviers deutlich von Freud beeinflußte *Hamlet*-Verfilmung demonstriert: je aktueller solche Deutungen zu ihrer Zeit zu sein scheinen, desto rascher veralten sie. Ian McKellen hat kürzlich Richard III. als Protofaschisten dargestellt und übersah dabei den offenkundigen Unterschied zwischen einem altmodischen Usurpator, der sich nur eine Krone aufs eigene Haupt setzen will, und einem modernen Diktator, der die gesamte Gesellschaft umkrempeln will. In anderen Inszenierungen werden Shylock, Othello und sogar Caliban zu Opfern von Rassismus, Imperialismus und ähnlichen Übeln. Der Drang, Shakespeare zu verbessern – meistens, um ihn in den Dienst der Demokratie oder einer anderen fortschrittlichen Sache zu stellen – führt ein ewiges Leben. Doch er steht dem Bemühen im Weg, Shakespeare aus sich heraus zu verstehen.

gehalten wurde. Dieser schwunghafte Handel zeitigte bald eine der großen »Enten« der Literaturgeschichte: die kurze, aber erstaunliche Laufbahn des William Henry Ireland, eines jungen Mannes, dem es gelang, nahezu das gesamte literarische England mit seinen absurden Fälschungen hinters Licht zu führen.

Ireland war der legale Sohn von Samuel Ireland, einem glühenden Shakespeare-Verehrer, der die Mutter des Jungen geheiratet hatte, nachdem ihr adliger Liebhaber sie verstoßen hatte. Seine Lordschaft mag Samuel dafür bezahlt haben, die Frau und die Kinder, die sie ihm geboren hatte, bei sich aufzunehmen. Der Junge merkte bald, daß der Adoptivvater recht wenig für ihn übrig hatte, dafür aber umso mehr für Shakespeare. Das Ergebnis war eine drollige, auch ein wenig traurige Geschichte.

Auf einer Pilgerfahrt nach Stratford erwarb Samuel Ireland einen Tête-à-tête-Sessel, auf dem, so wurde ihm von einem ortsansässigen Händler versichert, Will Shakespeare um Anne Hathaway geworben hatte. Sogar dem achtzehnjährigen William Henry fiel auf, wie leichtgläubig Samuel war. Aber er mag auch gedacht haben, daß er den richtigen Weg zum Herzen seines Vaters gefunden hatte. Welche Motive er auch gehabt haben mag, jedenfalls begann er, seine eigenen Shakespeare-Reliquien zu fälschen. Als erstes schrieb er einen Liebesbrief von Will an Anne. Mit Schläue und einiger Belesenheit ausgestattet, imitierte William altertümliche Orthographie und poetische Sprache, wie er sie sich vorstellte, dann hielt er das Papier übers Feuer, bis es so vergilbt war wie ein altes Manuskript.

O Anna doe I love doe I cheryshe thee inne mye hearte forre thou arte ass a talle Cedarre strehtchynge forthe its branches and succourynge the smallere Plants fromme nyppynge Winneterre orr the boysterous Wyndes …

[O Anna, wie liebe, wie verehre ich dich in meinem Herzen, denn du bist wie eine hohe Zeder, die ihre Zweige ausstreckt und die kleineren Pflanzen vor dem schneidenden Winter und den stürmischen Winden schützt …]

Samuel Ireland war hell begeistert von dem Fund. Und während William fortfuhr, Liebesbriefe, Gedichte und Geschäftsbelege von Shakespeare zu

»entdecken« – sogar Briefe an Shakespeare vom Grafen von Southampton und von Königin Elisabeth –, zeigte Samuel sie herum. Die Fälschungen wurden bald zu einer landesweiten Sensation. Unter der Vielzahl der getäuschten Shakespeare-Verehrer war auch der betagte James Boswell, der tränenüberströmt vor diesen angeblichen Hinterlassenschaften des großen Genies niederkniete und rief: »Nun küsse ich die unschätzbaren Reliquien unseres Barden und danke meinem Schöpfer, daß ich sie noch erblicken durfte!«

Das Angebot traf auf eine rege Nachfrage, und so produzierte William Henry weiterhin Shakespeare-Dokumente mit einer Geschwindigkeit, die Verdacht hätte erregen müssen. Aber selbst unter den Shakespeare-Forschern der Zeit erkannten nur wenige die lächerliche Plumpheit seiner Fälschungen. Man *wollte* offensichtlich an sie glauben, und vielleicht galt es als zynisch, solche willkommenen Entdeckungen anzuzweifeln. In seinen späteren Memoiren wunderte William Henry sich selbst über die Leichtgläubigkeit der Menschen. Aus Furcht, seine Entdeckungen könnten von einem Nachfahren Shakespeares zurückgefordert und ihm weggenommen werden, fälschte Ireland eine Schenkungsurkunde von Shakespeare, die das Eigentumsrecht an allen nachgelassenen Papieren einem gewissen William Henry Ireland zusprach – einem erfundenen eigenen Vorfahren! Ireland trug dick auf und ließ den Dichter beschreiben, wie er eines Nachts in die Themse gefallen war, worauf sein Freund Ireland »pulledd off hys Jerrekynne and jumpedd inn afterre mee withe muche paynes he draggedd mee forthe I beynge then nearelye deade and soe he dydd save mye life« [sein Wams auszog, mir hinterhersprang und mich unter großen Mühen herauszog, der ich fast schon tot war, und so rettete er mein Leben].

Die englische Öffentlichkeit schluckte sogar das. Vom anhaltenden Erfolg ermutigt, schwang William Henry sich zu einer eigenen Shakespeare-Tragödie auf. *Vortigern* beruhte, mit passender Dreistigkeit, auf einem Gemälde in Samuels eigenem Studierzimmer. In dem Stück, das mit viel Tamtam im Drury Lane geprobt wurde, sollte Dorothea Jordan, die Mätresse des Prinzen von Wales, die Hauptrolle spielen. Doch am Vorabend seines höchsten Triumphes platzte Irelands Schwindel. Der große Shakespeare-Forscher Edmond Malone entlarvte in einem Pamphlet seine Betrügereien. Ireland war über Nacht erledigt. Er mußte seine Pläne begraben, die Welt mit Shakespeares Originalhandschriften des *Hamlet* und des *Lear* zu beglücken. Nur ein Mann glaubte bis zum Schluß an die Echtheit von Irelands Fälschungen – Samuel Ireland, der seinem dummen William Henry solche erhabenen Briefe und Verse nicht zutraute.

Die Ireland-Fälschungen haben ein Verdienst: sie erinnern uns daran, wie primitiv das Niveau der Shakespeare-Forschung noch bis zum Ende des achtzehnten Jahrhunderts blieb. Es sollte noch viel Zeit in Anspruch nehmen, verbürgte Tatsachen von Legenden und Fälschungen zu sondern. Im Laufe des achtzehnten Jahrhunderts fabrizierten sogar angesehene Forscher unechte Shakespeare-Dokumente. Lewis Theobald, der die Werke Shakespeares herausgab, behauptete, das Manuskript eines verschollenen Shakespeare-Stückes mit dem Titel *Cardenio* zu besitzen, aber er weigerte sich, es irgend jemandem zu zeigen; heute wird seine Behauptung nahezu von allen bestritten. Später schrieb George Steevens, ein zuverlässiger Herausgeber, der schon an Dr. Johnsons Ausgabe mitgewirkt hatte, einen echt klingenden Brief des elisabethanischen Dichters und Stückeschreibers George Peele, der von einem Gespräch mit Shakespeare über *Hamlet* berichtete; Steevens mag den Brief nur als harmlosen Scherz gemeint haben, aber viele Leser haben ihn über ein Jahrhundert lang ernst genommen.

Im neunzehnten Jahrhundert ereignete sich der schwerwiegendste Betrug von allen. John Payne Collier war der führende Shakespeare-Forscher seiner Zeit und steuerte Bleibendes zu unseren Kenntnissen bei. Aber er fertigte auch ausgezeichnete Fälschungen von Dokumenten über den Dramatiker an, und selbst heute fällt es schwer, seine falschen Erzeugnisse von den echten Urkunden der Zeit zu unterscheiden. Anders als Ireland, dessen plumpe Methoden er bei weitem übertraf, gab Collier seine Missetaten niemals zu. Er vermied es, irgendein Werk von Shakespeare selbst zu fingieren, sondern vermischte seine wahren Entdeckungen mit fast perfekt ausgeführten Fälschungen von Papieren des Schauspielers Edward Alleyn und des Grafen von Southampton. Weniger namhafte Forscher zögerten anfangs, ihre Zweifel an Colliers Funden zu äußern, erst um 1860 gelang es, ihn zu überführen und an den Pranger zu stellen.

Mit der Zeit erkannten ehrliche Forscher, daß sie bei Null anfangen mußten. Aber ihre Untersuchungen setzten spät ein und wurden nicht nur von Fehlstarts und Irrtümern, sondern auch von absichtlichen Täuschungen behindert. Im späten neunzehnten Jahrhundert war es Mode, die dürftigen Zeugnisse von Mr. Shaksperes Erdenleben mit phantasievollen Mutmaßungen über sein Seelenleben zu verbrämen, die man aus den Stücken und ihrer angenommenen Datierung herleitete. So teilt Edward Dowden in seinem 1872 erschienenen Buch *Shakspere: A Critical Study of His Mind and Art* das Wirken des Dichters in vier Abschnitte. Als erstes kam seine Lehrzeit, »in der Shakspere sein Handwerk als Dramatiker lernte«. Als zweites kam die Periode früher Meisterschaft, »stark und robust«, in der »er rasch zu weltlichem Wohlstand gelangte und das Vermögen für seinen Lebensabend als Landedelmann aufhäufte«. Die dritte und interessanteste war die tragische Periode, die darauf beruhte, daß »Shakspere Leid erfahren hatte: sein Sohn war tot; sein Vater starb wahrscheinlich bald nachdem Shakspere *Was ihr wollt* geschrieben hatte; sein Freund aus den Sonetten hatte ihm Gram bereitet«. In dieser Periode »verließ Shaksperes Genie die helle Oberfläche der Welt und war im Herzen und Mittelpunkt der Dinge am Werk«. Schließlich gelangte der Dichter in seinen späten Romanzen zu Versöhnlichkeit: »Die tragische Schwermut seines Leidens sollte jedoch nicht für immer währen. Die dunkle Wolke hellt sich auf und entschwindet, und der Himmel erscheint klarer und sanfter denn je.« Der Dichter war »aus Finsternis und tragischem Mysterium« emporgelangt zu »reiner und heiterer Läuterung«.

Dowdens naive Art, Literaturkritik und Biographisches zu verquicken, zeigt sich in solchen Bemerkungen wie diesen:

In Shaksperes spätem Stück *Der Sturm*, geschrieben, als er im Begriff stand, sich endgültig nach Stratford zurückzuziehen, leistet er sich ein verschmitztes Lächeln über die Prinzipien des Kommunismus. Er, der sich sein Wohnhaus New Place verdient hatte und durch viele Jahre mühsamer Arbeit wohlhabender Grundbesitzer geworden war, sah nicht ein, daß er seine Häuser und Grundstücke mit weniger fleißigen Nachbarn teilen sollte. Im Gegenteil, er hielt mit allen Rechtsmitteln daran fest, damit sie nach seinem Tode an seine Tochter und deren Söhne und Enkelsöhne übergingen.

Dowdens Vorgehen blieb ein halbes Jahrhundert lang sehr einflußreich. Aber eine Gegenreaktion war unvermeidlich, und 1934 hielt C. J. Sisson in seinem Vortrag *The Mythical Sorrows of Shakespeare* kräftig dagegen. Ohne die Verfasserfrage irgend anzusprechen, wies Sisson darauf hin, daß die wenigen bekannten Fakten von Mr. Shaksperes Leben keine solide Grundlage für die Mutmaßungen über seine Gemütslage bildeten. Es gab (und gibt) keine Beweise dafür, daß seine »tragische Periode« in irgendeiner Weise sein persönliches Schicksal widerspiegelte. Sisson setzte damit Maßstäbe für die künftige Forschung. Seit seiner Zeit sind die Literaturkritiker und die Biographen überwiegend getrennte Wege gegangen. Worauf Sisson, wenn auch unabsichtlich, den Finger legte, ist, daß die orthodoxe Biographie nichts über Shakespeares Werke zu sagen vermag. Sisson kam jedoch nicht in den Sinn, worauf diese merkwürdige Diskrepanz beruhen könnte: daß nämlich die Biographien den Falschen zum Gegenstand haben.

Edmond Malone, dessen Werk unvollendet blieb, als er 1812 starb, gilt als der erste seriöse Biograph des Dramatikers. Nach ihm kamen Collier und James Halliwell-Philips. Zu Beginn des zwanzigsten Jahrhunderts legte Sir Sidney Lee die maßgebliche Lebensbeschreibung vor, merzte alte Legenden aus und schnitt rigoros unbestätigte Vermutungen weg, so daß nur ein dürrer Abriß blieb. Lees Shakespeare ist sogar noch nichtssagender als der von Rowe. Die orthodoxe Shakespeare-Forschung gipfelte in den dreißiger Jahren im Werk von Sir Edmund Chambers. Seine zweibändige kritische Studie der Shakespeare-Dokumente bleibt nahezu das letzte Wort über Shakespeare, wie wir ihn inzwischen kennen. Eine bewundernswerte Leistung, dennoch enttäuscht sie jeden, der hofft, einen Blick auf die lebendige Gestalt des großen Dichters werfen zu können. Der führende Shakespeare-Biograph unserer Zeit ist Samuel Schoenbaum, dessen *Shakespeare: Eine Dokumentation seines Lebens* nur noch das Knochengerüst übrigläßt. Schoenbaum geht mit solcher Strenge gegen alle unbewiesenen Legenden vor, daß Shakespeare zum bloßen Schemen wird. Natürlich fügt er dem, was auch vorher schon bekannt war, nichts hinzu – den Urkunden über Taufen, Heiraten, Käufen und Verkäufen, Steuern, dem Testament und der Grabstelle, ergänzt durch die mutmaßliche Datierung seiner Dramen und Gedichte. Schoenbaum weist sogar die Sonette als biographische Informationsquelle zurück. Aus seiner Biographie geht der Dramatiker, der Hunderte lebensvoller Figuren schuf, ohne jede eigene Persönlichkeit hervor. Von Schoenbaum scheint es daher nur ein kleiner Schritt zu sein, das übliche Bild von Shakespeare insgesamt anzuzweifeln. Doch Schoenbaum tut solche Vorschläge verächtlich ab. Er beharrt darauf, daß Mr. Shakspere aus Stratford ohne jede Frage der wahre Verfasser ist.

Während diese orthodoxe Tradition sich fortentwickelte, begann die Häresie ihr Haupt zu heben, wenn auch anfangs nur verstohlen. Um 1780 zog ein pensionierter Geistlicher namens James Wilmot, ein Freund von Samuel Johnson, nach Stratford, um dort eine umfassende Biographie von Shakespeare zu erstellen. Er suchte die Stadt und alles im Umkreis von fünfzig Meilen ab, fand aber nichts Brauchbares – weder Briefe, noch Schriftstücke, Bücher oder sonstige Zeugnisse von Mr. Shakspere über das hinaus, was schon bekannt war. Er kam daher zu dem Schluß, daß Mr. Shakspere nicht der Dichter Shakespeare war. Er vermutete in Francis Bacon den Verfasser der Werke, behielt aber seine Zweifel klüglich für sich und vertraute seinen Verdacht nur einem seiner engsten Freunde an.

Angesichts der mageren Funde der Forscher kamen ab etwa 1850 viele Leser auf den Gedanken, daß die ganze Jagd einer falschen Spur folgte. Delia Bacon, eine Amerikanerin, war die erste Anti-Stratfordianerin, die es zu einiger Berühmtheit brachte. Sie propagierte ihren Namensvetter Sir Francis als den wahren Verfasser; sie reiste sogar nach Stratford und hoffte das Geheimnis der Verfasserschaft zu lüften, indem sie die heilige Grabstätte öffnete. Was ihr allerdings verwehrt wurde.

Andere stimmten mit Miss Bacon darin überein, Mr. Shakspere sei abzusetzen, aber nicht jeder akzeptierte Sir Francis. Dutzende rivalisierender Kandidaten wurden nominiert, darunter plausible (Christopher Marlowe) und absurde (Daniel Defoe); eine Minderheit der Zweifler blieb agnostisch. Baconianer belegten die Orthodoxen mit harscher Kritik, gaben sich aber selbst der Lächerlichkeit preis, als sie absurde Anstrengungen unternahmen, um Bacons Anspruch in verschlüsselter Form in Shakespeare Werken selbst zu finden.

Walt Whitman schrieb über Shakespeares Historien, daß »nur einer der in den Stücken selbst so zahlreichen ›wölfischen Grafen‹ oder ein Hochgeborener und Wissender als der wahre Verfasser dieser erstaunlichen Werke in Frage zu kommen scheint.« Seiner Meinung nach waren die Komödien »für die Zerstreuung nur der Oberschicht des Schlosses geschrieben, und aus ihrem Sichtwinkel«. Whitman ließ eine provokante Andeutung fallen. »Unter den wenigen Fundamenten bewiesener Fakten liegen gewiß weitaus dunklere und unbestimmbarere von tieferer Bedeutung verborgen, quälend und halb vermutet weisen sie auf Erklärungen hin, die man nicht offen und ehrlich auszusprechen wagt.« Warum nicht? Dachte Whitman, der sich sonst über die meisten Dinge – mit Ausnahme seiner eigenen Homosexualität – so freimütig äußerte, dabei an die verliebten, an einen schönen jungen Mann gerichteten Sonette?

Henry James gestand in einem privaten Brief seine Überzeugung ein, »daß der göttliche William der größte und erfolgreichste Schwindel ist, mit dem je eine geduldige Welt genarrt wurde«. Aber auch wenn er die Schalen seines Spotts über der Stratforder Version von Shakespeare ausgoß, fand er es nahezu ebenso schwer zu glauben, daß Bacon die Stücke geschrieben habe.

Mark Twain veröffentlichte als letztes Werk im Jahre 1909 die Abhandlung *Is Shakespeare Dead?*, einen Rundumschlag gegen Shakespeares Anspruch. Twain stützte sich in vielen seiner Argumente auf die geistreichen Schriften eines englischen Juristen, Sir George Greenwood, der keinen eigenen Kandidaten zu bieten hatte, aber Shakespeare (oder Shakspere, wie die meisten Anti-Stratfordianer ihn inzwischen schrieben) ganz gewiß für den falschen hielt. Greenwood führte ins Feld, daß die Shakespeare-Stücke auf einen Verfasser mit völlig anderem Hintergrund deuten, als ihn der Mann aus Stratford aufzuweisen hat – aller Wahrscheinlichkeit nach auf einen hochgebildeten Aristokraten mit profunden Rechtskenntnissen. Twain verstärkte die Argumente auf seine bissige Weise:

> Als Shakespeare in Stratford starb, *war das kein Ereignis*. Sein Tod erregte in England kein größeres Aufsehen, als der Tod eines anderen vergessenen Schauspielers erregt hätte. Von London kam niemand herüber; es gab keine Klagelieder, keine Lobreden, keine nationalen Tränen – bloß Schweigen, sonst nichts. Was für ein auffälliger Gegensatz zu dem, was geschah, als Ben Jonson und Francis Bacon und Spenser und Raleigh und die anderen angesehenen Literaten der Shakespeare-Ära das Zeitliche segneten! Keine rühmende Stimme erhob sich, als der Barde vom Avon nicht mehr war; selbst Ben Jonson wartete sieben Jahre, bis er die seine erhob.

Im Laufe der Zeit wurden Dutzende verschiedenster Kandidaten aufgestellt, doch obwohl es keinem gelang, Mr. Shakspere zu entthronen, hielten sich in weiten Kreisen Zweifel. Die meisten Forscher werfen den Abweichlern vor, von »Snobismus« getrieben zu sein. Unter den neueren Forschern hat nur Gary Taylor begriffen, daß die Anti-Stratford-Bewegung, die um die Mitte des neunzehnten Jahrhunderts einsetzte, kein elitäres Phänomen war, sondern eher ein ziviles: »der Aufstand der Laien« gegen die akademische Wissenschaft.

Davon unbeeindruckt haben die orthodoxen Biographen ihre Suche nach einem plausiblen Shakespeare-Bild fortgesetzt. Viele von ihnen legten dabei einen Erfindungsreichtum an den Tag, der dem von William Henry Ireland in nichts nachstand. Der Shakespeare der orthodoxen Biographen, spottete Mark Twain, »ist ein Brontosaurier: neun Knochen und sechshundert Tonnen Gips«. Die mageren Tatsachen werden beliebig ausgestopft. Jeder halbwegs belesene Mensch lernt, sich Shakespeare vorzustellen, wie er mit Ben Jonson im Mermaid Witzworte wechselt, wie er im Globe neue Stücke probt, wie er am Hofe von Elisabeth I. mit seiner Truppe auftritt, wie er mit dem Gänsekiel in der Hand an seinem Pult sitzt und über die nächste tiefsinnige Zeile grübelt. Schachbücher verzeichnen die Züge einer Partie, die er angeblich mit Ben Jonson spielte.

Shakespeare, dessen Gesicht uns sogar aus der Werbung anblickt, ist uns so vertraut, daß wir fast meinen, ihm schon begegnet zu sein. Leicht läßt sich darüber vergessen, wie dürftig das biographische Material in Wirklichkeit ist. Es läßt sich in einer Broschüre von etwa dreißig Seiten abdrucken, selbst wenn das Testament von 1616 und die umfänglichen Vorworte und Widmungen der Folio von 1623 in vollem Wortlaut darin aufgenommen werden, und viele der Zeugnisse sind juristische Dokumente ohne jeden Bezug zu Mr. Shaksperes mutmaßlichem Wirken als Dramatiker. Daher erzählen uns die Biographen, daß Shakespeare dieses getan *haben könnte*, jenes gewußt *haben muß*, dieses *wahrscheinlich* gelesen hat und jenes *nahezu mit Gewißheit* gekannt hat. Mit solchen Mitteln brachten sie es auf beachtliche Längen. Sidney Lee zum Beispiel fabrizierte 1898 eine Shakespeare-Biographie von 476 Seiten. Nicht viel später übertraf ihn Joseph Quincy Adams mit 561 Seiten. In neuerer Zeit breitete A. L. Rowse dasselbe karge Material auf 484 Seiten aus, und Peter Levi füllte damit 392 Seiten. Russell Fraser veröffentlichte unlängst eine zweibändige Shakespeare-Biographie: *Young Shakespeare* (247 Seiten) begleitet seinen Helden bis zum dreißigsten Lebensjahr; *Shakespeare: The Later Years* (380 Seiten) widmet sich der zweiten Lebenshälfte.

Samuel Schoenbaum, bis zu seinem Tode unlängst der Doyen der zeitgenössischen Forscher, ist weitaus gewissenhafter als die meisten vorgegangen, hat die Dokumente sorgfältig überprüft und die alten Legenden (von denen die meisten aus dem späten siebzehnten und dem frühen achtzehnten Jahrhundert stammen) in Frage gestellt, und ein großer Teil seines (in der deutschen Übersetzung von 1981) 493 Seiten umfassenden Buches *Shakespeare: Eine Dokumentation seines Lebens* wird von seiner sorgfältigen Diskussion textkritischer Probleme beansprucht. Doch sogar Schoenbaum erliegt gelegentlich der Versuchung romantischer Ratespiele.

Inzwischen ist die Vorgehensweise der Shakespeare-Biographen so schablonenhaft geworden, daß sie das Lächerliche streift. Die Biographie beginnt natürlich mit der Stadt Stratford-upon-Avon, in der Mr. Shakspere das Licht der Welt erblickte und die Augen schloß, und malt ein ausführliches und nostalgisches Bild von Stratford zu Shakespeares Zeit, überstrahlt vom warmen Glanz kleinstädtischer Knabenjahre. Das schließt eine Rekonstruktion der Lebensumstände von Mr. Shaksperes Vater ein – einem kleinen Händler, der zeitweilig Ratsherr und Bürgermeister war, vorübergehend Schulden hatte und in kleinere Konflikte mit dem Gesetz geriet – und einige Informationen über die Ardens, die Familie von Mr. Shaksperes Mutter. Geschwister können ebenfalls erwähnt werden und vielleicht auch der eine oder andere Onkel.

Als nächstes muß etwas über die Schulzeit des jungen Genies gesagt werden. Die erste kleine Hürde ist, daß wir keine Gewißheit haben, ob er überhaupt je zur Schule ging: das einzige Zeugnis über die ersten achtzehn Jahre seines Lebens ist die eine Zeile, die seine Taufe verzeichnet. Aber es gab unzweifelhaft eine Lateinschule in Stratford, und man kann dem Beispiel von Louis B. Wright folgen: »Obwohl die Unterlagen verlorengegangen sind, besteht kein Grund, daran zu zweifeln, daß der kleine William dort die Schulbank drückte.« Mit solchen vernünftig klingenden Feststellungen, die im Tone der Gewißheit vom Katheder herab verkündet werden, schläfert Wright jede Skepsis ein.

In der alten Folger Library-Taschenbuchausgabe von Shakespeares Werken stellt Wright jedem Band eine neunseitige Biographie voran. Dieser Bericht sagt alles, was es nach akademischer Übereinstimmung zu sagen gibt, doch trotz seiner Kürze ist er künstlich aufgebläht. Ganze zwei Seiten sind den Angriffen gegen Verfasserschaftshäresien vorbehalten. Auf einer weiteren Seite werden allerlei Histörchen – Shakespeare sei bei einem Metzger in die Lehre gegangen, Shakespeare habe Rehe gewildert, Shakespeare habe seine Theaterlaufbahn damit begonnen, die Pferde der Besucher zu versorgen – erst wiedergegeben und dann für unglaubwürdig erklärt. Ansonsten oft das Übliche: vielleicht hat er, möglicherweise hat er, anscheinend hat er, wahrscheinlich hat er …

Wright fährt fort: »Sein Bücherwissen war alles andere als umfassend, aber er besaß offenkundig die unersättliche Neugier, die ihn wissensdurstig machte, und die scharfe Beobachtungsgabe für Menschen und Natur, die sich in seiner Dichtung widerspiegelt.« Nun, *wahrscheinlich* besaß er die Neugier und die Beobachtungsgabe – falls er Shakespeare war. Jedenfalls werden mit solchen Annahmen über die Gelehrigkeit des jungen Mr. Shakspere allen weiteren Vermutungen Tür und Tor geöffnet. Man bemerke, mit welcher Anmaßung sich Wright herauswindet: »Shakespeares Jugend ist kaum dokumentiert. Es gibt auch kaum einen Grund dafür, warum sie es sein sollte.« Wie Wright sehr wohl weiß, ist Mr. Shakspere Jugend *überhaupt nicht* dokumentiert. Seine Taufe im Jahre 1564; mit achtzehn seine Heirat im Jahre 1582; und dazwischen nichts. »Niemand ahnte, daß er ein Dramatiker werden würde, dessen geringste Lebensäußerung in den kommenden Jahrhunderten zur Kostbarkeit werden sollte. Er war nur ein Stratforder Junge voll Lebenslust und Tatendrang [woher wollen wir wissen, ob er nicht eher zur Melancholie neigte und kränkelte?], der vielleicht seinem Vater zur Hand ging [aber vielleicht auch nicht], und kein Boswell war zur Stelle, um alles über ihn aufzuschreiben.« Man muß bewundern, mit welch gebieterischer Ungeduld Wright alle Einwände gegen das im Grunde Tautologische vom Tisch fegt. »Das wichtigste Dokument, das wir haben, ist eine am 27. November 1582 vom Bischof von Worcester erteilte Heiratserlaubnis, die es William Shakespeare gestattete, die sieben oder acht Jahre ältere Anne Hathaway zu ehelichen.« Da es das einzige Dokument ist, das wir haben, ist es zweifellos das wichtigste. Allerdings schreibt es die Namen des Paares »Shagspere« und »whately«. Das muß nichts bedeuten, aber es zeigt, daß die Quellen weniger eindeutig sind, als Wright uns weismachen will.

Mr. Shakspere wandelte also auf Freiersfüßen, und hier wollen wir nicht Wright, sondern Charles Norman zu Wort kommen lassen, Autor des 1947 erschienenen Buches *So Worthy a Friend: William Shakespeare*:

70

Da kommt der sympathische Sohn des früheren Bürgermeisters von Stratford, um den beiden Hathaway-Mädchen die Zeit mit anregenden Gesprächen zu vertreiben, um ihnen von schönen Versen und von den Theatertruppen zu reden, die in letzter Zeit häufiger im Städtchen gastierten. Vielleicht las er ihnen etwas vor, was mehr als reiner Zeitvertreib war, denn vor so empfänglichen Zuhörerinnen erkannte William Shakespeare wohl immer deutlicher, wohin es ihn mit Macht zog; seine Begeisterung wäre sicher ansteckend gewesen und hätte auf ihn zurückgestrahlt.

Catherine bleibt dabei eher im Dunkeln. Nicht so Anne, schon gar nicht im Hinblick auf das, was kommen sollte. Ihr Herz muß jedesmal höher geschlagen haben, wenn sie den jungen Burschen aus Stratford über die Wiesen kommen sah – er war jung, gewiß, jünger als sie, sogar jünger als Catherine, aber für seine Jahre ungewöhnlich reif. Er brachte Kunde vom geschäftigen Leben im Städtchen und von der weiten Welt, von Büchern und von großen, glorreichen Taten.

Sie erkor ihn sich aus.

Sogar der gestrenge Schoenbaum erliegt der Versuchung, hier romantisch auszumalen:

> Waren die Tage seiner Lehrzeit auch vollgestopft mit der Warenbetreuung im Geschäft seines Vaters und durchzogen vom stechenden Ledergeruch, so fand er trotzdem Zeit – und Gelegenheit –, anderen Dingen nachzugehen. Während der langen Sommerabende des Jahres 1582 muß er mehr als nur einmal auf dem schmalen Fußpfad gewandert sein, der von seinem Heim nach Westen führte bis zu einer Gruppe Bauernhäuser namens Shottery, etwa eine Meile entfernt, wo die große Hathway-Familie ihren Wohnsitz hatte.

Im Original heißt es an dieser Stelle: »If his apprentice days were …« und so fort, und so entspringt auch dies nur einem wohlplazierten »if«, so suggestiv ergänzt, daß der Leser darüber vergißt: alles, was da steht, ist nichts als Gaukelwerk der Phantasie. Schoenbaum selbst hat an anderer Stelle die Versuchung der Biographen gut beschrieben: »In Ermangelung verifizierbarer

Daten blüht die Spekulation, denn die Biographie (wie die Natur) verabscheut das Vakuum.« Doch er fährt fort: »Shakespeare umwarb die älteste Tochter des Bauern, schlief auch mit ihr – oder war sie's, die ihren knabenhaften Verehrer verführte?«

Die Antwort auf diese provokative Frage wollen wir nicht Schoenbaum, sondern wieder Norman überlassen:

> Im Sommer 1582 kam ihr Vater unter die Erde. Vor ihrer Stiefmutter hatte sie keine Angst. Vielleicht war es Liebe auf den ersten Blick, vielleicht war es auch etwas anderes. Angesichts einer Frau von sechsundzwanzig, eines Jungen von achtzehn und dazu einer Verführung fällt die Entscheidung nicht schwer, wer von wem verführt wurde.
>
> In der hochsommerlichen Hitze jenes Jahres, auf den süß duftenden Wiesen von Shottery, umschlang die dankbare Anne Hathaway William Shakespeare mit all dem aufgestauten Verlangen ihrer Jungfernschaft.

F. E. Hallidays *The Life of Shakespeare* beschränkt sich auf bescheidene 248 Seiten. Aber Halliday (ein besonders einfühlsamer Biograph, wie ich zugeben muß) ist unerreicht darin, sein Material weidlich auszuschlachten. Seine Behandlung von Mr. Shakspers gänzlich auf Vermutungen beruhender Schulzeit ist zumindest einfallsreich:

> Da es keine Dokumente für diese Zeitspanne gibt, wissen wir nicht, ob Shakespeare die Lateinschule besuchte, doch die einzige frühe Erwähnung seines Bildungsgangs, die von Rowe, vermutlich mit Betterton als Gewährsmann, hält fest, daß er »eine kostenlose Schule« besuchte. Aber solch einen Gewährsmann brauchen wir gar nicht; natürlich muß er diese Schule besucht haben. Es ist undenkbar, daß einer von Stratfords angesehensten Bürgern seinen Sohn nicht auf die örtliche Lateinschule schickte, eine besonders gute Schule, die für die Kinder von Ratsherren gebührenfrei war.
>
> Wir können uns daher gut vorstellen, wie John Shakespeare eines frühen Morgens im Jahre 1571 seinem zaudernden, aber aufgeregten Sohn gut zuredete, als er mit ihm die Henley Street hinunter zum

High Cross ging, dann die High Street entlang, vorbei am Quiney-Haus auf der rechten Seite und an New Place auf der linken, bis zur Gild Chapel, auf deren Südseite sich die Schule befand ...

Und so weiter. Wenn, vielleicht, wahrscheinlich, dürfen wir wohl annehmen, müssen wir davon ausgehen, können wir uns gut vorstellen, gibt es keinerlei Zweifel – aus derlei Wendungen erwachsen ganze Absätze oder sogar mehrere Seiten voll rührender Phantasievorstellungen. »Es ist gut möglich, daß der kleine Junge im nächsten Jahr zum ersten Mal der Königin ansichtig wurde.« ... »Wir können uns gut vorstellen, welch wachsende Erregung den Knaben überkam, als ihm in der Schule das erste Theaterstück nahegebracht wurde, eine Komödie von Terenz.« ... »Es muß für den Jungen eine glückliche Zeit gewesen sein.« ... »Dann galt es, Verwandte zu besuchen. Vielleicht legte William großen Wert darauf, seinen Onkel Henry Shakespeare zu sehen, dessen Gehöft in Ingon lag, keine zwei Meilen nördlich von Stratford.« ... »Wir wissen nicht, wie es sich in allen Einzelheiten zutrug, aber es geht deutlich daraus hervor, daß ...« ... »Es muß daher angenommen werden, daß ...«

So führt uns Halliday durch Mr. Shaksperes Londoner Laufbahn und schließlich zurück zu seinem Stratforder Ruhestand: »Aber es gab noch vieles zu erledigen, wenn auch die Mußestunden der Lektüre, der Musik und den Gesprächen mit Freunden vorbehalten waren.« Das ist tröstlich. Doch wenn wir einmal von der Vermutung abgehen, Mr. Shakspere sei der Dichter Shakespeare gewesen, müssen wir uns eingestehen, daß wir nicht einmal wissen, ob er lesen konnte, geschweige denn, ob er sich Musik anhörte. Daß er sich wahrscheinlich mit seinen Freunden unterhielt, mag immerhin zugestanden werden.

Weniger zaghaft als andere Biographen und sich wesentlich sicherer ist A. L. Rowse. In seinem Bestseller von 1963 *William Shakespeare: A Biography* liefert er das Lokalkolorit der Stratforder Schulzeit:

In der Oberschule befaßte er sich dann mit Ovid, und unter den römischen Dichtern war das die Liebe seines Lebens. ... Es ist jedoch ein hübscher Gedanke, daß der Junge manchmal schwänzte und lieber in die Brombeeren ging.

Er lernte leicht. Seiner Umgebung fiel auf, daß ihm alles zuflog – doch wie sehr hat er daran gearbeitet, das Beste aus seiner Begabung zu machen! Es kann keinen Zweifel geben, daß das methodische Gedächtnistraining der elisabethanischen Lateinschule und der Kirche viel dazu beitrug.

Daß Shakespeare Königin Elisabeth reden hörte, brauchen wir nicht zu bezweifeln.

Er war ein strenggläubiges Mitglied der anglikanischen Kirche, nach deren Ritus er getauft worden war, erzogen wurde und heiratete, in dem seine Kinder aufwuchsen und nach dem er schließlich beerdigt wurde.

Er war von Natur aus ein Dichter, und in der zweiten Hälfte der achtziger Jahre machte er sich eines schönen Tages auf den Weg nach London.

Er wohnte in London zur Untermiete, verbrachte aber den Sommer stets daheim in Stratford.

Wir müssen immer im Auge behalten, daß er unter anderem ein guter, wenn auch gutmütiger Geschäftsmann war.

Rowse wird auch angesichts der Rätsel der Sonette nicht von seiner gewohnten Sicherheit verlassen. Er verkündet, daß

Untersuchungen, durchgeführt nach strengen historischen Maßstäben, … mich in die Lage versetzt haben, zum ersten Mal und für alle Zeit das Rätsel der Sonette zu lösen, das so vielen Generationen Kopfzerbrechen bereitet hat und so viele Forscher in einen Sumpf irriger Annahmen geführt hat. Der Schlüssel zur Lösung ihrer Fragen, die nun alle aufgeklärt sind – bis auf die Identität von Shakespeares Geliebter, der wir wohl niemals auf die Spur kommen werden –, lag darin, strikt den Methoden der historischen Forschung zu folgen und eine genaue Datierung und Chronologie zu erstellen.

Seine Lösung beginnt mit einem Rundumschlag gegen abwegige Vorstellungen: »Wir können uns ganz sicher sein, daß kein Adliger diese Sonette schrieb.« Für Rowse steht fest, wer der Dichterrivale war: »Es gibt keinen Anlaß, zu bezweifeln, daß Marlowe der Dichterrivale der Sonette war. … Ich stelle deshalb nicht noch eine weitere Hypothese auf: das Rätsel ist gelöst, wie alle klar erkennen können.« Und die Geliebte des Dichters? »Hinsichtlich der Identität der Dunklen Dame sind die phantastischsten Vorschläge gemacht worden. Tatsächlich wissen wir nicht und werden wohl auch nie wissen, wer sie war; außerdem ist es kaum von Belang – eher von sentimentalem als von wissenschaftlichem Interesse.«*

Rowse gelingt es, diesen Brustton der Überzeugung über 484 Seiten hin aufrechtzuerhalten. Aber selbst Rowse reicht nicht an die Unerschütterlichkeit heran, mit der Garry O'Connor seine Mutmaßungen vorträgt. In *William Shakespeare: A Life* dringt O'Connor nicht nur in die Gedanken seines Helden ein, sondern auch in die von dessen Frau. Er beginnt sein Buch mit einer Selbstgewißheit, die nie erlahmt:

> Im Frühsommer des Jahres 1595, kurz nachdem er seinen einundzwanzigsten Geburtstag gefeiert hatte, ging William Shakespeare von zu Hause fort. Indem er seine Frau und seine junge Familie im Stich ließ – denn so empfand es seine Frau Anne –, verließ Shakespeare das beengte Haus in der Henley Street, das sie sich mit seinen Eltern und Brüdern geteilt hatten.

Die erhaltenen Dokumente decken nicht eine Silbe davon ab. Von Anne wissen wir nur, wann sie geboren wurde, wann sie heiratete, wann ihre Kinder geboren wurden (und wann eines starb), wann sie selbst starb, und daß sie in Stratford einen geringen Betrag schuldig blieb. Was sie »empfand«, als William im Frühsommer 1585 fortging, können wir nur vermuten. Aber schließlich bleibt es auch reine Vermutung, ob er wirklich im Frühsommer 1585 fortging oder ob sie in der Henley Street bei seiner Familie lebten.

---

* Nur ein paar Jahre, nachdem er diese Worte geschrieben hatte, identifizierte Rowse eindeutig eine gewisse Emilia Lanier als die Dunkle Dame und beschimpfte alle, die sich dieser Lösung widersetzten, bis bekannt wurde, daß er in dem Dokument, auf das er seine Behauptung stützte, ein entscheidendes Wort falsch entziffert hatte.

O'Connor schafft es, seinen abenteuerlichsten Vermutungen den Anstrich soliden Wissens und kritischer Betrachtungsweise zu geben: »Annes Beziehung zu Williams Mutter war gut. ... Es mag in vieler Hinsicht eine gescheiterte Ehe gewesen sein, aber es war nie eine tote Ehe.«

Anne war tüchtig, praktisch, dem Leben zugewandt und sinnlich. Es ist nicht unrealistisch, sie sich mit dunklem Haar und dunklen Augen vorzustellen, mit Gesichtszügen, wie sie sich häufig bei den Töchtern landbesitzender Bauern fanden. ... Anne war halsstarrig, eigenwillig, verteidigte ihren bürgerlichen Status als »Erbin« und weigerte sich später, die Frau eines Schauspielers zu werden oder gar sein Wanderleben zu teilen, kämpfte andererseits energisch darum, diese Doppelnatur zu bewahren, wobei sie sich in erster Linie jener Wahrheit des Herzens und den Familienwerten verpflichtet fühlte, nicht der Kunst. Sie wurde als Mutter von Zwillingen äußerlich zum Inbild der Urkraft der Natur, und wie oft auch der mit einem wechselhaften Gemüt geschlagene Shakespeare davonlaufen wollte, er wußte immer, er mußte in dieser dunklen und ewigen weiblichen Natur verwurzelt bleiben.

O'Connor bietet uns sogar eine Beschreibung von Annes äußerer Erscheinung als ältere Frau:

Anne Shakespeare, inzwischen sechzig, wohlgenährt von Bier und Rinderbraten, doch auch von sittlicher Kost geläutert, hatte breite Schultern und eine ansehnliche Büste und führte eine beherzte, klangvolle Sprache im Munde, die ihren runden, roten Wangen wohl anstand.

All das über eine Frau, deren Leben so dürftig dokumentiert ist, daß die Vita ihres Mannes sich daneben ausnimmt wie ein russischer Roman! Sogar das Jahr ihrer Geburt müssen wir aus der Inschrift auf ihrem Grabstein herleiten. Derlei Ausschweifungen, so lächerlich manche von ihnen sein mögen, entspringen der Notwendigkeit, die langen Schweigepausen in Mr. Shaksperes Leben zu füllen – das »Vakuum«, wie Schoenbaum es nennt. Doch eben diese Schweigepausen, die den Biographen als Vorwand für Spekulationen dienen, liefern den Skeptikern gute Gründe.

Der Versuch, aus Shakespeares Werk und Mr. Shaksperes Leben einen einzigen, stimmigen »Shakespeare« zu schmieden, schafft nur Verwirrung. Der Dichter-Dramatiker hört sich nach einem weltgewandten, gebildeten Höfling an; Mr. Shakspere hört sich nach einem gewieften, nicht sonderlich sympathischen Geschäftsmann an. Jeder zeichnet sich deutlich ab, doch beide zusammen wollen keinen lebendigen Menschen ergeben, ganz gleich, wieviel Biographen dafür ihr Einfühlungsvermögen und ihre Beredsamkeit strapazieren.

Die Shakespeare-Biographik war und ist ein fruchtloses Bemühen. Sie hat kein erhellendes Licht auf das Werk geworfen, und die bedeutendsten Literaturwissenschaftler haben sie einfach außer acht gelassen. Die Unzugänglichkeit von Shakespeares Persönlichkeit hat zur Entstehung verschiedener Schulen moderner Literaturtheorie beigetragen, die die Bedeutung vom Leben und der Persönlichkeit des Autors für das Werk bestreiten, vom New Criticism der Jahre nach 1930 bis zum Dekonstruktivismus. In mancher Hinsicht läßt sich dieses Postulat rechtfertigen. Das Werk eines Autors sollte nicht auf eine verkappte Autobiographie reduziert werden, da ein literarisches Kunstwerk in sich von Interesse ist. Aber weil Autoren und ihre Sprache in der realen Geschichte verwurzelt sind, bleibt die literarische Biographik ein berechtigtes und erhellendes Unterfangen. Ihre Beliebtheit als Gattung wird trotz aller theoretischen Angriffe ihr Überleben sichern. So dürfen wir, auch wenn die Shakespeare-Biographik inzwischen zu einem turmhohen, wenn auch wackligen Gebäude angewachsen ist, erwarten, daß Shakespeares Identität einer gründlichen und weitgefächerten Überprüfung unterzogen wird – einer, die historisches und literarisches Beweismaterial glaubwürdig miteinander verquickt.

4. Unvereinbarkeiten zwischen Leben und Werk

Nichts, was wir über Mr. Shakspere wissen, paßt zu dem Eindruck, den wir von dem Menschen Shakespeare aus seinen Dramen und Sonetten gewinnen. Kenneth Muir hat immerhin Zweifel eingestanden, ob sich »Shakespeares Werke mit seinem Privatleben in Einklang bringen lassen«, und das eigentliche Problem besteht darin, daß beides sich eben nicht miteinander in Einklang bringen läßt. Dieses Dilemma hat die Biographen keineswegs veranlaßt, ihren Gegenstand zu hinterfragen, sondern wurde von ihnen im Gegenteil zu einem weiteren Beweis für Shakespeares überragendes Genie umgemünzt. »Das Schemenhafte von Shakespeares Persönlichkeit«, schreibt Stanley Wells, »ist eine Bedingung seiner Vorrangstellung als Dramatiker.« Durch einen logischen Fehler – aus der Schlußfolgerung wird die Voraussetzung konstruiert – wird Shakespeare zu jedermann und niemand.

Tatsächlich ist Mr. Shaksperes Leben, für sich betrachtet und ohne den Ehrgeiz, aus ihm etwas zu machen, was er nicht war, recht stimmig. Er wuchs in einer Kleinstadt auf, ging vielleicht ein paar Jahre lang zur Schule, heiratete in jungen Jahren eine ältere Frau, ging dann nach London, wo er Schauspieler und Teilhaber der Lord Chamberlain's Men wurde, erwarb wertvolle Immobilien in seiner Heimatstadt und verbrachte dort mindestens die letzten zehn Jahre seines Lebens. Er war ein resoluter, gerissener Geschäftsmann, der mit verschiedenen Waren handelte – Getreide, Steine, Land, Kirchenzehnte. Seine Ehe scheint mit einer Mußheirat begonnen zu haben und nicht besonders glücklich gewesen zu sein. Als er erst neunzehn Jahre alt war, gebar ihm seine Frau 1585 Zwillinge, danach entsprossen der Ehe keine weiteren Kinder. Er verbrachte einige Jahre getrennt von seiner Frau in London. Sie machte einmal in seiner Abwesenheit Schulden, die er trotz seiner guten finanziellen Lage nicht beglich. Als er sein Testament abfaßte, verschwendete er an sie nicht ein liebevolles Wort; er hinterließ ihr nur das zweitbeste Bett, vielleicht dasjenige, in dem er meistens allein geschlafen hatte, wenn er zu Hause war.

Der Dramatiker Shakespeare, wer er auch war, hatte weitgefächerte Interessen; die Frage nach Shakespeares Bildung hat zu endlosen Debatten geführt. Moderne Forscher haben ganze Bücher über Shakespeares umfassendes Wissen geschrieben, seine Kenntnisse der Literatur und der Geschichte (der klassischen und der modernen), der Pflanzenkunde, des Rechtswesens, der Musik, der Wappenkunde, des höfischen Lebens, fremder Länder und solch aristokratischer Sportarten wie Tennis, Kegeln und Falknerei, aber nichts in Mr. Shaksperes Stratforder Dokumenten deutet darauf hin, daß er irgend etwas davon kannte oder schätzte.

Shakespeare benutzt Hunderte von juristischen, musikalischen, medizinischen und botanischen Ausdrücken sowie Hunderte von Namen aus der klassischen Geschichte und Mythologie. Hat er sie nebenbei aus Büchern und Tavernengesprächen aufgeschnappt, wie die meisten orthodoxen Forscher behaupten, oder besuchte er die besten Bildungsanstalten des Landes? Mr. Shakspere war so offenkundig ein Mann von begrenzter formaler Bildung, daß seine Verfechter sich zu der Annahme gezwungen sehen, in den Stücken schlügen sich seine gesamten Kenntnisse restlos nieder. Ich glaube hingegen, daß Shakespeare hochgebildet war und daß das in den Stücken ausgebreitete Wissen nur die Spitze eines großen Eisbergs ist und keineswegs eine mehr oder weniger zufällige Ansammlung von Wissensbröckchen.

Es gibt viele Gebiete, auf denen sich das nur schwer beweisen ließe, denn wir haben keine Möglichkeit, festzustellen, in welchem Verhältnis das Wissen, das er offenbart, zu den Dingen steht, die er sonst noch gewußt haben mag. Jedenfalls macht Shakespeare nie den Eindruck hoher Gelehrsamkeit, wie es Marlowe, Jonson und Milton tun (Marlowe und Milton waren Cambridge-Absolventen; Jonson besuchte nie eine Universität, aber er war in der Westminster School Schüler des Gelehrten William Camden). Andererseits verfügt Shakespeare stets über soviel Bildung, wie er gerade braucht, und er bedient sich ihrer so mühelos, ohne je damit zu renommieren, daß er auf einen unerschöpflichen Fundus zurückzugreifen scheint. Er klingt nie, als habe er sich übernommen oder sei am Ende seines Lateins angelangt.

Man nehme nur Shakespeares eingehende Landeskenntnis von Italien, die den Hintergrund für ein Dutzend seiner Stücke bildet. Den Dokumenten nach spielte Mr. Shaksperes Leben sich nur in Stratford und in London ab. So weit wir wissen, hat er England nie verlassen, und man ist sich allgemein einig, daß er sich nie in Italien aufhielt. Lange Zeit wurde angenommen, Shakespeare habe Italien nur aus Büchern gekannt sowie aus jener vielseitigen und alle Gesellschaftsschichten ansprechenden Bildungsanstalt, dem Mermaid Tavern. Drei der berühmten »Schnitzer« in seinen Stücken galten als landeskundliche Irrtümer und dienten als Beweis dafür, daß seine Kenntnisse Italiens aus zweiter Hand stammten. In *Die beiden Veroneser* zum Beispiel reisen Personen zu Wasser von Verona nach Mailand, zwei Binnenstädten; in *Der Widerspenstigen Zähmung* wird die Segelmacherei in Bergamo erwähnt, ebenfalls einer Binnenstadt; und in *Das Wintermärchen* wird der Maler Giulio Romano als Bildhauer bezeichnet.

Aber wie sich herausgestellt hat, waren diese »Schnitzer« gar keine, sondern beweisen im Gegenteil, wie gut Shakespeare Italien aus eigener Anschauung kannte. Zu Shakespeares Zeit und noch lange danach waren Schiffsreisen zwischen Mailand, Verona, Venedig, Bologna und anderen norditalienischen Städten möglich, weil sie durch Flüsse und Kanäle miteinander verbunden waren. Ein französischer Forscher, Georges Lambin, konstatiert, daß die von Shakespeare beschriebenen Reisen »keine unkundige Erfindung des Dramatikers sind. Sie entsprechen genau dem, was zur damaligen Zeit stattfand. Ein Schiff war das einzige bequeme Verkehrsmittel von Verona nach Mailand. *Aber man mußte es selbst benutzt haben, um so genau Bescheid zu wissen*« (meine Hervorhebung). In Verona spricht Shakespeare vollkommen richtig vom »Fluß«, der Adige, nicht vom Meer oder der Küste. Ein italienischer Forscher, Ernesto Grillo, weist darauf hin, daß die Stadt Bergamo »noch vor gar nicht langer Zeit für dieses Gewerbe [die Segelmacherei] berühmt war«. Giulio Romano schließlich war nicht nur Maler, sondern auch Bildhauer und Architekt. Seine zahlreichen Talente werden von Giorgio Vasari in seinen Lebensbeschreibungen italienischer Künstler gewürdigt, die in Italien 1550 und erweitert 1568 erschienen, in England aber erst viele Jahre später zugänglich waren. Auch hier gilt: ein Mann, der nie in Italien war, hätte das kaum wissen können – eher wäre ihm Romano völlig unbekannt gewesen.

In *Der Kaufmann von Venedig* zeigt sich Shakespeare mit den Gesetzen und der Topographie Venedigs vertraut. Der Name Lanzelot Gobbo bezieht sich auf die Statue eines knienden Buckligen, bekannt als der Gobbo di Rialto; an dieser Stelle wurden die Gesetze der Republik öffentlich bekanntgegeben. Shakespeare erwähnt das »tranect« (vielleicht ein Druckfehler, der manchmal zu »traject« korrigiert wird), den *traghetto* oder die Fähre, die zwischen der Stadt und dem Festland verkehrte; er kennt auch »die Bequemlichkeit, die Fremde finden hier in Venedig«, ein Recht, das in der Verfassung Venedigs verankert war. Er kennt sogar die genaue Entfernung – zwanzig Meilen – zwischen Padua und Belmont. Der Name Graziano entstammt der *commedia dell'arte*. Und in *Othello* finden wir eine Anspielung auf Venedigs *signori di notte*, »the special officers of night«, die »Nachtgendarmen«.

Shakespeare konnte mit Sicherheit etwas Italienisch. Mehrere seiner Quellen – für den *Kaufmann*, *Othello*, *Viel Lärm um Nichts* und wahrscheinlich auch den *Sturm* – gab es nur auf Italienisch, das in englischen Lateinschulen nicht unterrichtet wurde (und im Mermaid nicht verstanden worden wäre). Ein Sprachgenie, das Latein beherrschte, konnte sich vielleicht so viel Italienisch zusammenstoppeln, wie für seine Zwecke notwendig war, aber wir haben einen Hinweis darauf, daß Shakespeares Italienischkenntnisse nicht nur aus Büchern stammten: in *Othello* witzelt der Narr zu den Musikanten über die neapolitanische Sprechweise: »Nun, ihr Herren? Sind eure Pfeifen in Neapel gewesen, daß sie so durch die Nase schnarren?« Das deutet auf eine Vertrautheit mit regionalen Sprachunterschieden, die nur ein Reisender haben konnte.

In seinem 1949 veröffentlichten, äußerst aufschlußreichen Buch *Shakespeare und Italien* beweist Ernesto Grillo zweifelsfrei, daß Shakespeare Italien und seine Kultur nicht nur flüchtig kannte, sondern davon durchdrungen war. Ein rätselhafter Satz in *Was ihr wollt*: »The Lady of the Strachy married the yeoman of the wardrobe«, »Die Baronesse von Strachy hat den Kammerdiener geheiratet«, blieb unverständlich, bis Professor Grillo erklärte:

Angesichts der Liebe des Dramatikers für alles Italienische und der italienischen Quelle und Grundstimmung von *Was ihr wollt* liegt es nahe, »Strachy« vom italienischen *stracci*, d. h. Lumpen, herzuleiten. »The Lady of the Strachy« ist nämlich die englische Wiedergabe des italienischen Ausdrucks *La Signora degli Stracci*, eine spöttische Bezeichnung, die heute noch in vielen Teilen Italiens für eine hochmütige, aber verarmte vornehme Dame üblich ist. »Strachy« kann mit gutem Grund als Verballhornung oder phonetische Schreibweise von *stracci* gelten, zumal uns bei Shakespeare eine große Anzahl anglisierter italienischer Namen und Wörter begegnet.

Es lohnt sich, Grillo länger zu zitieren:

Shakespeare legt mannigfaltige und profunde Kenntnisse Italiens an den Tag, nicht nur des Landes allgemein, sondern auch der einzelnen Städte. ... Unzählig sind die Stellen, wo er von den besonderen Eigenheiten unserer Halbinsel spricht, ihrer Geschichte und ihrer Sitten. Er wußte, daß Padua eine große Universität besaß, die erhabene Alma mater der Freien Künste.

> ... wie mich der heiße Wunsch,
> Padua zu sehen, der Künste schöne Wiege,
> In die fruchtbare Lombardei geführt,
> Des herrlichen Italiens lust'gen Garten ...

Er wußte, daß Padua mit all seiner Gelehrsamkeit unter dem Schutz Venedigs stand, Mantua hingegen nicht. Außerdem weist er mehreren Städten besondere Eigenschaften zu, wie zum Beispiel Pisa, das für seinen Reichtum bekannt war, aber mehr noch für seine »ernsten Bürger«, ein von Dante geprägter Ausdruck; Mailand ist »die Schöne« und besitzt einen »königlichen Hof« und den berühmten St. Gregor-Brunnen. An anderer Stelle spricht er von den Florentinern und Neapolitanern und beschuldigt die Bewohner Pisas, geizig zu sein. Er wußte, daß die Florentiner angesehene Kaufleute und Mathematiker waren, die bei ihren Geschäften Akkreditive und als Zahlungsmittel Dukaten benutzten; und ihm war auch bekannt, daß sie ständig mit den Sienesern in Streit lagen. Und hier benutzt der Dichter eine Redewendung, die reines Italienisch ist: »The Florentines and Senoys are by the ears«, »Die Florentiner und Sienesen haben sich bei den Ohren«, *si pigliano per gli orecchi.*

Grillo weist auch auf Shakespeares Vorliebe für italienische Redensarten hin wie »so heil wie ein Fisch« in *Die beiden Veroneser* – von *sano come un pesce*, »ein Ausdruck, der in einigen Teilen Italiens immer noch gebräuchlich ist«. Darüber hinaus stellt er fest: »Shakespeare versteht sich genau auf den korrekten Gebrauch von Namen aus der italienischen Aristokratie seiner Zeit.«

Die verschiedenen Schauplätze von *Othello* sind nicht bloße Reminiszenzen an Venedig, sondern Bilder, die den Geist Venedigs atmen, von Shakespeare in sein Drama übertragen. Die Dunkelheit des Morgens, die engen und geheimnisvollen *calli*, Brabantios Haus mit den schweren Eisenriegeln an den Türen, die »Sagittary«, die *Sagittaria*, die Residenz des Flottenkommandeurs, der gemietete Gondoliere als Zeuge galanter Intrigen, die Gondel, in der die Liebenden gesehen werden, die Galeeren, die eine Vielzahl von Aufträgen erhalten, die Bewaffnung, das Gefolge mit Fackeln, die besonderen Nachtgendarmen, der Ratssaal, die Senatoren, der Doge – der geliebte Signor Magnifico –, die Gespräche über den Krieg, Brabantios Anschuldigung, daß seine Tochter mit giftigen Tränken und Zauberkraft gestohlen und verführt worden sei, die Geschichte Othellos mit all den Opfern zur Verteidigung der Republik …

Das Lokalkolorit in *Der Widerspenstigen Zähmung* verrät eine so gründliche Kenntnis nicht nur der Sitten und Gebräuche Italiens, sondern auch der kleinsten Einzelheiten häuslichen Lebens, daß sie nicht nur aus Büchern gewonnen sein kann oder aus Gesprächen mit Reisenden, die aus Padua zurückgekehrt waren. Die Form der Hochzeit von Petruchio und Catharina, die später von Manzonis geschwätziger Agnese dem Paar Renzo und Lucia empfohlen wurde, war italienisch und nicht englisch. … Die Beschreibung von Gremios Haus und seiner Einrichtung ist bemerkenswert, weil sie eine italienische Villa des sechzehnten Jahrhunderts mit all ihrem Komfort und feinem Luxus schildert.

Alle Tapeten tyrisches Gewirk;
Koffer von Elfenbein, gepackt voll Kronen,
In Zedernkisten Tepp'che, bunte Decken,
Köstliche Stoffe, Zelt' und Baldachine,
Battiste, türksche perlgestickte Polster,

Umhänge von Venedig, golddurchnäht,
Kupfer- und Zinngeschirr, und was gehört
Zum Haus und Hausrat ...

Diese herrlichen *objets d'art* waren nur in Italien zu finden, in den
Palästen der Aristokratie von Mailand, Genua, Turin, Pavia usw., da
die Lebensumstände in England recht primitiv waren und nicht einmal Elisabeths Höflinge sich so erlesener Besitztümer rühmen konnten.

Grillo ist fest davon überzeugt, daß Shakespeare – den er für Mr. Shakspere
hält – irgendwann in seiner Jugend Italien bereist haben muß. Aber natürlich hat er keine Erklärung dafür, wie der junge, bäurische Mr. Shakspere
sich Zutritt zu den großen aristokratischen Häusern verschafft haben könnte. Und nichts in Mr. Shaksperes persönlicher Habe, wie wir sie kennen,
deutet auf irgendeine Verbindung zu Italien und dessen Kultur.

Hier ist also ein schlagender Beweis dafür, daß Mr. Shakspere nicht
Shakespeare war, ein Dichter, der Italien so offenkundig kannte und liebte.
Der wahre Shakespeare zeichnet sich nicht nur durch seine Allgemein-
bildung aus, sondern auch durch seine intime, persönliche Kenntnis dieses
bezaubernden Landes, das seine Phantasie so sehr bereichert hat.

Wieder und wieder stoßen wir auf die mangelnde Übereinstimmung
zwischen dem faden Mr. Shakspere und dem ungemein kultivierten Dichter,
der er angeblich sein soll. Wir wissen genug über ihn, um erwarten zu dürfen, daß zwischen den Spuren, die sein Leben hinterlassen hat, und den Werken des Dichters ein Verbindungsglied auftaucht, wenn sie denn ein und
derselbe Mann waren; aber bislang halten wir vergeblich danach Ausschau.

Nichts stellt die Nichtigkeit der Bemühungen orthodoxer Biographen so
bloß wie ihr völliges Unvermögen, die einzigen autobiographischen Spuren
Shakespeares einzuordnen. Nur in den Sonetten spricht Shakespeare direkt
aus seinem Herzen und in der eigenen Person, nicht durch die Personen
seiner Dramen, und es ist eine der größten Schwächen der Stratforder Tradition, daß niemand in der Lage war, diese Gedichte im Leben von Mr.
Shakspere unterzubringen oder auch nur ein paar plausible Verknüpfungen
mit diesem Leben aufzuzeigen. Die meisten der neueren Biographen ma-

chen gar nicht erst den Versuch. Shakespeares einziges größeres Selbstbekenntnis, das den Biographien die tiefsten Einblicke liefern müßte, führt
statt dessen zu ihrem peinlichsten Kapitel.

Die Sonette sind geheimnisvoll, und zwar absichtlich. Manche ihrer Geheimnisse bleiben uns zweifellos für immer verschlossen. Doch Teile des
Rätsels lassen sich lösen, indem man das Rätsel der Verfasserschaft löst. Das
aber ist genau das Riff, an dem die Orthodoxen zerschellen: sie weigern sich,
irgendwelche Zweifel daran zuzulassen, daß Mr. Shakspere der Verfasser
war. Das ist die einzige Gewißheit, mit der sie an die Sonette herangehen,
und so geraten sie an nahezu jedem Punkt auf Abwege.

Bevor wir uns den Sonetten zuwenden, sollten wir uns daran erinnern,
welche Teile des Shakespeare-Puzzles lange Zeit am meisten vernachlässigt
worden sind, nämlich seine ersten beiden veröffentlichten Werke, *Venus
und Adonis* (1593) und *Die Schändung der Lucretia* (1594), die dem Grafen
von Southampton gewidmeten Versepen. Die Sonette scheinen ebenfalls an
Southampton gerichtet gewesen zu sein, obwohl das strittig bleibt; ein weiterer Streitpunkt ist, ob Southampton der »Mr. W. H.« der Widmung des
Verlegers ist.

Die Standarderklärung lautet, Mr. Shakspere habe die Versepen geschrieben, als die Theater während eines Ausbruchs der Pest von 1592 bis
1594 geschlossen waren. Da es zu der Zeit sinnlos war, Theaterstücke zu
schreiben, so wird argumentiert, wandte er sich der Dichtkunst zu, um sich
damit »literarisches Ansehen« zu erwerben. (Muriel Bradbrook und andere
haben sogar die Behauptung aufgestellt, eines seiner Motive sei es gewesen,
den Angriff von *Greene's Groatsworth* abzuwehren!) Ungefähr zur selben
Zeit, darin sind sich die meisten (wenn auch nicht alle) Forscher einig, wollte auch er nicht zurückstehen bei der Mode der Sonettzyklen, die nach der
posthumen Veröffentlichung von Sir Philip Sidneys *Astrophil and Stella*
1591 aufkam. All die Verwirrung durch *Greene's Groatsworth* hat die Tatsache verdunkelt, daß alle frühen Schriften, die Shakespeare namentlich
nennen, ihn einzig als Verfasser der beiden Versepen kennen. Nahezu jede
zeitgenössische Huldigung an ihn erwähnt zuerst diese Versdichtungen und
erst danach die Dramen oder auch nicht.

Heute stehen die Sonette in hohem Ansehen, ganz anders als die Versepen, die Shakespeares Zeitgenossen so beeindruckten, sie gelten heute als
langweilig, undramatisch und gekünstelt. Dieses Urteil ist verständlich,

wenn wir sie mit den großen Dramen vergleichen; aber wir sollten bedenken, daß sie für Leser, die noch nie von Shakespeare gehört hatten, ein glänzendes Debüt darstellten, indem sie den literarischen Geschmack der Zeit virtuos bedienten. Gerade die »Künstlichkeit«, die moderne Leser abstößt, entzückte die Elisabethaner. Nehmen wir nur die Strophen, die beschreiben, wie Tarquinius, von wollüstigem Verlangen nach Lucretia gemartert, sich aus seinem Bett erhebt:

> Schon kam die todesstille Zeit der Nacht,
> Und Schlaf lag auf den Augen schwer wie Blei;
> Am Himmel selbst kein Stern des Trostes wacht;
> Kein Laut als Wolfsgeheul und Eulenschrei.
> Nun für das Lamm schleicht die Gefahr herbei;
>   Wie reine Seelen ruht es still und stumm,
>   Nur blutiger Mord und Wollust geh'n jetzt um.

> Nun auf von seinem Lager springt Tarquin,
> Den Mantel wirft er hastig um den Arm,
> Begierd' und Furcht wahnsinnig schütteln ihn,
> Süß schmeichelt jene, diese droht mit Harm
> Und warnt ihn redlich – aber süß und warm
>   Lockt Wollust; und die Furcht, die lang' sich sträubt,
>   Weicht endlich, von der Wollust hirnbetäubt.

> An einen Stein schlägt er mit seinem Schwert
> Und zündet eine Fackel dann am Licht
> Des Strahls, der aus dem Feuersteine fährt,
> Als Leitstern für sein lüsternes Gesicht,
> Derweil er also zu der Flamme spricht:
>   »Wie ich aus kaltem Stein ließ Feuer springen,
>   Muß ich Lucretia mir zu Willen zwingen.«

(Strophen 24–26,
Übersetzung: Friedrich Bodenstedt)

Diese Ausschmückung mag uns abschrecken, aber dem Dichter dient sie als eine Art Zeitlupe, sie verlangsamt den Augenblick Tarquins größter Versuchung und gestattet dem Leser, ihn zu betrachten. Für uns bedeutet Rhetorik »leere« Rhetorik. Wir vergessen, daß die Elisabethaner sich für Rhetorik mindestens so begeisterten, wie die Japaner sich für Baseball begeistern.

Beide Versepen, besonders *Venus und Adonis*, wurden oft nachgedruckt, auch noch nach Erscheinen der Folio 1623 (die sie weder enthielt noch erwähnte). Danach gerieten sie jedoch in Vergessenheit und wurden erst im achtzehnten Jahrhundert wieder aufgelegt; die meisten Shakespeare-Ausgaben enthielten nur die Dramen – nicht die Versepen, nicht die Sonette, nicht die übrige Lyrik. Manche Ausgaben der Dramen schlossen Werke mit ein, die inzwischen nicht mehr als authentisch gelten. Die Versepen haben nie ihre anfängliche Beliebtheit und hohe Wertschätzung wiedererlangt, zum Teil, weil sie nicht in unser Bild von Shakespeare passen. Den Sonetten ist es besser ergangen, aber wie wir sehen werden, sind sie ein literarisches Rätsel und für die Biographen ein Problem geblieben.

Hier nun eine ausführliche, aber keineswegs vollständige Zusammenfassung des Handlungsfadens, der sich durch die ersten 126 der insgesamt 154 Sonette zieht.

In den ersten 17 Sonetten drängt der Dichter einen jungen Mann zur Heirat, denn es sei seine Pflicht, seine Schönheit weiterzugeben. Dann läßt er dieses Thema abrupt hinter sich, konzentriert sich darauf, diese Schönheit um ihrer selbst willen zu preisen, und verspricht, sie werde in seinen Versen »ewig« währen (18. und 19. Sonett). Er bekennt seine Liebe zu dem Jüngling, »der Herr-Herrin meiner Minne« (20), bestreitet jedoch, daß seine Liebe sexuell sei. Er fährt fort, den Jüngling zu preisen (21) und macht sich Gedanken über das Altern und den eigenen Tod (22). Er konstatiert, daß ihm »öffentliche Ehre« versagt wird, findet aber Trost in der Liebe des Jünglings zu ihm (25). Er bekräftigt seine »Pflicht« dem Jüngling gegenüber (26). Er gesteht, daß er auf seinen Reisen Tag und Nacht an den Jüngling denkt (27 und 28). Er sagt, daß die Liebe des Jünglings ihn über seine »Verbannung« hinwegtröstet (29), über andere »Sorgen« (30) und über den Verlust anderer »Lieben« (31). Er beschwört den Jüngling, nach seinem Tod seiner Liebe zu gedenken (32). Dann beschuldigt er den Jüngling in drei aufeinanderfolgenden Sonetten (33 bis 35), ihm Schmerz zuzufügen, verzeiht ihm aber angesichts seiner Reue. Er schlägt vor, daß sie sich voneinander fernhalten, damit nicht seine eigene »vielbeklagte Schuld Schmach« über den Jüngling bringe (36). In einer weiteren Dreiergruppe (40 bis 42) beklagt er, daß der Jüngling ihm seine Geliebte gestohlen hat, verzeiht ihm jedoch abermals. Eine längere Folge (43 bis 52) schildert, wie er in Gedanken ständig bei dem Jüngling ist, während er eine weitere Reise unternimmt. Wiederum preist er die Schönheit des Jünglings und sein treues Herz (53 und 54) und verspricht, ihn in seinen Versen unsterblich zu machen (55). In drei weiteren Sonetten (57, 58 und 61) bekennt der Dichter sich zwar als »Sklave« des Jünglings, deutet aber eifersüchtige Sorgen an, wo der Geliebte seine Zeit verbringen mag. Der Dichter vergleicht sein eigenes alterndes Gesicht, »von Alters Beize eingeknickt, zerfetzt«, mit der Schönheit des jüngeren Mannes (62), und bedenkt dann wehmütig, daß auch der Jüngling altern muß und daß nur die Verse des Dichters ihm ein gewisses Maß an Unsterblichkeit sichern werden (63). Mehrere folgende Sonette sinnieren über das Altern, den Tod und die Macht der Dichtkunst, das Grab zu überwinden. Dann warnt der Dichter den Jüngling davor, sich selbst »gemein« zu machen und sich der »Verleumdung« auszusetzen (69 und 70). Er beschwört den Jüngling, ihn nach seinem Tod nicht zu betrauern, damit die Welt den Jüngling nicht zusammen mit dem Dichter »höhnt«; er hofft, sein eigener Name werde »bei meinem Leib begraben« sein, damit er nicht »Schmach« über alle beide bringe (71 und 72). Er denkt weiter über das Altern und seinen nahenden Tod nach und versichert dem Jüngling, daß »der bess're Teil« von ihm bleiben wird, in seinen Versen (73 und 74). Er spricht von der wechselnden Wonne und Sehnsucht, die der Jüngling in ihm hervorruft (75). Er sagt, er schreibe immer im selben alten Stil, »that every word doth almost tell my name«, »daß jedes Wort fast meinen Namen nennt«, denn sein einziges Thema sei »du und die Liebe« (76).

An dieser Stelle (78 bis 86) beginnt eine wichtige neue Entwicklung. Ein Rivale um die Liebe des Jünglings betritt die Szene, »ein bess'rer Geist«, der auch Gedichte schreibt (der Dichter spricht von »den stolzgeschwellten Segeln seiner Verse«). Der Dichter leidet zwar Qualen, scheint sich aber damit abzufinden, aus diesem Wettkampf als Verlierer hervorzugehen. Er erwartet, nach seinem Tod vergessen zu werden. Es lohnt sich, das 81. Sonett in voller Länge zu zitieren:

Or I shall live your epitaph to make,
Or you survive when I in earth am rotten;

From hence your memory death cannot take,
Although in me each part will be forgotten.
Your name from hence immortal life shall have,
Though I, once gone, to all the world must die.
The earth can yield me but a common grave,
When you entombed in men's eyes shall lie.
Your monument shall be my gentle verse,
Which eyes not yet created shall o'erread;
And tongues to be your being shall rehearse
When all the breathers of this world are dead.
You shall live (such virtue hath my pen)
Where breath most breathes, even in the mouths of men.

[Ob ich's einst bin, der dir die Grabschrift schreibt,
Ob du noch lebst, wenn mich die Würmer fressen –
Der Tod ist machtlos: dein Gedächtnis bleibt,
Wenn ich schon längst verfault bin und vergessen.
Dein Name wird unsterblich Leben haben,
Wenn ich, dahin einst, für die Welt gestorben;
Mich mögen sie im Erdenstaub begraben,
Du hast ein Grab im Aug' der Welt erworben:
Dein Monument – mein Vers! Dich wird man lesen
Mit Augen, die sich spät erst öffnen werden;
Und Lippen wiederholen einst dein Wesen,
Wenn niemand mehr, der heute lebt, auf Erden.
Der Feder hier ist solche Macht gegeben:
So lange Menschen atmen, wirst du leben!]

(Übersetzung: Richard Flatter)

Der Dichter nimmt seinen bitteren Verlust ohne Groll hin: »So leb denn wohl! Du stehst zu hoch für mich« (87). Drei aufeinanderfolgende Sonette betonen seinen Unwert.

Im 91. Sonett scheint eine Versöhnung stattgefunden zu haben. Der Dichter sagt, daß ihm die Liebe des Jünglings mehr wert ist als alle irdischen Güter und daß er sich nur davor fürchtet, sie zu verlieren. Er fügt hinzu, daß er nicht einmal das zu fürchten braucht, denn dann würde sein Leben so-

Elisabeth I. – Oxford war einer ihrer Lieblinge, sie gab ihm den Spitznamen »Turk«.
1572 kam das Gerücht auf, sie hätten ein Liebesverhältnis. (© Folger Shakespeare Library)

fort enden (92). Er deutet an, der Jüngling sei schließlich doch treulos, auch wenn er früher dessen Beständigkeit gerühmt habe. Er vergleicht sich mit »einem betrogenen Gatten«, obwohl es ihm schwerfällt, sich einzugestehen, der Jüngling könnte ihn betrügen (93). Er fügt hinzu: wenn der Jüngling so unschuldig ist, wie sein Gesicht zeigt, dann ist er »die Sommerblume«, würdig aller Bewunderung; wenn nicht, so ist er schlimmer als »das ärmste Unkraut« (dies scheint in etwa der Sinn des rätselhaften 94. Sonetts zu sein, wenn man es neben andere dieser Folge stellt). Der Dichter wird deutlicher und befürchtet, der Jüngling sei in Gefahr, dem Laster anheimzufallen (95 und 96).

An dieser Stelle entsteht der Eindruck einer Entfremdung zwischen dem Dichter und dem Jüngling. Sie scheinen einige Zeit voneinander getrennt gewesen zu sein, womöglich über Jahre hinweg, als der Zyklus im 97. Sonett fortgesetzt wird. Doch nun ist der Dichter wieder verzückt: er rühmt den Jüngling so schwärmerisch wie eh und je und schilt seine Muse dafür, sein Lieblingsthema so lange vernachlässigt zu haben (97 bis 108). Das 107. Sonett mag auf den Tod von Königin Elisabeth im Jahre 1603 anspielen (»The mortal moon hath her eclipse endur'd«, »Der sterbliche Mond hat seinen Niedergang erlitten«): manche meinen, es habe Southamptons Entlassung aus dem Kerker zum Thema, in den er wegen seiner Rolle im Umsturzversuch des Grafen von Essex geworfen worden war.

In der letzten Gruppe der an den Jüngling gerichteten Sonette überschattet wieder eine Wolke die beiden Männer. Der Dichter selbst scheint in irgendeiner Weise untreu gewesen zu sein. Er beteuert, daß er immer nur den Jüngling geliebt habe, wie sehr er auch abgeirrt sein mag (»umhergeschwärmt«, 109, »ich schweifte hier und dort«, 110). Andere mögen seine Liebe auf die Probe gestellt haben, aber nur, damit sie sich am Ende bewähre. Sein »Name trägt ein Brandmal« (111) und er hat den »Unglimpf des Pöbels« erlitten (112); aber trotzdem sagt er: »Du bist für mich die Welt.« Er versichert, daß er den Jüngling mehr denn je liebt; er deutet sogar an, daß sein Vagabundieren eine Probe für die Liebe des Jünglings zu ihm war (116 und 117). Er hätte sich daran erinnern müssen, gibt er zu, wie sehr er selbst unter der früheren »Sündigkeit« des Jünglings gelitten habe (120).

All diese Beschwörungen hinterlassen den Eindruck, daß der Jüngling ihm nicht verziehen hat. In diesen späteren Sonetten vermeidet der Dichter seine früheren Koseworte: »mein Teurer«, »schöner Freund«, »süßer Knabe« und so weiter. Das Gefühl, daß der Dichter an eine Grenze gekommen ist, wird durch die erschreckenden neuen Töne im 121. Sonett unterstrichen: er empört sich gegen Angriffe oder Gerüchte, die ihm Unsittlichkeit zur Last legen (»mein wildes Blut«, »meine Schwächen«). Die nächsten vier Sonette scheinen fast trotzig die unwandelbare Treue des Dichters zu beteuern: »Nein, Zeit, nicht wandelbar sollst du mich schelten.«

Das 126. Sonett, das letzte dieses Zyklus, besteht eigentlich aus zwölf paargereimten Zeilen, ein Abschiedsgruß an den »holden Knaben«, der ihn ein letztes Mal an seine Sterblichkeit erinnert. Dieses Gedicht ist fast so etwas wie ein Beweis dafür, daß die ersten 126 Sonette zu einem geschlossenen Zyklus gehören, über ein und denselben Jüngling, in chronologischer Reihenfolge; seine Anklänge an das 4. Sonett (»Natur«, »Rechnung«, »dein holdes Ich«) sind nur eines der zahlreichen Verbindungsglieder zwischen den frühen und den späten.

In wie verschleierter Form auch immer die Sonette sich auf reale Ereignisse beziehen, ihr Ton ist der intimer Geständnisse. Sie weisen zu viel Kontinuität auf, um als voneinander unabhängige Gedichte gelesen zu werden, aber sie sind auch viel zu bruchstückhaft, um als ein konventioneller erzählender Sonettzyklus gelesen zu werden. Eher scheinen sie des Dichters private Gedanken über eine seiner intimsten Beziehungen auszusprechen. Das Problem ist, daß sie keinerlei Bezug zu dem aufweisen, was wir über Mr. Shakspere wissen; im Gegenteil, sie lassen sich damit kaum in Einklang bringen.

Die Sonette wurden 1609 veröffentlicht, offenbar ohne die Mitwirkung ihres Verfassers – aber, so weit wir wissen, auch nicht gegen seinen Willen. Entweder schwieg er sich wieder einmal aus, oder es war ihm unerklärlicherweise gleichgültig, oder aber er war, wie Sir Philip Sidney, tot. Wenn er noch am Leben war, muß er ihre Veröffentlichung als demütigende Offenlegung seiner privatesten Gefühle empfunden haben. Doch es blieb bei dieser einen Ausgabe, und keine zeitgenössische Erwähnung von *Shakespeares Sonnets* hat überdauert. Robert Giroux und andere erklären das recht plausibel damit, daß das Buch in aller Schnelle und aller Stille vom Markt genommen wurde, vielleicht, weil es einen Skandal auslöste oder einige der betroffenen Personen sich diffamiert fühlten.

Von den 154 Gedichten sind die ersten 126 an einen hübschen jungen Mann gerichtet, der offenbar dem Hochadel angehört und abgeneigt ist, in den Stand der Ehe zu treten. Die meisten der nachfolgenden, nämlich die Sonette 127 bis 152, kreisen um eine Dunkle Dame, der der Dichter gemischte Gefühle entgegenbringt. Die Identität des Jünglings und der Geliebten – die an einer Stelle miteinander eine Affäre zu haben scheinen – sind Gegenstand endloser Kontroversen gewesen. Manche Forscher vertreten die Ansicht, es könnte mehr als einen jungen Mann geben; der Wechsel des Tonfalls und der Gefühlsebenen hat das seine zur Verwirrung beigetragen. Eines jedenfalls haben die Sonette bei den Shakespeare-Forschern nicht bewirkt: Einigkeit. Sie haben im Gegenteil zu den tiefsten Spaltungen innerhalb der akademischen Forschung geführt.

Bis zum zwanzigsten Jahrhundert waren die meisten Forscher der Meinung, daß die Sonette mehr oder weniger wahrheitsgetreu von Shakespeares persönlichen Erlebnissen berichten – in den Worten von David Masson aus dem Jahre 1852: »Nichts anderes als eine poetische Niederschrift seiner eigenen Gefühle und Erfahrungen … deutlich, lebhaft und schmerzlich autobiographisch.« Die Gedichte scheinen uns dazu einzuladen, zu erraten, wer der junge Mann, der Dichterrivale und die dunkle Geliebte im wirklichen Leben waren. Und die Forscher sind dieser Frage unermüdlich nachgegangen: unter den vorgeschlagenen Kandidaten waren die Grafen von Southampton und Pembroke, George Chapman, Christopher Marlowe, Mary Fitton und zahlreiche andere.

Aber der Versuch, das facettenreiche »Rätsel von Shakespeares Sonetten«, wie Edward Hubler es nannte, zu lösen, hat sich als so schwierig erwiesen, daß viele Forscher davon abließen. Manche hielten die Sonette für fiktional. »Ich bin nach wiederholtem Studium der Sonette seit geraumer Zeit zu der Überzeugung gelangt«, schrieb Alexander Dyce 1832, »daß sie in ihrer Mehrheit in angenommener Person komponiert wurden, über verschiedene Themen und zu verschiedenen Zeiten, zur Unterhaltung und wahrscheinlich auf Veranlassung der engeren Vertrauten des Verfassers.« 1862 gelangte Bolton Corney zu dem Schluß, daß die Sonette, »mit geringen Ausnahmen, nichts als poetische Übungen« seien.

Die rein fiktionale Sichtweise läßt sich schwer aufrechterhalten, da niemand beweisen kann, daß die Sonette keine autobiographische Grundlage haben. So entstand eine dritte Position: die agnostische Sicht, daß die biographischen Fragen als unlösbar und sogar belanglos hintangestellt und die Sonette als reine Dichtung gelesen werden sollten. In der 1898 aufgelegten Ausgabe seiner Biographie beobachtete Sir Sidney Lee, daß »das autobiographische Element in den Sonetten zwar nicht völlig abgetan werden kann, aber sichtlich auf geringe Ausmaße schrumpft«. Aus dieser Sicht werden der Jüngling, der Rivale und der Dichter selbst zu fiktionalen Figuren wie Romeo und Julia. Oder vielleicht bieten Antonius und Cleopatra eine bessere Entsprechung, da sie entfernt an reale Personen angelehnt waren, was jedoch für unser Interesse an dem Stück, das ihre Namen trägt, von geringer oder gar keiner Bedeutung ist. Wenn manche das Verfasserproblem mit der rhetorischen Frage abtun: Was liegt schon daran, wer Shakespeare war, solange wir die Stücke haben?, so fragt die agnostische Schule: Was liegt schon daran, wer Shakespeare und seine Freunde waren, solange wir die Sonette haben?

Diese Sehweise hat gewiß ihre Reize, und auf den ersten Blick wirkt sie wohlüberlegt und klug. Einerseits vermeidet sie es, das persönliche Erleben des Dichters als mögliche Quelle der Sonette dogmatisch zu verneinen, andererseits beseitigt sie auf einen Streich ein ganzes Bündel quälender Fragen. Sie lädt uns dazu ein, uns an den Sonetten um ihrer selbst willen oder wegen ihrer »poetischen« oder »allgemeingültigen« Werte zu erfreuen und befreit uns von der Suche nach Informationen, die vielleicht für immer verlorengegangen sind. Und schließlich paßt die Vorstellung, für das Verständnis von Gedichten seien Kenntnisse über die Person des Dichters und seine Umgebung erforderlich, nicht zu moderner Literaturinterpretation, die dazu neigt, neugierige Fragen nach dem Sonettschreiber, seinem Freund, seiner Geliebten und seinem Rivalen als etwas vulgär oder sogar sensationslüstern hinzustellen. Nein, die Gedichte sollen »für sich stehen«, es kommt nur auf ihren »immanenten Wert« an.

Eben diese Rätselhaftigkeit der Sonette ist Teil des Shakespeare-Mythos vom bescheidenen, aber unergründlichen Genie geworden. Man erinnere sich an Harold Blooms Bemerkung: »Shakespeares Persönlichkeit entzieht sich uns wieder und wieder, sogar in den Sonetten.« Sind die Rätsel dieser Sonette wirklich so unlösbar?

Die »Handlung« der ersten 126 Sonette ist in sich geschlossen; zumindest kann aus ihnen eine etwas lückenhafte Erzählung geformt werden. Sie bilden keinen »Zyklus« im üblichen Sinn, denn sie gehorchen keinem Plan oder Muster; sie reflektieren, was dem Dichter im Laufe des Schreibens widerfuhr, darunter auch Unvorhergesehenes und Widriges. Die 26 Sonette über die dunkle Geliebte halten eine Reihe von Situationen fest, aber nicht direkt eine Handlung, der wir folgen können, und ich nehme sie aus (zusammen mit den beiden Cupido-Sonetten 153 und 154, die in der Tat rein literarische Kunstgebilde sind).

Einige der Sonette ergeben auch für sich genommen durchaus Sinn – so zum Beispiel das 2. (»Wenn vierzig Winter deine Stirn umdrängen«), das 30. (»Besinn ich mich in schweigsam-süßen Stunden«), das 65. (»Da Erz und Stein, das Meer, das feste Land«), das 129. (»Den Geist versprühn in schändlicher Verschwendung«) und das 130. (»In ihrem Aug ist nichts von Sonnenstrahl«). Aber viele andere ergeben, einzeln betrachtet, wenig Sinn: das 121. Sonett (»Besser ein Schurke sein als dafür gelten«) ist ein verbittertes, aber verwirrendes Gedicht, das sich uns ohne Kenntnis der Lebensumstände des Dichters nicht erschließt. Insgesamt bleiben uns diese Sonette größtenteils verschlossen, wenn wir nicht wissen, auf welche Personen oder Ereignisse sie sich beziehen. Sie gehen davon aus, daß ihr Leserkreis (der vielleicht nur aus einem Leser bestand) etwas weiß, was wir nicht wissen. Ein Beispiel dafür ist das berühmte 18. Sonett (»Soll ich dich einem Sommertag vergleichen?«). Millionen Menschen kennen es aus Anthologien und halten es für ein schönes Liebesgedicht. Vielen würde es damit ganz anders ergehen, wüßten sie, daß es an einen jungen Mann gerichtet ist, aber das Gedicht selbst sagt uns das nicht, sondern nur die umgebenden Sonette tun es. Und solche Sonette wie das 33. (»So manchen Tag sah ich voll Pracht sich heben«), das 34. (»Warum versprachst du mir den schönsten Tag?«) und das 35. (»Gräm dich nicht mehr um das, was du getan«) beziehen sich nicht nur aufeinander, sondern sind anscheinend darauf angelegt, ausschließlich von dem jungen Mann verstanden zu werden, an den sie sich richten.

In diesem Sinne sind die Sonette überhaupt nicht »allgemeingültig«, und wir mögen dazu verurteilt sein, ihre volle Bedeutung nie zu erfahren, wie bei gezielten Satiren, deren Zielscheiben längst in Vergessenheit geraten sind. Francis Meres erwähnte 1598, daß Shakespeares »gezuckerte Sonette unter seinen vertrauten Freunden« kursierten. Wir wissen nicht, ob er keine, einige oder alle der Gedichte aus *Shake-speares Sonnets* meinte. Aber für die Leser ist klar, daß es sich im private Gedichte handelt, die teilweise in einer privaten Sprache geschrieben sind.

Nichts im Leben von Mr. Shakspere, wie es in London oder Stratford belegt ist, berührt oder überschneidet sich mit irgend etwas in den Sonetten. Wer waren seine »vertrauten Freunde«? Sein Testament erwähnt nur Stratforder Nachbarn und, als nachträglich eingefügte Zwischenzeile, drei Mitglieder der King's Men – Burbage, Heminge und Condell –, denen er ein kleines Andenken hinterließ. Wenn er ein Literat gewesen wäre wie der »Shakespeare«, den Meres im Sinn hatte, hätte er wahrscheinlich noch andere außerhalb dieses kleinen Kreises bedacht. Unter diesen Freunden hätten sich bestimmt einige Schriftsteller befunden, ganz gewiß Jonson, dazu alle Aristokraten, die seine Schirmherren und Wohltäter waren. Ist es vorstellbar, daß Mr. Shakspere, ein angesehener Autor, seine »gezuckerten Sonette« nur unter seinen Schauspielerkollegen kursieren ließ? So formuliert klingt es lächerlich. Viele der Sonette sind alles andere als »gezuckert«: sie sind bitter, voller Qual und Trauer. Sie drücken so heftige persönliche Gefühle in so besonderen und privaten Situationen aus, daß es grotesk ist, sie »literarisch«, geschweige denn »allgemeingültig« zu nennen. Was ist so allgemeingültig an dem 20. Sonett (»Ein Weiberantlitz schuf dir die Natur«) oder der schmerzlichen Folge über den Dichterrivalen?

Die Sonette gewähren uns in einzigartiger Weise Zugang zum Dichter – die einzigen Schriften (aus 52 spärlich dokumentierten Lebensjahren), in denen wir offenbar Einblick in sein Seelenleben erhalten. Die Literaturwissenschaftler wären überglücklich, wenn ihnen ein Bündel Liebesbriefe von Chaucer oder Milton in die Hände fiele, ganz gleich, welche Schwierigkeiten sie aufwerfen würden; solche Briefe würden von ihnen kaum als überflüssig abgetan werden oder als rein ästhetische Zugaben zu dem, was wir über diese Dichter bereits wissen. Doch viele Shakespeare-Forscher sind der Meinung, daß die Sonette für biographische Zwecke nahezu nutzlos sind.

Samuel Schoenbaum rät ganz generell zu Agnostizismus gegenüber den Sonetten und fügt hinzu, es erfülle ihn »mit Genugtuung«, keine Theorie über sie zu haben.

»Mit diesem Schlüssel«, sagte Wordsworth über den Zyklus, »hat Shakespeare uns sein Herz erschlossen.« Indes, uns quält der Zweifel, daß der Sprecher, zumindest teilweise, auch hier eine weitere dramatische Rolle übernimmt. Zwar wendet die Person der *Sonette* sich mit dem Grundton der Authentizität an uns, doch trifft dies ebenso auf Shylock und Hamlet zu. Hier wie anderswo läuft der Biograph in seinem Bemühen, Unlösbares aufzulösen, Gefahr, den Tänzer mit dem Tanz zu verwechseln.

Aber die Sonette sind ganz offenkundig kein erzählender, nach einem dramatischen Plan verfaßter Zyklus. Sie wurden offensichtlich nicht hintereinanderweg in einem kurzen Zeitraum geschrieben, sondern unregelmäßig, über mehrere Jahre, in Reaktion auf äußere Ereignisse, die sich der Macht des Dichters entzogen. Und obwohl wir alles wissen, was es über Shylock und Hamlet zu wissen gibt (weil sie außerhalb der Stücke nicht existieren), läßt sich das keineswegs auch von dem Dichter sagen, der in den Sonetten spricht. Schoenbaum trifft es schon eher, wenn er zugibt, die Sonette könnten »sporadische Vermerke, sozusagen Verseintragungen im Tagebuch des Dichters« sein. Ein Tagebuch wird oft verklausuliert geschrieben, falls es in falsche Hände fallen sollte. Shakespeare gibt in seinen intimsten Gedichten zwar viel über sich selbst preis, aber nur stückweise und manchmal vieldeutig.

Andererseits läßt sich Shakespeares Seelenleben, wie es sich in den Sonetten darstellt, nur schwer mit dem realen Leben von Mr. Shakspere übereinbringen. Ein Biograph, Peter Quennell, räumt das merkwürdige Phänomen ein: »… wo Shakespeare einem freimütigen Selbstporträt am nächsten kommt, wirkt er heute auf uns höchst rätselhaft.« Stanley Wells ist der Meinung, daß »die Sonette als autobiographisches Dokument äußerst unzufriedenstellend sind«. Jammes Winny behauptet in seiner Studie *The Master-Mistress*: »Was wir aus den Sonetten über Shakespeare erfahren, wirft auch nicht mehr Licht auf seine privaten Lebensumstände, als es die Dramen tun.«

Diese Haltung haben sich viele Forscher des zwanzigsten Jahrhunderts zu eigen gemacht. Edward Hubler, Gerald Eades Bentley, Stephen Booth und John Kerrigan gehen der Frage nach dem realen Hintergrund der Sonette aus dem Weg. Booth straft alle Versuche, die Sonette biographisch auszuschlachten, mit Verachtung und schreibt, daß »sie über Shakespeares Liebesleben nichts aussagen und nichts andeuten«. F. E. Halliday mutmaßt: »Wahrscheinlich ist die Fabel [der Sonette] fast ebenso mythisch wie die von Venus und Adonis und wenig mehr als der Rahmen für die Betrachtungen des Dichters über Liebe und Freundschaft.« Er fügt hinzu: »Wir haben den

Schlüssel zu diesem Rätsel verloren, und vielleicht ist er auch gar nicht so wichtig, denn uns bleiben die Sonette selbst, und der junge Mann, wer immer er gewesen sein mag, war kaum mehr als ein Vorwand für die Gedichte, ohne die unsere Literatur so unermeßlich ärmer wäre.«

So viel zu der Liebe und der Leidenschaft, die aus diesen Gedichten über vier Jahrhunderte hinweg lebendig zu uns sprechen. Trotzdem gibt es immer noch einige Forscher, die rundweg bestreiten, daß die Sonette reale Wurzeln haben könnten; aber die meisten wollen sich nicht festlegen und spielen die Wichtigkeit oder gar Notwendigkeit der uns fehlenden Informationen herunter. Einige hingegen glauben weiterhin, daß der angedeutete Handlungsfaden sehr wohl von Bedeutung ist – sowohl für das Leben des Dichters als auch für das Verständnis der Gedichte. Unter diesen sind Peter Quennell, Stanley Wells, E. K. Chambers, John Dover Wilson, George Lyman Kittredge, Kenneth Muir, A. L. Rowse, Leslie Hotson, J. B. Leishman, Ivor Brown, Robert Giroux, G. P. V. Akrigg, Peter Levi, Paul Ramsey, Joseph Pequigney, Louis Auchincloss, Anthony Burgess, Philip Edwards und S. C. Campbell. Sie sind zu verschiedenen Schlußfolgerungen (und manchmal auch zu keiner) gelangt, was genau den Sonetten zugrunde liegt, aber sie haben keine Zweifel daran, daß es eine reale Grundlage gibt.

Die meisten der zuletzt Aufgeführten neigen zu der Ansicht, daß Southampton der Jüngling war, andere geben William Herbert, nachmals Graf von Pembroke, den Vorzug; wieder andere halten den Jüngling für noch jemand anders. Fast alle sind sich einig, daß jede dieser Möglichkeiten der traditionellen Sicht Schwierigkeiten bereitet. Denn wenn Shakespeare in den Sonetten sein wahres Ich zeigt, schafft er ein Selbstporträt, das sich mit dem von wissenschaftlichen Biographen so sorgsam zusammengetragenen Bild nicht vereinen läßt.

Die Sonette bilden ein großes Rätsel, das nach einer Lösung verlangt. Aber unsere natürliche Neugier erntet bei vielen Forschern nur Verachtung, denn sie halten solch ein Interesse für ungehörig. Douglas Bush beklagt »törichtes Herumraten« nach der Geschichte hinter den Sonetten. Er versichert uns: »… Tatsache ist einzig, daß wir nichts wissen, und der kluge Leser wird diesem ganzen Drumherum [des biographischen Hintergrundes] keine Beachtung schenken. … Wir wissen nicht, ob die verschiedenen Figuren (darunter der Dichter selbst) und ihre Beziehungen zueinander reale Vorbilder hatten oder imaginär waren.« Die Problemstellung verwechselnd fügt

Bush hinzu, daß »für Dichter und Leser gleichermaßen der Unterschied zwischen realem und imaginativem Erleben undefinierbar und bedeutungslos« ist – ein Scheinargument, das das Imaginative mit dem Imaginären gleichsetzt. Nachdem er die ärgerliche Frage der Homosexualität in den Sonetten in einer unwirschen Parenthese (»eine Vorstellung, die von den Sonetten selbst hinlänglich widerlegt wird«) abgefertigt hat, verkündet er apodiktisch: »Wert besitzt die ›Geschichte‹ allerdings nur in der Läuterung durch den Dichter zu *allgemeingültigen* Gefühlen und Werten« (meine Hervorhebung).

Das ist ein hoher Anspruch und nur plausibel, weil er die überstrapazierte Idee von Shakespeares Allgemeingültigkeit ins Feld führt. Manchen der Sonette mag Allgemeingültigkeit zugestanden werden in dem Sinne, daß sie zu den meisten von uns auch außerhalb ihres Zusammenhangs sprechen, ebenso wie viele Monologe der Dramen auch außerhalb ihres dramatischen Kontextes noch Bedeutung haben. Aber die Mehrzahl der Sonette gibt uns Rätsel auf, gerade weil sie sich auf eine Situation beziehen, die sie voraussetzen, aber nie erklären. Weit entfernt davon, allgemeingültig zu sein, sind diese Gedichte – ganz vernehmlich – privat und individuell. Bush macht sich eines Zirkelschlusses schuldig. Er sagt uns, wir sollten alles, was in den Sonetten *nicht* allgemeingültig ist, außer acht lassen, *weil* die Sonette allgemeingültig sind. Shakespeares eigene Gründe, sie zu schreiben – Gründe, die sie zu einer Sequenz machen und nicht zu einer willkürlichen Sammlung – werden für irrelevant erklärt.

Im gleichen Sinne schreibt C. L. Barber: »Es ist besser, die Sonette ihrer *allgemeingültigen Werte* halber zu lesen, als ihre Kunst aus den Augen zu verlieren, indem man sie zu bloßen Rätseln in Shakespeares Biographie macht« (meine Hervorhebung). Louis B. Wright psalmodiert: »Der größte Genuß an Shakespeares Sonetten wird sich einstellen, wenn man sie um ihrer selbst willen liest und sie nicht als Rätsel betrachtet, die der Lösung harren.« Der volkstümliche Biograph Hesketh Pearson bemerkt, daß »die Sonette für alle, denen nichts an Kreuzworträtseln liegt, außerordentlich irritierend sind«.

W. H. Auden schimpft es eine »Illusion«, zu meinen, »die Klärung der Identität des Freundes, der Dunklen Dame, des Dichterrivalen usw. könnte in irgendeiner Weise unser Verständnis der Sonette selbst erhellen. Diese Illusion entspringt meiner Ansicht nach entweder einem völligen Unverständnis der Beziehung zwischen Kunst und Leben oder einem Versuch, bloße schamlose Neugier zu bemänteln und zu rechtfertigen«. Ohne Not fügt er hinzu: »Bloße Neugier ist ein unausrottbares Laster des menschlichen Geistes«.

In seinem Essay »How True a Twain« verspottet Northrop Frye den Gedanken, daß die Sonette als »Erlebnisaufzeichnungen« und nicht als reine Dichtung gelesen werden sollten. Er merkt an, daß die Sonette »immer noch die Macht haben, den verhinderten Baconianer freizusetzen, der in so vielen Shakespeare-Forschern steckt«. Da ist das tödliche Schimpfwort: Baconianer! Shakespeare, schreibt Frye, »beherrschte es meisterlich, sein Privatleben unserem Zugriff zu entziehen«. Wir sollten deshalb die sauer verdiente Anonymität des großen Dichters respektieren und vom vergeblichen und sensationslüsternen Herumstochern in seinem Privatleben ablassen. Die Beschreibungen des Jünglings veranlassen Frye zu dem Gedanken: »Der unübertroffene Meister der Charakterisierung weigert sich, ihm die individuellen Züge zu verleihen, die er noch den bescheidensten seiner dramatischen Geschöpfe so selten verweigert.« Aber mit dieser scharfsinnigen Beobachtung entkräftet Frye sein eigenes Argument, denn wenn der Jüngling ein Geschöpf des Dichters gewesen wäre, hätte er ihn gewiß mit der gleichen scheinbaren Eigenständigkeit ausgestattet wie Richard III., Romeo und Cleopatra. Und falls Shakespeare uns eine Geschichte erzählen will, so erzählt er sie schlecht. Wo bleiben Exposition, Handlung, Spannungssteigerung, Konfliktlösung und Charakterisierung? Paul Ramsay schreibt dazu in seiner Studie *The Fickle Glass*: »Die Sonette weisen zu viele zerrissene Eigentümlichkeiten auf, zu wenig Entwicklung und Abschluß der Ereignisse, um reine Erfindung zu sein.« In *Shakespeare: A Writer's Progress* schreibt Philip Edwards: »Daß die Sonette in den erwähnten Ereignissen, den beschriebenen Beziehungen und den ausgedrückten Gefühlen einen festen autobiographischen Kern haben, steht für mich außer Frage. Es mag nicht ihr wichtigster oder interessantester Aspekt sein, aber er läßt sich nicht wegdiskutieren.« Ästhetisches Interesse an Gedichten braucht andere Interessen, darunter biographische, nicht auszuschließen.

So sehr wir uns auch bemühen, wir werden das Gefühl nicht los, daß den Sonetten etwas Reales zugrunde liegt, wenn wir es denn nur finden könnten. C. S. Lewis schreibt: »... sie erzählen eine so seltsame Geschichte, daß es uns Schwierigkeiten bereitet, sie als fiktiv hinzustellen.« Das Vernünftigste zur Frage der Faktizität der Sonette wurde von dem bedeutenden Shakespeare-Forscher A. C. Bradley geäußert:

> Kein fähiger Dichter, schon gar nicht Shakespeare, der beabsichtigte, eine bloß »dramatische« Folge von Gedichten hervorzubringen, würde sich auch nur im Traum eine Fabel wie die der Sonette einfallen lassen oder wenn doch, sie so behandeln, wie die Sonette es tun. Die Fabel ist sehr merkwürdig und wenig zugkräftig. Ihre kargen Möglichkeiten werden kaum entwickelt. Sie bleibt im Dunkeln, und manche der Gedichte sind für uns unverständlich, denn sie enthalten Anspielungen, mit denen wir nichts anfangen können. All das aber ist vollkommen natürlich, wenn die Fabel im wesentlichen eine wahre Geschichte über Shakespeare selbst und bestimmte andere Personen ist; wenn die Sonette von Zeit zu Zeit geschrieben wurden, ganz wie die Beziehungen der Personen sich veränderten, und manchmal mit Bezug auf einzelne Ereignisse; und wenn sie für eine oder mehrere dieser Personen (in der großen Mehrzahl nur für eine) geschrieben wurden und vielleicht in einigen Fällen für andere Freunde – geschrieben also für Menschen, die jene Einzelheiten und Ereignisse kannten, die uns unbekannt sind. Hingegen ist es völlig unnatürlich, geradezu unglaublich unnatürlich, wenn wir, wie die skeptischsten Kritiker, die Sonette als reines Phantasieprodukt betrachten.

So ausgedrückt wirkt es einleuchtend, daß die Sonette von realen Personen und Vorkommnissen im Leben des Dichters handeln. Andernfalls hätte seine Kunstfertigkeit sie wesentlich eleganter gestaltet. T. S. Eliot bemerkt, daß die Sonette wie *Hamlet* »voller Zeug sind, das der Verfasser nicht ans Licht zerren, betrachten und zu Kunst formen konnte«. Aus diesem Grunde sind sie für uns auf der einfachsten erzählerischen Ebene so schwer zu verstehen.

Jene, die sich dieser Schlußfolgerung verweigern, werden zu gewundenen Formulierungen getrieben. In der New Penguin-Ausgabe der Sonette argumentiert John Kerrigan:

> … die biographische Lesart, wie wir sie heute verstehen, hat so wenig Zugriff auf diese Gedichte, daß jede Interpretation in diese Richtung bald zu nichtssagendem literarischem Geschwafel verkommt. …

Shakespeare steht hinter der ersten Person dieser Sequenz so, wie Sidney hinter Astrophil stand – manchmal nahe dem dichterischen »Ich«, manchmal weiter fort, aber niemals ohne ein gewisses Maß an rhetorischer Projektion. Nach psychologischen Maßstäben sind die Sonette nicht autobiographisch.

Was Philologen wie Schoenbaum und Kerrigan damit sagen, obwohl sie es nicht sagen wollen, ist: Der Dichter, der in den Sonetten in der ersten Person spricht, paßt einfach nicht zu Mr. Shakspere aus Stratford. Und so läßt sich sein Anspruch auf ihre Verfasserschaft nur durch das Postulat retten, daß sie keine reale Grundlage haben. Das ist ein schwerwiegendes Eingeständnis. Kein Wunder, daß so viele Forscher es nicht klar benennen wollen. Northrop Frye spricht mit unbewußter Ironie die Wahrheit: der Dichter beherrschte es in der Tat »meisterlich, sein Privatleben unserem Zugriff zu entziehen«.

Die Sonette beziehen sich nicht nur aufeinander, sondern auch auf Dinge außerhalb ihrer selbst, deren Kenntnis beim Leser vorausgesetzt wird. Und der einzige Leser, für dessen Augen sie mit Sicherheit bestimmt waren, ist der Jüngling selbst. Der Dichter verspricht immer wieder, seinen Namen unsterblich zu machen, doch die Gedichte nennen den Namen des Jünglings nie. Es wäre äußerst ungewöhnlich, eine Figur zu erfinden, ein solches Versprechen zu machen und es dann nicht zu halten. (In dem Sonettzyklus *Astrophil and Stella* verbarg Sidney seine Geliebte Penelope Rich unter dem Namen »Stella«; viele Zeitgenossen wußten, wer Stella war, aber die Nachwelt vergaß es, bis moderne Forscher sie wiederentdeckten.)

Diejenigen Forscher, die sich einig sind, daß der Jüngling eine reale Person war, haben sich in der Mehrzahl für Southampton als den »holden Knaben« entschieden, auf den die Beschreibung genau zutrifft. Er war jung, blaublütig, hübsch, beliebt und begehrenswert. 1573 geboren, wurde er beim Tode seines Vaters 1588 der dritte Graf seiner Linie und außerdem Mündel von Lord Burghley. 1590 versuchte Burghley, Henry mit seiner vierzehnjährigen Enkelin, Lady Elizabeth Vere, zu verheiraten. Aber trotz großen Drucks widersetzte Southampton sich jahrelang. Er trotzte auch der Königin, indem er eine Affäre mit einer ihrer Hofdamen anfing, Elizabeth Vernon, die er später schwängerte und heiratete. 1601 entging er wegen seiner Beteiligung an Essex' Verschwörung nur knapp dem Tod. Es ist ziemlich klar, daß der Jüngling der Sonette ein Aristokrat ist; er wird gedrängt, einen »Erben« zu zeugen und sein »Haus« fortzusetzen. Die Sonette sprechen von seinem Vater in der Vergangenheit und von seiner Mutter in der Gegenwart; Southamptons Vater war tot, und seine Mutter lebte noch.

Die Sonette gehen von dem Reichtum und der Vornehmheit des Jünglings aus. Sie sprechen fortwährend vom Zubehör feudalen Lebens: Titel, hohe Geburt, verbriefte Privilegien, Gemälde, Gold, Juwelen, Schätze, Bankette, Falken, Jagdhunde, Roben, reiche Gewänder, Baldachine, Vasallen, Diener, Grabstätten, Grüfte, Denkmäler. Der Jüngling besitzt »Ruhm« und ist Gegenstand »aller Augen« und »aller Zungen« – und auch von Klatsch, »Neid« und »Verleumdung«. In seinen schwachen Momenten läuft er Gefahr, sich »gemein« zu machen. Große Dichter wetteifern um seine Gunst.

Das 8. Sonett scheint auf Southamptons Familienmotto anzuspielen: *Ung pour tout, tout pour ung* – Altfranzösisch für »Einer für alle, alle für einen«.

Resembling sire and child and happy mother,
Who, all in one, one pleasing note do sing,
Whose speechless song, being many, seeming one,
Sings this to thee: »Thou single wilt prove none.«

[Beglückten Eltern gleichend mit dem Kinde,
Versammelt all zu einem holden Klang.
Wortloser Sang aus vielen scheint nur einer.
Er singt dir zu: »Einzeln wirkst du als keiner.«]

(Übersetzung: Stefan George)

Das 76. Sonett fragt: »Was schreib ich immerfort dieselben Züge?« (Möglicherweise eine Anspielung auf Königin Elisabeths Motto *Semper eadem*.)

Im 53. Sonett vergleicht der Dichter den Jüngling mit Adonis. Schon das allein beweist nahezu die Identität des Jünglings. In Shakespeares *Venus und Adonis*, Southampton gewidmet, ist Adonis ein schöner Jüngling, der sich der Pflicht entzieht, Nachwuchs zu zeugen, einer Pflicht, zu der er mit denselben Worten gedrängt wird wie in den ersten siebzehn Sonetten: »Du wardst gezeugt«, sagt Venus, »und zeugen ist dir Pflicht.« Sie fleht nicht nur um Liebe, sondern um »Nachwuchs«:

»Upon the earth's increase why shouldst thou feed,
Unless the earth with thy increase be fed?
By law of nature thou art bound to breed,
That thine may live when thou thyself art dead;
 And so in spite of death thou dost survive,
 In that thy likeness still is left alive.«

[»Wie wären dir der Erde Kinder eigen,
Wenn deiner Kinder nicht auch sie erworben?
Sieh, die Natur gebietet dir, zu zeugen,
Daß dein Geschlecht lebt, wenn du selbst gestorben:
So wirst du ganz nicht in den Tod gegeben,
Dein Bild ja lebt, und in ihm wirst du leben!«]
                          (Übersetzung: Ferdinand Freiligrath)

Adonis ist »holder als ein Mann« und »dreimal schöner« als Venus; der
Jüngling der Sonette ähnelt Helena (53), »ein Weiberantlitz schuf dir die
Natur« (20). Königin Elisabeths Staatssekretär und Großschatzmeister
Lord Burghley war auch Oberster Vormund und Southamptons gesetz-
licher Vormund. Es war Burghleys Vorrecht, für sein Mündel Ehen zu ar-
rangieren, und für Southampton hatte er seine eigene Enkelin auserkoren.
Er belegte Southampton schließlich mit einer Strafe von 5.000 Pfund wegen
seiner Weigerung, Lady Elizabeth Vere zu heiraten. All das geschah etwa zu
der Zeit, als wahrscheinlich auch die frühen Sonette entstanden. Während
Burghley Druck ausübte, setzte der Dichter Charme ein. Und Southampton
ist der einzige Mann, den derselbe Dichter tatsächlich mit seinen Versen unsterblich machte. Das 26. Sonett ist eine enge Paraphrase der Widmung, die
der Dichter der *Schändung der Lucretia* voranstellte.

Southampton war schon Gegenstand oder Zielscheibe eines früheren, wenn auch weniger schmeichelhaften Gedichts gewesen: Burghleys
Sekretär John Clapham hatte sich der Kampagne, ihn zu verheiraten, mit
einem lateinischen Gedicht angeschlossen, das den Titel »Narcissus« trug
und dessen Widmung dem jungen Mann einen Zuwachs an Mannhaftig-
keit und Ehre wünschte (»*virtutis atque honoris incrementum*«). Auch in
Venus und Adonis findet sich eine beziehungsreiche Anspielung auf Narcissus.

Man sollte auch beachten, daß der Dichter von seiner gesellschaftlichen Gleichstellung mit dem Jüngling ausgeht. Er braucht sie nicht einzufordern oder zu behaupten; sie ist für ihn selbstverständlich. Es läßt sich schwer vorstellen, daß Mr. Shakspere zu Southampton sagt: »… nur Feinde dürfen wir nicht sein« (40. Sonett); das zu sagen wäre eher an Southampton gewesen, der von Mr. Shaksperes Feindschaft wenig zu fürchten gehabt hätte. Im 88. Sonett sagt der Dichter zu dem Jüngling: »Dein Ruhm, verlierst du mich, kann nur gewinnen.« Mr. Shakspere hätte sich gewiß maßloser Selbstüberschätzung schuldig gemacht, wenn er gedacht hätte, Southampton, einer der höchststehenden und bewundertsten jungen Lords in England, könnte seiner Größe durch die Beendigung ihrer Freundschaft auch nur eine Elle hinzufügen.

Selbst inmitten höchster Bewunderung zögert er nicht, den Jüngling zu kritisieren. Und er schilt ihn mit einer moralischen Autorität, die fast väterlich ist. Wenn der Dichter niedergeschlagen ist, so ist er es als Liebender, der weiß, daß er im Unrecht ist, ohne einen Hauch von Unterwürfigkeit. Wenn er ihm verzeiht, so tut er es mit dem Selbstvertrauen eines Mannes, der das Vorrecht besitzt, solche Großzügigkeit zu verweigern. Es läßt sich schwer vorstellen, daß Southampton Tränen vergießt, während er auf die Vergebung von Mr. Shakspere wartet. Der Dichter sagt dem Jüngling: »Niemals mehr darf ich mich zu dir kehren« (36. Sonett); wenn der Dichter Mr. Shakspere gewesen wäre, dann wäre es an seinem Herrn gewesen, sich zu *ihm* zu kehren.

Der Dichter nimmt sich dem Jüngling gegenüber kühne Freiheiten heraus und preist ihn mit Formulierungen, die unglaublich vermessen gewesen wären, hätte ein Dichter aus dem Volke einen Mann von Southamptons Rang so angeredet. Er nennt ihn »hold«, »schön«, und dergleichen, mit einem »Weiberantlitz«. Er scherzt sogar über die Genitalien des jungen Mannes, in dem erstaunlichen 20. Sonett:

A woman's face with nature's own hand painted
Hast thou, the master-mistress of my passion;
A woman's gentle heart, but not acquainted
With shifting change as is false women's fashion;
An eye more bright than theirs, less false in rolling,
Gilding the object whereupon it gazeth;

A man in hue, all hues in his controlling,
Which steals men's eyes and women's souls amazeth.
And for a woman wert thou first created,
Till nature as she wrought thee fell a-doting,
And by addition me of thee defeated
By adding one thing to my purpose nothing.
But since she pricked thee out for women's pleasure,
Mine be thy love and thy love's use their treasure.

[Ein Weiberantlitz schuf dir die Natur
Mit eig'ner Hand, Herr-Herrin meiner Liebe;
Ein weiches Weiberherz, doch ohne Spur
Von Lug und List, der Weiber falschem Triebe.
Ein Aug', weit heller als ihr falsches Gaffen –
Gold wird aus allem, was dein Blick umfaßt;
Ein Mann, der Welt als Musterbild geschaffen:
Die Männer schau'n und jedes Weib erblaßt.
Und als ein Weib warst du auch erst gedacht,
Doch die Natur vernarrte sich in dich
Und fügte noch – mich hat's um dich gebracht! –
Dir eine Zutat bei, die nichts für mich.
Da sie dich schuf, der Weiber Lust zu dienen,
Gib mir dein Herz, das andre all gib ihnen!]
(Übersetzung: Richard Flatter)

Solche Vertraulichkeiten, von einem Mann in Mr. Shaksperes gesellschaft-licher Stellung an einen Grafen gerichtet, wären äußerst unklug, wenn nicht sogar selbstmörderisch gewesen – zumal wenn der Jüngling, wie Southamp-ton, ein Mündel des mächtigen Burghley war, der auf Sittenstrenge hielt und in jedem größeren Adelshaus seine Spione und Informanten sitzen hatte.

George Bernard Shaw, der sich die Stratforder Sicht zu eigen machte, verteidigte den Dichter gegen den Vorwurf der Speichelleckerei in den So-netten:

Ein Speichellecker sagt seinem Gönner nicht, sein Ruhm werde zwar fortleben, aber nicht im Abglanz seiner eigenen Taten, sondern in den

Sonetten seines Speichelleckers. Ein Speichellecker, der in einer Liebesaffäre von seinem Gönner ausgestochen wird, sagt seinem Gönner
nicht deutlich, was er von ihm hält. Vor allem schreibt ein Speichellecker seinem Gönner nicht klipp und klar, was er bei allen Gelegen-
heiten empfindet; und diese seltene Art von Ehrlichkeit herrscht in
allen Sonetten. (Vorwort zu *The Dark Lady of the Sonnets*)

Das ist angesichts von Shaws Stratforder Observanz scharfsichtig. Wenn
Mr. Shakspere diese Gedichte an Southampton geschrieben hätte, gebührte
ihm in der Tat Lob für seine mutige Aufrichtigkeit.

Der Dichter spricht beständig von seinem »Alter« und davon, »alt« zu
sein, »von Alters Beize eingeknickt, zerfetzt«, und klagt »um teure Freunde
fern in Todesnacht«. Seine »beste Zeit [ist] entrückt«. Er sieht dem Grab
und der Vergessenheit entgegen. Im 138. Gedicht belächelt der Dichter, daß
er seiner Geliebten nicht sein Alter eingesteht. Aber warum sollte Mr. Shakspere, wenn er es war, der dies bald nach 1590 schrieb, das Gefühl gehabt
haben, alt zu sein, dem Tod ins Angesicht zu sehen, unheilbar entehrt, zu
Vergessenheit verurteilt und so weiter? Das sind nicht die üblichen Gefühle
eines Mannes von dreißig Jahren, der in seinem Leben gut vorankommt.
Auch bezeichnet ein junger Mann einen anderen jungen Mann nicht als
»*youth*«, als »Jüngling«; schon allein dieses Wort deutet auf einen beträchtlichen Altersunterschied. Falls Southampton der Jüngling war, kann Mr.
Shakspere kaum der Dichter gewesen sein.

Nicht alle Forscher halten Southampton für den Jüngling. Doch jene,
die ihn ausschließen, tun dies größtenteils nicht, weil die Beschreibung des
Jünglings nicht auf ihn paßt, sondern weil es so schwer vorstellbar ist, daß
Mr. Shakspere als der Dichter einen jungen Aristokraten so vertraulich
anredete.*

* Die Argumente, die für Southampton sprechen, sind so gewichtig, daß es sich nahezu er-
übrigt, den anderen Hauptanwärter für den holden Jungen, William Herbert, den späteren
Grafen von Pembroke, in Erwägung zu ziehen. Außerdem wäre Pembroke ohnehin zu jung
gewesen. Er wurde 1580 geboren, was kaum mit dem 144. Sonett zu vereinbaren ist, das zuerst
1599 in *Der verliebte Pilger* abgedruckt und wahrscheinlich einige Jahre früher geschrieben
wurde. Es bezieht sich auf einen Vorfall, der in den Sonetten 40 bis 42 beschrieben wird, als
der Jüngling eine Affäre mit der Geliebten des Dichters hatte. Wir müßten dann glauben, daß
Herbert schon im Knabenalter einem älteren Freund die Geliebte stahl, was weitergeholt
scheint.

Nichts ist augenfälliger als daß der Dichter dem Jüngling in Liebe zugetan ist. Er bewundert seine Schönheit, liegt in Gedanken an ihn wach, idealisiert ihn, ist eifersüchtig auf ihn, will ihn besitzen, spricht von seinem Verlangen und Gelüst, sorgt sich, ob sein Aussehen die eigene Anziehungskraft mindern könnte und beschuldigt erst den Jüngling und dann sich selbst der Untreue. Er lobt sogar den duftenden Atem des Jünglings!

Was ist also mit dem Verdacht, daß die ersten 126 Sonette ein homosexuelles Liebesverhältnis zum Thema haben? In früherer Zeit wurde das als unwahrscheinlich verhöhnt und grenzte an Blasphemie; heute ist es gesellschaftsfähig geworden. Wie immer wir es jetzt betrachten, für das England Elisabeths I. (und noch lange danach) war »Sodomie« eine widernatürliche Sünde und ein Kapitalverbrechen. Unter diesen Umständen mußte jeder Ausdruck dessen, was wir Homosexualität nennen, außerordentlich behutsam gewählt werden. Shakespeare kann über sein ehebrecherisches Verlangen nach seiner Geliebten erstaunlich deutlich werden (151. Sonett), doch wenn er für seinen jungen Freund eine ähnliche Leidenschaft empfand, sollten wir davon ausgehen, daß er sie versteckter äußerte.

Der Dichter selbst sieht diesen Verdacht voraus und versucht ihn im oben zitierten 20. Sonett zu zerstreuen. Im 93. Sonett vergleicht er sich mit einem »betrognen Gatten«, vielleicht von dem Jüngling betrogen. Noch später (im 121. Sonett) antwortet er auf Gerüchte über sein »wildes Blut«. Er spricht von einer unbenannten »Schande«, von »Schmach« und »Pöbelschimpf« – »Flecken«, die nicht nur ihn beschmutzen, sondern durch die Verbindung auch den Jüngling; im 71. Sonett beschwört er den Jüngling, nach seinem Tod nicht um ihn zu trauern: »Sonst merkt die Welt, warum du traurig bist, / Und höhnt dich noch mit mir, der nicht mehr ist.«

Was hat das alles zu bedeuten? Eine gewöhnliche Liebschaft, sogar ein Ehebruch wäre in jener Zeit keine unauslöschliche Schande gewesen, ebenso wenig wie heute. Nicht jeder Schandfleck färbt auf jene ab, die mit dem Betroffenen verkehren. Und die Welt »höhnt« üblicherweise keinen Mann dafür, daß er um einen teuren Freund trauert. Was meint der Dichter mit dem Satz »sonst merkt die Welt, warum du traurig bist«? Offenbar will er andeuten, daß der Grund der Trauer keine genaue Prüfung erträgt.

So gelesen erscheinen die Sonette in ganz anderem Licht als die hehren »allgemeingültigen« Gedichte, für die sie herkömmlicherweise gehalten werden. Sie wirken eher wie die privaten Zeugnisse einer langen homosexuellen Liebesgeschichte.

Wenn der Graf von Southampton der geliebte Jüngling war, hätte der Dichter dann Mr. Shakspere sein können? Vielleicht, aber es ist eher unwahrscheinlich. Als wir Mr. Shakspere 1585 in Stratford zurückließen, war er mit achtzehn eine Ehe eingegangen, aus der sehr bald ein Kind und dann Zwillinge hervorgingen. Obwohl es möglich ist, würden wir von ihm nicht erwarten, nur wenige Jahre später einem anderen Mann, besonders einem Aristokraten, Liebesgedichte zu schreiben. Überdies ergreift der Dichter deutlich die Initiative und umwirbt den Jüngling. Er verliert wenig Zeit und redet ihn bald (im 13. Sonett) mit »*dear my love*« an. Jene, die sagen, daß elisabethanische Männer einander so anredeten, sollten Beispiele dafür beibringen, vorzugsweise aus Shakespeares Dramen, in denen Nichtadlige allerdings mit wesentlich weniger Vertraulichkeit zu Höherstehenden sprechen. (Abgesehen von Lears unverschämtem Narren reden sie sie nicht einmal mit »*thou*« an. Falstaffs verhängnisvolle Dreistigkeit – und er gehört immerhin dem niederen Adel an – besteht unter anderem darin, daß er es wagt, König Heinrich V. öffentlich mit »*thee*« anzureden.)

Im 10. Sonett drängt der Dichter den Jüngling: »Schaff dir ein zweites Ich, aus Lieb zu mir.« Was ein Dichter sich auch von seinem Gönner erbitten mochte, es schloß wahrscheinlich nicht ein, »aus Lieb zu mir« einen Sohn zu zeugen. Auch wäre solch ein Dichter nicht vermessen genug zu meinen, daß seine eigene Schande seinen Gönner in den Abgrund ziehen könnte. Er würde unter normalen Umständen seinen Gönner nicht beschwören, von Trauer um ihn abzulassen. Ebensowenig würde er dazu neigen, in vielen der an seinen Gönner gerichteten Gedichte seine wechselnden Stimmungen und Gefühle zu schildern.

Der kokette Tonfall des 20. Sonetts genügt beinahe, um Mr. Shakspere als Verfasser auszuschließen. Doch auch hier hat meines Wissens nur ein einziger Forscher die gesellschaftlichen Implikationen erfaßt. Tucker Brooke bemerkt recht verwundert: »Dieses Sonett trifft kaum den Ton, in dem Shakespeare, der Schauspieler, einen Adligen hohen Standes anreden durfte.« Das ist milde ausgedrückt.

Es gibt Anzeichen dafür, daß die Sonette von Anfang an unter dem Verdacht standen, einer verbotenen Liebe Ausdruck zu geben. Die Erstausgabe scheint verschwunden zu sein; manche Forscher hegen den Verdacht, daß sie vom Markt genommen wurde. Eine zweite Ausgabe erschien erst 1640; und sogar dann wurden Anreden hinzugefügt und Pronomina geändert, um den Anschein zu erwecken, daß auch die an den Jüngling adressierten Gedichte an die Geliebte des Dichters gerichtet waren.

Zumindest ein Mann hätte ein starkes Motiv gehabt, die Sonette verschwinden zu lassen: Southampton selbst – Henry Wriothesley, der berühmte »Mr. W. H.« der Widmung. Die Initialen umzudrehen und »Mr.« hinzuzufügen war nur eine dürftige Maskierung; versierte Leser hätten sie durchschaut. Er war der einzige Mann, dessen Name je im Druck mit dem von Shakespeare in Verbindung gebracht worden war – in den Widmungen der beiden Versepen. Und es mag sehr wohl über ihn und den wahren Verfasser getuschelt worden sein, wie die Sonette selbst andeuten.

Die Widmung des Verlegers deutet darauf hin, daß er, Thomas Thorpe, die wahre Geschichte kannte:

TO · THE · ONLIE · BEGETTER · OF ·
THESE · INSVING · SONNETS ·
Mr · W. H · ALL · HAPPINESSE ·
AND · THAT · ETERNITIE ·
PROMISED ·
BY ·
OVR · EVER-LIVING · POET ·
WISHETH ·
THE · WELL-WISHING ·
ADVENTVRER · IN ·
SETTING ·
FORTH ·

T. T.

[DEM EINZIGEN ERZEUGER
DIESER
FOLGENDEN SONETTE
MR. W. H. WÜNSCHT ALLES GLÜCK
UND JENE
VON UNSEREM

UNSTERBLICHEN DICHTER
VERHEISSENE
EWIGKEIT
DER GUTES WÜNSCHENDE
ABENTEUERER
BEIM AUSLAUFEN

T. T.]
(Übersetzung: Gottlob Regis)

Man bemerke, daß der Verleger Thorpe die Widmung schrieb, nicht Shake-speare – obwohl der Dichter für *Venus und Adonis* und auch für *Die Schän-dung der Lucretia* eigene Widmungen geschrieben hatte. Außerdem sind die Sonette, anders als *Venus* und *Lucretia*, schlampig gedruckt und voller Druckfehler. Aus diesen Tatsachen haben die meisten Biographen geschlos-sen, daß der Dichter bei dieser Ausgabe nicht mitwirkte und daß die Sonet-te, zweifellos zu seiner größten Bestürzung, ein Raubdruck waren.

Die Titelseite verkündet: »SHAKE-SPEARES SONNETS. Neuer be-fore Imprinted«, was nahelegt, daß Shakespeare bekanntermaßen lange vor 1609 Sonette für einen privaten Freundeskreis geschrieben hatte. Meres er-wähnte das bereits 1598. Sogar wenn es sich nicht um dieselben Sonette han-delte, auf die Meres sich bezog, gab es sie offenbar bereits seit geraumer Zeit, als Thorpe sie veröffentlichte und sich, nach seiner Ankündigung zu urteilen, von der Veröffentlichung einigen Wirbel versprach.

Den Forschern, die ein biographisches Interesse an den Sonetten miß-billigen, ist die Neugier, die Thorpes Widmung erregt hat, ein Ärgernis. Hyder Rollins, in der Mitte des zwanzigsten Jahrhunderts anerkannte Au-torität für die Sonette, schrieb 1944: »Zweifellos würden die Sonette heut-zutage öfter *um ihrer Dichtkunst willen* gelesen werden, wenn Thorpe sich seine dreißig Worte verkniffen hätte!« Seine Einstellung findet sich ähnlich auch bei W. G. Ingram und Theodore Redpath in deren Ausgabe der Sonet-te von 1964: »Es gibt keinerlei Hinweise darauf, daß die Widmung vor dem Ende des 18. Jahrhunderts Aufmerksamkeit erregte, aber seitdem ist sie der Tummelplatz von Theoretikern, die sich durch sie *von den Gedichten selbst* haben ablenken lassen.« (Meine Hervorhebung in beiden Zitaten.)

Wenn Neugier auf die »Tatsachen« hinter den Sonetten nebensächlich und unmanierlich ist, dann hat Thorpe zumindest eine bedauerliche Rolle gespielt, indem er den Eindruck erweckte, es gebe wissenswerte Tatsachen. In einem Vorwort zu einer Ausgabe der Sonette von 1951 formulierte Rollins, was inzwischen zur vorherrschenden Sichtweise geworden ist:

Sind die Sonette autobiographisch? Schildern sie wahre Menschen, wahre Begebenheiten? Genau weiß das niemand; aber feststeht, daß Shakespeare als der größte Dramatiker aller Zeiten schwerlich ein Sonett niederschreiben konnte, ohne ihm den Anschein der Aufrichtigkeit und Wahrhaftigkeit zu geben. Der Freund oder die Freunde, die dunkle Frau oder die dunklen Frauen, der Dichterrivale oder die Dichterrivalen wirken wie nach dem Leben gezeichnet, doch ebensogut können sie reine Phantasiegeschöpfe sein wie Claudio oder Mercutio, Rosalinde oder Beatrice, Orlando oder Malvolio.

Die Antwort auf die Frage nach dem autobiographischen Hintergrund wurde durch Thorpes reichlich mysteriöse Widmung, an der Shakespeare keinen Anteil hatte, unnötig erschwert. Thorpe – und nicht Shakespeare – widmete das Buch dem einzigen Erzeuger, Mr. W. H., und wünschte ihm jene Ewigkeit, die ihm von dem unsterblichen Shakespeare in den Sonetten oder anderswo verheißen worden war. Es gibt nicht den geringsten Beweis dafür, daß Thorpe Shakespeare persönlich kannte oder mit seinen Absichten vertraut war, geschweige denn mit seinem Privatleben.

Wie wir sehen werden, ist das Thorpe gegenüber ungerecht. Rollins läßt es sich dann angelegen sein, seine Vorgänger ob ihres Glaubens, die Sonette könnten konkrete Informationen enthalten (oder setzten sie gar voraus), zu verunglimpfen:

Dementsprechend kann ich jenen, die das Glück haben, den Sonetten zum ersten Mal zu begegnen, nur nahelegen, allen Herausgebern und Verfassern von Anmerkungen und Fußnoten keinerlei Beachtung zu schenken und die Sonette einfach als Gedichte zu lesen … Sollten sie über literarischen Geschmack verfügen, so werden sie nicht umhin können, von Staunen und Bewunderung ergriffen zu werden angesichts der Tiefe der Gedankenwelt, der kraftvollen Phantasie, der bestechenden Metaphorik, der unübertroffenen Schönheit des Ausdrucks, der insgesamt unnachahmlichen Weise, in der einzelne Sonette oder auch einzelne Zeilen nahezu jede grundlegende Erfahrung des menschlichen Lebens einfangen.

So wird der Verleger, der uns die Sonette schenkte, zum Bösewicht, und diejenigen, die sich über seine Andeutungen den Kopf zerbrechen, entlarven sich selbst als Banausen, weil sie sich auch noch mit anderem beschäftigen und nicht nur mit Shakespeares Genie. Aber wie die meisten orthodoxen Forscher übersieht Rollins ein augenfälliges Problem: Warum sollte ein Verleger, der die Gedichte gegen den Willen des Verfassers als Raubdruck herausbrachte, sich überhaupt genötigt sehen, ihnen eine Widmung voranzustellen? Für einen Verleger, der angeblich dessen Rechte mißachtete und dessen Privatsphäre verletzte, klingt Thorpe gegenüber »unserem unsterblichen Dichter« viel zu ehrerbietig. Unter diesen Umständen für einen anderen eine Widmung zu schreiben, wäre eine Frechheit. Doch Thorpe klingt überhaupt nicht dreist. Darin unterscheidet er sich deutlich von all den anderen Verlegern der Quartoausgaben vor ihm, ob die Stücke nun tatsächlich von Shakespeare waren oder nicht. *Shake-speares Sonnets* sind in der Tat ein Meilenstein: zum ersten Mal fühlte sich ein Verleger von Shakespeares Werken verpflichtet, für den Dichter zu sprechen, statt ihn für sich sprechen zu lassen.

Thorpes besitzergreifendes »unser« läßt sich als Hinweis darauf deuten, daß der Dichter schon gestorben war und gegen die Drucklegung seiner Gedichte nicht protestieren konnte; sonst hätte der Verleger sich schwerlich erlaubt, ein besitzanzeigendes Fürwort zu verwenden, und damit zu verstehen gegeben, daß um 1609 der Dichter bereits allgemeines Besitzgut war. Ferner wurde, worauf oft hingewiesen worden ist, das symbolische Kompliment »*ever-living*«, »ewig lebend«, ausschließlich auf Personen verwendet, die schon tot waren. Donald Foster hat nicht ein einziges Beispiel finden können, wo es einer lebenden Person galt.

Die Widmung legt sogar beträchtlichen Takt an den Tag und zeigt, daß Thorpe sich des Themas der Sonette durchaus bewußt war. Immer wieder verspricht der Dichter, daß seine Gedichte dem Jüngling Unsterblichkeit verleihen werden. Das Thema erscheint zum ersten Mal im 17. Sonett, wo der Dichter dem Jüngling versichert, daß er »zwiefach fortleben« könne, in einem Sohn und »in meinem Lied«. Im 18. Sonett rühmt er sich seiner »ewigen Zeilen«: »Solang als Menschen atmen, Augen sehn, / Wird dies und du der darin lebt bestehn.« Das 19. Sonett prophezeiht: »In meinem Lied bleibt meine Liebe jung.« Das 38. Sonett verspricht dem Jüngling »Gesänge, die sich ewigen Daseins freuen« und ihm Ruhm bescheren werden. Das 55. Sonett wiederholt das Gelübde: »Kein Marmorbild, kein goldnes Fürstenmal / Wird dieser Lieder Dasein überleben.« Und so geht es fort in einem halben Dutzend späterer Sonette.

Doch obwohl der Dichter verspricht, den Namen des Jünglings unsterblich zu machen, nennt er ihn nie. Wohingegen er für seinen eigenen »armen Namen« Vergessenheit voraussagt und sogar erfleht. Im 36. Sonett bringt er die rätselhafte Klage vor: »Ich darf mich öffentlich nicht zu dir kehren, / Dein Ansehn litte sonst durch meine Schuld.« Und in den nächsten drei Sonetten verspricht er, Trost darin zu finden, das Loblied des Jünglings zu singen und von anderen gesungen zu hören.

Später wird dieses Thema noch deutlicher vorgetragen: er beschwört den Jüngling, ihn nicht länger zu betrauern als das Läuten der »grämlichgrausen Glocke« (71), und bittet darum, sein Name möge bei seinem Leib begraben werden, damit er den Jüngling nicht beschäme (72). Der Dichter beschreibt seine sterblichen Überreste als »zu schlecht, als daß du dich erinnerst«, im Gegensatz zu seinem »bessren Teil«, seinem »Geist«, der »dir gewidmet« ist und in »diesem hier«, seinen Gedichten, überlebt (74).

Der Gegensatz zwischen der Überhöhung des Freundes und der eigenen Selbsterniedrigung erreicht im 81. Sonett seinen Höhepunkt: er erwartet, in einer »allgemeinen Grube« beigesetzt und vergessen zu werden, doch »fortan unsterblich wird dein Name leben«.

Des Dichters Thema ist die Sterblichkeit – oder vielmehr seine eigene Sterblichkeit und die seines jungen Geliebten. Er fühlt sich zu gesellschaftlicher Ächtung und Vergessenheit verurteilt, aber er kann dem Jüngling durch seine Verse »Ewigkeit« verleihen (wie auch Thorpes Widmung sie ihm verheißt).

Die ständige Rede von der Sterblichkeit des Dichters in den Sonetten schafft für die orthodoxe Verfasserschaftstheorie weitere Probleme. Die orthodoxe Annahme, daß hier ein Dichter von niederem Stand seinen adligen Gönner preist, ist einfach absurd. Ein Dichter von Mr. Shaksperes Alter und Stand, der zum Lobe seines edlen Gönners schreibt, würde kaum sich selbst und seine eigene Vergänglichkeit so beharrlich in den Vordergrund stellen; er würde nur seinen Gönner preisen und sich selbst und seine Leidenschaften aus dem Spiel lassen. Er würde seinen Gönner nicht bitten, ihn zu vergessen und nicht zu sehr um ihn zu trauern. Sein Selbstmitleid und seine Gefühlsnöte wären völlig fehl am Platz. Der ganze Ton der Gedichte wäre anders.

Ein Edelmann, der bei einem Maler ein Konterfei bestellt hatte, wäre nicht erfreut gewesen, wenn der Künstler sich auf dem Gemälde ebenfalls verewigt hätte – noch dazu in einer verbotenen Umarmung mit dem Auftraggeber. Diese Sonette waren nur allzu geeignet, den Mann, den sie verherrlichen wollten, zu kompromittieren. Wir können mit Sicherheit ausschließen, daß Southampton Mr. Shakspere dafür honorierte, Gedichte zu schreiben, denen das Publikum – ob nun zu Recht oder zu Unrecht – entnehmen konnte, sie seien ein homosexuelles Liebespaar.

Der Dichter handelte offensichtlich ohne Auftrag, er schrieb aus eigenem Antrieb, man könnte sogar sagen, in eigenem Auftrag, getrieben von seiner immer wieder beteuerten leidenschaftlichen Liebe. Die Idee, den Jüngling in Gedichten zu verherrlichen, stammt von ihm, und ihr Gegenstand ist nicht nur der Jüngling, sondern auch er selbst – eine Tatsache, die von seiner häufigen Selbstzerfleischung nicht widerlegt, sondern unterstrichen wird. Dies ist ein alternder Mann, offenkundig von einigem Stand, der an einen wesentlich jüngeren schreibt, mit dem ihn eine heimliche Beziehung verbindet. Diese Beziehung ist erheblich problematischer als die zwischen Gönner und Dichter.

Manche Forscher wollen die Widmung von den Absichten des Dichters trennen und vertreten die Ansicht, daß der »Erzeuger« der Sonette nicht der Mann ist, der zu ihnen inspirierte, sondern der Mann, der Thorpe das Manuskript beschaffte. Aber das ist eine angestrengte Deutung. Das Wort »Erzeuger« verbindet »Mr. W. H.« nicht nur mit dem Thema der ersten siebzehn Sonette, sondern auch mit dem von *Venus und Adonis*, einem ausdrücklich Southampton gewidmeten Werk.

Zwei weitere Hinweise in der Widmung bestärken die Vermutung, daß es sich bei Mr. W. H. um Southampton handelt, obwohl sie erstaunlicherweise von allen Forschern übersehen worden sind. Die merkwürdige Formulierung »*wisheth the well-wishing adventurer*« erinnert an den letzten Nebensatz der Widmung von *Venus*: »*...which I wish may always answer your own wish*«, »... die, wie ich wünsche, alle Zeit Ihrem Wunsche entsprechen möge«. Und wenn Thorpe Mr. W. H. »*all happiness*« wünscht, so erinnert das an den Schluß der Widmung von *Lucretia*: »*…long life, still lengthened with all happiness*«, »… ein langes, durch alles Glück noch verlängertes Leben«. Ich bezweifle, daß diese Ähnlichkeiten zufällig sind. Da die früheren Widmungen beide an Southampton gerichtet sind, gibt Thorpe seinen eingeweihten Lesern so deutlich, wie er nur wagt, zu verstehen, daß diese es auch ist.

Diese Taktik schlug nicht so ein, wie Thorpe gehofft hatte, und die Sonette wurden schließlich doch vom Markt genommen. Die erste Ausgabe verschwand rasch, und keine zeitgenössische Erwähnung ist erhalten geblieben, obwohl die meisten der veröffentlichten Werke Shakespeares äußerst beliebt waren und zahlreiche Nachdrucke erfuhren. Southampton hätte allen Grund gehabt, über diese Offenlegung seiner Affäre mit dem Dichter in Zorn zu geraten; wie wir noch sehen werden, hatten auch noch andere Grund zu Verärgerung.

Die Sonette über die Geliebte (geschrieben etwa zur selben Zeit wie die Sonette 40 bis 42) haben ebenso viele Spekulationen ausgelöst wie die Sonette an den Jüngling. Wer die Geliebte war, werden wir vielleicht nie erfahren. Klar ist jedoch, daß sie nur vorübergehend die Gunst des Dichters besaß, der von ihr eher voll Verachtung als voll Liebe spricht. Er idealisiert sie nie; im Gegenteil, er hält sie für nichts anderes als eine Hure und verachtet sich dafür, so von ihr angezogen zu werden. Sein Abscheu vor seiner eigenen Lust erinnert an den sexuellen Ekel der tragischen Helden – Lear, Hamlet, Othello, Antonius, Timon und Troilus. Es kommt dem Dichter nie in den Sinn, ihr in seinen Versen ewigen Ruhm zu versprechen; daß er sie in gewisser Weise unsterblich machte, ist ein Zufall. Offenbar gelang es Thorpe, nicht nur die Gedichte an den Jüngling, sondern auch die Gedichte über die Geliebte in seinen Besitz zu bringen (dazu die beiden Cupido-Sonette und *Der Liebenden Klage*), und er druckte alle zusammen ab.

Thorpes verlegerisches Kalkül ging nicht auf: die Sonette verschwanden von der Bildfläche. Die Folio von 1623 erwähnt sie nicht, ebenso wenig wie Shakespeares übrige nichtdramatische Dichtungen. Die Folio erweckt den Eindruck, daß »Mr. William Shakespeare« ausschließlich Dramatiker war, und das, obwohl seine ersten veröffentlichten Werke zwei Southampton gewidmete Versepen gewesen waren, die in den Jahren nach 1620 noch immer nachgedruckt wurden. Trotzdem schulden wir Thomas Thorpe Dank dafür, daß er uns die Sonette erhalten hat. Ohne sein Wagnis hätten sie aller Wahrscheinlichkeit nach die Zeiten nicht überdauert.*

Thorpes Zueignung verrät uns, daß er die Situation besser verstand als spätere Kommentatoren. Er verstand sie, weil er wußte, wer der Dichter und der Jüngling in Wirklichkeit waren. Im Jahre 1609 war der »ewig lebende« Dichter bereits tot; der »einzige Erzeuger« dieser Sonette war noch am Leben; und Thorpe hielt es für angebracht, den einen im Namen des anderen anzureden. Doch er nennt weder den Namen des einen noch des anderen. Das weist eindeutig darauf hin, daß hinter den Sonetten eine wahre Geschichte steckt. Thorpe wollte Shakespeare mit seiner Widmung nicht vor den Kopf stoßen, sondern versuchte das zu tun, was der Dichter seiner Meinung nach gewünscht hätte. Das war seine Rechtfertigung für die Veröffentlichung der Sonette, auch wenn jene, denen er sie anbot, sie zurückwiesen und Anstalten trafen, die schönsten Liebesgedichte englischer Sprache ein für allemal verschwinden zu lassen.

Nach 1640 erschienen die Sonette erst wieder 1711, und bis ans Ende des 18. Jahrhunderts wurde die Anordnung der Ausgabe von 1640 beibehalten. Als George Steevens schließlich die ursprüngliche Reihenfolge wiederherstellte, machte er trotzdem keinen Hehl aus seiner geringen Meinung von den Sonetten ganz allgemein und aus seinem Abscheu besonders vor dem 20. Sonett: »Es ist unmöglich, diese ekle Lobeshymne auf ein männliches Subjekt zu lesen, ohne gleichermaßen von Widerwillen und Empörung ergriffen zu werden.« Ein weiterer Herausgeber, George Chalmers, rief aus: »Shakespeare, ein Ehegatte, Kindesvater und Mann von Gesittung, richtete einhundertundzwanzig, nein sogar einhundertsechsundzwanzig Liebessonette an ein männliches Subjekt!« Doch dann versuchte er Shakespeare in

---

* In seiner Shakespeare-Biographie weist William J. Rolfe 1904 darauf hin, daß bestimmte Textmängel in der Quartoausgabe von 1609 (die Verdopplung des abschließenden Reimpaars im 36. und 96. Sonett, die Klammern anstelle des fehlenden Reimpaars am Ende des 126. Sonetts) beweisen, daß Thorpe die Sonette ohne die Mitwirkung des Autors veröffentlicht haben muß; sonst hätte er den Dichter befragen und diese klar ersichtlichen Fehler ohne weiteres korrigieren können. Eine einleuchtende und scharfsinnige Beobachtung. Aber Rolfe leitet daraus ab, daß Thorpe unter Mißachtung der Wünsche des Dichters gehandelt haben muß, den er für Mr. Shakspere hält. Er erwägt nie die Möglichkeit, daß der Verfasser jemand anders war, der die fehlerhaften Stellen nicht korrigieren konnte; mit anderen Worten, daß im Jahre 1609 der »ewig lebende Dichter« nicht mehr lebte.

Schutz zu nehmen, indem er erklärte, daß die Gedichte eigentlich auf Königin Elisabeth gemünzt seien, die »in vielem als Mann galt«.

Im Zeitalter bedingungsloser Verehrung des großen Nationalbarden wurde es zur Pflichtübung, den Dichter vor seinen eigenen Aussagen in Schutz zu nehmen. Der bedeutende Shakespeare-Forscher und -Herausgeber Edmond Malone eilte dem Dichter gegen Steevens zu Hilfe: »Solche Huldigungen an Männer, mögen sie uns auch anstößig erscheinen, waren zur Zeit unseres Autors durchaus üblich und zogen weder Strafbarkeit nach sich, noch galten sie als unschicklich.« Coleridge, der enthusiastischste von Shakespeares Kommentatoren, bestand ebenfalls darauf, daß Shakespeare nirgendwo »auch nur eine Anspielung auf dieses allerschlimmste aller erdenklichen Laster« gemacht habe, und obwohl die Sonette »etwas« ausdrückten, »was den Namen Liebe zu einem männlichen Subjekt verdiente«, handele es sich um »eine Neigung über die Freundschaft hinaus und gänzlich frei von Gelüst (*appetite*)« – und das, obwohl der Dichter selbst das Wort »*appetite*« im 56. und 110. Sonett verwendet. Zur selben Zeit purgierte der unsägliche Bowdler Shakespeare von allen Anstößigkeiten und domestizierte ihn so für die viktorianische Familienlektüre.

Drei bedeutende Literaten des neunzehnten Jahrhunderts, alle drei homosexuell, mögen die Wahrheit gespürt haben. Für Walt Whitman blieben bestimmte Eigenheiten Shakespeares »dunkel und flüchtig – quälend und halb vermutet – Erklärungen nahelegend, die man nicht deutlich auszusprechen wagt«. Oscar Wilde und Samuel Butler waren ebenfalls von den Sonetten fasziniert und ließen sich des längeren über sie aus, doch keiner von beiden wagte es, das verbotene Thema außer in den gewundensten Andeutungen öffentlich anzusprechen. Unserer eigenen Zeit näher, nannte C. S. Lewis die Sprache der 126 Sonette an den Jüngling »zu liebhaberhaft für eine normale Männerfreundschaft« und fügte hinzu: »Ich habe in der Literatur des sechzehnten Jahrhunderts keine vergleichbare Parallele zu solcher Sprache zwischen Freunden gefunden.« Aber er schreckte davor zurück, die Freunde für homosexuell zu erklären: »Andererseits scheint dies nicht die Dichtung ausgeprägter Päderastie zu sein. Shakespeare, ebenso wie sein Zeitalter, machte keine halben Sachen. Wenn er beabsichtigt hätte, in diesen Sonetten der Poet der Päderastie zu sein, dann hätte er uns darüber nicht im Zweifel gelassen: die holden *paidika*, gefolgt von einem ganzen Troß mythologischer Perversitäten, wären uns aus den Seiten entgegengesprungen.«

Andere gehen einfach über das Problem hinweg. Ohne Erklärung weist Douglas Bush die Vorstellung, die fraglichen Gedichte hätten Homosexualität zum Thema, brüsk zurück. (Er nennt das einen »Gedanken, der von den Sonetten selbst hinreichend widerlegt wird« – was wohl auf die dunkle Geliebte anspielt, aber warum geben dann die Sonette selbst immer wieder Anlaß zu eben diesem Gedanken?) Ähnlich zieht W. H. Auden jeden Versuch ins Lächerliche, den Dichter in die »Homintern«, die Internationale der Homosexuellen, einzugemeinden, weil die Gedichte an die dunkle Geliebte »unmißverständlich sexuell« sind, wohingegen Mr. Shakspere selbst »ein verheirateter Mann und Vater« war.* Doch der Verdacht hat sich so hartnäckig gehalten, daß nahezu jeder moderne Kommentator sich notgedrungen damit auseinandersetzen mußte – ein Anzeichen dafür, daß die »naive« Interpretation ihre Vorzüge hat. Wie Samuel Johnson sagte: »Ich halte immer die Lesart für richtig, die nur mit Hilfe vieler Worte als falsch bewiesen werden kann.«

In neuerer Zeit hat die zunehmende Liberalität nicht so sehr eine Abschaffung der alten Tabus als vielmehr deren Verkehrung ins Gegenteil bewirkt, und eine wachsende Zahl von Literaturwissenschaftlern ist zu der Ansicht gekommen, daß die ersten 126 Sonette in der Tat homosexuelle Liebesgedichte sind. So zum Beispiel (ohne Bezug zur Verfasserschaftsfrage) G. P. V. Akrigg, S. C. Campbell, Leslie Fiedler und am nachdrücklichsten Joseph Pequigney. In seinem Buch *Such Is My Love* geht Pequigney hinsichtlich Shakespeares Identität von der traditionellen Auffassung aus, was ihn zu der Schlußfolgerung veranlaßt, daß der Jüngling nicht Southampton gewesen sein kann, da kein Mann niederen Standes es gewagt hätte, so erotische Verse an einen Aristokraten zu richten. Pequigneys Irrtum ist ein Beispiel dafür, daß selbst Kommentatoren, die der Wahrheit nahekommen, durch Mr. Shakspere als angeblichen Verfasser in ihrer Interpretation der Sonette wieder beirrt werden. Es ist schon richtig: wenn Mr. Shakspere der Dichter ist, kann Southampton nicht der Jüngling sein. Aber umgekehrt gilt auch: wenn Southampton der Jüngling ist, kann Mr. Shakspere nicht der Dichter sein.

* Auden, der selbst homosexuell war, vertrat privat eine andere Meinung: Robert Craft berichtet, er habe ihm anvertraut, »vorläufig kann man noch nicht zugeben, daß der oberste Barde Mitglied der Homintern war«.

Der homosexuelle Unterton der Sonette wird später noch ausführlich besprochen werden. An dieser Stelle wollen wir auf das letzte Sonett der Sequenz eingehen, das 126. (das eigentlich aus zwölf paargereimten Zeilen besteht). Hier gestattet sich der Dichter, nach schmerzhaftem Auf und Ab und schließlicher Entfremdung, einen letzten Ausbruch von Zuneigung: »O du, mein holder Knabe!« Er kehrt zum Thema der ersten Sonette zurück und mahnt Southampton, daß auch er sterblich ist. Die Natur wird ihn so lange bewahren, wie sie nur kann, aber nicht für immer:

Yet fear her, O thou minion of her pleasure!
She may detain, but not still keep her treasure.
Her audit, though delay'd, answer'd must be,
And her quietus is to render thee.

[Doch fürchte sie, ihr Liebling du, ihr Glück!
Sie hält den Schatz nicht, hält ihn nur zurück.
Beim Abschluß, kommt er spät auch, steht sie Wort,
Zur vollen Zahlung gibt sie dich dann fort.]
(Übersetzung: Stefan George)

Diese Zeilen sind ein dumpfes Echo des 20. Sonetts, in dem die Natur sich in den Jüngling »vernarrte« und das mit dem Reim *pleasure – treasure* endete, der nun an vorletzter Stelle steht. Wir hören auch Anklänge an *Hamlet*, bis hin zu den juristischen Ausdrücken *audit* und *quietus*. Der holde Knabe hat nicht mehr das ganze Leben vor sich; der traurige Dichter bittet ihn, sein Ende zu bedenken. Er kehrt zu dem ermahnenden Ton zurück, in dem er begann, weil der Jüngling, dem Knabenalter inzwischen entwachsen, keinen Gefallen mehr an seiner Liebe und seinen Lobpreisungen findet.

Allem Anschein nach war die größte Liebes unseres größten Dichters eine heimliche homosexuelle Affäre. Hat diese verbotene Liebe den Dichter dazu veranlaßt, zu dem Pseudonym zu greifen, unter dem wir ihn zu kennen meinen? Könnte das ein Schlüssel zu Shakespeares wahrer Identität sein?

II.
Die Argumente für Oxford

Edward de Vere, Graf von Oxford, war als junger Mann Höfling, Dichter, Athlet, Gelehrter, Förderer –
und Dandy. (Gemälde von Rob Day)

5. Oxfords Leben

Als zur Mitte des 19. Jahrhunderts eine wachsende Schar von Lesern erkannte, daß am herkömmlichen Porträt von Shakespeare als Mr. Shakspere, dem achtbaren Bürger, etwas nicht stimmen konnte, begann man sich nach anderen Anwärtern umzuschauen. Über fünfzig sind vorgeschlagen worden, die meisten davon elisabethanische Autoren und Adlige.

Manche der Konkurrenten – darunter Maria, Königin von Schottland, Elisabeth I., Jakob I., Anne Hathaway Shakspere und Daniel Defoe – sind so grotesk, daß man versucht ist, die ganze Verfasserfrage als absurd abzutun. Aber angesichts der Gründe für die Zweifel an der vorherrschenden Sehweise ist es keineswegs absurd, die Ansprüche solcher Anwärter wie Barnabe Barnes, Richard Barnfield, Richard Burbage, Samuel Daniel, Thomas Dekker, John Florio, Thomas Kyd, John Lyly, Thomas Nashe, George Peele und anderer bekannter elisabethanischer Autoren gegeneinander abzuwägen, obwohl es ins Uferlose führen würde, jeden für sich in Betracht zu ziehen. Nur drei Anwärter auf die Verfasserschaft von Shakespeares Werken haben jeweils etliche Menschen überzeugen können.

Francis Bacon, der Philosoph und Staatsmann, ist der intellektuell gewichtigste der Konkurrenten. Christopher Marlowe, der neben Shakespeare selbst meisterhafteste elisabethanische Dichter und Dramatiker, ist der unmittelbar einleuchtendste, abgesehen von der Mißlichkeit, daß er 1593 gestorben zu sein scheint. Edward de Vere, besser bekannt als (17.) Graf von Oxford, hat vieles aufzuweisen, was für ihn spricht, auch wenn das Datum seines Todes – 1604 – ebenfalls zu der Lehrmeinung über die Entstehungsdaten der Stücke in Widerspruch steht.

Calvin Hoffman hat in *The Murder of the Man Who Was Shakespeare* faszinierende Argumente für Marlowe zusammengetragen und ein so spannendes Buch geschrieben, daß ich es nur widerwillig zerpflücke; aber seine

These beruht gänzlich auf der Behauptung, Marlowes Tod sei nur fingiert gewesen und er habe sich danach zurückgezogen und eine zweite Karriere als William Shakespeare begonnen. Diese Hypothese wirkt sehr unwahrscheinlich und erfordert weitaus stärkere Beweise, als wir wohl jemals finden werden. Außerdem ist Marlowe als Dichter und Dramatiker so unverwechselbar, daß ich nur schwer glauben kann, er sei auch Shakespeare gewesen. Man kann sich vom feurigen Marlowe allenfalls noch vorstellen, daß er Shakespeares große Tragödien schrieb, aber nicht dessen heitere und oft alberne Komödien. Die Erschaffung solcher Clownsfiguren wie Holzapfel und Lanzelot Gobbo wäre für Marlowe wahrscheinlich unter seiner Würde gewesen. Falstaff wiederum überschreitet bei weitem die Grenzen von Marlowes Phantasie, und so auch die großen komischen Heldinnen wie Rosalinde und Beatrice. Jedenfalls hat er heute nur noch wenige Parteigänger.

Bacon liefert die Art weiser Sentenzen, die vielen naiven Lesern als typisch für Shakespeare gelten, die aber eigentlich mehr an Polonius erinnern. (Ich übergehe die berühmten Chiffren, die angeblich in den Stücken versteckt sind, um Bacons Verfasserschaft zu belegen. Ich kann keine bessere Entschuldigung vorbringen, als daß das Leben dafür zu kurz ist. Außerdem ist König Lear in einer Doppelrolle als Rätselonkel, der sich Denksportaufgaben ausdenkt, schwer vorstellbar.) Bacon kann jedoch aus anderen Gründen ausgeschlossen werden. Wie Marlowe besaß er nichts von Shakespeares Grillenhaftigkeit; wichtiger noch, die Dramen spiegeln wenig mehr von seinem Leben und seinen Erfahrungen als von Mr. Shaksperes Leben. Nichts an dem melancholischen und starrköpfigen Bacon deutet auf Shakespeares Befähigung zu verschiedensten Stimmungen, geschweige denn zur Schaffung so verschiedenartiger Figuren; was Bacon an Ernst hat, das fehlt ihm an Quecksilbrigkeit. Außerdem war er ein vielbeschäftigter Staats- und Hofmann, der kaum die Zeit für einen Nebenberuf als Verfasser von Shakespeares Dramen aufgebracht hätte. Das persönlichste von Shakespeares Werken, die Sonette, scheinen mit Bacons Persönlichkeit völlig unvereinbar zu sein. Der Dichter der Sonette beklagt seine öffentliche Schmach – eine Klage, die Bacon erst 1621 vorbringen konnte, als er wegen Bestechlichkeit verurteilt wurde, über ein Jahrzehnt nach der Veröffentlichung der Sonette.

Das soll Bacons Verdienste nicht schmälern. Ich will damit nur sagen, daß sich seine literarischen Stärken sehr von denen Shakespeares unterscheiden. Ebenso seine Schwächen. Er schreibt mit immer gleicher Würde und

Gravität, in einem Stil, der heute unterschätzt wird. Aber bei aller Bewunderung können wir uns kaum vorstellen, daß er je anders schrieb.

Die einleuchtendste Widerlegung der Bacon-Theorie kam von dem prominenten Stratfordianer J. M. Robertson. In seiner Streitschrift *The Baconian Heresy* von 1913 trug er überzeugende Argumente dagegen vor, Bacon mit Shakespeare zu identifizieren. Beide, so seine Beobachtung, verfügen über einen erstaunlich umfangreichen Wortschatz, aber der eine unterscheidet sich signifikant vom anderen. Zum Beispiel benutzen sie durchgängig unterschiedliche Flexionsformen bestimmter Wörter. Bacon benutzt (wie Jonson und andere) die Bezeichnung *politique*, Shakespeare dagegen benutzt *politician*. Bacon benutzt die Pluralformen *knowledges* und *harmonies*, Shakespeare nie. Bacon benutzt immer nur das Adjektiv *militar* (und manchmal *militare*), Shakespeare ausschließlich das Adjektiv *military*. Es gibt auch Unterschiede in der Häufigkeit des Gebrauchs. Bacon benutzt oft das Wort *splendid*, das in sämtlichen Werken Shakespeares nur ein einziges Mal vorkommt. Robertson stellte sogar eine Liste der gebräuchlichen Wörter zusammen, die Bacon oft verwendet, Shakespeare jedoch nie.*

Selbst heute sind nur wenige der für Bacons Wortschatz charakteristischen Wörter ungewöhnlich selten. Shakespeare hätte sie alle erkannt und verstanden, aber sie gehörten nicht zu dem für ihn charakteristischen Vokabular. Die *Harvard Concordance to Shakespeare* verzeichnet 29 000 Einträge, wobei Singular- und Pluralformen von Substantiven und die unterschiedlichen Konjugationsformen von Verben einzeln gezählt werden. Für einen individuellen Autor eine ehrfurchtgebietende Zahl, und trotzdem nur ein Ausschnitt aus dem vollen Umfang des elisabethanischen Englisch. Trotz seiner verblüffenden Vielseitigkeit wiederholt sich Shakespeare des öfteren, wie übrigens alle Autoren. Wiederholte Muster sind schließlich das, was wir unter »Stil« verstehen.

* Darunter: *abstruse, accurate, allegory, alloy, amplitude, analogy, animosity, architecture, astrology, atheist, benign, collectively, commonplace, comparable, compatible, compendious, compression, concurrence, condense, conflagration, contexture, contrariwise, deduce, deficiency, delicacy, dialectic, disbanding, elementary, elevation, elocution, extraction, generate, geometrical, illumination, immerse, imposture, latitude, liturgy, luxuriant, magnify, magnitude, martyrdom, mediocrity, medium, multiplicity, mystical, overpower, proficiency, prolix, recede, relatively, renovation, repress, resplendent, retribution, righteousness, sanguinary, signature, similitude, subdivide, tabernacle, tacit, theology, transitory, transmit, veneration, version, vicissitude, voluptuous.*

Die Idealisierung des Nationalbarden, der Shakespeare in jeder Hinsicht als unübertrefflich gilt, kann uns für seine Eigenheiten und auch für seine Grenzen blind machen. Robertson wies klug darauf hin, daß Bacons Prosa sich nicht nur von der Shakespeares unterscheidet, sondern auch in wichtigen Belangen wesentlich besser ist. Bacon bietet »eine Vielzahl klangvoller und weitgespannter Sätze in einem Stil, der in Shakespeares Prosa nie zu finden ist«. Bacons »Prosa zeigt eine neue Wahrnehmung der Möglichkeiten der Rhythmik, der anmutigen Bewegung ohne Versmaß, der langen Bögen und ruhigen Senkung«. In Shakespeares Prosapassagen, schreibt Robertson, »werden wir unendlich viel Temperament und Lebhaftigkeit, Dynamik und Feuer finden; eine endlose Fruchtbarkeit des Ausdrucks, der Bilder und Beiwörter; aber wir werden keine große architektonische Prosa finden«. Das ist der Kommentar eines Kritikers, der beide Autoren auf viel zu intelligente Weise schätzte, um sie miteinander zu verwechseln. Bacon konnte nicht Shakespeares Werke schreiben, aber ebenso konnte Shakespeare nicht Bacons Werke schreiben.

In unserer Zeit ist der populärste Anwärter auf den Thron von Mr. Shakspere Edward de Vere, der 17. Graf von Oxford (1550–1604). Auch hier haben wir zum Glück ausführliches stilistisches Beweismaterial, um die Frage seiner Verfasserschaft beantworten zu können. Oxfords Briefe umfassen zwar nur wenige tausend Wörter, zeigen aber einen reichen Wortschatz. Dabei benutzt er nur eine Handvoll Wörter, die in Shakespeares Werken nicht vorkommen. Wir finden in diesen Briefen eine bezeichnende Gruppe allgemeiner oder abstrakter Begriffe, die sich nicht nur nahezu vollständig auch bei Shakespeare finden, sondern ganz typisch für Shakespeare sind.*

---

* Darunter: *absence, abuse, accomplishment, account, achievement, acquaintance, admittance, admonition, advantage, adversary, advice, affairs, affection, alliance, alteration, amendment, amity, appointment, apprehension, arbitrement, argument, assistance, assurance, attendance, bargain, beauty, beginning, behavior, behoof, benefit, bestowing, breach, burden, business, care, cause, ceremony, change, charge, circumstance, comfort, command, commendation, commodity, commonwealth, compass, complaint, composition, comprehension, concealment, conceit, conception, concern, conclusion, condition, conference, confession, confidence, confirmation, confusion, consanguinity, conscience, consideration, constancy, continuance, contraries, convenience, correspondence, corruption, counsel, courses, courtesy, cozening, craving, credit, cumber, custody, custom, danger, dealings, death, deceit, deeds, defect, delay, delight, departure, desert, desire, despair, desperation, determination, detriment, device, devotion, difficulty, diligence, discontent, discouragement, disgrace, discovery, discretion, dispatch, disposition, dissembling, doubt, duty, effect, employment, enjoyment, error, estate, evil, excellence, exception,*

Oxfords Wortschatz paßt gut in Shakespeares (eher als etwa in Bacons) Ausschnitt des elisabethanischen Englisch. Das wäre nicht weiter bemerkenswert, wenn sein Wortschatz klein wäre; aber er ist umfangreich, sogar in dieser zufälligen Auswahl seiner nicht-literarischen Briefe, von denen manche so beiläufig sind wie Telefongespräche.

Shakespeare benutzt ein bestimmtes Wort oft nur einmal, und er prägt verschwenderisch neue Wörter. Was auch Oxford tut. So zum Beispiel Oxfords vermutliche Neuprägung *discommodities*: Shakespeare benutzt oft das Wort *commodity*, und er hat auch die Angewohnheit, die Vorsilbe *dis-* zu benutzen, um die Bedeutung ansonsten gebräuchlicher Wörter ins Gegenteil zu verkehren, so z. B. *disfurnish*, *disburdened* und sogar *dispark* (Parkgelände anderen Nutzungen zuführen); Oxford gebraucht alle drei dieser Wörter. Shakespeares Vorliebe für diese Konstruktion zeigt sich nicht nur in solchen verbreiteten Formen wie *discharge, disallow, dispraise, disproportion, disjoin* und so weiter, sondern auch in Kuriosa (viele davon seine eigene Erfindung) wie *disbenched, dismasked, disquantity, disjoin, discase, disseat, dispurse, disvalued, dishabited, disedged, disbranch, disannul, disanimate, discandy, disstained, disvouched, disgest* und *disroot*. Oxford benutzt das Verb *to brandel* mit der Bedeutung erschüttern oder ins Wanken bringen; Shakespeare benutzt dieses Wort nie. Aber Oxford benutzt es in einem Bild, das sich so auch bei Shakespeare finden könnte: »*brandel the clearness of your guiltless conscience*« [erschüttern die Reinheit deines schuldlosen Gewissens].

exclamation, excuse, expedition, experience, extenuation, extremity, familiarity, fault, favour, felicity, forbearance, forfeit, fortune, forwardness, foundation, frailty, friendship, fruit, furtherance, good, government, grace, gratitude, greediness, grief, happiness, harm, havoc, health, honor, hope, ignorance, imperfections, impudence, industry, infirmity, inheritance, injury, instant, interest, instrument, intention, interest, invasion, judgment, justice, kindness, kindred, kinship, knowledge, law, leisure, liberality, likelihood, liking, love, loyalty, manner, marvel, matter, means, mercy, merit, mind, mischief, misfortune, mislikes, molestation, monument, motion, munition, nature, necessity, negligence, oblivion, occasion, offense, office, operation, opinion, oppression, opportunity, ornament, overthrows, pardon, patent, patience, perfection, performance, persuasion, pestilence, pity, pleasure, portion, possession, practice, precedent, prejudice, premises, prescription, presumption, pretense, proceeding, process, proffer, profit, proportion, promise, protection, providence, provision, punishment, purpose, readiness, reason, receipt, recompense, recreation, redress, remedy, remembrance, report, repose, request, resolution, respect, restoration, revenue, right, satisfaction, science, service, shadow, sovereign, state, strangeness, studies, substance, success, sufficiency, suit, supply, suspicion, tedium, thought, time, title, travail, treason, treacheries, trifle, trouble, trust, truth, tyranny, understanding, undertaking, violence, virtue, warrant, waste, weariness, will, wisdom, witness, words, wrong, youth, zeal.

Die meisten von Oxfords Briefen sind im wesentlichen Geschäftskorrespondenz, keine literarischen Werke. (Die einzige bedeutende Ausnahme ist Oxfords beredsames einleitendes Sendschreiben zu Bedingfields *Cardanus Comfort*, einer Übersetzung von Cardanos *De Consolatione*. Sie ist die einzige uns bekannte englische Prosaschrift, die Oxford mit großer Sorgfalt verfaßte und dazu mit der Absicht der Veröffentlichung. Dieses Vorwort wird in Anhang 3 besondere Beachtung finden.) Die meisten wurden in Eile geschrieben, manche in Erregung, und sie spiegeln Oxfords Finanznöte und Eheprobleme und sein oft angespanntes Verhältnis zu seinem Schwiegervater, Lord Burghley, wider. Die meisten sind zurückhaltend und von formeller Höflichkeit, obwohl manchmal Zorn aufflammt und hin und wieder – besonders beim Tode Königin Elisabeths – Wärme, Zuneigung und Trauer laut werden. Aus all diesen Gründen sind diese Briefe als Belege für Oxfords alltägliche Ausdrucksweise von großem Interesse.

Man kann einwenden, daß Oxfords Briefe bei aller Kongruenz mit Shakespeares Wortschatz nichts von dem aufweisen, was wir Genie nennen. Aber das heißt, Genie als eine Quelle unablässiger Inspiration zu verkennen, wie eine starke elektrische Stromzufuhr, die nie abgestellt werden kann. Der Autor, den wir suchen, kann sich auch verraten, wenn er ausnahmsweise einmal nicht genial ist. Oxford stellt uns besonders interessantes Beweismaterial zur Verfügung – sogar in Momenten, in denen er sich lächerlich macht.

Edward de Vere, der 17. Graf von Oxford, ist so ganz anders als der weise und sanfte Shakespeare der offiziellen Hagiographie. Sein Leben klingt eher wie die Fabel eines Shakespeare-Stückes – eines komischen oder eines tragischen, je nachdem, welchem Abschnitt seines Lebens wir uns zuwenden. Roger Bekkingsale, ein Biograph seines Schwiegervaters Lord Burghley, beschreibt Oxford als »den brillantesten der jungen Adligen« an Elisabeths Hof, fügt aber hinzu, daß er »sein ganzes Leben lang Skandale anzog und in Querelen verwickelt war«.

Oxfords Leben ist weitaus besser dokumentiert als das von William Shakspere aus Stratford. Das ist nur natürlich. Als Mitglied des Hochadels war Oxford, anders als die meisten seiner Zeitgenossen, vorbestimmtes Ziel dokumentarischer Aufmerksamkeit. Er war auch ein prominenter Höfling, dessen Extravaganzen für Gesprächsstoff sorgten und »peinliche Gerüchte«, wie Beckingsale es ausdrückt, in die Welt setzten. Sein Leben verlief zumindest in den ersten vierzig Jahren sehr ereignisreich und zeigte den Stempel seiner starken und manchmal ungestümen Persönlichkeit. Trotzdem gibt es Lücken in der Dokumentation, besonders im entscheidenden Abschnitt zwischen 1590 und 1595. Und obwohl Oxfords Leben wesentlich besser belegt ist als das von Mr. Shakspere, ist die Gesamtheit der bekannten Zeugnisse über ihn nicht viel länger als B. M. Wards Biographie *The Seventeenth Earl of Oxford* aus dem Jahre 1928, die 400 Seiten umfaßte. Viel davon ist Klatsch, beeinflußt von der Voreingenommenheit Beteiligter. Manches ist übertriebenes Lob, anderes bösartige Verunglimpfung; Oxford zog beides in reichem Maße auf sich.

Die Grafen von Oxford waren ein altes und bedeutendes Adelsgeschlecht. Im Gegensatz zu so vielen, erst von Heinrich VIII. in den Adelsstand Erhobenen konnten die de Veres ihren Stammbaum über Jahrhunderte zurückverfolgen; sie waren noch vor der Normannischen Eroberung aus Frankreich gekommen. Macaulay nannte sie »die älteste und erlauchteste Adelsfamilie von ganz England«. Edward de Vere war durchaus stolz auf seine Vorfahren, deren Motto ein Wortspiel auf den Familiennamen bildete: *Vero nihil verius* – »Nichts ist wahrer als die Wahrheit«. Der neunte Graf, Robert de Vere, verhaßt bei anderen Edelleuten seiner Zeit, war der Günstling von Richard II., und seine homosexuelle Affäre mit Richard trug zu dessen Sturz bei. Diese Episode war eine der schändlichsten in der Familiengeschichte; auffällig ist, daß jener Robert in Shakespeares *König Richard II.* weder als Figur auftritt, noch je erwähnt wird. Er mußte in die Niederlande fliehen und wurde dort von einem Eber getötet (der Eber war zufällig auch das Wappentier der de Veres). Der dreizehnte Graf, John de Vere, schlug sich in den Rosenkriegen auf die Seite des Hauses Lancaster und verdiente sich so den Dank der Tudors; in der Schlacht von Bosworth befehligte er Henry Tudors Gefolgsleute. Die Grafenwürde brachte den Titel des Lord Great Chamberlain mit sich, ein zeremonielles Amt bei Haupt- und Staatsaktionen. Ein Statut von 1539 verlieh dem Lord Great Chamberlain den fünften Rang unter den staatlichen Würdenträgern, obwohl mit dem Amt keine reale Macht verbunden war.

Oxfords Onkel durch Heirat, Henry Howard, Graf von Surrey, war einer der führenden Hofdichter seiner Zeit. Er schuf nicht nur die Sonettform, die wir heute nach Shakespeare benennen, sondern auch den englischen Blankvers; er führte den Blankvers bei seiner Übersetzung des zweiten und vierten Buchs der *Äneis* ein; Shakespeare bezieht sich oft auf das zweite Buch, desgleichen einer von Oxfords Briefen. Surrey geriet in Gegensatz zu Heinrich VIII. und wurde im Alter von dreißig Jahren enthauptet, drei Jahre vor Oxfords Geburt.

Edward de Vere wurde am 12. April 1550 auf Schloß Hedingham in Essex geboren, vierzig Meilen östlich von London, als Sohn von John de Vere, dem 16. Grafen von Oxford, und Margaret Golding, Johns zweiter Frau. Die erste war gestorben und hatte eine Tochter hinterlassen.

Kurioserweise hatte John 1544 bei der Jagd in Frankreich ebenfalls eine Begegnung mit einem Eber, doch sie verlief glimpflicher als die von Robert: zum Erstaunen seiner entsetzten Begleiter trat er dem Tier, »einem wütenden Biest mit Schaum vor dem Maul, gebleckten Hauern, gesträubten Borsten und allen anderen Anzeichen rasenden Zorns«, furchtlos entgegen und tötete es mit seinem Rapier. Als die Franzosen sich über seine Tapferkeit verwunderten, entgegnete er leichthin: »Jeder Jüngling meines Volkes hätte so gehandelt.« Der kleine Edward lernte aus dieser Begebenheit, daß er es dem Familiennamen schuldig war, Mut zu zeigen.

John de Vere liebte nicht nur die Jagd, sondern auch das Theater und unterhielt eine Schauspielertruppe. In *The Children of Henry VIII* hält Alison Weir fest, daß die Schauspieler des Grafen von Oxford im Oktober 1550 ein Maskenspiel aufführten, um vornehme Gäste zu unterhalten, unter denen sich auch Maria Tudor, die künftige Monarchin, befand.

Im Alter von ungefähr neun Jahren wurde er Zögling der Universität von Cambridge. In jener Zeit zeugte das zwar von Frühreife, aber nicht von jener Hochbegabung, die wir heute damit verbinden würden. Es ist unklar, wie oft und in welchem Umfang er an den Lehrveranstaltungen teilnahm, da er offenbar meistens andernorts lebte, bevor er mit vierzehn Jahren sein erstes Examen ablegte. 1562 starb sein Vater, und Edward wurde im Alter von zwölf Jahren der 17. Graf von Oxford. Er ritt dem Trauerzug nach London voran, der »einhundertvierzig Pferde ganz in Schwarz« aufbot, ein sicheres Zeichen für den Reichtum seiner Familie zu dem Zeitpunkt, als er das Erbe antrat.

Nach dem Tod seines Vaters wurde der junge Oxford nach London geschickt und als königliches Mündel in die Hände von Sir William Cecil gegeben, dem späteren Lord Burghley (den viele Forscher für das Vorbild von Shakespeares Polonius halten – siehe 8. Kapitel). Eine für sein weiteres Leben schicksalhafte Entscheidung. Das Verhältnis zwischen dem eigenwilligen Oxford und dem mächtigen Burghley gestaltete sich schwierig und litt fast bis zu Burghleys Tod 1598 immer wieder unter Spannungen.

Als Elisabeths Staatssekretär und Großschatzmeister sollte Burghley in hohem Maße zum Aufstieg Englands zu einer europäischen Großmacht beitragen. In seinem Hauswesen wuchsen etliche Adelssöhne auf. Wir wissen, daß Oxford in mehreren Fächern unterrichtet wurde; ein typischer Stundenplan enthielt Unterweisungen in Hoftänzen, Französisch, Latein, Schreiben und Zeichnen, Kosmographie, Gebeten und gewandter schriftlicher Ausdrucksweise. Zu den regelmäßigen körperlichen Betätigungen gehörten Reiten, Schießen und die Falknerei. Ein eleganter Brief, den Oxford im Alter von 13 Jahren an Burghley, damals noch Sir William Cecil, schrieb, zeigt seine Sprachbegabung und seine Liebe zu höfischen Manieren. Er beginnt: »*Monsieur, j'ai receu votre lettres, plaines d'humanite et courtoysie, et fort resemblantes a vostre grand'amour et singuliere affection envers moy, comme vrais enfans deuement procreez d'une telle mere, pour la quelle je me trouve de jour en jour plus tenu a v[ostre] h[onneur]. Voz bons admonestemens pour l'observation du bon ordre selon voz appointemens, je me delibere (Dieu aidant) de garder en toute diligence.*«

Einer seiner Lehrer war der Bruder seiner Mutter, Arthur Golding, der große protestantische Gelehrte und Übersetzer von Ovid, Calvins Fassung der Psalmen, Cäsars *commentarii* und der *historiae* des Trogus Pompeius; Ezra Pound nannte Goldings Fassung von Ovids *Metamorphosen* »das schönste Buch in dieser Sprache«. Shakespeare greift so oft auf Ovid zurück, daß Francis Meres auf die Idee kam, die Seele des Römers sei in den englischen Dichter gefahren (der sich manchmal Goldings Wortlaut ausleiht). Golding und seinen Neffen verband eine enge literarische Freundschaft: er widmete Oxford 1564 seine *Histories of Trogus Pompeius* und 1573 seine Psalmen. Shakespeare zitiert beide.

Oxfords Mutter heiratete bald nach dem Tod seines Vaters wieder. 1563 zweifelte obendrein der Gatte von Oxfords Halbschwester, der dritte Baron Windsor, die Gültigkeit der Ehe von dessen Eltern an und hoffte so, Oxfords Titelfolge außer Kraft zu setzen und sich seine Ländereien anzueignen. Der Versuch schlug fehl; wäre er gelungen, aus dem jungen Oxford wäre vor dem Gesetz ein illegitimer Habenichts geworden. Im Leben des Jungen muß das, vorsichtig ausgedrückt, eine unruhige Zeit gewesen sein.

Oxford erwarb 1564 an der Universität von Cambridge den Grad eines Bakkalaureus und 1566 an der Universität von Oxford den Magistergrad. 1567 wurde er am Gray's Inn in London zum Jurastudium zugelassen. Shakespeare greift in seinen Formulierungen so oft auf juristische Ausdrükke zurück, daß viele Forscher zu dem Schluß kamen, Mr. Shakspere habe seine »verlorenen Jahre« als Anwaltsgehilfe verbracht; sein Name hat sich jedoch bis heute nicht in juristischen Dokumenten finden lassen, weder als Schreiber, noch als Notar oder Zeuge. Oxfords juristische Ausbildung hingegen spiegelt sich in Dutzenden seiner erhaltenen Briefe, von denen mehrere Rechtsfragen berührten.

1567, im Alter von siebzehn Jahren, gab Oxford ein erstes Beispiel seines Jähzorns, zumindest das erste, das uns überliefert ist. Er stach auf Cecils Hilfskoch Thomas Brinknell ein, der an der Wunde in seinem Bein am nächsten Tag starb. Cecil notierte später in seinem Tagebuch: »Ich tat mein Bestes, um das Gericht zu überzeugen, er habe den armen Mann in meinem Haus *se defendendo* [sich selbst verteidigend] getötet« – obwohl er seinerzeit schrieb, das Gericht habe erkannt auf »*felo-de-se* [Tod als Folge eines eigenen Verbrechens], indem er in die Degenspitze des besagten Grafen lief«. Manche Oxfordianer vermuten, daß Oxford diesen Brinknell beim Spionieren für Cecil ertappte. Das ist zwar plausibel – Cecil unterhielt im In- und Ausland ein großes Spionagenetz –, aber es gibt dafür keine Beweise. In den Prozeßakten ist vermerkt, daß Brinknell betrunken war, und das Urteil gibt zu verstehen, daß er der Angreifer war; wenn Oxford die Absicht gehabt hätte, ihn zu töten, hätte er es kaum dabei belassen, ihn am Bein zu verwunden.

Wie auch immer, der Vorfall hielt Cecil nicht davon ab, Oxford vier Jahre später mit seiner Lieblingstochter Anne zu verheiraten. Oxford war der begehrteste Junggeselle an Elisabeths Hof – ritterlich, geistreich, musisch, sportlich, reich und aus bester Familie, »das Merkziel der Betrachter«. Er schien eine große Zukunft vor sich zu haben, vorausgesetzt, es gelänge ihm, seinen Vorzügen die Selbstbeherrschung hinzuzufügen.

Schon in seiner Jugend machte Oxford von seinem Reichtum ausgiebig Gebrauch. Seine Interessen waren weitgefächert. An erster Stelle stand die Literatur, und erhaltene Quittungen belegen seine Buchkäufe: Chaucer,

Plutarch (auf Französisch), Cicero und Platon, dazu italienische Autoren und ein Exemplar der Genfer Bibel – all das, bevor er sechzehn war. Er kaufte auch große Mengen Samt, Atlas, Zierfedern und anderen Putz, darunter im Zeitraum von drei Monaten zehn Paar spanische Lederschuhe, dazu Rapiere, Dolche und andere Accessoires eines vornehmen Herrn. Mit neunzehn Jahren, so ist bezeugt, hielt er sich vier Wallache. Offenbar war Geld für ihn nur dazu da, mit vollen Händen ausgegeben zu werden.

Oxford führte ein Leben, als wäre sein Reichtum unerschöpflich, dabei war er nur beträchtlich – ein Unterschied, der ihm zum Verhängnis wurde. Später versuchte er, sein schwindendes Vermögen durch Investitionen zu vermehren, aber das waren Spekulationen, die mehr für seine Abenteuerlust als für sein Urteilsvermögen sprachen, und er verlor dabei große Summen.

1569 widmete Thomas Underdowne Oxford seine Übersetzung von Heliodors *Aithiopika*. Oxfords Liebe zu Literatur und Musik, sein Reichtum und seine Verschwendungssucht machten ihn zu einem der großzügigsten Gönner. Dreiunddreißig Bücher und Kompositionen sind ihm nachweislich gewidmet worden, und er empfing höchstes Lob für seine eigenen Talente. Er soll das Spiel des Virginals vorzüglich beherrscht haben. Der Organist John Farmer, der ihm zwei Bücher widmete, schrieb, daß Oxford an musikalischem Talent die meisten Berufsmusiker überbot: »Denn ohne Schmeichelei sei gesagt, was jene wissen, die Ew. Lordschaft kennen, daß in der Ausübung dieser Wissenschaft [der Musik] zur Zerstreuung Ew. Lordschaft über die meisten derer hinausgewachsen sind, die sie zum Beruf machen.« Natürlich lohnte es sich, Oxfords Gunst zu suchen; aber er wurde ebenso hoch von Männern gelobt, die keinen Grund hatten, ihm zu schmeicheln, und manche taten es noch lange nach seinem Tod.

Anläßlich der Nordenglischen Empörung von 1569 erhielt Oxford nach vielen Bitten von Cecil die Erlaubnis, seinen Mentor, den Grafen von Sussex, auf dem Feldzug zu begleiten. Er diente von April bis Mai, während Sussex, ein Verbündeter Cecils in der protestantischen Partei bei Hofe, die katholische Streitmacht vernichtend schlug. Welche Rolle Oxford spielte, ist nicht überliefert, doch scheint dieses Erlebnis seine Lust auf militärische Abenteuer geweckt zu haben. (Die Liebe zum Kriegshandwerk lag in der Familie: seine Vettern Horace und Francis Vere hatten sich als Soldaten durch Tapferkeit ausgezeichnet und waren als »die kampflustigen Veres« bekannt.)

Ein weiterer zeitgenössischer Bericht zeigt, daß Oxford keine Ausgaben scheute, um sich prunkvoll in Szene zu setzen: auf einem Ritt nach London ließ er sich begleiten von »achtzig Edelleuten in einer Livree von Reading-Lohbraun mit Goldketten um den Hals vor ihm und einhundert hochgewachsenen Knappen in derselben Livree hinter ihm, ohne Halsketten, doch alle mit seinem Wappentier, dem Blauen Eber, auf der linken Schulter eingestickt«.

1571 wurde er volljährig und nahm seinen Sitz im House of Lords ein. Zugleich brillierte er bei Hofe und gewann in Gegenwart der Königin ein Turnier in Westminster, wo man bemerkte: »Der Graf war in karmesinroten Samt gewandet, sehr kostbar.« Gleich in seinem ersten Wettstreit, bei dem er es mit älteren und erfahreneren Gegnern aufnehmen mußte, bewährte er sich »weit über die Erwartung der Welt hinaus«, wie ein Beobachter es ausdrückte. In späteren Jahren nahm er noch an zwei weiteren Turnieren teil und trug jedesmal den Sieg davon.

Mit einundzwanzig hatte Oxford den königlichen Hof im Sturm erobert. Wenn man ihn sich vorzustellen versucht, kommt einem unweigerlich Ophelias Beschreibung von Hamlet in den Sinn:

Des Hofmanns Auge, des Gelehrten Zunge,
Des Kriegers Arm, des Staates Blum' und Hoffnung,
Der Sitte Spiegel und der Bildung Muster,
Das Merkziel der Betrachter …

Ein glänzender Anfang. Niemand konnte voraussehen, wie tief er später fallen sollte.

Im Sommer 1571 berichtete ein Höfling in einem Brief an den Grafen von Rutland das Neueste vom Hofe:

Der Graf von Oxford hat sich eine Frau genommen – oder zumindest hat eine Frau ihn eingefangen; es ist Mistress Anne Cecil; wozu die Königin ihre Zustimmung erteilt hat, und was großes Jammern und Wehklagen und kummervollen Beifall jener fand, die gehofft hatten, selber diesen goldenen Tag zu erleben. So mögt Ihr sehen: indes einige mit Olivenzweigen frohlocken, folgen andere der Hochzeitskutsche mit Weidengebinden.

Nicht nur Oxford galt als prächtiger Fang, auch Anne Cecil. Rutland hatte ihr unter anderen den Hof gemacht, wie auch der junge Philip Sidney. Die kleine Anne, von ihrer Familie »Tannikin« [Sonnenscheinchen] genannt, war erst fünfzehn, als sie mit Oxford verheiratet wurde – hübsch, wohlerzogen und lieb. Cecil schrieb Rutland, daß die Heirat auf Oxfords Betreiben zustandekam. Die Hochzeit im Dezember war ein großes gesellschaftliches Ereignis, dem die Königin, der französische Gesandte und andere Würdenträger beiwohnten. Oxford war eingefangen, aber nicht gezähmt worden, wie die arme Anne zu ihrem Leidwesen erfahren sollte.

Im selben Jahr geriet Oxford in den Verdacht, seinen Verwandten Thomas Howard, den Herzog von Norfolk, befreien zu wollen, der zum Tode verurteilt im Kerker saß. Norfolk wurde Beteiligung an der Ridolfi-Verschwörung vorgeworfen, die sich den Sturz Elisabeths und die Wiedererrichtung einer katholischen Monarchie zum Ziel gesetzt hatte. Aber falls es Befreiungspläne gab, so zerschlugen sie sich, und Norfolk wurde im Juni 1572 enthauptet. Cecil hatte selbst die Anklage wegen Hochverrats gegen ihn vertreten, und Oxford geriet darüber mit seinem Schwiegervater nicht zum letzten Mal in erbitterten Streit. Norfolk war zu der Zeit der einzig verbliebene Herzog in England, und Cecils Gesellschaftsschicht gewann durch seinen Tod bei Hofe weiter an Einfluß.

Aus dem Jahr 1572 hat sich ein Brief erhalten, den Oxford an Cecil, inzwischen Lord Burghley, in respektvollem und sogar liebevollem Ton schrieb – beachtenswert angesichts des oft angespannten Verhältnisses der beiden Männer. Der Brief bezieht sich auf grausige Nachrichten aus Frankreich, auf das Blutbad der Bartholomäusnacht:

Ich flehe zu Gott, Ew. Lordschaft mögen mir Eure Kenntnisse zukommen lassen über einige der Nachrichten, die jedermann hier so traurig in den Ohren klingen, von der Ermordung des Admirals von Frankreich und einer Anzahl Adliger und edler Herren und solcher, die zu ihren Lebzeiten der Königlichen Majestät, unserer Herrin, die Ehre erwiesen haben; über deren Tragödien wir eine Anzahl französischer Äneasse in dieser Stadt haben, die unter Tränen von ihrem eigenen Los berichten, jämmerlich anzuhören, aber in den Augen jener wohl noch weitaus grausamer und schmerzlicher.

Die Erwähnung von Äneas in diesem Zusammenhang findet sich, wie wir in einem späteren Kapitel sehen werden, in ähnlicher Weise bei Shakespeare. Der Brief erwähnt auch in ablehnender Weise »die Papisten« und läßt erkennen, daß Oxford wie sein Schwiegervater zu diesem Zeitpunkt fest auf der Seite der Protestanten stand.

Ungefähr zu dieser Zeit begann Oxford auch, der Literatur seinen eigenen Stempel aufzuprägen. Castigliones *Il Cortegiano* (Der Höfling), von Bartholomew Clerke, Oxfords Tutor an der Universität von Oxford, ins Lateinische übersetzt, erschien unter Oxfords Schirmherrschaft 1572. (Sir Thomas Hobys englische Übersetzung war 1561 erschienen.) Dem Buch ging ein von Oxford verfaßtes lateinisches Vorwort voraus. Es preist die Redekunst »meines Freundes Clerke« und feiert »unsere erlauchteste und edelste Königin, in der sich alle höfischen Tugenden personifizieren, zusammen mit jenen göttlicheren und wahrhaft himmlischen Tugenden ... denen allein das Lob der Musen und aller Ruhm der Literatur gebührt«.

Außerdem schrieb Oxford Gedichte auf Englisch und Latein. Nur wenige der englischen Gedichte sind erhalten geblieben, und die meisten davon lassen sich nicht genau datieren. Einige sind kurze Liebesgedichte; andere sind weinerlich und selbstversunken. Eins beklagt bitterlich (und mit einer Häufung von Alliterationen) den Verlust seines Ansehens, eine Klage, die im Gedicht selbst nicht erklärt wird; manche meinen, sie wurde von Oxfords Ehekrise im Jahre 1576 ausgelöst. Das Gedicht beginnt:

> Fram'd in the front of forlorn hope past all recovery,
> I stayless stand, to abide the shock of shame and infamy.
> My life, through ling'ring long, is lodg'd in lair of loathsome ways;
> My death delay'd to keep from life the harm of hapless days.
> My sprites, my heart, my wit und force, in deep distress are drown'd;
> The only loss of my good name is of these griefs the ground.

> [Im Angesicht zerbrochener Hoffnung, die sich nie wieder
>   zusammenfügt,
> Stehe ich ohne Stützen, den Schrecken der Schmach und
>   Schande zu erdulden.

Mein Leben dauert fort und fort, verbracht auf liederlichem Lager;
Mein Tod hinausgeschoben, um vom Leben das Leid glückloser
    Tage zu behalten.
Meine Lebensgeister, Herz, Verstand und Kraft sind
    ertrunken in tiefem Jammer;
Der Verlust meines guten Namens ist einzig all diesen Grames
    Grund.]

Typischer aber ist diese Tonart:

The lively lark strech'd forth her wing,
    The messenger of Morning bright;
And with her cheerful voice did sing,
    The Day's approach, discharging Night;
When that Aurora blushing red,
Descried the guilt of Thetis' bed.

[Die lebhafte Lerche spreitete die Flügel,
    Die Botin des hellen Morgens;
Und besang mit ihrer fröhlichen Stimme
    Das Nahen des Tages, die Nacht fortschickend;
Als Aurora heftig errötend
Die Schuld auf Thetis' Bett gewahrte.]

Drei andere Gedichte sind es wert, in voller Länge zitiert zu werden.

If women could be fair and yet not fond,
    Or that their love were firm not fickle, still,
I would not marvel that they make men bond,
    By service long to purchase their good will;
But when I see how frail those creatures are,
I muse that men forget themselves so far.

To mark the choice they make, und how they change,
    How oft from Phoebus do they flee to Pan,
Unsettled still like haggards wild they range,

These gentle birds that fly from man to man;
Who would not scorn and shake them from the fist
And let them fly fair fools which way they list.

Yet for disport we fawn and flatter both,
    To pass the time when nothing else can please,
And train them to our lure with subtle oath,
    Till, weary of their wiles, ourselves we ease;
And then we say when we their fancy try,
To play with fools, O what a fool was I.

[Wenn Frauen ehrlich wären und nicht töricht,
    Wenn ihre Liebe fest statt wankelmütig wäre,
Dann würde es mich nicht wundern, daß sie Männer binden,
    Durch langen Dienst ihre Freundlichkeit zu erlangen,
Doch wenn ich sehe, wie unbeständig diese Wesen sind,
Bin ich erstaunt, daß Männer sich so vergessen können.

Sieh doch, wie sie wählen und immer wieder wechseln,
    Wie oft sie vor Apollo fliehen zu Pan,
Unbändig noch, wie wilde Falken, schweifen sie umher.
    Die edlen Vögel, die von einem Mann zum andern fliegen,
Wer schüttelte sie nicht verächtlich von der Faust
Und ließe sie fliegen, die hübschen Närrinnen, wohin es sie
        gelüstet?

Doch zum Vergnügen werben wir um sie und schmeicheln ihnen,
    Zum Zeitvertreib, wenn sonst uns nichts erfreuen kann,
Und locken sie mit feinem Schwur zu unserm Köder,
    Bis wir, ihrer Schliche müde, uns zurücklehnen;
Und uns sagen, nachdem wir von ihren Launen gekostet,
Was war ich für ein Narr, mit Närrinnen zu spielen.]

Ein Sonett ist in der Form Shakespeares abgefaßt, die Oxfords Onkel Surrey
eingeführt hatte:

Who taught thee first to sigh, alas, my heart?
　Who taught thy tongue the woeful words of plaint?
Who filled your eyes with tears of bitter smart?
　Who gave thee grief and made thy joys to faint?
Who first did paint with colours pale thy face?
　Who first did break thy sleeps of quiet rest?
Above the rest in court who gave thee grace?
　Who made thee strive in honour to be best?
In constant truth to bide so firm and sure,
　To scorn the world regarding but thy friends?
With patient mind each passion to endure,
　In one desire to settle to the end?
Love then thy choice wherein such choice thou bind,
　As nought but death may ever change thy mind.

[Wer lehrte zuerst dich seufzen, mein Herz?
　Wer lehrte deine Zunge die wehen Worte der Klage?
Wer füllte deine Augen mit Tränen bitteren Schmerzes?
　Wer bereitete dir Kummer und ließ deine Freuden verblassen?
Wer schminkte zuerst mit bleichen Farben dein Gesicht?
　Wer störte zuerst die Ruhe deines Schlafs?
Wer schenkte dir vor anderen am Hof die Gunst?
　Wer hieß dich ehrenvoll danach streben, der Beste zu sein?
In steter Wahrheit fest und unerschütterlich zu bleiben,
　Der Welt nicht achtend außer deinen Freunden?
Mit Gleichmut jede Regung zu ertragen,
　Nur einer Leidenschaft sich bis zuletzt zu weihen?
So wähle denn die Liebe, und so unverbrüchlich sei deine Wahl,
　Daß nur der Tod je deinen Sinn wandeln kann.]

Sein kürzestes Gedicht erinnert an die Monologe verschiedener Shake-speare-Könige:

Were I a king I might command content;
　Were I obscure unknown would be my cares,
And were I dead no thoughts should me torment,

Nor words, nor wrongs, nor love, nor hate, nor fears;
A doubtful choice of these things which to crave,
A kingdom or a cottage or a grave.

[Wäre ich ein König, könnte ich Zufriedenheit gebieten;
    Wäre ich ein armer Wicht, blieben meine Sorgen unbekannt,
Und wäre ich tot, würden mich weder Gedanken peinigen,
    Noch Worte, Unrecht, Liebe, Haß oder Ängste;
Eine zweifelhafte Wahl, was davon zu begehren,
Ein Königreich oder eine Hütte oder ein Grab.]

Als junger Mann gewann Oxford die Gunst der Königin, die ihm den Spitznamen »mein Türke« gab. Ein Zeitgenosse, Gilbert Talbot, schrieb privat über ihn: »Der Herr von Oxford steht neuerdings in großer Gunst, denn ihre königliche Majestät ergötzt sich mehr an seiner Person und an seinem Tanz und seiner Ritterlichkeit als an irgendeinem anderen. Ich glaube, Sussex fördert ihn, wo er nur kann; wäre nicht sein launisches Wesen, er würde bald alle in den Schatten stellen.« Burghley war anderer Meinung über sein »launisches Wesen« und bemerkte: »In ihm steckt mehr Klugheit, als jeder, der ihn nicht kennt, vermuten würde. Und ich für mein Teil habe meine Freude an seinem Witz und Wissen, bestärkt durch gute Gespräche.«

Burghleys Frau geriet in Sorge um ihre Tochter angesichts der Heftigkeit, mit der sich die vierzig Jahre alte Königin Elisabeth für ihren Schwiegersohn erwärmte; Burghley selbst ging über solche Dinge taktvoll hinweg. Talbot beobachtete: »Zu all diesen Liebesgeschichten zwinkert der Schatzkanzler nur und mischt sich in keiner Weise ein. ... Er kümmert sich nur um die Staatsgeschäfte.« Der Hofklatsch erklärte Elisabeth und Oxford zum Liebespaar.

Während seiner ganzen Jugend war Oxford Gegenstand aufsehenerregender Gerüchte und Beschuldigungen, die der Wildheit seines ungestümen und halsstarrigen Charakters entsprachen. Kein Extrem an Liebenswürdigkeit oder Arroganz scheint ihm fremd gewesen zu sein.

Oxfords beträchtlicher Charme wie auch sein Rang retteten ihn aus mancher Verlegenheit und machten seine häufigen Ausfälle verzeihlicher. Teil dieses Charmes war seine theatralische Begabung. Es gibt einen lebhaften Bericht über eine spektakuläre nachgestellte Schlacht, die er 1572 auf Schloß Warwick zur öffentlichen Belustigung inszenierte, als Teil der jährlichen Sommerrundreise der Königin durchs Land. Bei anderer Gelegenheit wird berichtet, daß er das Ersuchen Elisabeths ablehnte, vor dem französischen Gesandten zu tanzen, was andeutet, daß er im Allgemeinen nicht abgeneigt war, sein Talent zur Schau zu stellen – oder sich zu sträuben, wenn er keine Lust hatte. Auf das Ersuchen der Königin »erwiderte er, daß Ihre Majestät ihm das nicht befehlen würde, da er nicht den Wunsch habe, Franzosen zu unterhalten. Als der Oberhofmeister ihm die Aufforderung zum zweiten Mal überbrachte, erwiderte er, er würde weder zur Belustigung von Franzosen beitragen noch sich eine solche Aufforderung anhören. Und damit verließ er das Zimmer«.

Ein Hofbeobachter hielt große Stücke auf Oxford als Dichter und Verfasser von Komödien und Zwischenspielen; vielleicht wirkte er auch bei Auftritten seiner eigenen Schauspielertruppe mit. Wenn er auf königlichen Turnieren in die Schranken trat, hielt er dabei selbstverfaßte Ansprachen.

B.M. Ward ist der Ansicht, daß Oxford hinter einem literarischen Streich auf Kosten eines seiner höfischen Rivalen, Sir Christopher Hatton, steckte. 1573 widmete Thomas Twyne Oxford sein *Breviary of Britain*. Im selben Jahr offerierte Thomas Bedingfield ihm unter dem Titel *Cardanus Comfort* seine Übersetzung der Schrift *De Consolatione* des großen italienischen Mathematikers Geronimo Cardano, einer Meditation über den Tod. Bedingfield gab sich für zu bescheiden aus, um sein Werk zu veröffentlichen, aber Oxford schrieb einen einleitenden Empfehlungsbrief, in dem er den Autor freundlich dafür schalt, seine Tugenden der Welt vorenthalten zu wollen. Der Brief zeigt Oxford bei bester und wohlwollendster Laune. Indem er das Buch entgegen Bedingfields Absichten veröffentliche, schrieb er, spiele er nur die Rolle eines Arztes,

who, although his patient in the extremity of his burning fever is desirous of cold liquor or drink to qualify his sore thirst or rather kill his languishing body, yet for the danger he doth evidently know by his science to ensue, denieth him the same. So you being sick of so much doubt in your own proceedings, through which you are desirous to bury and insevill your works in the grave of oblivion: yet I, knowing the discommodities that shall redound to yourself thereby (and which is more unto your countrymen) as one that is willing to salve so great an inconvenience, am nothing dainty to deny your request.

[der, obschon sein Patient in der Höllenpein seines brennenden Fiebers nach kaltem Wasser oder Getränk verlangt, um seinen rasenden Durst zu stillen oder gar den siedenden Körper abzutöten, dennoch ob der Gefahr, die, wie ihn seine Wissenschaft lehrt, davon ausgeht, ihm selbiges versagt. Da Ihr von so viel Zweifeln an Eurem eigenen Vorhaben krank seid, so verlangt Ihr danach, Eure Werke ins Grab des Vergessens zu senken: doch ich, der die Nachteile kennt, die Euch daraus erwachsen werden (und, schlimmer noch, Euren Landsleuten), als einer, der gewillt ist, ein so schweres Leiden zu heilen, stehe nicht an, Euch Eure Bitte zu versagen.]

Der gesamte Brief, der besonders auf die Sonette seine Schatten vorauswirft, ist von größter Bedeutung für die Verfasserfrage (siehe Anhang 3).

Im Mai 1573 wurden drei von Oxfords Männern beschuldigt, auf der Straße zwischen Gravesend und Rochester zwei ihrer früheren Gefährten angegriffen und sogar mit Arkebusen beschossen zu haben. Die Opfer beschwerten sich nachdrücklich bei Burghley und behaupteten, die drei, die sie namentlich benannten, hätten »aus der vollen Absicht gehandelt, uns zu ermorden«. Sie verwiesen auf »unseren ehemaligen edlen Herrn und Meister [Oxford], der, man möge uns diese Worte verzeihen, als der Anstifter des Geschehenen gelten muß«.

Ernsthaftere Anschuldigungen trafen Oxford im folgenden Jahr. Er stand seit längerem im Verdacht, der katholischen Sache zugetan zu sein, wovon der spanische Gesandte erfreut Notiz nahm und Oxford als »sehr ritterlichen jungen Mann« mit »großer Gefolgschaft im Lande« beschrieb. Ein gewisser Ralph Lane, der mit Oxford in das Komplott zur Rettung Norfolks verwickelt gewesen war, beschuldigte ihn offenbar im Januar 1574, mit einem spanischen Agenten namens de Guaras im Bunde zu sein. Im Juli verließ Oxford plötzlich England ohne königliche Erlaubnis und floh nach Brüssel, wo er angeblich Verbindung zu englischen Exilanten aufnahm, die sich gegen die Königin verschworen hatten. Elisabeth war wütend und schickte Bedingfield aus, ihn heimzuholen. Er kehrte auch reumütig zurück, wobei seine Frau und sein Schwiegervater sich für ihn bei der Königin verwandten, die ihm alsbald verzieh.

1575 begab sich der inzwischen fünfundzwanzig Jahre alte Oxford für längere Zeit aufs europäische Festland, diesmal mit Einwilligung der Königin. Begleitet von einem achtköpfigen Gefolge nahm er als erstes für zwei Monate in Paris Aufenthalt; der englische Gesandte berichtete Burghley, er sei dort »wohl gelitten gewesen« und habe sich »höchst ehrenwert betragen«. In Paris erhielt Oxford von Burghley die Nachricht, daß Anne ein Kind erwartete. Er antwortete freudig:

My Lord, Your letters have made me a glad man, for these last have put me in assurance of that good fortune which you formerly mentioned doubtfully. I thank God therefore, with your Lordship, that it hath pleased Him to make me a father, where your Lordship is a grandfather; and if it be a boy I shall likewise be the partaker with you in a greater contentation.

[Mylord, Eure Briefe haben mich zu einem frohgemuten Mann gemacht, denn diese letzten versicherten mich in jenem Glück, das Eure vorigen ungewiß erwähnten. Ich danke daher Gott, gemeinsam mit Ew. Lordschaft, daß es Ihm gefallen hat, mich zum Vater zu machen, wie Ew. Lordschaft zum Großvater; und so es ein Junge ist, wird mir das ebenso wie Ihnen zur größeren Zufriedenheit gereichen.]

Im Überschwang seiner Freude ließ er ein Porträt von sich malen und machte es, zusammen mit zwei Pferden, Anne zum Geschenk.

Von Paris reiste er nach Straßburg, wo er den bedeutenden Humanisten Johannes Sturm, besser bekannt als Sturmius, aufsuchte, der sich in einem Brief an Burghley wohlwollend an ihn erinnerte; Oxford selbst hatte, so das Zeugnis eines seiner Begleiter, von Sturm eine »ungemein hohe Meinung«. Im Mai erreichte Oxford Padua; im September Venedig. Dort erfuhr er, daß Anne im Juli seiner ersten Tochter Elizabeth das Leben geschenkt hatte. Zu der Zeit war er bereits gezwungen, sich Geld zu leihen, denn seine Barschaft war erschöpft: er hatte für seine Reisen verschwenderische 1.000 Pfund einkalkuliert, gab jedoch am Ende das Vierfache davon aus. Inzwischen hatte er zu Hause große Schulden aufgehäuft und bat Burghley brieflich, »das

William Cecil, der große Lord Burghley. Er war der oberste Minister der Königin, Southamptons und Oxfords Vormund und Schwiegervater des letzteren. (© National Portrait Gallery, London)

Geschrei oder vielmehr die Verleumdungen, wie ich sie wohl nennen darf, meiner Gläubiger zum Schweigen zu bringen«, indem er einige seiner Ländereien verkaufte. Er bat Burghley auch, ihm mehr Geld zu schicken, und war verärgert, daß Burghley seinem Wunsch nicht nachkam. (Ein 1699 in Italien veröffentlichtes Buch entsinnt sich an einen Grafen von Oxford, der in Venedig auf einer Ritterturnier-Persiflage seine Späße trieb. Das kann sich jedoch auf Oxfords Sohn beziehen, den 18. und letzten Grafen seiner Linie, der eine Generation später einige Jahre lang in Italien lebte.)

Über den Rest von Oxfords Reise haben wir nur verstreute Hinweise. Er begab sich nach Florenz und Siena und ferner nach Sizilien; vermutlich hat er Rom und Neapel nicht ausgelassen, doch liegen keinerlei Beweise für seinen Aufenthalt in diesen Städten vor. Aus einem Bericht erfahren wir, daß er in Palermo öffentlich jedermann herausforderte, sich mit ihm in ritterlichem Kampf für die Ehre Englands zu messen, »wofür er höchlich bewundert wurde, dennoch wagte es kein Mann, ihm entgegenzutreten, so daß er in ganz Italien als der vornehmste Ritter und Edelmann Englands gilt. Dieser ihm vom Volke verliehene Titel ist wohlverdient«. Im folgenden März war er in Lyon, dann wieder in Paris, bevor er im April heimkehrte. Wie Hamlet geriet Oxford im Ärmelkanal kurz in die Hände von Piraten. Trotzdem traf er mit reichen Geschenken ein, darunter parfümierte Handschuhe mit Quasten aus bunter Seide, die den Beifall der Königin fanden und in England eine neue Mode kreierten. Ein Parfüm, das er mitbrachte, wurde nach ihm benannt. Aus Venedig brachte er außerdem einen Sängerknaben namens Orazio Cogno mit, dessen Eltern ihm die Erlaubnis gegeben hatten, ein Jahr in England zu verbringen.

Oxfords Rückkehr wurde von einem häßlichen Gerücht über Anne und die kleine Elizabeth vergiftet: schon in Frankreich hatten ihn Andeutungen erreicht, das Kind wäre vielleicht nicht von ihm. Burghley hatte seiner Entrüstung über dieses Gerücht laut Luft gemacht, wodurch der Skandal in aller Munde geriet. Aufs äußerste gereizt weigerte sich Oxford, in Dover an Land zu gehen, wo Thomas Cecil, Burghleys Sohn, ihn erwartete, sondern setzte seinen Weg auf dem Schiff fort, das er erst in London verließ, ohne ein Wort an Burghley und die unglückliche Anne. In seiner Wut und Empörung schrieb er Burghley:

Mylord, obschon ich es unterlassen habe, aus Hinsicht, die nur mich angehen sollte, Ew. Lordschaft brieflich oder persönlich die Aufwartung zu machen, so hätte ich, wäre dies mein Wille gewesen, selbiges gern nach Gelegenheit innerhalb weniger Tage vermocht. Doch jetzt, von Euren Briefen gedrängt, Euch alsobald Genüge zu tun, sehe ich mich gezwungen, Ew. Lordschaft zur Kenntnis zu bringen:

Nämlich, bis ich mich im Hinblick auf einige Ärgernisse besser kundig machen und zufriedenstellen kann, bin ich entschlossen, was meine Frau berührt, ihre Gesellschaft zu meiden. Was diese sind, deren einige weder mündlich noch schriftlich als Schwächen bezeichnet werden können, darauf will ich nicht eingehen. Einige, die mir sonstig mißfallen, werde ich nicht ausposaunen oder öffentlich machen, bis es mir gefällt. Und zu guter Letzt beabsichtige ich, mein Leben nicht weiter mit solchen Widrigkeiten und Belästigungen zu beschweren, wie ich sie erdulden mußte; noch werde ich, nur Ew. Lordschaft zu Gefallen, mich selbst verdrießen. Weshalb, da Ew. Lordschaft mir freundlichst schreibt, daß Ihr beabsichtigt, sie, wenn es in meinem Belieben steht, in Euer Haus aufzunehmen, dies gleichfalls zum Ziel hat, Ew. Lordschaft wissen zu lassen, daß mir solches sehr recht ist; denn dort mag sie Euch, als Eure Tochter oder die ihrer Mutter, mehr als meine Frau, zum Trost gereichen; und ich, dadurch von der Bürde befreit, werde von vielen Leiden verschont bleiben, zumal ich nicht bezweifle, daß sie über genügend Mittel verfügt, um damit ihren Unterhalt zu bestreiten.

Dies hätte schon vorher durch eine private Unterredung geklärt werden können, und hätte nicht zum Gespräch der Welt werden müssen, wenn Ihr die Geduld aufgebracht hättet, mich anzuhören; aber ich weiß nicht, was oder wessen Ratschlag dazu geführt hat, diesen meinem Willen und meiner Absicht so zuwiderlaufenden Weg einzuschlagen, der sie vor aller Welt derart bloßgestellt und offenen Argwohn geweckt hat, was mit einer privaten Unterredung hätte ohne größeres Aufheben geregelt werden können und mir so größeren Anlaß zu Verdruß gegeben hat.

Weshalb ich Ew. Lordschaft ersuche, mich in diesen Dingen – jetzt werdet Ihr mich verstehen – nicht weiter zu bedrängen; und so schreibe ich Ew. Lordschaft, wie Ihr mir geschrieben habt, an diesem Freitag, dem 27. April.

Ew. Lordschaft in allem Zumutbaren zu Diensten

– Edward Oxeford

Das Gerücht war nahezu mit Sicherheit falsch und böswillig – Oxford erkannte das Kind später als das eigene an –, und die Frage, wer es in die Welt gesetzt hatte, war Gegenstand zahlreicher Spekulationen. Moore bezweifelt, daß Oxford selbst wirklich daran glaubte; seiner Ansicht nach war Oxford wegen ihrer Einmischung wütend auf Burghley und besonders auf Lady Burghley. Diese hatte versucht, in Oxfords Haushalt einen Aufstand der Dienerschaft anzuzetteln, und es gelang ihr, seine Frau nach London mitzunehmen. Es kann sein, daß Oxford sich als angeblicher Hahnrei der Schande und der Lächerlichkeit preisgegeben sah und sich der ganzen Familie entledigen wollte. Jedenfalls verweigerte er sich Annes flehentlichen Bitten, ihn zu sehen.

Es sollte mehr als fünf Jahre dauern, bis Oxford nachgab und Anne zurücknahm, nachdem er durch eigene Schuld Schande auf sich geladen hatte.

Die ganze Zeit über war sie bereit, ihm zu vergeben, obwohl Oxfords grausamer Umgang mit ihr mehr dem Gefühl der eigenen verletzten Würde als einem Fehlverhalten ihrerseits entsprang.

So sehr ihn auch seine Schwiegereltern geärgert haben mögen – und diese Entzweiung wurde noch durch seinen Verdacht vertieft, daß Burghley das erbetene Geld zurückgehalten hatte –, Oxfords Verhalten Anne gegenüber läßt sich kaum entschuldigen oder auch nur verstehen. Er hatte keine Zweifel an ihrer Treue, als er von ihrer Schwangerschaft erfuhr, oder auch später, als er die Nachricht von der Geburt des Kindes erhielt. Aber jede Bedrohung seiner Ehre, seines »guten Namens«, versetzte ihn in rasende Wut, und erzürntes Ehrgefühl verleitet Männer oft zu unehrenhafter Handlungsweise, wovon die Stücke Shakespeares Zeugnis ablegen. Für ihn genügte es, daß Anne, so untadelig sie auch in Wirklichkeit gewesen sein mag, »vor der Welt entehrt« war. Später sollte er seinen eigenen Vetter Henry Howard beschuldigen, das Gerücht, Elizabeth sei nicht sein Kind, verbreitet zu haben. Vorläufig weigerte er sich jedenfalls, Anne oder die kleine Elizabeth zu sehen.

Im Jahre 1577 verlobte sich Oxfords Schwester Mary mit einem Protestanten, mit Peregrine Bertie, dem späteren Lord Willoughby. Oxford widersetzte sich dieser Heirat aufs heftigste; Bertie behauptete, Oxford habe geschworen, ihn zu töten. Berties Mutter, die Herzogin von Suffolk, war ebenfalls gegen die Verbindung und nannte Oxford selbst als einen der Gründe: »Sollte sich herausstellen, daß Mary ihrem Bruder gleicht, so mag sie ein Weltreich in die Ehe einbringen, ich wäre einem solchen Bunde abgeneigt. Sie sagte, sie könne die Zunge ihres Bruders nicht bändigen, noch seine übrigen Fehler abstellen.« Aber die Eheschließung kam zustande, und ein paar Jahre später tafelte Oxford freundschaftlich mit seinem Schwager.

Langsam auf die Dreißig zugehend, begann Oxford die finanziellen Nöte zu spüren, die seine Verschwendungssucht mit sich brachte. Er steckte in tiefen Schulden, die sich nach seiner eigenen Schätzung auf damals astronomische 6.000 Pfund beliefen. 1577 verkaufte er fünf Landgüter, um für die Kosten seiner Reise aufzukommen. Ererbte Ländereien zu verkaufen sollte zur Gewohnheit werden: nicht lange danach verkaufte er innerhalb eines einzigen Jahres dreizehn Landgüter. Er versuchte auch, sein schwindendes Vermögen zu vermehren, indem er große Summen in die Expeditionen Martin Frobishers und anderer nach Nordamerika investierte. Oxford setzte sich begeistert für die Entdeckung einer Nordwestpassage ein. Aber das einzige Ergebnis dieser Wagnisse – eher Hasardspiele als Investitionen – war, daß er weitere 3 500 Pfund verlor und in ein noch tieferes Schuldenloch fiel.

Im Juli 1578 besuchte Königin Elisabeth mit ihrem gesamten Hof die Universität von Cambridge, wo der Gelehrte Gabriel Harvey auf Latein eine Reihe von Grußadressen vortrug und ihre führenden Höflinge ehrte. Harvey pries Oxford besonders für seine vielen englischen und lateinischen Verse (von denen nur wenige auf uns gekommen sind), beschwor ihn aber, die Feder und seine Bücher beiseite zu legen und nach den Waffen zu greifen; es drohte Krieg mit Spanien, und Harvey deutete sogar an, daß die Türken in England einfallen könnten.

Im Jahre 1579, so berichtet eine Quelle, unterhielt Oxford zusammen mit drei anderen Lords die Königin mit der Aufführung eines »Sinnbildes«, wahrscheinlich eines Maskenspiels – der früheste Hinweis auf sein Interesse am Theater, das im nächsten Jahrzehnt stark zunehmen sollte. Inzwischen war John Lyly, Dramatiker und Verfasser von modischen Prosawerken, Oxfords Sekretär. Lylys Roman *Euphues* befleißigte sich einer überladenen, gekünstelten Rhetorik, die den Zeitgeschmack traf und oft nachgeahmt wurde. Die Fortsetzung, *Euphues and His England*, widmete er Oxford, wie es auch Anthony Munday, der ebenfalls in Oxfords Diensten stand, mit seinem *Mirrour of Mutabilitie* tat. Auch wenn er bei Hof in Ungnade fiel, behauptete Oxford seine Vorrangstellung in literarischen Kreisen.

Das Jahr 1579 sah noch Oxfords berühmten Tennisplatz-Streit mit Sir Philip Sidney, Höfling, Poet, Soldat und ritterliches Vorbild. Oxford und Sidney gehörten jeweils gegnerischen Parteien am Hof an, wobei Oxford eine Heirat Elisabeths mit dem französischen Herzog von Alençon befürwortete, einem Sohn der Katharina von Medici, während Sidney, ganz wie sein Onkel, der Graf von Leicester, dagegen opponierte. Auch als Dichter waren die beiden Männer Rivalen. (Eins von Sidneys erhalten gebliebenen Gedichten ist eine Erwiderung auf Oxfords »Were I a King«.) Der Anlaß des Tennisplatz-Renkontres ist unklar; offenbar zankten sie sich darüber, wer sich als erster den Platz gesichert hatte, und Oxford schimpfte Sidney schließlich einen »Stutzer«. Sogar die Berichte von Sidneys Freunden lassen unfreiwillig durchblicken, daß Oxford im Recht war. Sidney forderte von Oxford Satisfaktion, aber Elisabeth verbot den beiden, sich zu duellieren. Sie befahl Sidney, sich bei Oxford als dem Höhergestellten zu entschuldigen: Sidney verweigerte dies und zog sich daraufhin vom Hof zurück. Gleichzeitig erinnerte sie Oxford an die Pflichten seines Standes: ein Streit mit einem schlichten Sir war unter seiner Würde. Trotz allem, was Sidneys Parteigänger daraus gemacht haben, findet sich kein Anhaltspunkt für eine bleibende Feindschaft zwischen Oxford und Sidney.

Die Elisabethaner hatten keine Scheu davor, die Stufenleiter der gesellschaftlichen Hierarchie zu erklimmen und sich auf der Stufe, die sie erreicht hatten, auch zu behaupten. Demokratische Vorstellungen von Gleichheit setzten sich erst Jahrhunderte später durch. Selbst Mr. Shakspere bemühte sich um einen bescheidenen Titel, der jedesmal aufgeführt wird, wenn sein Name nach 1599 in juristischen Dokumenten erscheint. Oxfords Extravaganzen, seine Streitereien und seine schiere Arroganz waren gewiß ungewöhnlich, aber sie waren auch sehr typisch für eine Zeit, in der es gang und gäbe war, Rangunterschiede eher hervorzukehren als herunterzuspielen. Egalitäre Sekten wie die der Levellers galten noch bis in Samuel Johnsons Zeit als wirrköpfige, extreme Randerscheinungen des Protestantismus.

Das Jahr 1580 hinterließ uns ein Versporträt von Oxford. Harvey karikierte ihn, wenn auch nicht ohne Bewunderung, in einem merkwürdigen Gedicht mit dem Titel *Speculum Tuscanismi* (Das Abbild des Toskanismus). Obwohl das Gedicht Oxford nicht nennt, galt er als die Zielscheibe. Harvey verspottet seine Eitelkeit, seine italienischen Vorlieben, seine ausländische Garderobe und seine »weibischen« Werke im Gegensatz zu seinen »mannhaften« Worten; aber er gesteht ihm auch Wortgewalt, Witz und Weisheit zu, Macht, Freigebigkeit und »alle ritterlichen Tugenden«. Das Gedicht, zur privaten Lektüre von Edmund Spenser bestimmt, geriet irgendwie an die Öffentlichkeit, worüber Lyly sich empörte, und Harvey wurde der Verleumdung bezichtigt. Er entschuldigte sich, behauptete, er habe Oxford in keiner Weise beleidigen wollen, und legte Lyly zur Last, ihn völlig mißverstanden zu haben. Harvey erlangte Oxfords Verzeihung und pries ihn dafür, daß er »sich von der olympischen Höhe seines Geistes nicht in sklavische Niederungen ziehen lasse«.

Im Sommer 1580 erfreute sich Oxford nach B. M. Wards Einschätzung trotz des Bruchs mit seiner Frau und seinem mächtigen Schwiegervater am

Hofe Elisabeths höchster Gunst. Doch schon gegen Ende dieses Jahres hatte sein Sturz begonnen.

1576 hatte Oxford nach seiner Rückkehr vom europäischen Festland im stillen den katholischen Glauben angenommen, zusammen mit seinen Freunden Lord Henry Howard (der auch sein Vetter und der Bruder des enthaupteten Herzogs von Norfolk war), Charles Arundel und Francis Southwell, alles Höflinge, die für eine Heirat der Königin mit einem französischen Freier Partei ergriffen hatten. Jetzt, im Dezember 1580, brach Oxford offen mit den dreien und prangerte sie als Veräter an, die sich am Komplott der katholischen Mächte beteiligt hätten. Alle drei wurden verhaftet und bestritten die Vorwürfe (die im wesentlichen zutrafen); zwei von ihnen, Howard und Arundel, setzten sich zur Wehr und überhäuften ihrerseits Oxford mit zum Teil abenteuerlichen Anschuldigungen. Howard bezichtigte Oxford, mit den Spaniern zum Sturz Elisabeths zu konspirieren, er nannte ihn »einen schamlosen Lügner« und »Gewohnheitstrinker«. Er fügte hinzu, Oxford habe sich geschworen, die Königin dafür zu bestrafen, daß sie ihn einen »Bastard« genannt hatte, eine Anspielung auf Oxfords frühere Probleme bei der Titelfolge. Er unterstellte Oxford sogar die Äußerung, Elisabeth habe eine miserable Singstimme. Arundel fügte seinerseits hinzu, Oxford habe Gott gelästert und die Göttlichkeit von Christus verneint, habe »hundert Meineide geleistet und sich selbst in die tiefste Hölle verdammt«, sei »ein äußerst notorischer Säufer und sehr selten nüchtern«, er habe »alle Untaten der Grausamkeit, Gemeinheit und Schändlichkeit begangen, keine Frau schonend, und sei sie noch so tugendhaft, desgleichen keinen Mann, und sei er noch so ehrenwert«, und so weiter und so fort. »Die Laster dieses schurkischen Grafen aufzuzählen wäre eine Arbeit ohne Ende.« Man wundert sich, wie seine angewiderten Ankläger so lange mit ihm befreundet sein konnten. Einer der Vorwürfe ist besonders bemerkenswert. Arundel legte Oxford zur Last, er habe »mit einem Knaben, der sein Koch ist, und mit vielen anderen Knaben Unzucht getrieben«. Er fügte hinzu:

Ich werde ihm die Unzucht mit einem Knaben, der sein Koch ist, nachweisen, durch dessen eigenes Geständnis und auch durch Zeugen. Ich habe diesen Knaben viele Male in seinem Schlafgemach gesehen, bei fest verschlossener Tür mit ihm zusammen, vielleicht in

Whitehall und in seinem Haus in der Broad Street, und als ich es so antraf, bin ich zur Hintertür gegangen, um mich zu vergewissern: worauf der Knabe völlig verschwitzt herausgekommen ist, und ich bin hineingegangen und fand die Bestie im gleichen Zustand vor. Aber um es ganz zu offenbaren, hat Mylord Harry mehr gesehen, und der Knabe gestand es Southwell, und er selbst bestätigte es Mr. William Cornwallis.

In einer verworrenen, schwer lesbaren Niederschrift benannte Howard drei der vorgeblichen Lustknaben: den Sängerknaben, den Oxford aus Venedig mitgebracht hatte, Orazio Cogno, der schon lange wieder heimgekehrt war (sein Name findet sich in den Schreibweisen »Auratio« und »Orache«); ein Henry McWilliams (geschrieben »Mackwilliams«); und ein Knabe mit dem Zunamen Power oder Powers. Howard beschrieb, wie die Knaben klagten und weinten, und benannte Zeugen, die von Oxfords Treiben peinlich berührt waren. Er behauptete auch, Oxford habe Cornwallis gegenüber nach einem Priester verlangt, »dem ich Unzucht beichten muß«.

Southwell, ein gemäßigterer Ankläger als die anderen beiden, schrieb ihnen: »Ich kann Mylord nicht ausdrücklich der Knabenschändung bezichtigen, weder an Tom Cook, noch Powers, noch anderen, nur der unverhohlenen Lüsternheit seiner Reden.« Offenbar war er nicht der Meinung, daß man den Anschuldigungen Glauben schenken würde, und offenbar geschah das auch nicht. Oxfords lüsterne Reden waren angeblich scherzhafte Vorschläge, man könne auch Schafe, Stuten und dergleichen hernehmen.

Oxford selbst beschränkte seine Beschuldigungen gegen die drei Männer auf Hochverrat. Howard und Arundel, mit dem Rücken zur Wand, überzogen Oxford offensichtlich mit haarsträubenden Verleumdungen. Sie behaupteten allerdings, Zeugen zu haben, darunter die Knaben selbst, und einige ihrer Angaben klingen plausibel, so wenn Howard von einem »Balsam« spricht, mit dem Oxford seine Beine behandelte (er hatte sich auf seiner Reise in Italien eine Beinverletzung zugezogen). Obwohl die Königin die Unzuchtsbeschuldigungen seinerzeit nicht ernst zu nehmen schien, mag etwas davon an Oxford kleben geblieben sein – zumal sie vielleicht ein Körnchen Wahrheit enthielten. Was wiederum von Bedeutung für die Sonette ist, in ihrer Mehrzahl ohne Frage an einen jungen Mann gerichtete Liebesgedichte.

Jedenfalls warf dieser erbitterte Streit zufällig Angaben von einigem Interesse ab. Der Balsam, den Oxford benutzte, könnte sich auf die »Lahmheit« beziehen, die der Sonettdichter sich zweimal attestiert. In den Beschuldigungen seiner Ankläger finden sich viele Geschichten wieder, die Oxford selbst aus seiner Zeit in Italien erzählt hatte. Shakespeare-Leser werden aufmerken, wenn Oxford »die Juden von Italien« erwähnt, höchstwahrscheinlich in Venedig und Rom, und eine Fehde zwischen zwei Familien in Genua. Unter den »Lügen«, die, so wird berichtet, bei seinen Zuhörern Gelächter auslösten, waren eine Beschreibung der Markuskirche, die mit Rubinen und Diamanten gepflastert sei, sowie großmäulige Berichte von seinen eigenen Heldentaten – auf militärischem, rhetorischem und amourösem Gebiet. Mit solchen Räuberpistolen wollte Oxford diese Männer, mit denen er zu der Zeit befreundet war und die er wahrscheinlich nicht für Einfaltspinsel hielt, wohl eher unterhalten als hinters Licht führen. Moore merkt an, daß solche Abenteuergeschichten auffällig zu Ben Jonsons Erinnerungen passen, in denen »Shakespeare« als ein Causeur beschrieben wird, mit dem die Phantasie durchging.

Oxfords drei Gegner erhielten mehrmonatige Gefängnisstrafen; Howard überzeugte die Königin davon, daß er nur zur Messe gegangen sei, weil ihn Zweifel an den Sakramenten geplagt hätten. Ungefähr zu dieser Zeit spitzten sich die Spannungen mit dem Papst und den katholischen Mächten zu; Elisabeth, die sonst Katholiken tolerant gegenüberstand, solange sie sich nicht an Umsturzplänen beteiligten, begann gegen »Papisten« scharf vorzugehen.

Zur selben Zeit stand Oxford vor einer weiteren Lebenskrise – wie die meisten seiner Krisen von ihm selbst herbeigeführt. Er hatte eine Affäre mit Ann Vavasor, einer von Elisabeths Hofdamen. Die Liaison ist in einem Gedicht festgehalten, »Ann Vavasors Echo«, das am Ende jeder Zeile mit dem Wort »Vere« spielt:

Oh heavens! who was the first that bred in me this fe*ver*? Vere.
Who was the first that gave the wound whose fear I wear for *ever*?
　　Vere.
What Tyrant, Cupid, to my harm usurps thy golden qui*ver*? Vere.
What wight first caught this heart and can from bondage it deli*ver*?
　　Vere.

[O Himmel! Wer hat als erster dieses Fieber in mir entfacht? Vere.
Wer hat als erster mir die Wunde zugefügt, die mich nun ewig plagen
    wird? Vere.
Welcher Tyrann, Amor, bemächtigt sich zu meinem Schmerz
    deines goldenen Köchers? Vere.
Welches Wesen hat als erstes dieses Herz gefangen und kann
    es aus seiner Gefangenschaft erlösen? Vere.]

Es bestehen Zweifel, ob das Gedicht von ihr oder von Oxford geschrieben
wurde, aber wohl eher von Oxford, denn von ihr sind sonst keine Gedichte bekannt. Im März 1581 gebar Ann Vavasor ihm einen Sohn. Die Königin,
die lockere Sitten ihrer Höflinge als eine Verletzung ihrer herrscherlichen
Würde auffaßte, war empört: sie steckte Vater, Mutter und Kind in den
Tower. Oxford wurde nach einigen Wochen wieder entlassen, stand aber
monatelang unter Hausarrest.

Im Dezember schrieb seine Frau Anne ihm einen rührenden Brief und
bat ihn um Aussöhnung. Sie erwähnte, er habe ihr gegenüber kürzlich einiges »Wohlwollen« gezeigt, was »mich Eurer guten Absichten versicherte,
jedoch scheint Ihr Befürchtungen zu haben, sie in offener Rede kundzutun«. Offenbar hatte ein Treffen stattgefunden, und er hatte zum ersten Mal
seit ihrer Säuglingszeit seine kleine Tochter wiedergesehen. Mit trauriger
Würde und ohne Vorwürfe schrieb Anne, ihr sei zur Kenntnis gelangt, daß

Ew. Lordschaft ohne jeglichen Grund in Taten oder Worten eine Abneigung gegen mich gefaßt haben. Und deshalb, mein lieber Herr,
bitte ich Euch inständig im Namen Gottes, der all meine Gedanken
und meine Liebe zu Euch kennt, laßt mich die Wahrheit Eurer Absichten mir gegenüber erfahren; welcher Grund Euch dazu bewegt,
mich in diesem Elend zu belassen, und was ich, so es in meiner Macht
steht, tun kann, um Euer fortwährendes Wohlwollen wiederzuerlan-
gen, damit Ew. Lordschaft nicht veranlaßt sein mögen, mich weiterhin ohne hinreichenden Grund in mein Unglück einzukerkern, wor-
an ich, so wahr mir Gott helfe, gänzlich unschuldig bin.

Diesmal gab Oxford nach. Schade nur, daß seine Antwort an sie verlorengegangen ist, doch wir entnehmen dem dankbaren Ton von Annes Erwide-

rung wenige Tage später, daß er ihr einen freundlichen, wenn auch zurückhaltenden Brief geschrieben und angeboten hatte, mit ihr Frieden zu schließen, vorausgesetzt, er bliebe von den Gehässigkeiten ihrer Familie und gewisser anderer Höflinge verschont. Sie bekundete Verständnis für seine Probleme und deutete mit zarter Ironie an, daß sie durchaus auch Anspruch auf ein wenig Verständnis habe: »Ich bedaure außerordentlich, Euch so beunruhigt zu sehen durch die Unbeständigkeit der Welt, von der ich selbst nicht ohne Kostproben bin.« Trotzdem dankte sie ihm »von ganzem Herzen«, erklärte sich willens, ihm zu helfen und seine Sorgen zu teilen, und versicherte ihm, daß ihr Vater ihm wohlwolle. (Ihre Mutter überging sie mit Schweigen.) Sie war unversehens in die grimmige Auseinandersetzung zweier starker Persönlichkeiten geraten und hatte tief darunter gelitten; doch ihr liebenswürdiges Naturell hatte sie sich erhalten: »Mein lieber Herr, seid versichert, Ihr seid es, den ich als einzigen liebe und achte und so vor allem in der Welt danach verlange, Euch glücklich zu machen.«

Von diesem Zeitpunkt an scheint die Ehe zumindest friedlich gewesen zu sein; ihr entsprangen bis zu Annes Tod im Jahre 1588 drei weitere Töchter und ein Sohn, der nur wenige Monate lebte.

Andere waren weniger als Anne geneigt, Oxford zu verzeihen. Thomas Knyvet, ein einflußreicher Hofmann und offenbar ein Verwandter von Ann Vavasor, griff Oxford im März 1582 mit dem Degen an und verwundete ihn schwer, bevor er selbst verletzt wurde. Knyvets Anhänger und Oxfords Leute lieferten sich ein Jahr lang in den Straßen Londons Scharmützel, bei denen vier Männer starben (man denkt unwillkürlich an Tybalt und Mercutio). Oxford scheint sich nicht daran beteiligt zu haben; vielleicht wurde er langsam ein wenig abgeklärter.

1583 war er bei Elisabeth in Ungnade gefallen, und Burghley setzte sich zwar bei der Königin für ihn ein, beschrieb ihn aber privat als »ruiniert«. In diesem Jahr starb auch Oxfords wichtigster Verbündeter bei Hofe, der Graf von Sussex. Anne gebar ihm einen Sohn, dessen Leben nur bis zum Mai dieses Jahres währte. Wenige Wochen später, nach »einigen bitteren Wortwechseln«, vergab die Königin Oxford, und er durfte an den Hof zurückkehren. Ob seine früheren katholischen Neigungen fortbestanden, bleibt im Dunkeln.

1585 richtete Thomas Vavasor, offenbar Ann Vavasors Bruder, einen Brief an Oxford und forderte ihn zum Duell heraus:

Wäre dein Körper ebenso verunstaltet, wie dein Sinn unehrenhaft ist, so wäre mein Haus noch unbefleckt und du selbst bliebest mit deiner Feigheit unbekannt. Ich sage das, weil ich fürchte, du bist so eng an diesen deinen Schatten gekettet, daß nichts deine niederträchtigen und schläfrigen Lebensgeister zwingen kann, aufzuwachen. Hast du an deinen Opfern noch nicht genügend Rache genommen, sondern willst du fernerhin unwürdige Werkzeuge benutzen, um meinen unwilligen Geist zu reizen: Oder fürchtest du dich, und hast du deshalb deine elenden Verwandten vorgeschickt, die, da du nichts zum Erben übrig gelassen hast, du also nur in deine schändlichen Streitereien treibst? Wenn es so ist (was ich sehr bezweifle), dann bleibe selbst zu Hause und schicke mir Beschimpfungen; aber wenn noch ein Funken Ehre in dir ist oder ein Jota Rücksicht auf deinen zugrunde gerichteten Ruf, dann benutze nicht deine Geburt als Ausrede, denn ich bin ein Edelmann, sondern triff mich allein, und dein Lakai soll dein Pferd halten. Die Waffen überlasse ich deiner Wahl, da ich der Herausforderer bin, und der Ort soll von uns beiden bei unserem Treffen festgelegt werden, was, so denke ich, in Nunnington oder anderswo stattfinden kann. Du wirst mir Nachricht durch diesen Überbringer geben, durch den ich eine Antwort erwarte.

– Tho. Vavasor

Offenbar verlief die Angelegenheit im Sande, aber der Brief verrät uns etwas über Oxfords »zugrunde gerichteten Ruf« in Hofkreisen um 1585: Vavasor redete den großen Grafen mit dem verächtlichen »du« an – sozial Höhergestellten gegenüber eine grobe Beleidigung – und ließ keinen wunden Punkt aus. Bemerkenswert ist Vavasors rätselhafte Erwähnung von »diesem deinem Schatten«. Niemand weiß, was er mit dieser merkwürdigen Formulierung meinte. Jedenfalls besagt die offene Unverschämtheit des Briefes, daß Oxford inzwischen nur noch wenig Achtung genoß. Vavasor ging offensichtlich davon aus, daß er den Hof auf seiner Seite hatte.

Oxford war nun Mitte dreißig. Er war nicht mehr jung, kein aufgehender Stern mehr bei Hofe, trotz eines letzten Triumphes in dem königlichen Turnier von 1584. Sein Privatleben verlief allmählich in geregelteren Bahnen, aber seine Finanzen erreichten ihren Tiefpunkt: im Laufe dieses Jahres war er gezwungen, sieben weitere Güter zu verkaufen. Laut Burghley, der

in solchen Dingen manchmal übertrieb, mußten sich Oxford und Anne auf
vier Diener beschränken – ein winziges Gefolge für einen Grafen. Es mag
nicht ganz so schlimm gewesen sein, aber Oxford vermochte die Aura von
Schmach und Ungnade nicht abzuschütteln, und das muß ihm sehr zuge-
setzt haben. Bislang hatte das Leben die glänzenden Versprechungen, die es
ihm anfangs bot, nicht eingehalten, und die Schuld daran fiel in großem
Maße auf ihn selbst zurück.

Fast alle erhaltenen Briefe von Oxford sind an Burghley und seinen
Sohn Sir Robert Cecil gerichtet (sie wurden in den Staatsakten der Cecils
verwahrt). Viel von dem, was wir über ihn wissen, verdanken wir diesen
Briefen. Sein Verhältnis zu Burghley war Schwankungen unterworfen, von
verbittert bis freundlich. Die meisten Briefe jedoch sind recht ausgeglichen,
respektvoll und geschäftsmäßig, in vielen bringt Oxford seine Dankbarkeit
zum Ausdruck. So dankt er Burghley 1583 für »Ew. Lordschafts freund-
liche Behandlung und Euren Beistand in dieser Zeit, in der ich von so vielen
Feinden umgeben bin«. Noch 1590 schreibt er, Burghley verhalte sich ihm
gegenüber »eher väterlich als freundschaftlich«, obwohl er nie eine vertrau-
lichere Anrede als »Ew. Lordschaft« gebraucht. Aber in einer Nachschrift
zu einem Brief von 1584 beklagt er sich darüber, daß Burghley ihm in seine
Dienerschaft hineinregiere:

Und es dünkt mich sehr sonderbar, daß Ew. Lordschaft mir gegenüber solchen Weg beschreiten sollten, aus dem ich lernen muß, was
ich zuvor nicht wußte, als ich Eure Meinung und Euer Wohlwollen
mir gegenüber zu kennen meinte. Aber ich bitte Euch, Mylord, laßt
ab von diesem Weg, denn ich bin nicht gewillt, Euer Mündel oder
Euer Kind zu sein. Ich diene Ihrer Majestät, und ich bin, der ich bin,
und durch Heirat Ew. Lordschaft nahe, aber frei, und ich verwehre
mich gegen solche Kränkung, zu meinen, ich sei so schwach an Herrschaft, daß meine Diener mich regierten, oder nicht fähig, selbst
zu herrschen. Wenn Ew. Lordschaft diesen Weg weiter verfolgen, so
täuscht Ihr Euch und zwingt mich, einen anderen Weg einzuschlagen, den ich bislang für undenkbar hielt. Weshalb diese Worte Ew.
Lordschaft bewegen sollen, wenn ich auf Eure Freundschaft zählen
kann, daß Ihr von jenem Weg ablaßt, der für uns beide so verletzend
ist.

Oxford war von seinem Schwiegervater abhängig. Er war schon lange nicht mehr der Sitte Spiegel und der Bildung Muster; er hatte bei Hofe ehrgeizigeren, berechnenderen, weniger temperamentvollen Männern Platz machen müssen. Oxford verfügte nurmehr über wenig eigene Macht, aber er stand bei der Königin wieder in Gunst, und er konnte sich meistens an Burghley wenden – den mächtigsten Mann Englands, auch wenn Oxford weit vornehmeren Geblüts war –, wenn er Beistand und Hilfe brauchte, was oft der Fall war.

Mehr denn je widmete Oxford in den Jahren nach 1580 seine Zeit der Literatur und besonders dem Theater. 1580 hatte Anthony Munday ihm sein Buch *Zelauto* gewidmet und in der Widmung offengelegt, daß Oxford das Vorbild für Lylys *Euphues* war. Munday widmete ihm und seinem Sohn Henry, dem 18. Grafen von Oxford, auch später noch mehrere Bücher. Im selben Jahr übernahm Oxford trotz seines schwindenden Vermögens die Schauspielertruppe des Grafen von Warwick; er fügte bald eine Knabentruppe hinzu, die bei einer Gelegenheit am Hof vor Elisabeth auftrat. 1582 widmete Thomas Watson ihm seinen Sonettzyklus *Hekatompathia*; es heißt, Watson habe Shakespeare beeinflußt, obwohl auch möglich ist, daß der Einfluß in umgekehrter Richtung verlief. Robert Greene widmete 1584 Oxford sein *Greene's Card of Fancy*, und John Soowthern schrieb eine Lobeshymne auf ihn. In einer weiteren Widmung nannte Angel Day Oxford einen, »dessen Kindheit von Beginn an den Musen heilig war«. William Webbe nannte ihn in *A Discourse of English Poetry* den »vortrefflichsten« der Hofpoeten. 1584 schloß Oxford einen Pachtvertrag für das Blackfriars Theatre ab, den er auf Lyly übertrug. Er hatte zu dieser Zeit seine eigene Schauspielertruppe (deren Tourneen unter anderem nach Stratford-upon-Avon führten).

1583 wurde Oxfords Schwager Peregrine Bertie, Lord Willoughby, in diplomatischer Mission nach Dänemark geschickt. Er kehrte mit einer lebhaften Beschreibung vom königlichen Hof in Helsingör zurück, darunter von einem Fest, das der dänische König gegeben hatte und auf dem der Besucher mit Feuerwerk und zahlreichen Salutschüssen geehrt worden war.

Nachdem er der Königin und Burghley in den Ohren gelegen hatte, ihm ein militärisches Kommando zu überlassen, reiste Oxford Ende August 1595 aufs Festland, um den Befehl über ein Kavallerieregiment zu übernehmen, als Teil der englischen Strategie, zu verhindern, daß die Niederlande nach der Ermordung von Wilhelm dem Schweiger wieder an Spanien fielen. Aber Hofintrigen kamen dazwischen, und schon Anfang Oktober wurde er von dem jungen Grafen von Essex abgelöst. (Er sandte sein Gepäck nach England voraus, aber es wurde unterwegs von Piraten gekapert.)

1586 gewährte die Königin Oxford eine großzügige Pension von 1.000 Pfund jährlich. Selbst Burghley, der über einen Hausstand von achtzig Personen gebot, erhielt nur die doppelte Summe. Oxford, inzwischen ein gebrochener Mann, stand trotz allem bei der Königin wieder in Gunst. Aber allem Anschein nach lag seine Zukunft hinter ihm. Die Staatsgeschäfte liefen an ihm vorbei; am Hof hatte er nur noch wenige Freunde; aus seinem »guten Namen« war der »zugrunde gerichtete Ruf« geworden, den Thomas Vavasor so höhnisch erwähnte. All die alten Wege zum Ruhm, den er einst angestrebt hatte, waren ihm nun versperrt. Obwohl er seinen angestammten Rang beibehielt, sollte er nie mehr Beförderung erlangen oder größeren Einfluß bei Hofe ausüben.

Als Englands von Geburt nobelster Graf war Oxford Mitglied des Tribunals, das Maria Stuart, Königin von Schottland, wegen Hochverrat verurteilte, ein Schuldspruch, der unweigerlich ihre Enthauptung nach sich zog. Aber er bekleidete kein hohes Amt, trotz seiner zahlreichen Bemühungen, eines zu erlangen. Er machte Burghley zornige Vorwürfe wegen dessen Unfähigkeit, für sein »Fortkommen« zu sorgen, und brachte Anne mit seinen Klagen über ihren Vater zum Weinen. Burghley wies die Vorwürfe zurück und behauptete, ihm fehle die Macht, Oxford ein Amt zu besorgen; tatsächlich hatte Oxford so viele Feinde am Hof, daß er bei der jährlichen Wahl zum Hosenbandorden nur wenige Stimmen auf sich vereinigen konnte. Im Laufe der Jahre sollte er Elisabeth, Burghley und Burghleys Sohn Sir Robert Cecil immer wieder um ein lukratives Amt oder Privileg angehen – Handelsmonopole, den Posten des Gouverneurs, die Herrschaft von Wales –, doch immer vergeblich.

In diesen Jahren erlitt Oxford persönliche Verluste. Zwei seiner Kinder starben, ein Sohn, der der 18. Graf seiner Linie geworden wäre, als Säugling, und eine Tochter namens Frances als kleines Kind. Anne selbst starb im Juni 1588, ein paar Monate nach der Geburt einer weiteren Tochter, Susan. Oxford nahm nicht an Annes Begräbnis teil; wahrscheinlich war er zu der Zeit der Kriegsvorbereitungen gegen Spanien wegen abwesend.

Burghley übernahm die Erziehung der drei überlebenden Töchter. Er und nicht Oxford wird in Annes Epitaph erwähnt – und das wohl auch zu Recht. (Eine unveröffentlichte Elegie von einem gewissen Wilfred Samonde schrieb von ihr, sie käme »im Dulden der Griseldis nahe«. Was an Petruchios Worte über Katharina erinnert: »Im Dulden kommt sie nah Griseldens Vorbild.«) Burghley muß Oxford tief verübelt haben, wie er mit seiner geliebten Tochter »Tannikin« umgesprungen war; ein Jahr früher hatte er der Königin geschrieben: »Keiner meiner Feinde kann mich um diese Ehe beneiden.« Burghley hatte nichts für das Theater übrig und betrachtete Oxfords Umgang mit dem Theatervolk als Abstieg zum Pöbel, schimpflich für einen Edelmann, geschweige denn für ein Mitglied des Hochadels. Aus seiner Sicht war Oxford nie zum Mann gereift. Es muß ihn tief verdrossen haben, daß er in der Meinung, es sei zu Annes Vorteil, diese Heirat für sie arrangiert hatte. Und doch findet sich in Burghleys erhaltenem Briefwechsel nach Annes Tod keine Spur von Groll gegen Oxford. Vielleicht bereute Oxford, welchen Kummer er ihr bereitet hatte.

So unerhört Oxfords Benehmen oft war, etwas an ihm bewog jene, die ihn gut kannten, ihm ein übers andere Mal zu verzeihen. Er war hitzig, aber nie hinterhältig; an einem Hof voll durchtriebener Intriganten hielt er nie mit seinen wahren Gefühlen hinter dem Berg. Einerseits eigenwillig und egoistisch, konnte er andererseits charmant, warmherzig und großzügig sein. Vor allem machte ihn sein glänzender Geist zu einem Magneten für andere geistvolle Männer; es ist erstaunlich, wie glühend er von so talentierten Dichtern wie etwa Spenser bewundert wurde.

Im Juli 1588 stach Oxford mit einem Schiff, das er auf eigene Kosten ausgerüstet hatte, in See, um gegen die spanische Armada zu kämpfen. Aber die Königin rief ihn aus unbekannten Gründen kurz nach Beginn der Feindseligkeiten wieder einmal zurück und beraubte ihn damit um seinen Anteil an Englands ruhmreichstem Sieg. Er nahm zwar an den Siegesfeiern im November teil, aber von dieser Zeit an trat er im öffentlichen Leben und bei Hofe kaum mehr in Erscheinung und lebte offenbar trotz seiner ansehnlichen Pension in bescheidenen Verhältnissen, ohne den verschwenderischen Aufwand seiner Jugend.

Im Laufe dieses Jahres widmete Anthony Munday ihm eine Reihe weiterer Werke. Anders als Lyly, der um 1594 Oxfords Dienste verlassen zu haben scheint, blieb Munday seinem Schirmherrn nahe und schrieb von ihm noch lange nach dessen Tod voll Verehrung. Das Drama *Sir Thomas More*, das in Teilen Shakespeare zugeschrieben wird, stammt nach allgemeiner Übereinkunft weitgehend von Mundays Hand.

Der glänzende Pamphletist und Dramatiker Thomas Nashe zählte ebenfalls zu Oxfords Freunden. In einem Vorwort zu Greenes *Menaphon* spielte er bereits 1589 auf Hamlets »tragische Reden« an (lange vor dem Entstehungsdatum, das die meisten Forscher dem Stück zuweisen – siehe 6. Kapitel zur Datierung der Stücke). Er befehdete sich mit Harvey und spielte in seinem Pamphlet *Strange News* deutlich auf Oxford an als »jenen Lord, den Ihr verleumdet«, ohne jedoch seinen Namen zu nennen. Nashe verteidigte auch Greene gegen Harveys Angriffe. Nach der Anspielung auf Oxford redete er Harvey in *Strange News* direkt an und schrieb: »Ich und einer meiner Freunde, Will. Monox (hast du noch nie von ihm und seinem großen Dolch gehört?) waren mit ihm [Greene] einen Monat, bevor er starb, zusammen, bei jenem unbekömmlichen Festmahl aus Rheinwein und Salzhering ...« Wer war »Will. Monox«? Monox, offensichtlich ein falscher Name, deutet auf Oxford. Zumindest scheint jemand unter einem Pseudonym mit dem Vornamen William mit diesen »studierten Köpfen« zusammen gewesen zu sein. Daß es sich dabei um Oxford handelte, wird unterstützt von dem Umstand, daß Nashe an anderer Stelle in dem Pamphlet eindeutig auf Oxford Bezug nimmt, es aber vermeidet, seinen Namen zu nennen. In einer anderen Schrift erwähnt Nashe *König Heinrich VI. 1. Teil*, dessen Autor er wie den von *Hamlet* nicht erwähnt.

Andere Verweise auf Oxford ungefähr um diese Zeit plazieren ihn in die Welt der Literatur. Harvey, dessen satirisches Gedicht *Speculum Tuscanismi* Oxford als affektiert und »weibisch« beschrieben hatte, nannte Lyly Oxfords »Trabantensekretär«. In einem seiner Widmungssonette zur *Faerie Queene* schreibt Edmund Spenser, Oxford sei den Musen »höchst teuer«. Das anonyme, wahrscheinlich jedoch von George Puttenham 1589 verfaßte Buch *The Art of English Poesie* teilt uns mit:

In Kreisen des höheren und niederen Adels, die sich in vielen löblichen Wissenschaften und besonders im Verfassen von Gedichten hervortun, ist es inzwischen an der Regel, daß sie nicht den Mut haben zu schreiben, oder wenn sie ihn haben, wollen sie auf keinen Fall ihr Können publik machen. Und so kenne ich etliche vortreffliche

Edelleute am Hof, die Lobenswertes geschrieben und es wieder zurückgezogen haben, oder sie mußten dulden, daß es ohne ihren
Namen veröffentlicht wurde: als wäre es eine Schande für einen Edelmann, gebildet zu erscheinen.

Danach gibt das Buch ein bemerkenswertes Beispiel. Es spricht ausdrücklich von

Aristokraten und Edelleuten im Dienste Ihrer Majestät, die ausgezeichnet geschrieben haben, wie offenbar würde, wenn ihr Tun entdeckt und mit allen übrigen bekannt gemacht würde, von denen an
erster Stelle jener edle Herr Edward Graf von Oxford steht.

Der moderne Leser kann nur schwer verstehen, welches Stigma damals für
den Adel (und besonders den Hochadel) damit verbunden war, als Verfasser
eines gedruckten Werkes in Erscheinung zu treten, aber der Grund war einfach. Menschen von Stand hielten es für unwürdig, ihre Schöpfungen dem
Beifall des Pöbels oder auch nur des literarischen Publikums vorzulegen. Sie
hätten mit besonderem Abscheu auf einen Adligen geblickt, der in einem
öffentlichen Theater auf der Bühne mitspielte, wie Oxford es, wenn er
Shakespeare war, fast mit Sicherheit tat. (Das mag die Klage des Dichters im
110. Sonett erklären: »Hab' mich als Narren selbst zur Schau gestellt.«)
    Anfang 1590 übte Burghley auf ein weiteres seiner zahlreichen Mündel,
Henry Wriothesley, den siebzehn Jahre alten dritten Grafen von Southampton, Druck aus, Elizabeth Vere, Oxfords älteste Tochter (die damals fünfzehn war), zu heiraten. Wie Oxford hatte Southampton seinen Vater im
Knabenalter verloren und war in Burghleys Vormundschaft gegeben worden. Wie der junge Oxford war er ein aufgehender Stern am königlichen
Hof und galt für jede Frau als glänzende Partie; er war sehr ansehnlich, fast
ein wenig feminin, mit langem seidigem Haar und glänzenden braunen
Augen – ganz zu schweigen von seinem Titel und seinem Reichtum, die für
den praktisch denkenden, ehrgeizigen und unromantischen Burghley von
größerem Interesse waren.
    Aber Southampton wehrte sich hartnäckiger gegen eine Heirat, als
Oxford es getan hatte. Burghleys Sekretär John Clapham schrieb ein lateinisches Gedicht mit dem Titel »Narzissus«, das den Jüngling mit galligen

Andeutungen, es könnte ihm an Männlichkeit gebrechen, zum Altar drängte, was aber nichts fruchtete. Ebensowenig wie eine Reihe schmeichelhafterer Sonette, die den »schönen und holden Jüngling« beschworen, zu heiraten und sein »Haus« fortzusetzen. (Diese im 9. Kapitel behandelten Sonette weisen bis ins einzelne Parallelen zu Oxfords Geleitbrief von 1573 an Thomas Bedingfield auf.)

Southampton redete sich mehrere Jahre lang auf seine Jugend hinaus und lehnte dann die Verbindung ab. Burghley als Oberster Vormund belegte ihn für diese Weigerung mit einer saftigen Geldstrafe, die der Jesuit Henry Garnet auf 5.000 Pfund bezifferte. Als nächstes versuchte Burghley seine Enkelin mit dem Grafen von Northumberland zu verheiraten, aber der fand ganz und gar nicht ihre Neigung. Sie heiratete schließlich einen anderen Grafen, während Southampton sich Robert Devereux, dem zweiten Grafen von Essex, anschloß und in dessen Familie einheiratete.

Nach 1590 läßt Oxfords Leben sich kaum noch verfolgen. Nur wenige seiner Briefe aus den nächsten fünf Jahren sind erhalten geblieben. In eben diesem Zeitraum gab »William Shakespeare« sein Debüt, zuerst mit zwei Southampton gewidmeten Versepen, dann als Dramatiker. War Oxford damit beschäftigt, Shakespeare zu werden? Burghley hatte schon früher über Oxfords »lästerliche Freunde« geklagt, ein Hinweis darauf, daß Oxfords Umgang in seinen Kreisen Anstoß erregte. Oxford scheint sich jetzt vom höfischen Leben zurückgezogen zu haben. Dagegen hatte er viel mit dem Theater zu tun: er hatte das Blackfriars gepachtet, und zwei Schauspielertruppen standen unter seiner Schirmherrschaft; der Dramatiker John Lyly war sein Sekretär und Freund; er erscheint schemenhaft in Thomas Nashes rätselhaften Sticheleien; Puttenham setzte ihn an die erste Stelle der Adligen, die »vortrefflich« unter anderen Namen schrieben. In denselben Jahren bildeten sich die Lord Chamberlain's Men, zu deren Teilhabern auch William Shakespeare gehörte. Kurzum, Oxford erscheint immer wieder flüchtig und nahezu verstohlen in eben dem Milieu, in dem Shakespeare gedieh, und doch entzieht er sich allen Versuchen, ihn »dingfest« zu machen.

1591 überschrieb Oxford Burghley Schloß Hedingham treuhänderisch für seine Töchter; er selbst erhielt die großzügige Jahresrente der Königin. Etwa zur selben Zeit heiratete er Elizabeth Trentham, eine Hofdame und Tochter aus reichem Hause; sie wurde als »hübsch« beschrieben und mag ihm nicht nur Schönheit, sondern auch finanzielle Sicherheit geboten haben.

1593 wurde ihnen ein Sohn geboren, Henry, der Oxfords Titel erbte, aber 1625 kinderlos starb. Keiner der Veres hatte je den Vornamen Henry erhalten, auf den allerdings Southampton getauft war. (Oxfords außerehelicher Sohn von Ann Vavasor, Edward Vere, schlug die militärische Laufbahn ein und wurde später geadelt.)

In den Jahren nach 1590 bemühte Oxford sich immer wieder um Gunsterweise der Königin, für gewöhnlich ohne Erfolg. 1593 wurde er von ihr mit »bitteren Reden« bedacht, was ihn »niederschmetterte«. In einem Brief an Burghley schreibt er 1595: »Ich danke Ew. Lordschaft herzlichst für Eure Erkundigung nach meiner Gesundheit, die nicht so gut ist, doch seid versichert, ich finde Wohltat in dieser Luft, wenn auch kein Glück bei Hofe.« In seinen Briefen beklagt er sich oft über Elisabeths Saumseligkeit, seinen Gesuchen nachzukommen oder ihre Versprechen einzuhalten. Im Jahre 1600 schreibt er an Sir Robert Cecil:

> Obschon der üble Ausgang meiner bisherigen Anliegen an Ihro Majestät mir Anlaß gegeben hat, meine Hoffnungen im tiefsten Abgrund der Verzweiflung zu begraben, statt nach so vielen vergeblichen Bemühungen und verstrichenen Gelegenheiten die Wirkung schöner Worte und goldener Versprechungen weiters auf die Probe zu stellen, vermag ich nichts anderes zu glauben, als daß Wort und wahre Absicht Ihrer Majestät immer in Übereinstimmung gestanden haben, und so mutmaße ich, daß jenes, was aus sich so prächtige Blüten getrieben hat, mit ein wenig Hilfe auch Früchte tragen wird.

Nachdem er seinen Schwager gebeten hat, sich bei der Königin für ihn zu verwenden, fügt er hinzu:

> Wenn sie mir dies nicht zu so ungemein passender Zeit gewährt, auf welche Zeit soll ich dann warten, zumal die Zeit für alle Menschen ungewiß ist, es sei denn, im Grabe wäre die rechte Zeit, Vergüngstigungen und Wohltaten von Herrschern zu erhalten.

1595 fand Elizabeth Vere einen Ehemann: William Stanley, der sehr reiche sechste Graf von Derby. Derby war selbst Dichter und Schirmherr des Theaters; nach den Quellen scheinen Oxford und er Freunde gewesen zu sein. Wie Oxford lebte er recht zurückgezogen, abseits vom königlichen Hof. Aus dem Jahr 1599, in dem Derby wenigstens zweimal Oxford in seiner Residenz vor den Toren Londons besuchte, liegt uns ein quälender Hinweis vor. Ein gewisser George Fenner schrieb am 30. Juni 1599: »Der Graf von Derby ist ausschließlich damit beschäftigt, Komödien für die gemeinen Schauspieler zu schreiben.« Aber wie Oxford hinterließ Derby kein Stück, das seinen Namen trägt.

1597 baten Lord und Lady Pembroke um die Hand von Oxfords Tochter Bridget für ihren Sohn William Herbert, den späteren Grafen von Pembroke, dem unter anderen die Folio von 1623 gewidmet ist. Oxford schrieb an Burghley, daß er von dieser Heirat durchaus angetan sei, »denn der junge Herr ist gut erzogen worden, wohlgestaltet, und hat viele gute Anlagen«, und fügte sein Bedauern darüber hinzu, daß er selbst keinen »gesunden Körper« habe und der Königin nicht seine Aufwartung machen könne. Aber die Heirat zwischen Bridget und William kam nie zustande, obwohl ihre Schwester Susan später seinen Bruder Philip heiraten sollte.

In den Jahren nach 1590 erwähnt Oxford in seinen Briefen oft seine schlechte Gesundheit; mehrere Male beschreibt er sich selbst als »lahm«, wie in einem Brief an Burghley vom 25. März 1595: »Weshalb, wenn ich erfahren darf, wann für Ew. Lordschaft die Zeit am güngstigsten ist, ich Ew. Lordschaft in Eurem Haus aufsuchen werde, so gut es ein lahmer Mann vermag.« Der Grund für seine Lahmheit ist der Quelle nicht zu entnehmen.

Burghley starb 1598. Er hatte Elisabeth mehr als vierzig Jahre lang gedient, und nicht zuletzt dank seiner Staatskunst stieg England in dieser Zeit zu einer europäischen Großmacht auf. Wir haben kein Zeugnis von Oxfords Reaktion auf seinen Tod, aber er scheint ein gutes Verhältnis zu Burghleys Sohn und Nachfolger, Sir Robert Cecil, gehabt zu haben. Der alte Mann hatte sein Leben beherrscht, und Oxford sollte ihn nur um sechs Jahre überleben.

In dieser Zeit förderte Oxford weiterhin eine Schauspielertruppe und wurde auch als Dramatiker erwähnt: in *Palladis Tamia* von 1598 zählt Francis Meres ihn zu »den besten für Komödien«. Oxfords Schauspieler und die des Grafen von Worcester schlossen sich 1602 mit Erlaubnis der Königin zu einer Truppe zusammen; sie traten in einem von Londons Wirtshäusern mit Namen »The Boar's Head« auf. 1603 wurde Oxfords Freund Sir George Buc zum »Master of the Revels« ernannt, der unter der Oberhoheit des Lord Chamberlain für das Theaterwesen zuständig war. (Der Lord Chamberlain ist nicht mit dem Lord Great Chamberlain zu verwechseln, einem von Oxfords Titeln. Der Lord Great Chamberlain wurde gelegentlich auch als Lord Chamberlain bezeichnet, was einige von Oxfords Parteigängern zu der Behauptung veranlaßt hat, er wäre in Wahrheit der Schirmherr der Lord Chamberlain's Men gewesen, aber das läßt sich letztlich nicht beweisen.)

1601 war Oxford, wiederum in seiner Eigenschaft als Doyen des englischen Hochadels, gewissermaßen der Obmann der fünfundzwanzig Adligen, die in dem Hochverratsprozeß gegen Essex und Southampton nach deren fehlgeschlagenem Umsturzversuch über sie zu Gericht saßen. Der Schuldspruch war nur eine Formsache und die Todesurteile unausweichlich. Essex wurde auch alsbald enthauptet, aber Southamptons Hinrichtung wurde auf unbestimmte Zeit hinausgeschoben, er blieb bis zum Tod der Königin zwei Jahre lang im Tower und starb erst 1624 eines natürlichen Todes.

Die Verschwörer hatten gehofft, durch eine Aufführung von *König Richard II.* den Umsturz zu befördern. Elisabeth war außer sich über den Mißbrauch dieses Stückes zu solchen Umtrieben; seine Abdankungsszene galt als so aufrührerisch, daß sie im Druck lange Zeit ausgelassen wurde. Doch gegen seinen Autor wurde nichts unternommen, und im Zusammenhang mit der Essex-Revolte wurde er nicht einmal erwähnt – obwohl erst drei Jahre zuvor der Name William Shakespeare auf der Titelseite einer neuen Quartoausgabe gestanden hatte. Augustine Phillips, ein Schauspieler der Lord Chamberlain's Men, wurde vorgeladen, um Rechenschaft für die Schauspielertruppe abzulegen. Warum der Verfasser des Stückes nicht vorgeladen wurde, darüber dürfen wir rätseln. Phillips erklärte in seiner eidlichen Aussage, die Truppe habe eigentlich nicht vorgehabt, dieses Stück aufzuführen, da es »so alt und so lange außer Gebrauch« sei, daß es nur wenig Publikum gefunden hätte. Was darauf hindeutet, daß *König Richard II.* älter ist als die übliche Datierung, gemäß der das Stück um 1595 entstanden sein soll.

Eine Anekdote kurz nach Essex' Gang zum Schafott zeigt ein wenig, mit welchen Gefühlen Oxford den ganzen Vorgang betrachtete. Oxford gab seinem früheren Freund Sir Walter Raleigh die Schuld an Essex' Sturz. Als Raleigh einmal ins Gemach der Königin trat, während sie vor Oxford und anderen auf dem Virginal spielte, spöttelte Oxford grimmig: »When Jacks start up, heads go down« – ein Wortspiel über die »jacks«, die Docken, die von den Tasten des Virginals hochgedrückt werden, und über den »Jack«, den gemeinen Mann.

1603 starb die Königin im Alter von fast siebzig Jahren. Oxford gehörte wahrscheinlich zu den sechs Grafen, die den Baldachin über ihrem Sarg trugen. (Das 125. Sonett beginnt: »Was soll es mir, den Baldachin zu tragen?«) Ihr Tod ging ihm sehr zu Herzen. In einem Brief an Sir Robert Cecil entschuldigte er sich dafür, ihn nicht so oft besuchen zu können, wie wünschenswert sei, »aufgrund meiner Gebrechlichkeit«. Er fuhr fort:

Ich vermag nur tiefe Trauer in mir zu finden, wenn ich der Herrin gedenke, die wir verloren haben, unter der wir beide seit unseren grünsten Jahren auf eine Weise erzogen worden sind; und obwohl es Gott gefallen hat, sie nach einem irdischen Königreich in ein bleibenderes und himmlisches Reich emporzuholen, in welchem sie unzweifelhaft mit Ruhm gekrönt ist, und uns einen weisen, gelehrten und mit allen Tugenden geschmückten Herrscher zu schenken, können wir doch angesichts der langen Zeit, die wir in ihren Diensten verbrachten, nicht hoffen, ebensoviel vom Rest unserer Tage einem anderen zu widmen, ebensowenig wie wir die lange Bekanntschaft und die freundlichen Vertraulichkeiten, die sie uns erwies, je von einem anderen Herrscher erwarten können, da sie uns von der Gebrechlichkeit des Alters und dem gewöhnlichen Lauf der Vernunft verweigert werden. In diesem allgemeinen Schiffbruch steht der meine über allen übrigen, denn sie hat mich, den am geringsten geachteten, doch oft geförderten all ihrer Gefolgsleute, verlassen, auf daß ich mein Glück im Wandel der Zeit versuche und wage, entweder ohne Segel, um jedweden günstigen Wind zu nutzen, oder ohne Anker zu treiben, bis der Sturm vorüber ist.

Bei seinem letzten zeremoniellen Auftritt als Lord Great Chamberlain amtierte Oxford 1603 bei der Krönung Jakobs I. und trug das Staatsschwert. Jakobs Thronbesteigung war ein Glücksfall für Oxford; der neue König schätzte ihn hoch und erwies ihm seine Gunst. Oxford wurde sofort in den Staatsrat berufen; darüber hinaus erhielt er weiterhin die Jahresrente und ferner, gemäß seinem Gesuch, die Besitzrechte am Wald von Essex und an

Havering House (beide waren, obwohl er sie aufgrund angestammten Er-
brechts als sein Eigentum betrachtete, sowohl ihm als auch seinem Vater
vorenthalten worden). Später sollte dieser König immer wieder vom »großen Oxford« sprechen – eine Verneigung vor seiner Leistung, keine leere
Floskel. Jakob, der Elisabeths Liebe zur Literatur und zum Theater teilte,
beförderte auch die Lord Chamberlain's Men: sie wurden unter seiner unmittelbaren Schirmherrschaft die King's Men.

Southampton erging es unter dem neuen Monarchen sogar noch besser.
Drei Wochen nach Elisabeths Tod wurde er nach nur zweijähriger Haftzeit
aus dem Tower entlassen. Bald danach wurde er begnadigt und erhielt seinen Titel und seine Ländereien zurück. Jakob verlieh ihm den Hosenbandorden und überschüttete nicht nur ihn, sondern auch seine Mutter und sogar seine Gefolgsleute mit Ehrungen. (Jakob ließ es sich angelegen sein,
Elisabeths Feinde zu begünstigen: so herzte er Essex' kleinen Sohn und
pries seinen Vater als den edelsten Ritter, den England je hervorgebracht
hätte.)

Oxford kränkelte schon seit geraumer Zeit. Ab 1590 ist in seinen Briefen oft die Rede von seiner schlechten Gesundheit und einem nicht näher
bezeichneten Gebrechen. Im Juni 1604 erkrankte er an der Pest. Im Angesicht des nahen Todes übertrug er das Besitzrecht am Wald von Essex auf
seinen Lieblingsvetter Sir Francis Vere und auf einen seiner Schwieger-
söhne.

Am 24. Juni starb er im Alter von vierundfünfzig Jahren. Über die Umstände seines Todes ist nichts bekannt außer der Notiz im Sterberegister:
»Pest«. Lediglich ein anonymer Kommentar hat sich erhalten: »Von ihm
will ich nur sagen, was die Stimmen aller Menschen bestätigen: er war ein
Mann, vollkommen an Geist und Körper und mit Begabungen reich gesegnet.«

In der Nacht zum 25. Juni 1604 – unmittelbar nach Oxfords Tod – ließ
Jakob plötzlich Southampton und mehrere seiner Anhänger verhaften. Niemand weiß, warum. Gerichtsannalen verzeichnen nichts, und der Vorfall ist
hauptsächlich bekannt, weil der französische Gesandte darüber ausführlich
an Henri IV. berichtete. Southampton wurde bereits am nächsten Tag frei-
gelassen, und im nächsten Monat überhäufte Jakob ihn bereits wieder mit
Gunstbeweisen und fügte seinen Ländereien weitere große Güter hinzu.

Nach 1604 gibt es Andeutungen, daß Shakespeare schon das Zeitliche gesegnet hat. Sein Name erscheint im März, drei Monate vor Oxfords Tod, auf einem Besetzungszettel, wird aber auf einer ähnlichen Liste im August nicht erwähnt. Ab 1605 werden Theaterstücke anderer Verfasser offenbar ungestraft unter seinem Namen veröffentlicht. William Barkstead huldigte ihm 1607 im Tempus der Vergangenheit. 1610 verfaßte John Davies ihm zu Ehren ein Gedicht, das sich auch ein wenig wie ein Nachruf anhört. Seine sehr privaten Sonette erscheinen 1609, ohne sein Zutun, aber auch ohne seinen Widerspruch; der Verleger, nicht der Dichter, schreibt die Widmung. Die Quartoausgabe von *Troilus und Cressida* aus dem Jahre 1609 enthält eine Vorrede, in der jemand ihn vorsichtig als »diesen Autor« bezeichnet und andeutet, er werde bald »dahin« sein »und seine Komödien nicht mehr erhältlich«. 1616, Als Mr. Shakspere aus Stratford stirbt, wird von diesem Ereignis in London keine Notiz genommen – zumindest hat sich kein Beleg dafür erhalten.

1604 heiratete Oxfords Tochter Susan Philip Herbert, der wenig später der neue Graf von Montgomery wurde. Er war der Bruder von William Herbert, den Oxford so gern mit seiner anderen Tochter Bridget verheiratet hätte; 1615 wurde William Herbert, nun Graf von Pembroke, zum Lord Chamberlain ernannt, dem das englische Theater unterstand.

William Herbert, dritter Graf von Pembroke. Der Foliant ist ihm und seinem Bruder Philip gewidmet. In seiner Jugend faßten seine Eltern, Burghley und Oxford eine Heirat zwischen ihm und Oxfords Tochter Bridget ins Auge.
(© National Portrait Gallery, London)

1607 wurde Oxfords unehelicher Sohn von Ann Vavasor, Edward Vere, geadelt, da er sich als Hauptmann unter Sir Francis Vere ausgezeichnet hatte. 1612 starb Oxfords Witwe. 1625 starb sein Sohn und Erbe Henry de Vere, 18. Graf von Oxford, an einem Fieber, nachdem er in einer Schlacht einen Angriff geleitet hatte; die Grafenwürde fiel an einen anderen Zweig der Familie, bis der Titel 1703 erlosch.

Oxford geriet nach seinem Tod nicht in Vergessenheit. Welch ehrendes Andenken ihm bewahrt wurde, bezeugen mehrere posthume Huldigungen. In der 1613 veröffentlichten Tragödie *The Revenge of Bussy d'Ambois* legt George Chapman einer Figur die folgenden Zeilen in den Mund:

I overtook, coming from Italy,
In Germany, a great and famous Earl
Of England; the most goodly fashion'd man
I ever saw: from head to foot in form
Rare and most absolute; he had a face
Like one of the most ancient honour'd Romans
From whence his noblest family was deriv'd;
He was beside of spirit passing great,
Valiant and learn'd, and liberal as the sun,
Spoke and writ sweetly, or of learned subjects,
Or of the discipline of public weals;
And 'twas the Earl of Oxford.

[Aus Italien kommend überholte ich
In Deutschland einen großen und berühmten Grafen
Von England; den stattlichsten Mann,
Den ich je sah: von Kopf bis Fuß von seltener,
Vollkommener Wohlgestalt; er hatte ein Gesicht
Wie einer jener altehrwürdigen Römer,
Von denen seine höchst edle Familie abstammte;
Dazu war er von unübertrefflichem Geist,
Ritterlich und gelehrt, freigebig wie die Sonne,
Sprach und schrieb gewandt, sei es über gelehrte Themen,
Sei es über die Kunde von den Gemeinwesen;
Und es war der Graf von Oxford.]

1619 schrieb Anthony Munday eine bewegende Widmung an Oxfords Sohn, den 18. Grafen, und pries das »berühmte und verdienstvolle Andenken« und die »einzigartigen Tugenden« seines Vaters. In einem 1622 veröffentlichten Buch über die Erziehung stellte Henry Peacham eine Liste von Dichtern auf, darunter Sidney und Spenser, die Elisabeths Regierungszeit zu »einem goldenen Zeitalter« für die Dichtkunst gemacht hatten. Die Liste beginnt mit »Edward Graf von Oxford«. William Shakespeare wird trotz seiner großen Beliebtheit nicht genannt.

1623 wurde die erste Folio-Ausgabe von Shakespeares Dramen veröffentlicht. Sie war »dem unvergleichlichen Brüderpaar« gewidmet, William und Philip Herbert, inzwischen die Grafen von Pembroke und Montgomery. Beide Männer hatten Oxford durch die Freundschaft ihrer Eltern mit ihm gekannt. Darüber hinaus war Montgomery, wie bereits erwähnt, mit Oxfords Tochter Susan Vere verheiratet, während Pembroke eine Zeitlang mit

Oxfords wohlwollender Billigung erwog, dessen Tochter Bridget zu heiraten.

Pembroke war Ben Jonson ein großzügiger Schirmherr und trug ohne Zweifel viel zu dessen Ernennung zum Poeta laureatus bei; wie kein anderer war Pembroke in der Lage, sich der Mitarbeit Jonsons an der Fiktion zu versichern, Mr. Shakspere wäre William Shakespeare gewesen.

Schließlich finden sich mit bemerkenswerter Häufigkeit Berührungspunkte zwischen Oxford und den Persönlichkeiten, die allen Shakespeare-Kennern vertraut sind: Elisabeth I., Golding, Burghley, Harvey, Lyly, Sidney, Watson, Greene, Nashe, Southampton, Spenser, Munday, Derby, Chapman, Meres, Raleigh, Essex, Jakob I., Pembroke und Montgomery. Es war natürlich eine vergleichsweise kleine Welt: London hatte mit allen Vororten nur 200 000 Einwohner. Die Welt des Theaters war mit nur jeweils vier gleichzeitig zugelassenen Schauspielertruppen noch kleiner – was es umso absurder macht, daß dieser große Förderer des Theaters, der etwa ab 1590 bis zu seinem Tod im Jahre 1604 in London lebte, jenem William Shakespeare offenbar nie begegnet ist.

6. 1604: Das entscheidende Jahr

Edward de Vere starb im Juni 1604, eine unbestrittene Tatsache, die den meisten Philologen genügt, um ihn als möglichen Verfasser von Shakespeares Stücken auszuschließen, denn zehn dieser Stücke werden üblicherweise später datiert. Wenn bewiesen werden kann, daß auch nur eins der Stücke nach 1604 geschrieben wurde, bricht die ganze Oxford-Theorie zusammen.

So scheinen die zwölf Jahre zwischen Oxfords Tod und dem von Mr. Shakspere den Traditionalisten recht zu geben. Es läßt sich wohl letztlich kaum beweisen, daß jedes Stück vor 1604 geschrieben wurde. Und selbst wenn, dann könnte Mr. Shakspere als der wahre Verfasser immer noch nicht völlig ausgeschlossen werden. Das wäre nur möglich, wenn sich zeigen sollte, daß eins oder mehrere der Stücke erst nach 1616 entstanden sind – was natürlich Oxford ebenfalls aus dem Rennen werfen würde. Und doch ergibt eine genaue Betrachtung der Jahre zwischen dem Tod der beiden Männer eher Argumente für Oxford.

Aus den zwölf Jahren zwischen 1604 und 1616 haben wir mehrere Hinweise darauf, daß man Shakespeare nicht mehr unter den Lebenden wähnte, auch wenn offiziell anderes behauptet wurde. 1607 erschien unter dem Titel *Mirrha the Mother of Adonis* ein Gedicht von William Barkstead, das folgende Zeilen enthielt:

His Song was worthie merrit (Shakspeare hee)
sung the fair blossome, thou the withered tree
Laurell is due to him, his art and wit
hath purchast it, Cypres thy brow will fit.

[Sein Lied war aller Ehren wert (Shakspeare er)
besang die schöne Blüte, obgleich der verdorrte Baum

Lorbeer ihm gebührt, seine Kunst, sein Witz
hat ihn erworben, Zypresse wird deine Stirn bekränzen.]

War aller Ehren wert? Warum wird 1607 von »Shakspeare« schon in der Vergangenheit gesprochen? Mr. Shakspere war zu diesem Zeitpunkt erst dreiundvierzig Jahre alt und hatte noch viele vor sich. Die Zypresse war ein Symbol der Trauer; ist diese Strophe ein Salut an einen Dichter, der schon verstorben ist, was Barkstead als bekannt voraussetzt? Diese Zeilen können die traditionellen Biographen nur in Verlegenheit bringen, und das tun sie auch. Trotz des großen Mangels an Zeugnissen für Shakespeares literarisches Wirken zitieren sie diese Stelle nur selten. Lee, Adams, Chute, Bentley, Quennell, Halliday, Rowse, Schoenbaum, Levi, Fraser, Kay und O'Connor, sie alle übergehen Barksteads Huldigung.

Es gibt noch andere Hinweise darauf, daß Shakespeare früher starb als die offizielle Lesart es wahrhaben will. Die Quartoausgabe von *Troilus* aus dem Jahre 1609 beginnt mit einer seltsamen anonymen Vorrede unter der Überschrift »A never writer, to an ever reader. News.« Wir haben keine überzeugende Erklärung für diese rätselhafte Zeile. Die Oxfordianer haben viel davon hergemacht, und das aus guten Gründen. Obwohl die Titelseite den Namen William Shakespeare trägt, bezeichnet ihn die Vorrede vorsichtig als »diesen Autor« und preist ihn mit Formulierungen, die fast wie ein Nachruf anmuten: »Und glaubet dies, daß, wenn er dahin ist und seine Komödien nicht mehr erhältlich, ihr euch um sie reißen werdet …« Warum »wenn er dahin ist«? Mr. Shakspere war erst fünfundvierzig und, wenn man seinen Biographen glauben darf, immer noch tätig. Ferner empfiehlt der *never writer* seinen Lesern, sie sollten »dem Himmel dafür danken, daß dieses [Stück] sich in eure Mitte gerettet hat, denn nach dem Willen der großmächtigen Eigentümer, so glaube ich, müßtet ihr euch inständig um sie bemühen, eher als daß man sich um euch bemühte«.

Der *never writer* hält mit etwas hinter dem Berg und befleißigt sich gezierter Wendungen für sein eingeweihtes Publikum – seinen *ever reader*. Bestimmte »großmächtige Eigentümer« – nicht der Verfasser, nicht die King's Men – saßen offenbar auf Shakespeares Manuskripten.

Die Vorrede wird eher verständlich, wenn wir annehmen, daß der wahre Shakespeare bereits tot war und daß der *never writer* seinen eingeweihten Lesern zu verstehen gibt, der *Troilus*-Text sei irgendwie von jenen erlangt worden, die Shakespeares literarischen Nachlaß verwalten – offenbar Personen hohen Standes. Aber das Faszinierendste an dieser Vorrede ist etwas weniger Greifbares: seine verstohlene Art, von »diesem Autor« zu reden, wie wir von jemandem sprechen, der abwesend ist, und zwar für immer. Es wird mit Respekt von ihm gesprochen, aber nicht so, als könnten die Worte an sein Ohr dringen. Was über ihn gesagt wird, gehört zu einem Gespräch, an dem er selbst nicht mehr teilnimmt.

Im selben Jahr erschienen *Shake-speares Sonnets*, mit einer weiteren geheimnisvollen Vorrede: der Widmung von »T.T.«, dem Verleger Thomas Thorpe. Warum schrieb Shakespeare nicht selbst die Widmung, wie er es für *Venus* und *Lucretia* getan hatte? Die übliche Erklärung ist, daß die Sonette ohne seine Erlaubnis oder Mitwirkung veröffentlicht wurden. Aber wenn es so war, warum protestierte er dann nicht? Und würde der Verleger eines Raubdrucks so unverschämt sein, selbst eine Widmung zu schreiben, gleichsam namens des Dichters, dessen Werk er gerade stahl?

Nur, behaupte ich, wenn der Dichter tot war. Der respektvolle Ausdruck *ever-living* deutet darauf hin. Für gewöhnlich schreiben wir denen, die noch am Leben sind, nicht Unsterblichkeit zu, es sei denn, ihr Lebenswerk ist so gut wie abgeschlossen (wie zum Beispiel bei Joe DiMaggio). Abermals, Mr. Shakspere war erst fünfundvierzig und, wenn die Standardbiographie stimmt, noch im Vollbesitz seiner genialen Begabung. Er mußte auf alle um ihn herum den Eindruck erwecken, er werde noch viele Jahre lang weitere Dramen und Gedichte schreiben. Es gab keinen weithin bekannten Hinweis darauf, daß er im Begriff stand, »sich zur Ruhe zu setzen«, wie die Forscher vorgeben. Das Schreiben ist keine Tätigkeit, von der man sich zur Ruhe setzt, besonders nicht mit fünfundvierzig.

Shake-speares Sonnets wäre nicht der Titel des Dichters gewesen. Autoren sprechen normalerweise von sich nicht in der dritten Person. Andere Sonettdichter der Zeit nannten ihre Werke *Delia*, *Astrophil and Stella*, *Amoretti*, *Idea*, *Diana*, *Fidessa*, *Zepheria*, *Chloris*, *Phyllis* oder *Parthenophil and Parthenophe*; niemand macht seinen eigenen Namen zum Titel. Die Formulierung *Shakes-speares Sonnets* hat etwas Endgültiges: sie deutet an, daß es von diesem Dichter keine weiteren Sonette geben wird. Andernfalls hätte der Verleger den Sammelband eher »*Sonnets*, by William Shakespeare« genannt.

Dies ist ein weiterer Hinweis darauf, daß Shakespeare auf die Veröffentlichung der Sonette keinen Einfluß hatte; wenn er ihnen einen Titel gegeben

hätte, wäre es vermutlich der Name des Jünglings gewesen, den er unsterblich zu machen verspricht. Vielleicht haben wir hierin auch einen weiteren
Hinweis darauf, daß der Dichter im Jahre 1609 bereits tot war. Der Titel und
die Widmung scheinen, wie die Vorrede zu *Troilus*, ihn mit einer Art von
Objektivität zu erwähnen, die wir an den Tag legen, wenn wir von denen
sprechen, die abwesend sind. Wiederum, so scheint es, wird nicht angenommen, daß der Dichter hört, was über ihn gesagt wird. Sowohl T.T. als auch
der *never writer* erwecken den Eindruck, auf ein offenes Geheimnis anzuspielen.

Shakespeare scheint mit dem Schreiben der Sonette etwa zu der Zeit aufgehört zu haben, als Oxford starb. Das 107. Sonett, also eines der späteren,
könnte sich mit der Zeile »The mortal moon hath her eclipse endur'd« [Der
sterbliche Mond hat seinen Niedergang erlitten] auf Elisabeths Tod im Jahre 1603 beziehen. Warum sollte Mr. Shakspere, vorausgesetzt, er war tatsächlich der Dichter, sich ausgerechnet zu dieser Zeit vom Sonett – einer
Form, die ihm offensichtlich lag – abgewandt haben? Viel wahrscheinlicher
wäre doch, daß er, auch nachdem er aufgehört hatte, Theaterstücke für die
Öffentlichkeit zu schreiben, weiterhin privat Sonette schrieb, es sei denn,
der Schaffensdrang hätte ihn aus unerklärlichen Gründen plötzlich vollständig verlassen.

Nach der etablierten Sichtweise hätte der Zeitraum von 1604 bis 1612
Shakespeares Lebenshöhepunkt in der großen Stadt sein müssen, Jahre
des Ruhms, des Reichtums und allgemeiner Popularität – mit allen Vortei-
len, die einem großen und anerkannten Genie daraus erwachsen. Schoenbaum versichert uns, daß Shakespeare sich in diesen Jahren großer »Berühmtheit« erfreute; tatsächlich jedoch sind das die Jahre von Shakespeares
vollkommen unerklärlicher Unsichtbarkeit. Mr. Shakspere läßt sich in dieser Zeit durchaus sehen, aber nur in Stratford, wo er Grundstücke kauft,
eine Tochter verheiratet, Großvater wird und einen Prozeß anstrengt. In
London finden wir zwischen 1604 und 1612 keine Spur von ihm, erst 1612
kommt er zurück, um in dem Mountjoy-Prozeß als Zeuge auszusagen. Was
er zu Protokoll gibt, deutet nicht auf eine sonderlich etablierte Existenz
in der Hauptstadt: nach seinen Angaben war er etwa von 1602 bis 1604 Un-
termieter der Familie Mountjoy, was bestätigt, daß er in London nie ein eigenes Haus besaß, auch nicht nach seinen angeblichen Erfolgen als großer
Dramatiker. Übrigens geht aus keiner Silbe seiner Zeugenaussage hervor,

daß er Schriftsteller war. Wir dürfen rätseln, warum er London 1604 verließ.

Shakespeares Theaterstücke waren so populär, daß ihm von skrupellosen Verlegern mehrere Stücke untergeschoben wurden, die nicht aus seiner Feder stammten und von weit minderer Qualität waren. 1605 erschien unter dem Namen »William Shakespeare« das Stück *The London Prodigal*. 1608 wurde *A Yorkshire Tragedy* als das Werk von »W. Shakspeare« gedruckt. 1611 erschien eine Neuauflage des erstmals 1591 gedruckten Stückes *The Troublesome Reign of King John* mit der Zuschreibung »W. Sh.« – offensichtlich ein Versuch, das Stück für Shakespeares *King John* auszugeben (der noch nicht im Druck erschienen war).

Es ist natürlich riskant, einem lebenden Dramatiker ein fremdes Stück unterzujubeln; jeder Autor würde sich gegen solchen Mißbrauch seines Namens verwahren. Bedeutsam an diesen Stücken ist, daß sie ein Jahr nach Oxfords Tod zu erscheinen begannen. Mr. Shakspere erfreute sich da noch seines Lebens; wenn man ihn für den Verfasser gehalten hätte, wären diese Unterschiebungen wohl kaum gewagt worden. Allen Forschern ist in seltener Einigkeit entgangen, wie seltsam es ist, daß ein lebender Autor sich nicht dagegen wehrt, wenn mit seinem Namen und seinem Ruf Schindluder getrieben wird – besonders einer, der zum Prozessieren neigte.

Ab 1598 – dem Jahr, in dem erstmals Dramen von Shakespeare gedruckt werden – bis 1604 erschien eine Reihe authentischer Shakespeare-Stücke im Quartformat. Bis 1604 war ein Dutzend Stücke in rascher Folge zum Verkauf angeboten worden. Dann hörte das ohne jeden erkennbaren Grund auf. Keine weiteren Stücke erschienen, erst 1608 wurden Quartoausgaben von *Lear* und *Perikles* (einem damals außerordentlich beliebten Stück) gedruckt. 1609 folgte *Troilus* – und dann nichts mehr bis zum Erscheinen von *Othello* 1622. Im Jahr 1623 präsentierte die Folio der Welt zwanzig neue Stücke – von denen einige, so weit wir wissen, nie aufgeführt worden waren – und versicherte, daß Mr. Shakspere der Dichter Shakespeare war.

Warum versiegte der Strom der Quartoausgaben im Jahre 1604? Vielleicht aus demselben Grunde, aus dem um 1604 Shakespeares Sonette aufhörten: es war das Jahr von Oxfords Tod.

Shakespeare spricht öffentlich nur zweimal in der ersten Person, und zwar in den Widmungen zu *Venus* und *Lucretia*, und dann nie wieder. Beide Versepen wurden geschrieben, bevor Shakespeare als Dramatiker in

Erscheinung trat. Während die unerschöpflich erfindungsreichen und wortgewaltigen Stücke hervorströmen, hinterläßt der Autor den paradoxen Eindruck, selbst fern und schweigsam zu sein – jedenfalls wenn wir das dokumentierte Leben von Mr. Shakspere für die Lebenszeugnisse des Dramatikers halten.

Die Forscher haben es versäumt, eine weitere auf der Hand liegende Frage zu stellen. Warum bemühte sich Shakespeare nach den großen Triumphen mit den beiden Southampton zugeeigneten Versepen anschließend nie wieder um einen Schirmherrn aus dem Hochadel? Hätten es sich nicht viele Aristokraten – darunter Oxford selbst – angelegen sein lassen, sich mit einem solchen Talent zu schmücken? Ben Jonson schrieb zahlreiche Gelegenheitsgedichte für verschiedene Herren. Es war für ihn eine einfache Möglichkeit, seine Einkünfte aus dem Theater aufzubessern. Warum verfuhr Shakespeare nicht ebenso, zumal er noch 1613, als Mr. Shakspere ein wohlhabender Mann war, so erpicht auf Geld war, daß er dem Grafen von Rutland für 44 Shilling ein »impreso« lieferte?

Das Jahr 1604 bezeichnet deutlich einen großen Bruch in Shakespeares Laufbahn. Mr. Shakspere verschwindet unversehens aus London – zumindest finden wir dort keine Spuren seiner Anwesenheit, bis er 1612 im Mountjoy-Prozeß aussagt. Kein Stück von Shakespeare basiert auf einer Quelle, die erst nach 1603 zugänglich war. Die letzten Sonette scheinen auch aus dieser Zeit zu stammen. Mehrere Erwähnungen Shakespeares nach 1604 deuten an, daß er schon tot ist. Vorreden zu zwei seiner 1609 veröffentlichten Werke sind von anderen geschrieben. Die Reihe der Quartoausgaben seiner kanonischen Stücke bricht für mehrere Jahre ab; dafür erscheinen ab 1605 Stücke, die fälschlicherweise Shakespeares Namen tragen.

Die einfachste Erklärung für diese Tatsachen ist, daß der Graf von Oxford, der 1604 starb, der Dichter William Shakespeare war, und daß Mr. Shakspere, ein Mitglied seiner Schauspieltruppe, als Strohmann für ihn fungierte. Das würde auch erklären, warum 1616 die literarische Welt Londons von Mr. Shaksperes Tod keinerlei Notiz nahm.

Die traditionelle Datierung der Stücke, die nach Meinung vieler Oxford als Verfasser ausschließt, basiert auf der Annahme, daß Mr. Shakspere der Dichter Shakespeare war, so daß die Stücke etwa zwischen 1590 und 1612 geschrieben worden sein müssen. Zur Erklärung seiner Datierungsmethode schrieb 1778 Edmond Malone, der Ahnherr der modernen Shakespeare-Forschung: »Die Theaterstücke, die Shakespeare vor dem Jahre 1600 hervorbrachte, sind bekannt und sind 17 oder 18 an der Zahl. Die übrigen seiner Dramen, dürfen wir folgern, wurden zwischen diesem Jahr und der Zeit seines Ruhestandes auf dem Lande verfaßt« (was nach Malones Schätzung um 1610 war). In neuerer Zeit sagte Edmund Chambers von seiner eigenen Datierungsmethode: »Das gesamte Ergebnis ist gewiß kein unzweifelhafter Beweis, sondern eine Hypothese im logischen Sinn, die dazu dient, die Tatsachen miteinander zu verbinden, die in sich widerspruchsfrei ist und mit den bekannten Ereignissen in Shakespeares Leben in Einklang steht.« Das heißt, mit den Ereignissen in Mr. Shaksperes Leben.

Der konventionelle Zeitplan hat sich seit Malone nicht wesentlich geändert. Wenn wir von Mr. Shaksperes Verfasserschaft ausgehen, ist dieser Zeitplan recht einsichtig, auch wenn er einige Probleme mit sich bringt. Verlassen wir diesen Ausgangspunkt, werden die Schwierigkeiten größer, besonders für *Hamlet*, und die Stücke können ganz anders datiert werden.

In den Stücken selbst gibt es kaum Anhaltspunkte dafür, wann sie geschrieben wurden. Shakespeare macht nur wenige unmißverständliche Anspielungen auf zeitgenössische Ereignisse und Personen. Die wichtigste Ausnahme ist *König Heinrich V.*, in dem recht deutlich auf Essex' Feldzug nach Irland im Jahre 1599 angespielt wird. Am Beginn des V. Aktes sagt der Chorus:

> Wenn jetzt der Feldherr unsrer gnäd'gen Kaiserin,
> Wie er es leichtlich mag, aus Irland käme
> Und brächt' Empörung auf dem Schwert gespießt?
> Wie viele würden diese Friedensstadt
> Verlassen, um willkommen ihn zu heißen?

Das klingt, als wäre es während des Feldzugs geschrieben, der von März bis September dauerte. Er nahm ein so böses Ende, daß es peinlich gewesen wäre, ihn hinterher zu erwähnen; diese zuversichtlichen Zeilen können schwerlich nach dem Scheitern der Mission geschrieben worden sein. Daher kann das Stück oder zumindest dieser Prolog mit ziemlicher Sicherheit auf 1599 datiert werden. Aber die Prologe vor jedem Akt erscheinen nicht im Quartodruck des Stückes von 1600, der möglicherweise eine aus dem Gedächtnis der Schauspieler rekonstruierte Bühnenfassung war und nicht auf einem Manuskript beruhte. Die fraglichen Zeilen finden sich erst in der Folio von 1623. Es kann sein, daß das Stück vor 1599 geschrieben wurde und die Prologe später eingefügt wurden, gleich nach Essex' Aufbruch. In keinem anderen Stück gibt es Hinweise, die eine Datierung auch nur mit solch zaghafter Gewißheit erlauben.

König Heinrich VIII. und *Die beiden edlen Vettern* (die *Vettern* sind nicht in der Folio enthalten) geben nicht nur Beispiele für Shakespeares späten Stil, sondern weisen auch die Hand eines zweiten Verfassers auf. Daraus leiten die meisten Forscher ab, daß Shakespeare am Ende seiner Laufbahn dazu übergegangen war, mit einem anderen Dramatiker zusammenzuarbeiten, wobei meistens an John Fletcher gedacht wird. Aber es ist doch seltsam, daß solch ein Meister sich auf der Höhe seines Schaffens mit einem minderen Dramatiker zusammentun sollte. Viele sind von der Schönheit der Shakespeare zugeschriebenen Passagen in *Die beiden edlen Vettern* begeistert. Hätte er diese Stücke zur Gänze selbst geschrieben, wären sie vielleicht so zauberhaft wie *Cymbeline* oder *Das Wintermärchen* geworden.

Eine weitere Möglichkeit ist, daß Shakespeare bei seinem Tod einige unvollendete Stücke hinterließ und daß Fletcher und andere hinzugezogen wurden, um sie fertigzustellen. Die ersten beiden Akte von *Perikles* (der ebenfalls in der Folio fehlt) sind in ganz anderem Stil geschrieben als die letzten drei; wahrscheinlich handelt es sich um ein frühes Stück, das zu einem wesentlich späteren Zeitpunkt vom Autor unvollständig überarbeitet wurde. *Timon von Athen*, ein Stück, das vor seinem Erscheinen in der Folio nirgendwo erwähnt wird, wirkt ebenfalls unfertig, was auch bei *Macbeth* der Fall sein kann; obwohl *Timon* in Shakespeares Spätstil geschrieben ist und einige seiner schönsten Verse enthält, ist das Stück sehr kurz, mit nicht zu Ende geführten Handlungssträngen und erkennbaren Einschüben.

Macbeth scheint in der Tat aktuelle Ereignisse widerzuspiegeln: Banquos Linie sollte Jakob VI. von Schottland hervorbringen, der nach Elisabeths Tod 1603 Jakob I. von England wurde. Wenn Oxford Shakespeare war, ist es möglich, daß er das Stück Jakob zu Ehren schrieb und starb, bevor er ihm den letzten Schliff geben konnte. Die Forscher interpretieren die Witze des Pförtners unmittelbar nach der Ermordung Duncans über »equivocation«, Doppelzüngigkeit, die zur Verdammnis führe, als einen

Hieb gegen die Rolle der Jesuiten in der Pulververschwörung von 1605, was bedeuten würde, daß Oxford die Pförtner-Szene nicht geschrieben haben kann, womöglich auch den Rest des Stückes nicht. Aber schon lange vor 1605 begann man, die Jesuiten mit der raffinierten Kunst der Doppelzüngigkeit – mit Doppelsinn zu reden, zu täuschen, ohne zu lügen – in Verbindung zu bringen; Edmund Chambers weist dies schon im Sensationsprozeß des Jesuitenpaters Robert Southwell im Jahre 1595 nach. Die angebliche Anspielung auf die Pulververschwörung ist also nur eine Vermutung.

Trotzdem stirbt die alte Vorstellung nur schwer. Erst vor kurzem hat Garry Wills in seinem Buch *Witches & Jesuits: Shakespeare's Macbeth* daraus weitergehendere Folgerungen gezogen als die meisten Forscher: er behauptet, daß nicht nur die Pförtner-Szene, sondern das ganze Stück unter dem Eindruck der Pulververschwörung steht und daß sogar der Wortgebrauch des Stückes von diesem Ereignis beeinflußt worden ist. Leider findet sich, wie Wills zugibt, im Stück kaum etwas zur Stützung dieser These. Um diesen Mangel zu erklären, greift er zu einem Zirkelschluß und unterstellt, daß die meisten Beweise für seine These nach der ersten Aufführung durch Überarbeitung und Zensur entfernt worden sein müssen. Also beruhen seine Argumente für die Datierung des Stückes in das Jahr 1606 auf der Annahme, daß es *nach* 1606 geändert wurde. Wills Beweisführung läuft fast darauf hinaus, daß seine These gerade durch das Fehlen von Beweisen bewiesen wird. Trotzdem behauptet er, daß »einige Spuren [der Pulver-Sprache in *Macbeth*] verblieben sind«. Sein wichtigstes Beispiel ist das Wort *blow* – wie in *blow up* (in die Luft sprengen). »Wörter wie ›Zündschnur‹ und ›sprengen‹«, beharrt er, »konnten nach der Pulververschwörung nicht mehr unschuldig benutzt werden, ebensowenig wie ›heimtückischer Überfall‹ oder ›Rasenhügel‹ nach Pearl Harbour oder John F. Kennedys Ermordung.« Aber der Ausdruck »Rasenhügel« eignet sich nicht zur Analogie, weil er vor dem November 1963 nicht zur Alltagssprache gehörte. Shakespeare hingegen benutzt das Wort *blow* weit über hundert Mal, und sein mehrfacher Gebrauch in *Macbeth* ruft nicht die Verschwörung wach oder auch nur das Bild der Explosion, sondern bezeichnet entweder das Wehen des Windes (*trees blown down*, umgewehte Bäume) oder einen Schlag mit der Faust oder einem Knüppel (*blows and buffets*, Stöße und Schläge).

Wir haben zum Glück von dem Astrologen Simon Forman einen ausführlichen Bericht über eine *Macbeth*-Aufführung im Jahre 1611. Er erwähnt nichts, was in irgendeiner Weise auf die Pulververschwörung deutet. Wenn das Stück auf die berühmteste Verschwörung der Zeit anspielte, so entging das Forman, einem wachsamen Beobachter, völlig, und das, obwohl die Verschwörung nach sechs Jahren noch lebhaft in Erinnerung war.

Aus Wills Argumenten läßt sich auch das Gegenteil schließen. Wäre *Macbeth* kurz nach der Pulververschwörung geschrieben worden, hätte das Stück in seiner Behandlung eines Königsmordes an einem schottischen Monarchen dieses Ereignis wahrscheinlich widergespiegelt. Aber das tut es nicht. Die naheliegende Schlußfolgerung daraus ist, daß das Stück deutlich vor der Verschwörung geschrieben und nicht einmal überarbeitet wurde, um eine Anspielung darauf hineinzunehmen.

Die meisten Forscher spüren, daß an dem erhaltenen *Macbeth*-Text etwas nicht stimmt. Abgesehen von offensichtlichen Einschüben, fehlerhaften Stellen und kleineren Unstimmigkeiten ist es, wenn man von der *Komödie der Irrungen* absieht, kürzer als jedes andere Shakespeare-Stück. Manche vermuten, daß das Stück von seinen ersten Herausgebern verstümmelt wurde. Aber wenn Mr. Shakspere der Verfasser gewesen wäre, hätte er *Macbeth* um 1606 geschrieben, zehn Jahre vor seinem Tod. Das hätte ihm genügend Zeit gelassen, es zu überarbeiten und zu vervollkommnen, wie Shakespeare es offenbar mit *Hamlet* und *Lear* tat, nach den Unterschieden zwischen den Quarto- und den Folioausgaben dieses Stückes zu urteilen. Warum sollte der Dramatiker ein so großartiges Stück in einem so traurigen Zustand belassen? Die wahrscheinlichste Antwort ist, daß er nicht lange genug lebte, um es selbst zu vollenden.

Allen Anzeichen nach hatten Shakespeares erste Herausgeber höchsten Respekt vor seinem Werk. Weit davon entfernt, *Macbeth* zu verstümmeln, taten sie wahrscheinlich ihr Bestes, um es aus den Bruchstücken zusammenzusetzen, die Shakespeare hinterließ, als er starb – vor der Pulververschwörung von 1605. So ist der problematische *Macbeth*-Text ein weiteres Teilchen des Indizienbeweises für Oxfords Verfasserschaft. Wenn dies zutrifft, haben die Herausgeber für *Macbeth* vielleicht das getan, was sie für *König Heinrich VIII.* und *Die beiden edlen Vettern* (und unter Umständen auch noch für andere Stücke) taten: sie holten jemanden zu Hilfe – in diesem Fall Thomas Middleton, der an einigen Stellen auf sein eigenes Werk zurückgriff (*Macbeth* enthält ein Lied aus Middletons Stück *The Witches*). Selbst wenn Shakespeare *Macbeth* im Jahr 1606 schrieb, läßt sich schwer erklären, wie es ihm gelang, Zeilen aus einem Stück zu kopieren, das allem Anschein nach erst nach 1609 entstand.

Wie Chambers zugibt, lassen sich die späten Stücke – jene, die gemäß üblicher Datierung nach 1603 entstanden – wesentlich schwerer datieren als die frühen. Es gibt von ihnen weniger Quartoausgaben, weniger Belege von Aufführungen und weniger zeitgenössische Nennungen, dafür bereiten sie mehr Textprobleme. Ihr Versmaß ist unregelmäßiger, und sie weisen oft Anzeichen von Unfertigkeit auf, von der Mitwirkung eines zweiten Autors oder von editorischen Zusätzen und Auslassungen. All das paßt zu der Annahme, daß Shakespeare zu früh starb, um sie zu vollenden.

Die Datierung der Stücke beruht in einigen Fällen zum Teil auch auf den Daten ihrer Quellen, da Shakespeare für Haupt- und Nebenhandlungen und vieles andere auf zeitgenössische Vorlagen zurückgriff. Tom Bethell und Peter Moore fiel auf, daß die Stücke keine Quellen benutzen, die erst nach 1603 zugänglich waren. Geoffrey Bulloughs achtbändige Ausgabe von Shakespeares Quellen zählt Dutzende auf, die in den Jahren von 1580 bis 1600 gedruckt wurden, aber nur wenige, die nach 1603 erschienen (und die er außerdem zumeist nur für »mögliche« Quellen hält).

Warum hörte Shakespeare plötzlich auf, sich aus Neuerscheinungen Anregungen zu holen? Oxford starb 1604 (als Mr. Shakspere erst vierzig war). Das würde erklären, warum Shakespeare, der sich bis dahin aus Büchern so vieles holte, nichts mehr Büchern entnahm, die nach 1603 erschienen.

Die meisten Forscher (Chambers bildet eine wichtige Ausnahme) legen für den *Sturm* eine spätere Quelle zugrunde. Hauptsächlich, weil Ariel von den »stürmischen Bermudas« spricht, sind sie sich einig, das Stück beruhe auf William Stracheys Bericht vom Untergang der *Sea-Venture* 1609 vor der Küste der Bermudas (das Schiff war nach Virginia unterwegs). Der Versstil verweist den *Sturm* in Shakespeares Spätwerk; das Stück wird oft als sein »Abschied vom Theater« gedeutet. Und das Jahr 1609 paßt wunderbar in den konventionellen Zeitplan. Träfe das zu, wäre Oxford als Verfasser natürlich unhaltbar.

Nun hat diese Theorie einen Haken: Stracheys Brief, datiert vom 15. Juni 1610, wurde erst 1625 veröffentlicht – zwei Jahre nach der Folio und lange nach Shakespeares Tod, ob er nun Mr. Shakspere oder Oxford war (Francis Bacon starb 1626). Die Forscher überwinden dieses Problem, indem sie davon ausgehen, Shakespeare könnte den langen Brief im Manuskript gelesen haben. Eine reine Vermutung.

Obwohl so viele Forscher es wiederholen, wurden die Bermudas nicht von der Besatzung der *Sea-Venture* entdeckt. Die Inseln waren englischen und spanischen Seefahrern lange vor 1609 gut bekannt. Sie sind von Klippen und einem großflächigen Labyrinth aus Korallenriffen umgeben und haben über 600 Schiffsuntergänge gesehen. Im Jahre 1600 beschrieb Richard Hakluyt einen Schiffbruch, der sich 1595 ereignet hatte. Wir vergessen gern, daß Schiffskatastrophen, die inzwischen selten geworden sind, damals alltägliche Vorkommnisse waren, so alltäglich, wie es heute Flugzeugabstürze sind. Außerdem weist der Schiffbruch im *Sturm* keine besondere Ähnlichkeit mit dem der *Sea-Venture* auf. In Stracheys Bericht ist keine Rede von einem Zauberer und seiner Tochter oder von Geschöpfen wie Ariel und Caliban; das sind traditionelle Figuren aus Märchen über einsame Inseln. Die Datierung des *Sturm* muß sich bessere Gründe suchen als Stracheys Brief.

Die Stichhaltigkeit der üblichen Sichtweise mag man anhand von Chambers' vorsichtigen Überlegungen zu den Vorlagen des Stückes beurteilen: »Sylvester Jourdans *A Discovery of the Bermudas* mit einem Bericht über den Schiffbruch von George Somers 1609 wurde um den Oktober 1610 veröffentlicht, und dieses Buch *oder eine andere zeitgenössische Schilderung* der Kolonisation von Virginia lieferten *wahrscheinlich* den *Hinweis* für die Handlung« (meine Hervorhebung). Warum »Virginia«? Alles an dem Stück schmeckt nach Italien oder dem Mittelmeer; die neuere Forschung hat vermutet, das Stück sei von einer Form der italienischen pastoralen Tragikomödie inspiriert, die für gewöhnlich auf einer verzauberten Insel spielt, auf der ein guter Zauberer herrscht, der Prospero in vielen Einzelheiten ähnelt.

Es gibt einen weiteren triftigen Grund für Zweifel, daß Strachey die Vorlage für den *Sturm* lieferte. Die Forscher haben im großen und ganzen Einigkeit über die Hauptquellen von Shakespeares Stücken erzielt; aber ihnen ist entgangen, daß die Erscheinungsdaten dieser Quellen ein deutliches Muster bilden: die meisten erschienen nach 1550, dem Geburtsjahr von Oxford, und alle waren bis 1603 gedruckt worden, dem Jahr, bevor er starb. Stracheys Brief, der bis 1625 nur im Manuskript existierte, überschreitet diese Zeitspanne um sieben Jahre. Wenn wir Stracheys Brief als die Quelle für den *Sturm* akzeptieren, stehen wir vor einer Anomalie: Shakespeare benutzt bis 1603 alle ein oder zwei Jahre eine erst kürzlich veröffentlichte Quelle, dann sieben Jahre später die einzige unveröffentlichte Quelle.

Wenn nur eine einzige unstrittige Quelle eines unstrittigen Shakespeare-Stückes nach 1604 veröffentlicht worden wäre, käme Oxford als Verfasser der kanonischen Stücke natürlich nicht in Frage. Wenn andererseits keins der Stücke auf einer nach 1603 veröffentlichten Quelle beruhen würde, könnte Mr. Shakspere aufgrund der Logik als Verfasser nicht ausgeschlossen werden, aber es wäre doch sehr merkwürdig, daß er im Jahr 1604 plötzlich zu lesen aufhörte. Einige von Shakespeares Quellen (die Klassiker, Chaucer, Boccaccio) waren vor 1500 allgemein zugänglich. Unter den nach 1500 gedruckten finden wir 1516 eine, 1529 eine, nach 1530 zwei, nach 1540 und 1550 jeweils drei, nach 1560 neun, nach 1570, 1580 und 1590 jeweils sieben – und zwei aus dem Jahr 1603 (siehe Zeittafel am Ende des Kapitels).

Die Quellen konzentrieren sich also auf Oxfords Lebensspanne und hören zur Zeit seines Todes abrupt auf. Darüber hinaus gab es ein halbes Dutzend davon nur auf Italienisch, Französisch und Spanisch. In zwei Fällen, so glauben die Forscher, benutzte Shakespeare die Originale und nicht die schon verfügbaren englischen Übersetzungen. Oxford beherrschte Italienisch und Französisch und hätte daher spanische Quellen ohne weiteres lesen können. Wir haben keinerlei Belege dafür, daß Mr. Shakspere irgendeine Fremdsprache konnte.

Eine der anerkannten Quellen liefert einen weiteren Hinweis. Grundlage für *Das Wintermärchen* war Robert Greenes Prosaroman *Pandosto*. Das Stück wurde im Jahre 1610 zur Aufführung zugelassen, und die konventionelle Datierung geht davon aus, daß es um diese Zeit entstanden ist. Greenes *Pandosto* wurde 1607 nachgedruckt, Shakespeare benutzte jedoch offenkundig die Erstausgabe von 1588. Eine Kleinigkeit, aber sie untermauert, daß Shakespeares Werk sich mit nichts in Verbindung bringen läßt, was nach Oxfords Tod geschrieben, gedruckt oder nachgedruckt wurde.

Wie wir gesehen haben, schließt Oxfords Sterbejahr 1604 ihn als den Verfasser von Shakespeares Werken keinesfalls aus. Es stellt nur die übliche Datierung der Stücke in Frage. Werfen Datierungsfragen andererseits Zweifel an Mr. Shaksperes Verfasserschaft auf?

Am Neujahrstag des Jahres 1577 wurde auf Schloß Hampton Court von einer Kindertruppe, den Children of St. Paul's, ein Stück mit dem Titel *The Historie of Error* aufgeführt. Da das Wort *historie* eher eine Schilderung ungewöhnlicher Begebenheiten als einen Bericht von historischen Ereignissen bezeichnete, ist durchaus möglich, daß sich dahinter das Stück verbarg, das wir heute als *The Comedy of Errors* kennen. Träfe dies zu, könnten wir Mr. Shakspere als Verfasser ausschließen, denn er war zu diesem Zeitpunkt erst zwölf Jahre alt.

Aber bezeichnen beide Titel ein- und dasselbe Stück? Charlton Ogburn hält das für »höchst wahrscheinlich« – und das kann stimmen, wenn Oxford Shakespeare war. Wir haben zu wenige Informationen, um sicher zu sein. Aber dieses Beispiel zeigt: ebenso, wie Oxford als Verfasser eines nach 1604 geschriebenen Stückes ausgeschlossen werden kann, so kann Mr. Shakspere als Verfasser eines lange vor 1590 geschriebenen Stückes ausgeschlossen werden. Keines der Stücke ist genau zu datieren. Doch mehrere Daten legen nahe, daß Shakespeare schon Erfolge feierte, lange bevor Mr. Shakspere sich als Dichter oder Dramatiker einen Namen machen konnte. Die Forscher sind gezwungen, diese störenden Daten zu bagatellisieren oder zu ignorieren, um das orthodoxe Datierungsschema aufrechtzuerhalten.

Wenn ein Stück gleichbedeutend mit Shakespeare ist, dann *Hamlet*. Die Forscher datieren dieses Stück nahezu einmütig um 1601. Das paßt zu den mutmaßlichen Daten von Mr. Shaksperes Laufbahn und legt dieses Meisterwerk etwa in deren Mitte. Die erste Quartoausgabe des Stückes, eine stark verstümmelte, erschien 1603; schon 1604 erschien eine wesentlich bessere. Also ist 1601 auf den ersten Blick eine vernünftige Annahme.

Aber es gibt ein Problem. Bereits 1589 schreibt Thomas Nashe, wie wir gesehen haben, bissig von »ganzen Hamlets, ja Bündeln von tragischen Monologen«. Das Tagebuch von William Henslowe verzeichnet am 11. Juni 1594 die Aufführung eines Stückes namens *Hamlet*. Und 1596 erwähnt Thomas Lodge »den unheimlichen Geist, der im *Theatre* so jämmerlich wie ein Fischweib ›Hamlet, Rache‹ schrie«. Also war lange vor 1601 ein Stück über Hamlet mit »tragischen Monologen« und einem nach Rache rufenden Geist dem Publikum bekannt. Die orthodoxen Forscher haben das Problem, daß nur ein Stück erhalten geblieben ist, das dieser Beschreibung entspricht, nämlich das von Shakespeare. Wie konnte Mr. Shakspere es vor 1589 geschrieben haben?

Dieses Problem haben die Forscher durch die Hypothese gelöst, ein früheres Stück hätte Shakespeare als Hauptquelle vorgelegen. Sie nennen dieses verschollene Stück den *Ur-Hamlet* und schreiben es (aufgrund von Beweismaterial, das dürftiger kaum sein könnte) Thomas Kyd zu. Auf diese Weise ist eine hinderliche Tatsache durch eine findige Annahme aus dem Weg geräumt worden, und die Annahme wird obendrein zur Tatsache erklärt. Einige Forscher haben sich ernsthaft damit auseinandergesetzt, ob die verworrene Quartoausgabe von 1603 eine Mischung aus Shakespeares *Hamlet* und dem *Ur-Hamlet* ist, und *The Reader's Encyclopedia of Shakespeare* stellt kategorisch fest: »Im *Hamlet* übernimmt Shakespeare mehrere der Elemente, die Kyd in seinem berühmten Werk einsetzt.« Ferner: »Aus den vorhandenen Quellen geht hervor, daß Shakespeare der Handlung seiner Vorlage recht eng folgte.«

Die Forscher vergessen oft: es gibt keinerlei Beweise dafür, daß es diesen *Ur-Hamlet* je gab. Sie haben ihn nur postuliert, um ihr Datierungssystem zu retten – und damit Mr. Shakspperes Verfasserschaft. Allem Anschein nach beruht *Hamlet* auf den 1576 in Frankreich erschienenen *Histoires Tragiques* von François de Belleforest; die Suche nach weiteren Vorlagen ist gar nicht notwendig, da viele von Shakespeares Stücken sich aus wesentlich unergiebigeren Quellen speisen als der von Belleforest. Lodges Bericht von der Aufführung des Stückes im *Theatre*, in dem die Lord Chamberlain's Men bis 1596 auftraten, ist ein weiterer Hinweis darauf, daß er damit Shakespeares *Hamlet* meinte.

Rufen wir uns Nashes rätselhafte Erwähnung eines »Will. Monox« 1593 in *Strange News* in Erinnerung. Nashe verdanken wir auch eine Notiz aus dem Jahre 1592, in der zum ersten Mal *König Heinrich VI. 1. Teil* erwähnt wird – was sich immerhin, anders als seine Anmerkungen zu *Hamlet*, mit dem etablierten Datierungssystem vereinbaren läßt. Diese rätselhaften Anspielungen, dazu Nashes Kenntnis von zumindest zwei Shakespeare-Stücken, bringen uns zu einer weiteren geheimnisvollen Andeutung.

1591 veröffentlichte Edmund Spenser *The Teares of the Muses* (in einem Gedichtband mit dem Titel *Complaints*), eine Reihe kurzer Gedichte, die den niedrigen Stand der Bildung und der Künste seiner Zeit beklagen. Die meisten Gedichte tadeln das Zeitalter ganz allgemein. Aber in der dritten Klage lamentiert Thalia, die Muse der Komödie, daß »die Lustspielbühne« zu »spöttischer Unflätigkeit«, »höhnischer Narretei« und »schamloser

Zotigkeit« herabgesunken sei, und zwar während und wegen der Abwesenheit eines einzigen vorzüglichen Dramatikers, den sie nur »unseren lieben Willy« nennt:

And he, the man whom Nature self had made
To mock her selfe, and truth to imitate,
With kindly counter under mimick shade,
Our pleasant Willy, ah! is dead of late:
With whom all joy and jolly meriment
Is also deaded, and in dolour drent.

[Und er, der Mann, den die Natur erschuf,
Damit er sie kopiere und die Wahrheit imitiere
Mit freundlicher Entgegnung in des Schauspiels Maske,
Unser lieber Willy, ach! ist seit kurzem tot:
Mit ihm sind alle Freude und heitere Lustbarkeit
Des Todes und von Schmerz durchdrungen.]

Man beachte, daß mit Willy alle Freude und heitere Lustbarkeit dahingeschieden sind. Keines der übrigen Gedichte in den *Teares of the Muses* hebt eine Einzelperson derart hervor, ausgenommen die Königin, und in ihrem Fall wird kein Zweifel daran gelassen, wer gemeint ist: »Göttliche Elisa, heilige Herrscherin«. Wer kann dieser beachtliche Dramatiker sein? Und warum wird er nur mit einem Spitznamen erwähnt? Diese Scheu, ihn zu benennen, paßt zu der ausweichenden Art, mit der oft auf Shakespeare angespielt wird – wie 1603, als Henry Chettle ihn als »Melicert« mit seiner »honigsüßen Muse« bezeichnet. Chettles Gedicht *England's Mourning Garment* von 1603 spricht auch davon, daß Melicert undankbar ist, da er die tote Königin nicht betrauert, und läßt eine persönliche Beziehung zwischen dem Dichter und Elisabeth durchblicken: sie hatte »sein Verdienst ausgezeichnet« und »seinen Liedern ihr königliches Ohr geöffnet«.

Zwei Strophen später, nach einer Beschreibung des »seichten Witzes«, der die von dem abwesenden Willy hinterlassene Leere füllt, stellt Spensers Thalia klar, daß sein Tod vor kurzem nur eine Metapher für seinen derzeitigen Rückzug von der Bühne sei, der, so hofft sie, bald beendet sein wird:

But that same gentle spirit, from whose pen
Large streams of honnie and sweete nectar flowe,
Scorning the boldnes of such base-borne men,
Which dare their follies so rashlie throwe,
Doth rather choose to sit in idle cell,
Than so himselfe to mockerie to sell.

[Aber dieser edle Geist, aus dessen Feder
Breite Ströme von Honig und süßem Nektar fließen,
Verachtend die Dreistigkeit der Burschen niederen Standes,
Die sich erkühnen, ihre Narreteien so hastig auszuspeien,
Zieht es vor, müßig im Kämmerlein zu sitzen
Statt sich an die Spötterei zu verkaufen.]

Für viele Generationen, angefangen bei John Dryden, stand fest, daß »mein lieber Willy« niemand anders als Shakespeare sein konnte – den frühe Lobredner als »honigzüngig«, »Honig verströmend«, »süß«, »edel« und als »glücklichen Nachahmer der Natur« beschrieben und mit den Musen in Verbindung brachten. Etliche Worte in Ben Jonsons Folio-Huldigung an Shakespeare lassen Spensers Loblied auf Willy anklingen.

Neuere Forscher sind aber von dieser Deutung abgekommen, da sie sich nicht mit ihrer eigenen Chronologie von Mr. Shaksperes Werdegang vereinbaren läßt. Der konnte vor 1591 erst wenige Stücke geschrieben haben, und es wäre ihm kaum Zeit geblieben, bleibenden Eindruck zu hinterlassen geschweige denn, sich vorübergehend zurückzuziehen. Nicht zuletzt ist nach orthodoxer Sichtweise *Greene's Groatsworth* ein Beweis dafür, daß Shakespeare 1592 noch ein blutiger Anfänger war. Wieder einmal erweist sich Mr. Shakspere als zu jung für eine offenkundige Hommage an Shakespeare.

Oxford dagegen hätte im Laufe des Jahrzehnts nach 1580 sehr wohl davon Abstand nehmen können, Komödien zu schreiben, als ihm nämlich Skandale, Streitereien, Schulden, vergebliche Bemühungen um militärische Ehren und der Tod seiner Frau zusetzten. Darüber hinaus deutet Spensers Gegensatz zwischen Willys »edlem« Geist und dem der »Burschen niederen Standes« darauf hin, daß Willy ein Mann von hoher Geburt ist, was auch erklärt, warum er nicht eindeutiger benannt wird. Spensers Loblied auf Willy kann durchaus auch eine Bitte um Förderung gewesen sein: *The Teares of the Muses* ist zu Teilen eine Klage darüber, daß der Hochadel die Künste nicht so großzügig fördert, wie es sich für ihn ziemt.

Ein weiteres Datierungsproblem ergibt sich im Jahre 1594. Da erschien ein Schlüsselroman in Versen unter dem Titel *Willobie his Avisa*. Zum ersten Mal wird hier in einem gedruckten Werk »Shakespeare« genannt, als der Verfasser von *Die Schändung der Lucretia*. Das Problem ergibt sich nicht aus der Namensnennung, sondern aus dem absichtlich rätselhaften Inhalt des Gedichts. Es handelt von einer Dame namens Avisa und ihren diversen Freiern. Avisa ist offenbar ein Deckname für Königin Elisabeth, zumindest scheinen die Zensoren das angenommen zu haben, da sie das beliebte Büchlein verboten. Einer der Freier in der Erzählung ist ein »H. W.« genannter Jüngling, um dessen Freundschaft sich ein »alter Schauspieler« namens »W. S.« bemüht, der einst selbst einer von Avisas Freiern war. W. S. berät seinen jungen Freund mit folgenden Zeilen, in denen mindestens vier Shakespeare-Stellen anklingen:

> She is no saint, she is no nun;
> I think in time she may be won.

> [Sie ist keine Heilige, sie ist keine Nonne;
> Ich glaube, daß man sie mit der Zeit gewönne.]

Man vergleiche entsprechende Zeilen aus *Titus Andronicus*, *König Heinrich VI. 1. Teil*, *König Richard III.* und dem 41. Sonett:

> She is a woman, therefore may be woo'd;
> She is a woman, therefore may be won.
> [Sie ist ein Weib, drum darf man um sie werben;
> Sie ist ein Weib, drum kann man sie gewinnen.]

> She's beautiful and therefore to be woo'd,
> She is a woman, therefore to be won.
> [Ja, sie ist schön: drum muß man um sie werben;
> Sie ist ein Weib: drum kann man sie gewinnen.]

Was ever woman in this humour woo'd?
Was ever woman in this humour won?
[Ward je in dieser Laun' ein Weib gefreit?
Ward je in dieser Laun' ein Weib gewonnen?]

Gentle thou art and therefore to be won,
Beauteous thou art, therefore to be assail'd.
[Liebreich bist du: und deshalb zu gewinnen,
Schön bist du: deshalb zu bestürmen.]

Die Forscher sind sich uneinig, ob es sich bei W. S. um Shakespeare handelt; die Hauptschwierigkeit ist wieder einmal ihre eigene Chronologie, die auf der Annahme beruht, daß sich hinter Shakespeare jener Mr. Shakspere aus Stratford verbirgt, der es von 1592 bis 1594 schwerlich von der »emporge-kommenen Krähe« zum »alten Schauspieler« bringen konnte. Außerdem wäre Mr. Shakspere kaum als Freier einer Königin in Frage gekommen. Oxford dagegen war ein Günstling und gerüchteweise auch ein Liebhaber Elisabeths gewesen. Auch stand er in Verbindung mit einem prominenten jungen »H. W.«, einem neuen Günstling der alternden Königin: Henry Wriothesley, Graf von Southampton.

Das Datierungsproblem kehrt in den Sonetten wieder, die wahrschein-lich bald nach 1590 begonnen wurden und deren Verfasser sich immer wie-der als »alt« beschreibt. Wie wir gesehen haben, wird das üblicherweise mit dem Argument gelöst, die Sonette könnten zumindest teilweise fiktional sein oder es sei für einen Sonettdichter üblich gewesen, in die Rolle eines bejahrten Mannes zu schlüpfen. Hoffentlich habe ich gezeigt, daß solche Erklärungen wenig überzeugend sind.

Wir haben also mehrere triftige Hinweise darauf, daß Shakespeare schon wesentlich früher Gedichte und Dramen schrieb, als es Mr. Shakspere zuzu-muten ist. Wie wir gesehen haben, gibt es Gründe für die Annahme, daß die Stücke *Die Komödie der Irrungen*, *Hamlet* und *Macbeth* (der vor der Pul-ververschwörung geschrieben worden sein muß und nicht, wie die meisten Forscher vermuten, danach) schon lange vor den Entstehungsdaten existier-ten, die ihnen im allgemeinen zugewiesen werden.

Das mag auch auf *Wie es euch gefällt* zutreffen. Das Stück enthält drei verschiedene Anspielungen auf Marlowe, von denen zwei durchblicken lassen, daß er schon tot ist. Die Forscher gehen zumeist davon aus, daß es um 1600 entstanden sein muß, denn in dieser Zeit finden sich erste Erwähnungen, aber Marlowe wurde im Mai 1593 getötet. Ein ihm kollegial verbundener Dichter und Dramatiker würde natürlich auf seinen plötzlichen Tod kurz nach dem Ereignis eingehen, als es allen noch lebhaft im Gedächtnis war, und nicht erst sieben Jahre später.

In seiner Einleitung zu *Bartholomew Fair* schreibt Ben Jonson 1614 über *The Spanish Tragedy* und *Titus Andronicus*, sie seien »nunmehr fünfundzwanzig oder dreißig Jahre« im Schwange. Es läßt sich schwer sagen, wie diese Worte zu deuten sind, aber sie können bedeuten, daß *Titus* schon ein Jahrzehnt lang gespielt wurde, ehe das Stück 1594 ins Stationer's Register eingetragen und in einem anonymen Quartodruck verkauft wurde.

Das übliche Datierungssystem postuliert nicht nur Mr. Shaksperes Verfasserschaft, sondern es wird von diesem Postulat erzwungen. Wir können es aus vielen Gründen in Frage stellen, aber eines fällt besonders auf. Die Beweise gegen dieses System zeigen nicht in willkürliche Richtungen, sondern weisen durchgängig auf frühere Entstehungsdaten als die, von denen die konventionelle Forschung ausgeht – niemals auf spätere.

Diese früheren Entstehungsdaten für fünf sehr unterschiedliche Stücke bedeuten, daß möglicherweise alle Stücke vor 1604 geschrieben worden sind, dem Jahr von Oxfords Tod. Wir haben Hinweise darauf, daß es *Die Komödie der Irrungen* schon 1577 gab, *Titus Andronicus* schon 1584, *Hamlet* schon 1589, *Wie es euch gefällt* schon 1594 und *Macbeth* vor – vielleicht sogar mehrere Jahre vor – 1605. Die Entstehungsdaten der Stücke scheinen sich also um etliche Jahre nach hinten zu verschieben, ohne daß sich dadurch ihre Reihenfolge ändert; *Irrungen* und *Titus* sind ihrem Stil und ihrer Qualität nach frühe Stücke, *Hamlet* und *Wie es euch gefällt* zeigen den urbanen, gereiften Dichter, und *Macbeth* ist in seinem konzentrierten Spätstil geschrieben, als seine Verse eine einzigartige Freiheit und Dichte erreichten.

Das würde die Stücke in Oxfords Lebensspanne versetzen, und zwar auch dann, wenn wir nicht von seiner Verfasserschaft ausgehen. Es paßt auch zu Anzeichen dafür, daß der später als Shakespeare bekannte Autor schon um 1580 Erfolge feierte (eine Zeit, für die uns wenig Zeugnisse über das englische Drama vorliegen) und Anfang der 90er Jahre als »alt« beschrieben werden konnte.

JAHR	QUELLE	DRAMEN
1516	Robert Fabyan: *The Concordance of Histories*	*1 Heinrich VI.*
1529	Thomas More: *Dialogue*	*1 Heinrich VI.*
1532	John Gower: *Confessio Amantis*	*Perikles*
1534	Polydore Vergil: *Anglica Historia*	*Richard III.*
1542	Jorge de Montemayor: *Diana Enamorada**	*D. b. Veroneser*
1548	Edward Halle: *The Union of the Noble and Illustre Families of Lancastre and York*	*Historien*
1549	William Thomas: *History of Italy*	*Sturm*
1557	Thomas More: *History of Richard III*	*Richard III.*
1558	Giovanni Fiorentino: *Il Pecarone**	*Kaufmann*
1559	*A Mirror for Magistrates*	*Historien*
1562	A. Brooke: *The Tragical History of Romeus and Juliet*	*Romeo und Julia*
1562	Nicolo Secchi: *Gl'Ingannati*	*Was ihr wollt*
1563	John Foxe: *Book of Martyrs*	*1 Heinrich VI.*, *Heinrich VIII.*
1565	Giambattista Geraldi Cinthio: *Hecatommithi**	*Othello, Maß f. Maß*
1566	William Painter: *Palace of Pleasure*	*Ende gut*
1567	Arthur Golding: *Metamorphoses*	ganz allgemein

1567	Matteo Bandello: *Novelle** (1567 von Geoffrey Fenton als *Tragical Discourses* übersetzt)	*Viel Lärm*
1569	R. Grafton: *Chronicles*	*1 Heinrich VI.*
1570	John Foxe: *Acts and Monuments*	*Heinrich VIII.*
1573	George Gascoigne: *Supposes*	*Widerspenstige*
1576	François de Belleforest: *Histoires Tragiques**	*Hamlet*
1576?	Laurence Twine: *Painful Adventures*	*Perikles*
1577	Raphael Holinshed: *Chronicles*	Historien
1577	Richard Eden: *History of Travel*	*Sturm*
1578	George Whetstone: *Promos and Cassandra*	*Maß f. Maß*
1579	Thomas North: *Lives* (Plutarch-Übers.)	*Julius Caesar, Antonius und Cleopatra, Coriolanus, Timon*
1582	Bretins Lukian-Übersetzung	*Timon*
1582?	*The Rare Triumphs of Love and Fortune*	*Cymbeline*
1587	Raphael Holinshed: *Chronicles* (überarb. Ausgabe)	Historien
1588	Robert Greene: *Pandosto*	*Wintermärchen*
1590	Philip Sidney: *Arcadia*	*Lear, Perikles*
1590	Edmund Spenser: *The Faerie Queene*	*Lear*
1590	Thomas Lodge: *Rosalind*	*Wie es e. gefällt*

1591	*The Troublesome Reign* *of King John*	*K. Johann*
1591	John Haringtons Übersetzung von Ariosts *Orlando Furioso*	*Viel Lärm*
1592	Robert Greene: *Cony-Catching* 2. Teil	*Wintermärchen*
1594?	*True Chronicle History* *of King Leir*	*Lear*
1595	Samuel Daniel: *Civil Wars* *between the two Houses of York* *and Lancaster*	*Heinrich IV.*
1598	*The Famous Victories* *of Henry the Fifth*	*Heinrich IV.,* *Heinrich V.*
1598	George Chapmans Homer-Übersetzung	*Troilus*
1603	S. Harsnett: *Egregious Popish Impostures*	*Lear*
1603	John Florios Übersetzung von Montaignes *Essays*	*Sturm*
1610	Stracheys Bermudas-Brief	*Sturm*

* Quelle, die Shakespeare wahrscheinlich in italienischer, französischer oder spanischer Sprache gelesen hat.

7. Oxfords Umfeld

Die Shakespeare-Dramen deuten in zweierlei Hinsicht auf Oxford. Zum einen sind sie aus dem Blickwinkel eines Aristokraten geschrieben. Zum anderen spiegeln sie viele Ereignisse in Oxfords eigenem Leben wider. Beide Umstände deuten in keiner Weise auf Mr. Shakspere. Als Sohn eines kleinstädtischen Händlers hätte er eine grundverschiedene gesellschaftliche Perspektive gehabt, und sein Leben weist, wenn überhaupt, nur wenige Parallelen zu den Dramen auf.

Nahezu alle Shakespeare-Helden gehören der herrschenden Oberschicht an. Natürlich galt das für viele elisabethanische Dramen, doch keineswegs für so viele, wie die meisten Leser annehmen mögen. Einige der beliebtesten Stücke der damaligen Zeit haben Menschen aus dem Volke zu Protagonisten – nicht nur Lustspiele wie *The Shoemaker's Holiday* und *Gammer Gurton's Needle*, sondern auch Trauerspiele wie *A Woman Killed with Kindness* und *Arden of Faversham*. Darüber hinaus zeigt Shakespeare die Oberschicht mit dem Scharfblick, den nur intime Kenntnis verleiht. Er ist mit ihren Umgangsformen, ihren Gefühlen, ihren spezifischen Problemen, ihren Versuchungen und ihren Denkweisen bestens vertraut. Nie haben wir das Gefühl, daß er nur aus der Ferne Vermutungen über ihr Innenleben anstellt.

Eine Möglichkeit, das zu erklären, besteht darin, ihm eine bequeme »Universalität« zuzuschreiben. Er vermöge sich in die gesamte Menschheit hineinzuversetzen, unter anderem auch in Könige. Nichts Menschliches sei ihm fremd.

Der Haken an dieser Erklärung ist, daß sie nicht stimmt. Shakespeare macht seine Figuren niederen Standes stets zu Possenreißern. Er zeigt sie völlig anders als seine Figuren hohen Standes. Sie sind für gewöhnlich ungebildet und unlogisch. Ihnen unterlaufen lächerliche Versprecher und falsche

Zitate. Ihre innersten Gedanken sind grotesk. Ich will damit nicht sagen, daß er ihnen feindlich gegenübersteht, sondern daß er sie von außen sieht – und von oben. Er blickt auf sie *herab*, und sei es noch so wohlwollend und liebevoll. Sie sind von sich aus lächerlich. Wenn sie sich zusammenrotten, sind sie auch gefährlich, aber noch immer lächerlich. Wenn ein bäurischer Rebell sagt: »Das erste, was wir tun müssen, ist, daß wir alle Rechtsgelahrte umbringen«, spricht er nicht im Namen Shakespeares, wie viele annehmen, die diesen berühmten Satz zitieren, sondern stellt nur seine eigene lächerliche Unfähigkeit bloß, eine neue Sozialordnung zu schaffen. Shakespeare steht eindeutig auf Seiten der »Rechtsgelahrten«.

Häufiger sind Shakespeares volkstümliche Figuren harmlose, sogar sympathische Tölpel: Zettel, Lanz, Lanzelot Gobbo, Holzapfel, Pompejus, Frau Hurtig, Stephano und Trinculo, Simson und Gregorio, Pistol, Macbeths Pförtner, Julias Amme, Hamlets Totengräber und diverse namenlose Clowns und Bürger. Manchmal werden ihnen pfiffige Bemerkungen über ihre Herren gestattet; einigen wird eine eigene bescheidene Würde verliehen. Aber als Klasse zeichnen sie sich hauptsächlich dadurch aus, daß sie komisch reden. Sie sind Opfer einer Sprache, die sie nicht meistern können. Ihre eigene Muttersprache verrät sie beständig. Shakespeare erteilt ihnen ein Monopol auf schlechtes Englisch.

Wir können, wenn wir wollen, Shakespeare Dünkel vorwerfen. Aber darum geht es nicht. Durch seine konsequente Zuteilung sprachlicher Schnitzer zeigt er, daß er selbst nicht zu den Menschen niederen Standes gehört. Er zeigt verbale Unbeholfenheit als Klassenmerkmal, wie ein weißer Mann sich über schwarzen Sprachgebrauch lustig macht.

Das deutet darauf hin, daß der Dramatiker selbst aller Wahrscheinlichkeit nach nicht zu den Leuten niederen Standes gehörte. Wir sehen Mitglieder unserer eigenen Gesellschaftsschicht als Individuen, und die Eigenheiten, die wir mit ihnen teilen – besonders Sprechweisen und Sprachfärbung – fallen uns kaum auf. Mitglieder anderer Schichten aber nehmen wir hauptsächlich als Typen wahr, gekennzeichnet durch die Äußerlichkeiten, die sie in auffälliger Weise von uns unterscheiden.

Shakespeare bildet keine Ausnahme von dieser Regel. Er zeichnet die Mitglieder des höheren und niederen Adels als Individuen, da er selbst eines von ihnen ist; er zeichnet die Mitglieder der Unterschicht als Typen, sogar als stereotype Figuren, weil er ihnen fernsteht. Die Minderwertigkeit des gemeinen Volkes wird nicht behauptet, sondern vorausgesetzt. Shakespeare bringt den einfachen Leuten keine Feindseligkeit entgegen, ebensowenig wie die meisten Weißen Feindseligkeit gegenüber den Schwarzen empfanden, die in *Amos'n Andy* zu Zielscheiben des Spotts gemacht wurden. Er setzt lediglich seine eigene Überlegenheit als gegeben voraus, nicht als etwas, das bewiesen werden muß. Und auch wenn nur wenige Dramatiker ihm darin nahekommen, jeder Figur eine unverkennbare Stimme zu verleihen, unterscheidet er doch seine plebejischen Figuren nicht sehr deutlich voneinander. In seiner Vorstellung bilden sie eine uniforme Masse mit einer kollektiven Stimme.

Wie George Bernard Shaw und vielen anderen modernen Verfechtern des Egalitarismus aufgefallen ist, kann sprachlicher Standesdünkel so tief reichen, daß er meistens nahezu unbewußt bleibt.* Der Autor verrät seine eigene Klassenzugehörigkeit jedoch dadurch, daß er klassencharakteristische Sprachmuster als Abweichungen von einer stillschweigenden Norm darstellt, die durch orthographische Übereinkunft bestimmt wird. Wäre *Huckleberry Finn* anonym veröffentlicht worden, hätten wir trotzdem begriffen, daß der Autor, wer er auch sein mochte, selbst nicht wie Huck oder Jim redete.

Sprachmuster sind eins der wichtigsten Kennzeichen, mit denen wir Menschen einer bestimmten Gesellschaftsschicht zuordnen. Stereotype Sprachformen drücken unser Gefühl für die komische Voraussagbarkeit jener aus, die wir als »die Anderen« wahrnehmen. Wenn Shakespeare sich einerseits über die ungehobelte Sprache der Unterschicht lustig macht, so verspottet er andererseits auch die affektierte Sprache solcher Aufsteiger

---

* Solcher Standesdünkel begegnet uns in viktorianischen Romanen, die, wie Hugh Kenner in *The Mechanic Muse* schreibt,

> »kunstvolle Regeln ausgearbeitet hatten, um das zu kennzeichnen, was einen britischen Leser immer beschäftigt, nämlich die Standeszugehörigkeit der Romanfiguren. Das Prinzip läßt sich leicht darlegen. Man beginne in einem ›neutralen‹, gebildeten Idiom, dem des Erzählers. Dem Idiom, das der Autor mit dem Leser teilt. Es hat nichts Auffälliges an sich, aber andere Idiome heben sich durch Abweichungen davon hervor. Zumeist Abweichungen in Wortwahl und Syntax, aber auch im Rhythmus. Sie alle weisen darauf hin, daß es sich um eine bestimmte ›Gestalt‹ handelt, und Wiederholungen des Musters machen die Gestalt wiedererkennbar. Um Eigenheiten der Aussprache anzuzeigen, weiche man systematisch von der üblichen Orthographie ab: ein Standardbeispiel ist das verschluckte H des Londoner Proletariats.«

wie Malvolio und Osric, die in ihrem Bemühen, wie die feinen Herrschaften zu reden, zu weit gehen und sich lächerlich machen. Sie tun vornehm, aber sie sind es nicht. Ihr Schöpfer, so dürfen wir folgern, gehörte nicht in ihre Sphäre.

Nicht, daß Shakespeare jede Sympathie für die einfachen Leute abginge. Ganz im Gegenteil. Es ist lehrreich, seine Behandlung des Holzapfel (Dogberry) mit Dickens' Schilderung von Mr. Bumble zu vergleichen. Beide sind beschränkte, wichtigtuerische kleine Amtsträger. Trotz aller Dummheiten Holzapfels sieht Shakespeare ihn wohlwollend als eine harmlose kleine Stütze der Sozialordnung. Dickens, der wußte, was es bedeutet, solchen Amtsträgern ausgeliefert zu sein, schildert Bumble, wie er von unten gesehen werden könnte: ein kleiner Tyrann, der durchaus fähig ist, unschuldigen Menschen übel mitzuspielen.

Shakespeares aristokratische Perspektive wird am deutlichsten erkennbar, wenn er sein Ideal des gemeinen Mannes aufzeigt: der treue Diener, der sich für einen Herrn aufopfert. Denken wir zum Beispiel an den alten Adam, dessen treue Ergebenheit Orlando zu wärmstem Lob bewegt:

> O guter Alter, wie so wohl erscheint
> In dir der treue Dienst der alten Welt,
> Da Dienst um Pflicht sich mühte, nicht um Lohn!
> Du bist nicht nach der Sitte dieser Zeiten,
> Wo niemand mühn sich will als um Beförd'rung,
> Und kaum daß er sie hat, erlischt sein Dienst
> Gleich im Besitz.

Timon von Athen, der die gesamte Menschheit verflucht, ist gezwungen, eine einzige Ausname zu machen, nämlich für seinen Diener Flavius, der ihm selbstlos in die Wildnis gefolgt ist, um ihn zu trösten. *König Lear* bietet mehrere Beispiele für diesen Typ: Lears Narr, der als Diener verkleidete Kent, sogar Gonerils Oswald, ein böser Paladin, der seiner Herrin bis in den Tod treu ergeben bleibt, was Dr. Johnsons Anstandsgefühl verletzte: »Ich weiß wirklich nicht, warum Shakespeare dem Oswald, einem bloßen Werkzeug des Bösen, so viel Treue mitgibt.«

Wenige Szenen sind bewegender als die im *König Lear*, in der Cornwalls Diener stirbt, weil er seinen Herrn daran hindern will, Gloster zu blenden:

Haltet ein, Mylord!
Seit meiner Kindheit hab ich euch gedient,
Doch bessern Dienst erwies ich euch noch nie,
Als jetzt euch: Halt! zurufen.

Man beachte den Ton der Pflichttreue noch im Akt der Auflehnung. Auch in dieser Ausnahmesituation wird die Richtigkeit der Sozialordnung nicht in Frage gestellt. Es ist keine Rede davon, daß die Verworfenheit seines Herrn den Diener aus diesen Banden befreit; er wird im Gegenteil zu einem letzten Akt der Selbstopferung getrieben. Hier ist das Ideal der Lehnstreue. Edmund Burke würde es verstehen; Tom Paine würde es heftig mißbilligen.

Manchmal, auch wenn das Volk sich aufwieglerisch zusammenrottet, gestattet Shakespeare ihm, berechtigte Klagen über Mißstände vorzubringen. Wenn Shakespeare sich je gegen die Patrizier auf die Seite der Plebejer stellt, dann im *Coriolanus*, dessen Held sich allerdings unerträglichen Stolzes und Hochmuts schuldig macht, als er leugnet, daß er irgend etwas mit dem Volk gemein habe; das Stück kann als Testfall für das Klassenbewußtsein des Dramatikers dienen. Doch selbst hier bleiben die Mitglieder des Volkes unter der Würde der Tragödie, und einzig Coriolanus erhält trotz all seiner Widerwärtigkeit tragische Aufmerksamkeit. Bei Shakespeare kann der tragische Held, moralisch gesprochen, der böseste Mensch im Stück sein; wesentlich für seine tragische Größe ist sein hoher Stand. Selbst der Krieger Othello, ein ethnischer Fremdling in Venedig, kann sich rühmen, vom königlichen Geblüt seines eigenen Landes zu sein.

Whitman hatte recht, bei Shakespeare grundlegende Vorurteile zu entdecken, »die für die Demokratie inakzeptabel sind«. Bei Shakespeare, beklagte er, »ist das Blut des Volkes nur Spülicht« – der Held ist immer von edler Geburt. Er nannte solche Werke »verderblich für die Idee von dem Stolz und der Würde des Volkes, dem Lebensblut der Demokratie«. Dieses aristokratische Vorurteil ist so tief verwurzelt, daß edles Blut sich sogar in Figuren behauptet, die gar nichts von ihrer vornehmen Abkunft wissen. Prinzessin Perdita im *Wintermärchen* ist ein Beispiel dafür. Sie wird von einem Schäfer aufgezogen und ahnt nicht, daß er nicht ihr richtiger Vater ist; dennoch spricht und benimmt sie sich entsprechend ihrer »Natur« – so sehr, daß sie einen Prinzen bezaubert, der ihr zufällig begegnet. Frank Kermode ist »die Magie des Adels« aufgefallen, die Shakespeares Romanzen durchzieht; aber sie beschränkt sich nicht auf die Romanzen. Der Nimbus der Aristokratie ist stillschweigende Grundlage aller Stücke.

Shakespeare glaubt, daß das Volk das Recht hat, gut regiert zu werden; er glaubt offenkundig nicht, daß es irgendein Recht oder die Fähigkeit hat, sich selbst zu regieren, und seine gelegentlichen Versuche, es zu tun, enden immer in der Katastrophe. Shakespeare hält Aufruhr für etwas grundsätzlich Böses; wenn ein Umsturz notwendig wird, muß er vom Adel selbst herbeigeführt werden, wie in *König Richard III.* oder *Macbeth*. Nicht, daß er den Herrschenden unkritisch gegenüberstünde. Wenn sie versagen – und viele der Stücke sind Studien ihres Versagens –, dann gibt es kein Gegenmittel, ganz gewiß nicht durch demokratische Reform (ein Gedanke, der Shakespeare nie auch nur in den Sinn kommt). Die Größe des tragischen Helden bedeutet, daß seine Fehler, seine Verbrechen und sein Sturz die gesamte Sozialordnung erschüttern. Geringe Menschen gehen mit ihm unter: »Wie manch Unschuld'gen trifft der Donnerkeil!«

Ein Abschnitt in *Sir Thomas More*, der weithin Shakespeare zugeschrieben wird und in dem More eine aufrührerische Menge beruhigt, drückt dieselbe konservative Haltung aus, die wir auch anderswo in den Stücken finden: in Ulysses' Rede über »Abstufung« in *Troilus und Cressida*, in den Reden von Menenius und Marcius an die Menge in der ersten Szene von *Coriolanus* und in dem, was Rosenkranz und Güldenstern in der Gebetsszene im *Hamlet* zu Claudius sagen. More warnt die Aufrührer, daß ihr Erfolg zugleich ihr Verderben wäre; wenn solche wie *ihr* an die Macht gelangten, sagt er ihnen streng.

> You had taught
> How insolence and strong hand should prevail,
> How order should be quell'd, and by this pattern
> Not one of you should live an aged man,
> For other ruffians, as their fancies wrought,
> With self-same hand, self reasons, and self right,
> Would shark on you, and men like ravenous fishes
> Would feed on one another.

> [Ihr wurdet gelehrt,
> Wenn Dreistigkeit und starke Hand obsiegen,

Wenn Ordnung niedergeht, dann wird durch solches Muster
Keiner von euch sein Alter noch erleben,
Denn andre Strolche, ganz nach ihrer Laune,
Mit derselben Hand, denselben Gründen und demselben Recht,
Zerfleischten euch wie Haie, und raubgierigen Fischen gleich
Fräßen die Menschen sich gegenseitig auf.]

More zeiht sie der Sünde des Ungehorsams gegen die rechtmäßige Herrschaft und fügt hinzu:

> Why, even your hurly
> Cannot proceed but by obedience.
> What rebel captain,
> As mutinies are incident, by his name
> Can still the rout? Who will obey a traitor?
> Or how can well that proclamation sound
> When there is no addition but a rebel
> To qualify a rebel?

> [Selbst euer Haufe
> Kann nicht vorankommen außer durch Gehorsam.
> Welcher Rebellenkapitän,
> Wenn er auf Meutereien trifft, kann durch seinen Namen
> Den Pöbel bändigen? Wer wird einem Verräter gehorchen?
> Oder wie wohl kann seine Rede klingen,
> Wenn kein Verdienst ihn ziert als das,
> Rebell zu sein?]

Solche Worte drücken den Blickwinkel und die Herrschaftsgewohnheit des Feudaladels aus. Die erste Pflicht des Volkes ist Gehorsam gegen seine Herren. Mr. Shakspere, ein kleinstädtischer Bürger, hätte solchen Ansichten wohl beipflichten können, aber sie sind typischer für Oxfords Schicht. Shakespeare glaubt auch, daß der Adel dem Volk gegenüber Pflichten hat, und daß alle Stände aneinander durch wechselseitige Verpflichtungen gebunden sind. Darüberhinaus betrachtet er es als verhängnisvollen Hochmut, wenn die Höchsten ihre menschliche Artverwandtschaft mit den Niedrigsten vergessen. Immer wieder lernen seine tragischen Helden durch bittere Erfahrung, daß sie weder Götter noch Engel sind, sondern derselben Art angehören wie das Volk. Das ist jedoch nicht Demokratie, das ist Feudalismus.

Shakespeares Philosophie ist durch und durch feudalistisch. Er mißt der Lehnstreue und dem, was man früher »seinen Platz kennen« nannte, großen Wert bei. Er interessiert sich für alle Fragen des Standes, und L. G. Pine, eine Kapazität auf dem Gebiet der Heraldik, merkt an: »Die meisten der bekannten englischen Autoren kennen sich in der Heraldik nicht aus, obwohl William Shakespeare eine rühmliche Ausnahme bildet.« Seine Schurken sind oft sozial Unzufriedene, die sich mit dem ihnen zugewiesenen Platz in der hierarchischen Gesellschaftsordnung nicht abfinden: »Tilg' Abstufung, verstimme diese Saite, /Und höre dann den Mißklang!« Die großen Verstimmer sind böswillige Männer wie Macbeth, Richard III., Heinrich IV., Claudius, Edmund, Cassius und Jago. Shakespeare bringt einiges Mitgefühl für sie auf und erteilt ihnen das Wort, damit sie ihre Motive erklären können, manchmal mit solcher Beredsamkeit, daß wir uns fragen, auf welcher Seite er steht (wie bei Shylock). Aber er hat nie Zweifel daran, daß die Ordnung im wesentlichen gut ist, und daß ihre Störung – durch aufständische oder ehrgeizige Untertanen oder durch tyrannische, schwache oder abdankende Herrscher – schlecht ist. Cassius ist böse, aber Antonius' Aufwiegelei der Plebs ist ebenfalls, wie er selbst zugibt, böse. Nicht der geringste Teil von Shakespeares Größe liegt darin, daß er immer das Wohl des ganzen Gemeinwesens sieht und nie nur zum bloßen Sprachrohr einer seiner streitenden Figuren wird. Er mag sogar dem Bösen gestatten, die Unschuld zu vernichten; aber er gestattet der Usurpation nie, sich lange zu behaupten.

In Shakespeares abgeklärtester Tragödie *Antonius und Cleopatra* finden wir deutlich, aber unaufdringlich seine konservative sittliche Haltung und seine Abneigung gegen den zielbewußten Ehrgeiz des Octavius. Shakespeare versteht durchaus, daß Octavius zwangsläufig die Liebenden besiegen wird, und er nimmt es hin. Aber die Liebenden sind dennoch für ihn bewundernswerter als ihr siegreicher Gegner. Sie haben etwas vom Unendlichen, das sogar Octavius erkennt und ehrt. Sie repräsentieren die sorglose, sogar unbekümmerte Größe einer untergehenden Ordnung; er repräsentiert nur die Zukunft. Antonius verkündet seine großzügige, aber selbstzerstörerische Philosophie schon in der Eröffnungsszene: »Armsel'ge Liebe, die sich zählen ließe!«

Hier besteht kein Zweifel, auf welcher Seite Shakespeare steht. Für ihn, wie für Edmund Burke, weicht das Zeitalter der Ritterlichkeit einem Zeitalter der Rechner, Klügler und Ökonomen. Er denkt dabei nicht an Rom, sondern an England, wo die Emporkömmlinge, Puritaner und Kaufleute die Macht übernehmen und der alte Adel vielleicht bald untergegangen sein wird. Das Stück kann auch als eine Art von Abgesang auf Oxfords Schicht und die Menschen, die sie hervorbrachte, gelesen werden. Es argumentiert nicht; es zielt nicht darauf ab, jemanden zu bekehren. Es zeigt nur den Glanz der »angebor'nen Macht« der Liebenden und läßt ihn für sich selbst sprechen. Doch es erkennt auch die praktische Überlegenheit des Octavius an, dessen Tugenden besser in die Zeit passen als die ihrigen.

Shakespeares Sprache ist das Idiom des Hofmannes, nicht das des Bauern oder des Bürgers. Eben diese Sprache begegnet uns in Oxfords Briefen, nicht jedoch in Mr. Shakspueres Dokumenten: *majesty, sovereignty, lords, ladies, reign, rule, degree, condition, place, highness, greatness, name, rank, title, claims, rights, interest, nobility, embassies, ambassadors, baseness, honour, dishonour, attainder, chivalry, dignity, command, countermand, decree, obedience, duty, faithfulness, bonds, privilege, prerogative, tribute, salutation, peers, prelates, heralds, pursuivants, courts, courtiers, courtesans, masters, lieges, liegemen, followers, knights, squires, chamberlains, statists, gentlemen, scholars, pensioners, subjects, attendants, vassals, servants, servitors, sentries, guards, stewards, posts, messengers, grooms, fools, pages, liveries, castles, palaces, presence, monarchy, empire, supremacy, thrones, sennets, drums, trumpets, crowns, coronets, diadems, robes, gowns, canopies, ceremony, coronations, pomp, processions, rites, balm, anointings, obsequies, realm, dominion, commonwealth, state, government, sway, kingdom, council, counsellors, possession, dispossession, seals, signets, orbs, scepters, armour, mail, helmets, visors, shields, bucklers, champions, banners, devices, standards, coursers, lances, rapiers, falchions, foils, poniards, halberds, truncheons, carriages, gages, gauntlets, leisure, sport, falcons, tennis, royalty, authority, tyranny, usurpations, deposings, elections, ambition, upstarts, preferment, advancement, enfranchisement, employment, promotion, consent, permission, allowance, rising, falling, conspiracy, faction, offices, commissions, policy, thralldom, loyalty, fealty, constancy, fickleness, oaths, vows, swearing, promises, perjury, treason, flattery, fawning, time-servers, insults, suits, entreaties, grace, disgrace, law, legitimation, patrimony, inheritance, succession, dowry, precedent, reversion, estate, lands, rents, revenues, levies, proportion, moieties, monopolies, parks, blood, birth, primogeniture, ancestry, pedigree, descent, progenitors, predecessors, forefathers, posterity, bastardy, houses, lineage, kinship, alliance, league, treaties, compacts, contracts, covenants, amity, enmity, adversaries, rivals, competitors, confederates, pride, humility, contentment, malcontents, insolence, revolt, rebellion, defiance, parley, truce, commendation, report, reputation, fame, praise, defamation, proclamation, blazon, publishing, slander, scandal, rumour, desert, merit, worthiness, manners, courtesy, challenges, power, might, puissance, pardon, clemency, interdiction, imprisonment, banishment, ransom, execution, wealth, treasure, jewels, ornament, tombs, monuments* und so weiter. (Shakespeares feudale Vorliebe für Verwandtschaftsgrade und Abstammung ist die Zielscheibe von Kenneth Tynans Kurzparodie auf die Historien: »Und maßest du dir an, nichtswürd'ger Leamington,/Zu schmähn den ält'sten Sohn des Vetters deines Bruders?«)

Das ist auch Shakespeares Vokabular, und er legt es seinen Hauptfiguren ständig in den Mund. Wir haben bei seinem Gebrauch dieser Wörter nie das Gefühl, daß sie nur nachgeplappert sind oder aus einem Wörterbuch stammen. Sie haben für ihn reale und persönliche Assoziationen. Sie sind für ihn keine Abstraktionen, sondern integrale Bestandteile seiner eigenen Erfahrung, und sie rufen für ihn die »Schwärme sprachloser Gefühle« wach, die für T. S. Eliot das Charakteristikum von Shakespeares höchst ausdrucksvoller Sprache sind. Die höfische Welt bedeutet ihm viel, ob er sie nun idealisiert, verlacht, oder an den Pranger stellt. Sie ist sein Element. Sogar wenn er uns das Leben in einem Wald oder auf einer einsamen Insel zeigt, ist es höfisches Leben. Es ist auffällig, wieviele der späteren Stücke von Menschen handeln, die im Zorn dem Hof und der Stadt den Rücken kehren oder gewaltsam daraus vertrieben werden.

In einem Sinne ist Shakespeare unbestreitbar ein »universaler« Dichter. Die ganze Welt liebt ihn, und er selbst sagt uns: »Natur macht hierin alle Menschen gleich.« Die Folio nennt ihn »einen glücklichen Nachahmer der Natur«; Dr. Johnson sagte im Hinblick auf ihn: »Nichts kann vielen gefallen und lange gefallen als wahre Darstellungen der menschlichen Natur.« Aber die Ausdrucksmittel von Shakespeares Universalität verdienen nähere Beachtung. Er schreibt erkennbar in der Sprache einer bestimmten Zeit, eines bestimmten Ortes und einer bestimmten Gesellschaftsschicht; und diese deutlich geprägte Sprache – feudal, aristokratisch, höfisch – ist das Medium, durch das er zu seiner eigenen, ihn kennzeichnenden Art von Universalität gelangt.

Oxford war selbst Dramatiker, und Francis Meres zählt ihn 1598 »zu den Besten für die Komödie«. Doch kein Stück, das seinen Namen trägt, ist erhalten geblieben, und Meres erwähnt leider keinen einzigen Titel seiner Komödien.

Oxford war auch einer der führenden Schirmherren des Londoner Theaters, und mehrere seiner Verbindungen zu dieser Welt haben wir schon aufgezeigt. Er beschäftigte die Dramatiker John Lyly und Anthony Munday, die ihm beide einige ihrer Werke widmeten, als seine Sekretäre. »Das Originalmanuskript von *Sir Thomas More* (um 1596) stammt von Mundays Hand«, stellt F. E. Halliday fest, »aber ob er auch der Verfasser war, steht auf einem anderen Blatt.« Das Stück wird zumindest in Teilen weithin Shakespeare zugeschrieben; die oben zitierten Textstellen verdeutlichen, warum. Wir haben auch Belege für Oxfords Freundschaft mit den Schriftstellern Nashe und Greene. Doch nicht ein einziges Bindeglied zwischen dem führenden Theaterschirmherrn und dem führenden Dramatiker der Epoche ist aufgefunden worden, obwohl ihre Wege sich unausweichlich gekreuzt haben müßten.

Wir haben gesehen, daß Oxford auch für Edmund Spenser kein Unbekannter war. In einem der einleitenden Sonette zu *The Faerie Queene* richtet Spenser 1590 einen herzlichen Gruß an ihn, der den Musen »höchst teuer« sei. Und in *Teares of the Muses* huldigt Spenser einem Dramatiker, »unserem lieben Willy«, dessen Abwesenheit Thalia, die Muse der Komödie, unter Tränen beklagt. Da Spenser »Willy« mit eben den Formulierungen preist, die bald zum gängigen Preislied auf Shakespeare wurden (»der Mann, den die Natur erschuf, damit er sie kopiere und die Wahrheit imitiere ...«), liegt es nahe, daß spätere Lobredner sich an Spenser anlehnten.

Den orthodoxen Forschern ist zwar klar, daß mit Spensers Willy schwerlich Mr. Shakspere gemeint sein kann, aber sie kommen zu keinem Schluß, wer Willy denn sonst gewesen sein könnte. Manche ziehen sich auf die Behauptung zurück, »Willy« sei wahrscheinlich nur eine Phantasiegestalt gewesen. Ihre hartnäckige Weigerung, »Willy« für Shakespeare zu

Edmund Spenser, aus Sicht der Zeitgenossen zusammen mit Sidney der bedeutendste Dichter seiner Zeit. Er und Oxford schenkten dem dichterischen Genie des jeweils anderen große Beachtung. (© Folger Shakespeare Library)

EDMUND SPENCER.

halten, steht in komischem Kontrast zu ihrem eisernen Beharren, die »emporgekommene Krähe« aus *Greene's Groatsworth* könne niemand anders gewesen sein. In beiden Fällen gibt es keine absolute Gewißheit, aber zumindest stehen die Formulierungen, mit denen Spenser »Willy« beschreibt, anders als Greenes Beschimpfung, in Einklang mit der Art und Weise, wie andere von Shakespeare sprachen.

Darüber hinaus scheint es eine weitere Brücke zu geben, die Spenser, Oxford und Shakespeare miteinander verbindet: eines der Empfehlungsgedichte in *The Faerie Queene*, unterschrieben mit »Ignoto« (Namenlos). Es lautet:

To look upon a work of rare device
The which a workman setteth out to view,
And not to yield it the deserved price
That unto such a workmanship is due,
      Doth either prove the judgment to be naught,
      Or else doth show a mind with envy fraught.

To labour to commend a piece of work
Which no man goes about to discommend,
Would raise a jealous doubt that there did lurk
Some secret doubt whereto the praise did tend.
      For when men know the goodness of the wine,
      'Tis needless for the host to have a sign.

Thus then, to show much judgment to be such
As can discern of colours black and white,
As all's to free my mind from envy's touch,
That never gives to any man his right,
      I here pronounce this workmanship is such
      As that no pen can set it forth too much.

And thus I hang a garland at the door,
Not for to show the goodness of the ware,
But such hath been the custom heretofore,
And customs very hardly broken are.
      And when your taste shall tell you this is true,
      Then look you give your host his utmost due.

[Ein Werk von seltenem Können anzuschauen,
Das der Verfertiger allen Augen darbietet,
Und ihm nicht den verdienten Lohn zu geben,
Der solcher Kunstfertigkeit gebührt,
      Beweist entweder nicht vorhandenes Urteil
      Oder zeigt von Neid getrübten Sinn.

Umständlich ein Werkstück zu empfehlen,
Dem niemand die Empfehlung verweigern will,
Weckte mißgünstigen Zweifel, daß im Verborgenen
Geheimer Zweifel sei, auf den das Lob hinausliefe.
    Denn wenn alle die Güte des Weines kennen,
    Braucht der Wirt kein Schild auszuhängen.

Um denn zu zeigen, daß mein Urteil reicht,
Die Farben Schwarz und Weiß zu unterscheiden,
Wie mein Sinn frei ist von des Neides Anflug,
Der niemandem je gibt, was ihm gebührt,
    Erkläre ich hier, diese Kunstfertigkeit ist dergestalt,
    Daß keine Feder sie zu sehr anpreisen kann.

Und so hänge ich eine Girlande an die Tür,
Nicht um die Güte der Ware anzuzeigen,
Sondern weil es schon früher so Brauch war
Und Bräuche sehr selten gebrochen werden.
    Und wenn euch euer Geschmack sagt, dies ist wahr,
    Dann trachtet, euren Wirt gebührend zu ehren.]

Ogburn und andere sind der Meinung, daß sich dies sehr nach Shakespeare anhört, und Ben Jonson paraphrasiert es mit absichtlichen Anklängen in den Anfangszeilen seiner Lobrede in der Folio von 1623:

To draw no envy (Shakespeare) on thy name,
    Am I thus ample to thy book and fame.
While I confess thy writing to be such
    As neither Man nor Muse can praise too much.
'Tis true, and all men's suffrage. But these ways
    Were not the paths I meant unto thy praise:
For seeliest Ignorance on these may light,
    Which, when it sounds at best, but echoes right;
Or blind affection, which doth ne'er advance
    The truth, but gropes, and urgeth all by chance;

Or crafty malice might pretend this praise,
    And think to ruin, where it seem'd to raise.
These are as some infamous bawd or whore
    Should praise a matron. What could hurt her more?
But thou are proof against them, and indeed
    Above th'ill fortune of them, or the need
I therefore will begin. ...

[Nicht daß Dein Name uns erweckte Neid,
    Mein Shakespeare, preis' ich Deine Herrlichkeit,
Denn wie man Dich auch rühmen mag und preisen,
    Zu hohen Ruhm kann Keiner Dir erweisen!
Das ist so wahr, wie alle Welt es spricht.
    Doch mit der großen Menge geh' ich nicht,
Die dumm und urtheilslos, im besten Fall
    Nichts beut als andrer Stimmen Widerhall;
Auch nicht mit blinder Liebe, die nur tappt
    Im Dunkeln und die Wahrheit gern verkappt;
Auch nicht mit Heuchlern, die nur scheinbar loben
    Und heimlich gerne stürzten, was erhoben.
Es wäre das, als rühmt' ein Kuppler sehr
    Uns eine Frau – was könnt' ihr schaden mehr?
Allein Du stehst so hoch, daß Dir nicht not
    Das Schmeicheln tut, Dich Bosheit nicht bedroht.]
                    (Übersetzung: Friedrich Bodenstedt)

Jonsons sechzehn Zeilen sind wenig mehr als eine Paraphrase von Ignotos Gedicht, das ebenfalls anspricht, wie »Neid« sich in scheinbares Lob schleichen kann. Wiederum hält das frühe Datum – 1590 – moderne Forscher davon ab, Shakespeare als den Verfasser zu erkennen. Aber Jonsons Leser konnten, wenn sie Ohren dafür hatten, von solchen verdeckten Hinweisen zu Ignotos Gedicht in der Einleitung zu *The Faerie Queene* gelenkt werden, zumal dieses Werk ungeheuer beliebt war und Jonson erwarten durfte, daß jeder Käufer der Ersten Folio es besaß. Einige Forscher räumen immerhin ein, daß in Spensers Gedicht *Colin Clouts Come Home Again* aus dem Jahre 1595 mit Aetion Shakespeare gemeint ist:

And there, though last not least, is Aetion;
A gentler shepheard may no where be found,
Whose Muse, full of high thoughts invention,
Doth like himselfe heroically sound.

[Und dort ist, letztgenannt, doch nicht der letzte, auch Aetion;
Einen edleren Hirten wird man nirgendwo finden,
Dessen Muse, voll gedankenreicher Erfindung,
So heldenhaft klingt wie er selbst.]

(Übersetzung: Reinhard Kaiser)

Ferner verdient Spensers Widmungssonett an Oxford in *The Faerie Queene* weitere Aufmerksamkeit, besonders wegen seiner Erwähnung der Musen
als der *Heliconian ymps*, der Geister vom Helikon:

Receive, most noble Lord, in gentle gree
    The unripe fruit of an unready wit,
        Which by thy countenaunce doth crave to bee
        Defended from foule Envies poisnous bit:
Which so to doe may thee right well befit,
    Sith th'antique glory of thine auncestry
        Under a shady vele is therein writ,
        And eke thine owne long living memory,
Succeeding them in true nobility;
    And also for the love which thou doest beare
        To th'Heliconian ymps, and they to thee,
        They unto thee, and thou to them, most deare.
Deare as thou art unto thy selfe, so love
That loves and honours thee, as doth behove.

[Empfange, höchst edler Lord, mit geneigter Huld
    Die unreife Frucht eines unfertigen Geistes,
        Der danach verlangt, durch deine Unterstützung
        Vor dem giftigen Biß eklen Neides geschützt zu werden:
Welches zu tun dir recht wohl anstehen mag,
    Da der uralte Ruhm deiner Vorfahren sich darin

Unter einem dunklen Schleier niederschreibt
Wie auch dein eigenes lang fortlebendes Ansehen,
Mit dem du ihnen in wahrer Vornehmheit nachfolgst;
Und auch um der Liebe willen, die du entgegenbringst
Den Geistern vom Helikon, und sie dir,
Lieb und teuer sind sie dir, so wie du ihnen.
So teuer, wie du selbst dir bist, sollst du
Geliebt und geehrt sein, wie es dir zukommt.]

Aus Spensers Mund ist das ein hohes Lob: Oxford ist – wie Willy – ein Liebling der Musen. Anklänge an dieses Sonett finden sich in einer 1614 veröffentlichten Huldigung an Shakespeare von einem gewissen »C.B.«, hinter dem oft Christopher Brooke vermutet wird, und der dem Geist von Richard III. die folgenden Zeilen in den Mund legt:

To him that imp'd my fame with Clio's quill;
Whose magic rais'd me from Oblivion's den;
That writ my story on the Muses' hill,
And with my actions dignifi'd his pen;
He that from Helicon sends many a rill,
Whose nectar veins are drunk by thirsty men;
Crown'd be his style with fame, his head with bays,
And none detract, but gratulate his praise.

[Er, der mit Klios Kiel mich geisterhaft belebte,
Des Zauber mich aus der Grube des Vergessens weckte,
Der meine Geschichte an den Berg der Musen schrieb
Und meine Taten mit seiner Feder würdigte;
Er, der vom Helikon manch Bächlein schickt,
An dessen Nektar sich die Durstigen laben;
Sei hier gekrönt mit Ruhm, sein Haupt mit Lorbeer,
Und niemand soll ihn schmälern, sondern mehren seinen Preis.]

Wir haben gesehen, daß viele Huldigungen an Shakespeare wie Spensers Loblied auf Willy klingen, und daß Ben Jonsons Hymne auf Shakespeare wie Ignotos Preislied auf Spenser klingt. In diesem Gedicht finden wir eine Huldigung an Shakespeare, die wie Spensers Loblied of Oxford klingt.

Was sollen wir aus all dem schließen? Vielleicht, daß viele von denen, die Shakespeare rühmten, Anspielungen auf Spenser benutzten, um ihren kundigen Lesern darzutun, daß sie eigentlich Oxford meinten.

Die orthodoxen Forscher weisen jede mögliche Anspielung auf Shakespeare zurück, wenn sie nicht in ihr Datierungssystem einzuordnen ist oder gar ihre Überzeugung, Mr. Shakspere sei der Dichter Shakespeare gewesen, in Frage stellt. Und so scheint Shakespeare von seinen Zeitgenossen merkwürdig isoliert zu sein. Der Mann, den Jonson als die »Seele unserer Zeit« bejubelte, scheint ein rechter Einsiedler gewesen zu sein.

Wenn aber Oxford Gegenstand dieser Anspielungen ist, müssen wir nicht unbedingt davon ausgehen, daß es eine große Verschwörung gab, um Shakespeares Identität zu verheimlichen. Es handelte sich wahrscheinlich um eines jener offenen Geheimnisse, das eine privilegierte Schicht miteinander teilt und sogar öffentlich in verschlüsselter Form erwähnt.

Noch weitere Männer, deren Namen Shakespeare-Kennern vertraut sind, haben Verbindung zu Oxford, als Verwandte, Bekannte oder Personen, die ihn beeinflußten. Die meisten von ihnen scheinen Oxford näher gestanden zu haben als Shakespeare, ganz besonders, wenn man hinter Shakespeare Mr. Shakspere vermutet.

An vorderster Stelle steht Henry Howard, Graf von Surrey (1517–1547). Surrey war durch Heirat Oxfords Onkel. Aufgrund von Anfeindungen durch Hofintrigen ließ Heinrich VIII. ihn mit gerade dreißig Jahren enthaupten, drei Jahre vor Oxfords Geburt. In seinem kurzen, turbulenten Leben brachte es Surrey, zusammen mit Sir Thomas Wyatt, zu einem der führenden Hofpoeten im England der Tudorzeit. Er hielt sich an den Ehrenkodex des Hochadels und veröffentlichte, von einer kurzen Hommage an Wyatt abgesehen, keines seiner Gedichte. Sie erschienen erst zehn Jahre nach seinem Tod.

Surrey fiel einem unglücklichen Schicksal zum Opfer. Er erregte noch kurz vor dem Tode des reizbaren Monarchen dessen Unmut; wäre der König ein paar Tage früher gestorben, hätte Surrey vielleicht überlebt. Der Grund für seine Hinrichtung bleibt unklar, aber sie fand nur eine Woche vor Heinrichs Tod statt.

Henry Howard, Graf von Surrey. Shakespeares angeheirateter Onkel schuf die Form des Shakespeare-Sonetts und führte den Blankvers im Englischen ein.
(© National Portrait Gallery, London)

Auch mit seinem Nachruhm als Dichter erging es Surrey nicht sonderlich glücklich. Beide Neuerungen, die er in die englische Literatur einführte, werden meistens nicht mit ihm in Verbindung gebracht, sondern mit dem Dichter, der sie meisterlich vervollkommnete. Surrey und Sir Thomas Wyatt schufen die Gedichtform, die wir als Shakespeare-Sonett kennen, das Sonett aus drei Quartetten mit Kreuzreimen und einem abschließenden *couplet*, einem Paarreim. Surrey führte auch den Blankvers in die englische Dichtung ein. Seine freie, poetische Wiedergabe des 8. Psalms klingt in Shakespeares *Hamlet* an.

Den Blankvers verwendete Surrey zuerst in seiner Übersetzung des zweiten und vierten Buches der *Äneis*. Eben dies sind auch die Bücher, die Shakespeare am häufigsten zitiert, besonders das zweite, in dem Äneas Dido vom Untergang Trojas berichtet. Für Shakespeare ist dieses Ereignis, wie Vergil es beschreibt, das Urbild der Tragödie, auf das er sich immer wieder bezieht. Es bildet den Hintergrund von *Troilus und Cressida*; ein langer Abschnitt in *Lucretia* erzählt die schreckliche Geschichte als Parallele zu Lucretias Vergewaltigung, außerdem wird oft das Schicksal des Priamus und seiner Söhne erwähnt; und in den Stücken finden sich häufig kurze Hinweise auf Trojas tragische Zerstörung, Äneas' Bericht an Dido, das trojanische Pferd und Sinons Verschlagenheit, die Ermordung des Priamus und seiner Söhne, Hekubas Leid und auf Äneas, der seinen Vater Anchises aus der brennenden Stadt trägt. Von den Figuren, die Vergil im zweiten Buch nennt, erwähnt Shakespeare Achilles, Äneas, Ajax, Anchises, Andromache, Ascanius, Kalchas, Kassandra, Diomedes, Hektor, Hekuba, Helena, Laertes, Menelaus, Paris, Priamus, Pyrrhus, Sinon, Thersites und Odysseus; die einzigen Figuren, die er nie erwähnt, sind Astyanax, Kreusa und Laokoon.

Troja ist Shakespeares bevorzugtes Sinnbild für Zerstörung, Verlust und unerträgliches Leid, besonders das immerwährende Leid der überlebenden Zeugen – deren wichtigster Äneas ist. Im September 1572 berichtet Oxford, wie früher erwähnt, seinem Schwiegervater Lord Burghley von Begegnungen mit Flüchtlingen aus Paris, die ihm das Massaker der Bartholomäusnacht beschreiben, bei dem »eine Anzahl Adliger und edler Herren« ermordet wurde, »über deren *Tragödien* wir eine Anzahl französischer *Äneasse* in dieser Stadt haben, die *unter Tränen* von ihrem eigenen *Los* berichten, *jämmerlich* anzuhören« (meine Hervorhebung). In einem seiner Gedichte nennt er auch »Paris, des Priamus' Sohn«.

Shakespeare nennt Äneas (der auch eine Figur in *Troilus und Cressida* ist) achtmal, meistens im Zusammenhang mit dem Abschnitt der Äneis, in dem er Dido von den Grausamkeiten berichtet, die er in Trojas letzten Stunden mitansah. In seinem Brief zitiert Oxford ebenfalls Äneas weniger als Helden denn als Zeugen von Trojas »Tragödien«. In *Hamlet* bittet der Prinz den Ersten Schauspieler, einen der gerade am Hof eingetroffenen »Tragöden aus der Stadt«, »des Äneas Erzählung an Dido, besonders da herum, wo er von der Ermordung Priams spricht« vorzutragen. Der Schauspieler tut dies mit tief empfundener Leidenschaft, worauf Polonius »Tränen in seinen Augen« feststellt. Shakespeares kurze Erwähnungen von Äneas in *Titus Andronicus*, *König Heinrich VI. 2.Teil* und *Julius Cäsar* beziehen sich alle auf diese »Erzählung an Dido«. (Die Nähe von »Los« und »jämmerlich« in Oxfords Brief erinnert auch an Romeos und Julias »jämmerliches Los« aus dem Prolog.)

Shakespeares Lieblingsdichter der römischen Antike ist jedoch nicht Vergil, sondern Ovid. Es ist allgemein bekannt und unstrittig, daß er oft auf die *Metamorphosen* zurückgreift, und zwar sowohl im lateinischen Original als auch in Arthur Goldings Übersetzung. *Venus und Adonis* ist den *Metamorphosen* entlehnt, *Die Schändung der Lucretia* Ovids *Fasti*. Wieder finden wir eine enge Verbindung zu Oxford: Arthur Golding, der etwa von 1536 bis 1605 lebte, war der Halbbruder von Margaret Golding, Oxfords Mutter. Als namhafter Gelehrter und kalvinistischer Theologe scheint er in Burghleys Diensten gestanden zu haben, dem er eines seiner Bücher widmete. Er wirkte als Oxfords Erzieher und war ihm außerordentlich zugetan, wovon mehrere ihm gewidmete Bücher zeugen. Oxfords erhaltene Gedichte strotzen von Rückgriffen auf die Klassik, die meisten davon auf Ovid, den er zweifellos durch Golding kannte.

Burghley selbst, Oxfords Vormund und Schwiegervater, erscheint in *Hamlet*, einem von Shakespeares bedeutendsten Stücken. Es gibt wenig Zweifel daran, daß er das Vorbild für Polonius ist, was ausführlich im 8. Kapitel behandelt werden wird.

Mehr als ein Philologe konnte sich nicht des Gefühls erwehren, daß *Hamlet* voller dunkler Anspielungen steckt. T.S. Eliot war überzeugt, das Stück sei »ganz gewiß künstlerisch mißlungen«, hauptsächlich weil Shakespeare seiner Meinung nach die Gefühle, die er hineinlegte, nicht gezügelt habe. Wir brauchen uns seinem Urteil nicht anzuschließen, um zu verstehen, was er meint. Ein Teil des Reichtums von *Hamlet* beruht darauf, daß die Figuren den Eindruck erwecken, größer zu sein als ihre Rollen in der Handlung. Vielleicht offenbart sich der Dramatiker am deutlichsten in Stellen, die für den eigentlichen Fortgang der Handlung überflüssig zu sein scheinen: Hamlet gerät im Ärmelkanal in die Hände von Piraten, genau wie Oxford bei seiner Rückkehr vom Festland. Claudius könnte dem Grafen von Leicester nachgebildet sein, einem ehemaligen Freier Elisabeths, der (wahrscheinlich falschen) Gerüchten zufolge seine Frau vergiftet hatte, um für die Heirat mit der Königin frei zu sein. Auf alle Fälle war es Leicester, der Oxford daran hinderte, sein volles Erbe angestammter Familiengüter anzutreten, ein wenig, wie Claudius Hamlets Thronfolge verhindert.

Oxford stand auch in enger Verbindung zu Shakespeares Schirmherr Henry Wriothesley, dem dritten Grafen von Southampton. Wie Oxford verlor Southampton früh den Vater und wurde ein Mündel von Burghley.

Als Southampton dem Knabenalter entwuchs, machte Burghley von seinem Vorrecht Gebrauch, für den seiner Obhut anvertrauten schmucken und begüterten Jüngling die Braut zu wählen. Er wählte sein eigen Fleisch und Blut: Elizabeth Vere, seine Enkelin und Oxfords Tochter. Als Southampton eine Heirat verweigerte, übte Burghley schließlich ein weiteres Vorrecht aus: er belegte Southampton mit einer Strafe von 5.000 Pfund, einer damals beträchtlichen Summe.

Es fällt schwer, zu bezweifeln, daß diese Heiratspläne den Hintergrund der ersten siebzehn Sonette von Shakespeare bilden, in denen ein schöner Jüngling gedrängt wird, zu heiraten, Kinder zu zeugen und sein »Haus« fortzusetzen.

Shakespeares Versepen *Venus und Adonis* und *Die Schändung der Lucretia* sind beide Southampton gewidmet. *Venus* wiederholt das Thema der frühen Sonette, wenn Venus Adonis an seine Pflicht erinnert, zu zeugen, wie er selbst gezeugt wurde; der Stoff ist Ovid entnommen, aber das Thema ist ganz das des Dichters. (Ovids komischer, von Lust besessener Venus war es kaum um Nachwuchs zu tun.)

Nach Oxfords Tod wurden sein Sohn Henry und Southampton Freunde und politische Verbündete; ein Holzschnitt aus der Zeit zeigt sie zusammen hoch zu Roß mit ihren Wappen und Wahlsprüchen. Niemandem ist es je gelungen, irgendeine Verbindung zwischen Mr. Shakspere und Southampton herzustellen; die Vermutung, sie könnten einander gekannt haben, und sei es noch so flüchtig, fußt lediglich auf den Widmungen der beiden Versepen.

Ebenso haben wir keinerlei Gründe zu der Annahme, daß Mr. Shakspere das »unvergleichliche Brüderpaar« kannte, die Herbert-Brüder – William und Philip, die Grafen von Pembroke und Montgomery –, denen die Erste Folio gewidmet ist. Wir haben lediglich das Wort der Widmung dafür, daß diese Mäzene ihm zu seinen Lebzeiten ihre Gunst erwiesen. Oxford hingegen kannte beide Männer gut. William Herbert, der spätere Graf Pembroke, war 1597 als Ehemann für Oxfords Tochter Bridget in Aussicht genommen worden; Oxford äußerte sich in einem Brief an Burghley sehr wohlwollend über William, aber die Heirat kam nicht zustande. Philip Herbert, der spätere Graf von Pembroke, heiratete tatsächlich eine Tochter von Oxford, nämlich Susan, wenn auch erst 1605, ein Jahr nach Oxfords Tod.

Kurzum, Oxford hat offenbar alle die gekannt, die Mr. Shakspere hätte kennen *müssen*, wenn er Shakespeare war. Aber Mr. Shakspere kann in London zweifelsfrei nur mit einem recht kleinen Personenkreis in Verbindung gebracht werden: mit einer Handvoll Schauspielern und Teilhabern des Theaters, mit einem ehemaligen Zimmervermieter und dessen Familie und mit vier anderen Personen, die 1596 in eine handgreifliche Streiterei verwickelt waren. In seinem beschaulichen kleinen Heimatstädtchen können wir mehr Leute aufzählen, mit denen er zu tun hatte, als in der geschäftigen Hauptstadt, in der zu seinen Lebzeiten der Name William Shakespeare hoch geehrt wurde und in der 1616 vom Ableben des Mr. Shakspere niemand Notiz nahm.

8. Verbindungen zu den Dramen

Mr. Shaksperes Biographen waren, wie wir gesehen haben, nicht in der Lage, in den Dramen überzeugende Spuren seines Lebens und seiner Persönlichkeit zu finden. Die Oxfordianer dagegen haben von Looney bis zu den Ogburns auf die vielen Parallelen zwischen Oxfords Leben und Shakespeares Dramen hingewiesen. Und in der Tat scheinen die Dramen Oxfords vielfältige Erfahrungen zu spiegeln.

Kurz nach dem Tod seines Vaters versuchten Oxfords Halbschwester Katharine, die Tochter aus der ersten Ehe seines Vaters, und deren Mann Edward, dritter Baron Windsor, ihn seines Titels zu berauben und begründeten ihren Anspruch mit der Ungültigkeit der Ehe seiner Eltern, allerdings ohne Erfolg. Hätte das Gericht ihrer Klage stattgegeben, hätten sie Oxfords ungeheures Erbe angetreten, und der edle Oxford wäre zum Bastard geworden. In der damaligen Gesellschaft hätte das Schande, Armut und den Sturz ins Bodenlose bedeutet.

Eine ähnliche Situation kommt in *König Johann* vor. In der ersten Szene muß sich der König eine Klage gegen Philip Faulconbridge, den älteren Sohn der Witwe von Sir Robert Faulconbridge, als rechtmäßigem Erben anhören, angestrengt von ihrem jüngeren Sohn Robert, der behauptet, Philip sei ein Bastard und daher vom Erstgeburtsrecht ausgeschlossen, und somit stünden ihm, Robert, Land und Vermögen seines Vaters zu. Wie sich herausstellt, ist Philip wirklich ein Bastard, gezeugt in der zweijährigen Abwesenheit von Sir Robert, und sein richtiger Vater ist Richard Löwenherz. Philip, der im Text nur als »Bastard« figuriert, nimmt diesen Urteilsspruch nicht nur an, sondern freut sich darüber. Er sagt stolz, er hätte lieber Richards Blut als Roberts Land. Spöttisch gratuliert er seinem Halbbruder zu dessen Sieg: »Gilt Eu'r Gesicht fünfhundert Pfund auch heuer, / Verkauft Ihr's für fünf Heller noch zu teuer.« Er gratuliert sich sogar zu seiner Bastardherkunft, da er von König Richard abstammt:

218

Gebt, mütterlicher Bruder, mir die Hand:
Mein Vater gab mir Adel, Eurer Land.
Gesegnet schienen Sonne oder Sterne,
Als ich erzeugt ward in Sir Roberts Ferne. ...
Weit oder nah, gut Schießen bringt Gewinn,
Und ich bin ich, wie ich erzeugt auch bin.

Dieser Glaube an die Überlegenheit adligen und königlichen Blutes zieht sich durch alle Stücke Shakespeares. Für ihn scheint das kein willkürlicher Brauch, sondern ein Naturgesetz zu sein.

Der Bastard ist eines jener robusten Shakespeare-Geschöpfe – wie Biron, Mercutio, Benedikt, Beatrice, Rosalinde, Falstaff, Hamlet, Cleopatra und sogar Richard III. –, die mit derart viel von dem Humor und der Kraft ihres Schöpfers zu sprechen scheinen, daß wir manchmal meinen, Shakespeares eigene Stimme zu hören. Ihnen allen gemein ist eine ungeheure Fähigkeit zur Freude, die das Sinnliche und das Ironische umspannt. Nichts ist an sie verschwendet, und sie stellen sich dem Leben mit einem umfassenden Geist. Diese Figuren werden von ihrem Schöpfer mit großer Nachsicht behandelt, der ihnen ungewöhnliche Freiheiten des Ausdrucks läßt, so in den berühmten langen Monologen und Ansprachen.

Als Oxford Howard, Southwell und Arundel beschuldigte, mit den Spaniern gegen Elisabeth zu konspirieren, beschuldigten sie ihn im Gegenzug, ein Trinker zu sein und geäußert zu haben, er hasse die Königin, weil sie ihn im Scherz »Bastard« genannt habe. Das kann eine Lüge gewesen sein. Trotzdem geht daraus hervor: die Ankläger wußten, daß die Anfechtung seiner Titelfolge für Oxford ein wunder Punkt war und daß die Königin ihn damit gehänselt hatte. Der Bastard kann als die Figur gesehen werden, die nicht nur Oxfords Verachtung ausdrückt für diejenigen, die ihm seinen Titel nehmen wollten, sondern auch seine Freude an dem, was er selbst ist, abgesehen von seinem Titel, seinem Landbesitz, seinem Reichtum – sogar abgesehen von der Frage seiner rechtmäßigen Titelfolge.

Oxfords Entlarvung der drei Verräter hat ihre Parallele in der 2. Szene des II. Aktes von *König Heinrich V*. Unmittelbar, bevor er nach Frankreich in See sticht, spielt Heinrich Katz und Maus mit dem Verschwörertrio Scroop, Cambridge und Grey, die nicht ahnen, daß ihm ihr Mordkomplott bekannt ist. Er befiehlt die Freilassung eines Betrunkenen, der wegen Maje-

stätsbeleidigung verhaftet worden war. Als die drei Verschwörer auf die här-
teste Strafe dringen, sagt Heinrich mit Hinblick auf die Reuigkeit des Mannes: »O laßt uns dennoch gnädig sein!« Dann läßt er die Falle zuschnappen:
zörnig hält er den Verrätern Papiere vor, die ihre Schuld beweisen. Als sie
um Gnade bitten, sagt er ihnen kalt, ihr eigener Ratschlag habe sie verurteilt.

Die Szene ist für den Fortgang der Handlung nicht unbedingt erforderlich (Laurence Olivier strich sie aus seiner Fassung), und fünfzig Zeilen sind
Heinrichs Schmährede gegen Scroop gewidmet, seinen einstigen Vertrauten
(»der meiner Seele sah bis auf den Grund«), dessen Verrat wesentlich schwerer wiegt als der von Cambridge und Grey:

> Zeigt sich jemand treu?
> Nun wohl, du auch. Scheint er gelehrt und ernst?
> Nun wohl, du auch. Stammt er aus edlem Blut?
> Nun wohl, du auch. Scheint er voll Andacht?
> Nun wohl, du auch. …
> Ich will um dich weinen,
> Denn dieses dein Empören dünket mich
> Ein zweiter Sündenfall.

Heinrichs lange, ununterbrochene Rede ist weitaus länger als jede andere
Anklage bei Shakespeare. Wenn Oxford sie schrieb, liegt nahe, daß sie eine
persönliche Bedeutung hatte, aus seinem Leben ungefiltert in das Stück
übertragen. Es könnte eine Beschreibung von Howard sein, den Oxford Berichten zufolge »den schlimmsten Schurken, der je auf dieser Erde lebte« genannt haben soll, und dazu seine Familie »die treuloseste Sippe unter dem
Himmel«. (Oxford hatte wahrscheinlich auch Howard im Verdacht, die
Zweifel an der Treue seiner Ehefrau gesät zu haben, die ihn seit seiner Rückkehr aus Paris 1576 so grundlos quälten.) In der historischen Quelle des
Stückes, Holinsheds *Chronicles*, klagt Heinrich die drei Verräter an, hebt
aber Scroop nicht besonders hervor.

Oxford bereiste das Festland über ein Jahr lang, und seine verschwenderischen Ausgaben zwangen ihn, mehrere Güter zu verkaufen. Rosalinde
scheint das im Auge zu haben, wenn sie in *Wie es euch gefällt* zu Jaques sagt:
»Ein Reisender? Meiner Treu, Ihr habt große Ursache, betrübt zu sein; ich
fürchte, Ihr habt Eure eignen Länder verkauft, um andrer Leute ihre zu se-

hen. Viel gesehen haben und nichts besitzen, das kommt auf reiche Augen und arme Hände hinaus.« Wenig später macht sie sich über ihn lustig und bezweifelt, daß er je in einer »Gondel« gefahren ist. Sie weiß also etwas über Venedig, wie auch ihr Schöpfer, der Venedig zum Schauplatz zweier seiner Stücke macht und es in fünf anderen erwähnt. Wir haben weiter oben gesehen, daß Shakespeare genaue Landeskenntnisse von Italien besaß. Von dem Dutzend Stücke, die er dort ansiedelt, spielen die meisten in Städten, die Oxford aufsuchte: Venedig (wo er am längsten blieb), Verona, Padua, Mantua, Siena und Palermo. *Ende gut, alles gut* erwähnt die kriegerischen Auseinandersetzungen zwischen Florenz und Siena um 1575 – eben die Zeit, zu der Oxford durch Siena kam. Es mutet unwahrscheinlich an, daß Mr. Shakspere genug über diesen Zwist wußte oder ihn wichtig genug nahm, um ihn eine Generation später zu erwähnen. Oxford schrieb Burghley aus Italien, er habe vor, Mailand zu meiden, »dessen Bischof solche Tyrannei ausübt«, aber bei seinen heimlichen katholischen Neigungen könnte er trotzdem hingefahren sein. Vermutlich ließ er auch Rom und Neapel nicht aus, doch wir haben keine Belege für seine Anwesenheit dort. Was Neapel anbelangt, so sagt der Narr in Othello: »Nun, ihr Herren? Sind eure Pfeifen in Neapel gewesen, daß sie so durch die Nase schnarren?« Woher sollte Mr. Shakspere, der England offenbar nie verließ, die neapolitanische Sprechweise gekannt haben? Ein intelligenter Mensch kann sich durchaus Italienischkenntnisse aneignen, ohne sein Land je zu verlassen, aber es ist etwas ganz anderes, mit regional unterschiedlichen Sprechweisen vertraut zu sein. Der Witz erweckt jedenfalls den Eindruck, daß dem Verfasser solche Unterschiede aufgefallen waren.

Oxfords Italienreise hat sich auch in *Der Widerspenstigen Zähmung*, wie es scheint, niedergeschlagen. Katharinas Vater ist Baptista Minola aus Padua, der reich an »Kronen« ist. Sein Name ist eine Verschmelzung aus Baptista Nigrone, von dem sich Oxford in Venedig 500 Kronen lieh, und Pasquino Spinola, von dem er weiteres Geld erhielt – und zwar in Padua. Wie Ogburn anmerkt, ist das eines der kleinen biographischen Verbindungsglieder, die Stratfordianer überglücklich machen würden. Für Oxford finden sich Dutzende.

Aufschlußreich ist auch, wie frühere Grafen von Oxford in Shakespeares Stücken behandelt werden. John de Vere, der 13. Graf, erscheint in *König Heinrich VI. 3. Teil* als Held, weil er im Rosenkrieg das Haus Lancaster unterstützt hat. Aber Robert de Vere, der 9. Graf von Oxford, wird in

König Richard II. nicht einmal erwähnt. Eine besonders bemerkenswerte Auslassung: Robert war Richards Günstling, und ihre homosexuelle Freundschaft brachte den Adel auf und führte zu Richards Sturz. Shakespeare läßt sein Stück taktvollerweise nach Roberts Tod beginnen. Das schwärzeste Schaf der Familie de Vere tritt also nicht auf, obwohl man es eigentlich erwarten sollte.

Einige der Stücke machen Gebrauch von Hofklatsch, wie er Oxford ganz sicherlich geläufiger war als Mr. Shakspere. *Liebes Leid und Lust* benutzt reale Namen vom Hof des Königs Heinrich von Navarra (an dem das Stück spielt): Der Maréchal Biron wird zu Biron, der Duc de Longueville wird zu Longaville, und der Duc de Maine wird zu Dumain. Der französische Gesandte de la Motte Fenelon, der seinen Namen für den Motte des Stückes hergab, befand sich zur Zeit von Oxfords Heirat am englischen Hof und war im Monat der Hochzeitsfeierlichkeiten bei Burghley zu Gast. Armado beruht wahrscheinlich auf einem exzentrischen Italiener am englischen Hof namens Monarcho, der vor 1580 starb. In dem Stück finden sich auch Verweise auf ein Vorkommnis am Hof von Navarra aus dem Jahr 1578 und auf den Besuch einer russischen Delegation am Hof Elisabeths im Jahr 1582, deren absurdes Betragen sie zum Gespött der englischen Höflinge machte.

In der Forschung besteht Einigkeit darüber, daß *Liebes Leid und Lust* ein relativ frühes Werk und das zeitbezogenste von Shakespeares Stücken ist – mit unmittelbaren Bezügen auf reale Personen am englischen und französischen Hof. Die Forscher waren bislang nicht in der Lage, die realen Vorbilder für einige der Figuren zu benennen, und viele der Witze, die nur Eingeweihte verstehen konnten, sind ihnen bis heute ein Rätsel. Als Höfling hatte Oxford den richtigen Hintergrund, um solch ein Stück zu schreiben. Mr. Shakspere war zu der Zeit, in die das Stück meistens datiert wird, ein junger, noch keine dreißig Jahre alter Mann aus der Provinz. Es liegt zumindest nahe, zu vermuten, daß Shakespeare wie die meisten Autoren damit begann, über das zu schreiben, was er am besten kannte: das höfische Leben. Außerdem gehören die bekannten Vorbilder des Stückes in einen Zeitraum, der mehrere Jahre vor der Zeit liegt, als Mr. Shakspere nach London ging. Bei seinem Eintreffen wären das alles schon alte Kamellen gewesen, zu abgestanden für eine *pièce à clef*.

Maß für Maß scheint zu einem großen Teil auf einer Quelle zu beruhen, die orthodoxe Forscher niemals zitieren: eine Affäre in Paris um 1580. Der französische Forscher George Lambin entdeckte die Geschichte und stellte fest, daß Shakespeare aus einem gewissen Angenoust einfach den Angelo des Stückes machte. Die Namen der übrigen Figuren ähneln stark den Namen der Pariser Beteiligten: Claude Tonard wurde zu Claudio, de Vaux zu Varrius, Saint-Luc zu Lucio und so weiter bis zu einem Ragosin, der zur Nebenfigur des Piraten Ragozyn wurde. Der junge zukünftige Graf von Derby, später Oxfords Schwiegersohn, weilte zu der Zeit in Paris und kann die Geschichte nach England mitgebracht haben. Mr. Shakspere hätte sie ebenfalls kennen können, aber wiederum macht seine späte Ankunft in der Hauptstadt das weniger wahrscheinlich. Eine weitere Ähnlichkeit findet sich direkt vor der Haustür. Claudios Einkerkerung wegen der Schwängerung der Julia nach einem selten angewendeten Gesetz hat ihre Entsprechung in Oxfords persönlicher Erfahrung: die Königin hatte ihn, Ann Vavasor und ihr uneheliches Kind in den Tower gesteckt. Im Mittelpunkt des Stückes steht die Scheinheiligkeit von Angelo, dem Statthalter des Herzogs, der das ruhende Gesetz wiederbelebt hat und sich als schlimmerer Sünder herausstellt als der Mann, den er zum Tode verurteilt hat. Das Stück kann als indirekte Kritik an der Königin verstanden werden, deren eigene Moral, wie Oxford durchaus wissen konnte, ein wenig hinter der Heiligkeit zurückblieb. So wie Elisabeth öffentlich als die jungfräuliche Königin bekannt war, ist Angelo für seine strenge Tugendhaftigkeit berühmt – bis die Ereignisse ihn bloßstellen.

Antonios gewagtes Unternehmen im *Kaufmann von Venedig* erinnert stark an Oxfords Investition in Frobishers Entdeckungsreisen, und Antonio verliert nahezu die Summe, die Oxford bei einer davon einbüßte: Oxford verlor 3.000 Pfund bei einer von Frobishers Reisen, Antonio verliert nahezu 3.000 Dukaten. Shylocks Name kann, mit einigem guten Willen, von Michael Lok hergeleitet werden, der angeklagt wurde, die Investoren in Frobishers Unternehmen betrogen zu haben.

In drei Shakeapeare-Stücken – *Othello*, *Cymbeline* und *Das Wintermärchen* – geht es um treue Ehefrauen, deren Männer Verleumdungen glauben, auch ein Thema in Oxfords Leben. (*Viel Lärm um nichts* hat eine ähnliche Nebenhandlung.) Das Thema der Verleumdung, besonders der sexuellen Verleumdung keuscher Frauen, kommt bei Shakespeare auffällig oft vor. Hamlet bringt es ohne rechten Anlaß zur Sprache, als er Ophelia warnt: »Sei so keusch wie Eis, so rein wie Schnee, du wirst der Verleumdung nicht entgehn.« Oxford schrieb als junger Mann, wie wir uns entsinnen, ein Gedicht voller Selbstmitleid über den Verlust seines »guten Namens«.

In *Ende gut, alles gut* geht es um einen mürrischen jungen Mann, der sich gegen die Ehe mit einer ihm nicht ebenbürtigen Frau sträubt, obwohl unter moralischen Aspekten er der Unwürdigere ist. Wie Oxford ist Bertram ein königliches Mündel, und die Wahl der Ehefrau obliegt seinem Vormund; er entfernt sich vom Hof, nachdem ihm die Erlaubnis dazu verweigert worden ist; und er weigert sich, mit seiner Frau zusammenzuleben. Helena überlistet ihn schließlich mit dem »Bett-Trick«: in der Meinung, er schlafe mit einer anderen Frau, zeugt er mit ihr ein Kind. Dreißig Jahre nach Oxfords Tod behauptete ein Gerücht, daß ihm eben dies passiert wäre. Über seine Tochter Susan (die den Grafen von Montgomery geheiratet hatte) hieß es, sie sei »die Tochter des letzten großen Grafen von Oxford, dessen Ehefrau ihm fälschlich als seine Geliebte zugeführt wurde, und aus diesem tugendsamen Betrug soll sie [die Gräfin von Montgomery] hervorgegangen sein«. Ein äußerst fragwürdiges Gerücht, zumal es, wenn überhaupt, nur auf seine erste Tochter Elizabeth hätte zutreffen können. In einer späteren Version entspringt diesem »tugendsamen Betrug« ein Sohn. Wichtig daran ist nur, daß diese Mär überhaupt mit Oxford in Verbindung gebracht wurde. Früher Klatsch stellte also einen Zusammenhang zwischen Shakespeares Fabel, die Boccaccio entlehnt war, und Oxford her.

Timon von Athen hat vorgeblich Plutarch zur Quelle, aber Timons Schicksal erinnert uns sofort an Oxfords Los. Ein reicher und freigebiger Mäzen steht plötzlich durch seine Großzügigkeit vor dem Ruin und findet sich von allen Freunden verlassen. Verbittert verdammt er die Menschheit, mit einer interessanten Ausnahme, seinem Haushofmeister. Timons Lob auf seinen Haushofmeister inmitten seiner Haßtiraden gegen alle Menschen erinnert an Oxfords Lob auf Robert Christmas, einen Diener, der ihm offenbar durch alle Fährnisse, herbeigeführt von seiner legendären Verschwendungssucht, unverbrüchlich die Treue hielt.

Timon von Athen wurde, so weit wir wissen, ebenso wie *Ende gut, alles gut*, zu Shakespeares Lebzeiten nie aufgeführt. Wir finden das Stück erst in der Folio vor, und es wirkt unfertig. Vielleicht legte der Verfasser es in eine Schublade und machte von seinen Themen und Empfindungen wirkungsvolleren Gebrauch, wie zum Beispiel im *Lear* und im *Coriolanus*.

Ein Topos findet sich in vielen Stücken und ist, so weit ich weiß, noch nie behandelt worden: der Topos des trauernden, oft zerknirschten Witwers oder Liebhabers. Brutus, Antonius und Posthumus erhalten in der Fremde die Nachricht vom Tod ihrer Frau, wie Oxford. Hamlet erfährt bei seiner Rückkehr nach Dänemark von Ophelias Tod. Othello und Leontes sind natürlich direkt verantwortlich für den Tod ihrer Frau und werden zu Recht von Schuldgefühlen geplagt, als sie über ihre Unschuld aufgeklärt werden. Ähnlich gibt Claudio in *Viel Lärm um nichts* sich selbst die Schuld an Heros vermeintlichem Tod, nachdem er öffentlich ihre Keuschheit beleidigt hat.

Wir haben keine Zeugnisse darüber, wie Oxford 1588 die Nachricht von Annes Tod aufnahm, aber wahrscheinlich wurde ihm schmerzlich bewußt, welches Leid er ihr in ihrem kurzen Leben bereitet hatte. Ihre Briefe von 1583, in denen sie ihre Unschuld beteuert und um Versöhnung bittet, erinnern an Ophelia und Desdemona, die beide nach ihrem Vorbild geschaffen sein können (wie auch Virgilia, die sanfte, geduldige Gemahlin des stürmischen Coriolanus). Als Antonius, der sich in Ägypten mit Cleopatra vergnügt, von Fulvias Tod in Rom erfährt, erkennt er bedauernd, daß er sie zu ihren Lebzeiten nicht ihrem Wert entsprechend zu schätzen wußte:

> Da schied ein hoher Geist! Das war mein Wunsch:
> Was wir verachtend oft hinweggeschleudert,
> Das wünschen wir zurück: erfüllte Freude,
> Durch Zeitumschwung ermattet, wandelt sich
> Ins Gegenteil: gut ist sie nun, weil tot:
> Nun reicht' ich gern die Hand, die ihr gedroht.

Diese Situation kommt bei Shakespeare oft vor, im Werk anderer Dramatiker hingegen selten. Sie findet sich bei ihm in vielen Variationen, aber das Thema bleibt sich gleich; in Lears gramerfüllten Worten: »Ich tat ihr Unrecht.« Ein wenig anders liegt der Fall in *Perikles*, dessen Frau Thaisa anscheinend kurz nach der Geburt einer Tochter stirbt – wie Anne nicht lange nach der Geburt von Susan starb. So oder so, bei Shakespeare erscheint der Mann bemerkenswert oft als Unwürdiger, der die hochherzige Frau in seinem Leben nicht verdient. Bestenfalls sagt er mit Brutus: »Ihr Götter, macht mich wert des edlen Weibes!« Häufiger jedoch enttäuscht er sie und verschuldet sogar ihren Tod.

Shakespeares Stücke folgen einer breiten Bahn und bewegen sich von Komödien in höchsten Kreisen zu Tragödien vereinzelter Männer – ein Weg parallel dem Oxfords, der am Hof in Ungnade fiel und schließlich in Zurückgezogenheit lebte. Hamlet ist zu einem Fremdling in seinem angestammten Heim geworden; Othello und Macbeth isolieren sich durch ihre Verbrechen von der Gesellschaft, in der sie es als Feldherrn zu einer hohen Stellung gebracht haben; Lear, Timon und Coriolanus gehen ins Exil. Wir können dieser Liste Prospero hinzufügen, obwohl das Stück, in dem er auftritt, als Komödie gilt; er ist wie Oxford ein Aristokrat mit literarischen Neigungen, der von sich sagt: »Mein Büchersaal war Herzogtums genug.«

Shakespeare ist ein so vielseitiger Autor, daß wir auf die Wiederholung bestimmter Themen wie das des Abscheus vor Hofintrigen besonders achten sollten. Von den achtunddreißig Stücken nehmen mindestens achtundzwanzig Bezug auf Höfe und Höflinge, und die Eröffnungsszenen vieler Stücke spielen am Hof. Oft beobachtet Shakespeare belustigt das höfische Treiben; häufiger aber äußern seine daraus Vertriebenen ihren Haß auf das höfische Leben mit seinen Schmeicheleien, Hinterhältigkeiten und Anschwärzungen.

Einer von Oxfords zornigen Briefen enthält zwei auffallende Sätze: »Ich diene Ihrer Majestät, und ich bin, der ich bin.« Oxford erinnert den großen Burghley mit zornigem Stolz daran, daß auch er ein großer Mann ist, der nur der Königin Rechenschaft schuldet, nicht solchen wie Burghley. Im *Lear* sagt Kent zu Cornwall und Regan mit ähnlichem Trotz: »Ich diene dem König«. Und aus demselben Widerspruchsgeist heraus benutzt Shakespeare im 121. Sonett genau die Worte Oxfords: »Nein – ich bin, der ich bin! Die mich bespähn, /Beweisen nur die Fehler, die ihr Eigen.«

Wir können viele weitere Einzelheiten aufzählen, die Oxford mit den Dramen verbinden. Der Gadshill-Raubüberfall in *König Heinrich IV. 1. Teil* scheint auf dem Überfall zu beruhen, den einer Anklage zufolge Oxfords eigene Männer 1573 an derselben Stelle verübt haben sollen. Die Straßenfehden der Montagues und Capulets in *Romeo und Julia* erinnern an die Schlägereien zwischen Oxfords Gefolgsleuten und denen von Ann Vavasor. *König Richard III.* spielt zum großen Teil im Tower von London, in dem Oxford, wie so viele unliebsam aufgefallene Adlige, selbst für eine Zeit eingekerkert war. Das Stück schildert auch Zusammenstöße zwischen dem alten Adel und verschiedenen Emporkömmlingen. Eine Satire auf Christopher Hatton, einen Emporkömmling, der am Hof zu Oxfords Feinden zählte, bezeichnet ihn als »*Fortunatus infoelix*«, und in *Was ihr wollt* wird eine Übersetzung davon, »die Glücklich-Unglückselige«, benutzt, um den Aufsteiger Malvolio zum Narren zu halten. Je mehr wir über Oxfords Leben erfahren, desto mehr Ähnlichkeiten finden wir. Aber Jahrhunderte der Forschung haben nichts Vergleichbares über Mr. Shakspere zu Tage gefördert.

Kein Stück weist deutlichere Spuren von Oxfords Leben und Persönlichkeit auf als dasjenige, das viele für Shakespeares bedeutendstes halten: *Hamlet*. Hamlet selbst erinnert an den jungen Oxford. Er ist das Inbild des Höflings, wie ihn Baldassare Castiglione beschrieb, dessen *Cortegiano* unter Oxfords Schirmherrschaft ins Lateinische übersetzt wurde.

Einigen Forschern, darunter Lily B. Campbell und Hardin Craig, ist schon lange aufgefallen, daß Hamlets berühmtester Monolog offenbar von Cardanos *De Consolatione* angeregt wurde – dem Buch, das Thomas Bedingfield 1573 übersetzte, gefördert vom jungen Oxford, der auch ein Vorwort dafür schrieb. Natürlich sind Vergleiche zwischen dem Tod und dem Schlaf oder einer Reise uralt, sogar archetypisch. Aber Cardano verleiht noch anderen Gedanken Ausdruck, die sich auch in Hamlets Monolog finden. Hier einige Auszüge:

> Doch was kann daran übel sein, Hunger, Durst, Leid, Mühsal, Trauer, Angst und schließlich den ganzen Berg von Übeln zu entbehren, die wir, wenn die Seele vom Körper getrennt wird, notwendig entbehren müssen?

> Deshalb pflegte Sokrates zu sagen, daß man den Tod entweder mit einem tiefen Schlaf, einer langen Reise oder dem Vergehen vergleichen könnte, wie es der Tod eines seelenlosen Tieres ist.

> Denn es gibt nichts, was das Ende des Lebens besser oder richtiger ankündigt, als wenn ein Mann träumt, daß er in ferne Länder reist und wandert, und besonders, wenn er sich einbildet, auf einem weißen, geschwinden Pferd zu reiten, und daß er ohne Hoffnung auf Heimkehr durch unbekannte Länder reist.

Der Tod nimmt mehr Übel fort, als er bringt, und jene mit größerer Gewißheit.

Nur Ehrlichkeit und Tugend des Geistes machen den Menschen glücklich, und nur ein feiges und verderbtes Gewissen ist Ursache seines Unglücks.

Dieses Buch enthält viele ernste Themen, die auch bei Shakespeare anklingen. Hier weitere Beispiele aus *Hamlet*. Wenn Cardano sagt, daß »ein gutes oder böses Geschick für ein gesegnetes Leben nichts bedeutet«, werden wir an Hamlets Lobrede auf Horatio erinnert:

> Denn du warst,
> Als littst du nichts, indem du alles littest;
> Ein Mann, der Stöß' und Gaben vom Geschick
> Mit gleichem Dank genommen: und gesegnet,
> Was Blut und Urteil sich so gut vermischt,
> Daß er zur Pfeife nicht Fortunen dient,
> Den Ton zu spielen, den ihr Finger greift.

Cardano: Ein Mensch ist nichts als sein Geist: wenn der Geist von Unzufriedenheit geplagt wird, ist der Mensch ganz Unruhe, auch wenn alles übrige wohlauf ist, und wenn der Geist Zufriedenheit gefunden hat, so mag es allem übrigen schlecht ergehen, das wird wenig ausrichten.
Hamlet: O Gott, ich könnte in eine Nußschale eingesperrt sein und mich für einen König von unermeßlichem Gebiete halten, wenn nur meine bösen Träume nicht wären.
Cardano: Von mannigfaltigem privaten Unglück sprechen wir, wenn ein Mensch gleichzeitig von vielerlei Mißgeschick ereilt wird.
Hamlet: Wenn die Leiden kommen, / So kommen sie wie einzle Späher nicht, / Nein, in Geschwadern.

Eine andere Bemerkung von Cardano könnte fast als Grundprinzip der Shakespeare-Tragödie gelten: »Wer nur recht acht gibt, wird finden, wir sind zum größren Teil selbst Ursache unsres Niedergangs.«

Viele Leser haben empfunden, daß *Hamlet* den Höhepunkt von Shakespeares Schaffen darstellt und daß Hamlet die Figur ist, die Shakespeare selbst am nächsten kommt – das Geschöpf, in das der große Dichter mehr von sich selbst hineingab als in jedes andere. Hamlet ist der einzige der Shakespeare-Helden, von dem wir uns vorstellen können, daß er die Sonette mit all ihrer Vielfalt und Tiefe des Gefühls schrieb. Hamlet ist auch die Figur, die Oxford am meisten ähnelt – ein vollendeter, hochkultivierter Höfling der Renaissance.

Des Hofmanns Auge, des Gelehrten Zunge,
Des Kriegers Arm, des Staates Blum' und Hoffnung,
Der Sitte Spiegel und der Bildung Muster,
Das Merkziel der Betrachter.

Ophelias Worte in der 1. Szene des III. Aktes könnten fast eine Beschreibung des jungen Oxford sein.

Doch wie Oxford wird Hamlet an dem Hof, wo er so glänzend begann, zum störenden Außenseiter. Obwohl »im Brauch eingeboren und erzogen«, schätzt er das Hofleben nicht sonderlich; seine Trinkgelage stoßen ihn ab. Er hat in Wittenberg studiert und will dorthin zurückkehren; sein bester Freund ist sein »Studienkamerad« Horatio. Wittenbergs theologischer Ruf erinnert uns an Oxfords religiöse Interessen. Hamlets »wunderliches Wesen«, hinter dem er seine ernsten Ziele verbirgt, mag uns auch Oxfords »launisches Wesen« in Gedächtnis rufen.

Und es gibt noch weitere Parallelen. Oxfords Vater starb, wie der von Hamlet, vorzeitig; auch seine Mutter ging so kurz danach eine neue Ehe ein, daß es für ihren Sohn nur natürlich gewesen wäre, ähnlichen Abscheu wie Hamlet zu empfinden. Bei seiner Rückkehr aus Frankreich 1576 fiel Oxford im Ärmelkanal Piraten in die Hände, die ihn, wie Hamlets »barmherzige Diebe«, erkannten und sein Leben schonten. Hamlet ist ebenfalls ein Liebhaber des Theaters, der seine Schauspieler in den Feinheiten ihrer Kunst unterweist. Er spricht von einer Knabentruppe; in den Jahren nach 1580 förderte Oxford eine solche Truppe, die in einer zeitgenössischen Quelle »die Kinder des Grafen von Oxford« genannt wird.

Hamlet beklagt sich darüber, von Claudius, dem Mörder seines Vaters, enterbt worden zu sein. Als ihn Rosenkranz – der von dem Mord nichts weiß und darauf hinweist, daß der König Hamlet doch zum Thronfolger bestimmt habe – nach dem Grund seiner Unzufriedenheit fragt, erwidert Hamlet: »Ja, Herr, aber ›derweil das Gras wächst‹ – das Sprichwort ist ein wenig rostig.« Eine Anspielung auf das Sprichwort: »Derweil das Gras wächst, verhungert das törichte Pferd.« Er will damit sagen, daß er nicht endlos auf das warten kann, was ihm rechtmäßig zusteht.

Eine bemerkenswert enge Parallele dazu findet sich in Oxfords Brief vom 3.1.1576 aus Siena an Burghley. Von Schulden geplagt beschwert er sich, daß ihm Ländereien, die zu seinem Erbe gehören, vorenthalten werden, obwohl er sie dringend verkaufen müßte. Wie Hamlet kann er nicht endlos warten, und er schreibt mit einiger Schärfe, er sei gebeten worden, »mich zu bescheiden, gemäß dem englischen Sprichwort, daß es mein Los ist, zu verhungern wie das Pferd, derweil das Gras wächst«. Ungewöhnlich ist nicht, daß zwei dasselbe Sprichwort benutzen, sondern daß beide es ausdrücklich als Sprichwort bezeichnen und ihm dieselbe besondere Bedeutung geben. Sowohl Oxford als auch Hamlet sagen, daß sie durch den Eingriff anderer in ihre Rechte in die Lage des sprichwörtlichen Pferdes gezwungen werden, das verhungert, während es wartet, bis das Gras seine volle Länge erreicht hat.

Burghley tritt höchstselbst in *Hamlet* auf. Er ist das Vorbild für Polonius, was sich kaum bestreiten läßt. Dies wurde von Forschern bereits 1869 festgestellt, lange bevor Oxford als Verfasser in Erwägung gezogen wurde – ebenso wie Southampton als der Jüngling in den Sonetten gesehen wurde, lange bevor irgend jemand auf die Idee kam, daß seine Verbindung zu Oxford bedeutsam sein könnte. Auch Edmund Chambers, der bedeutendste der modernen Shakespeare-Forscher, ist der Ansicht, daß Polonius wohl auf Burghley zurückgeht. Die *Reader's Encyclopedia of Shakespeare* sagt von Burghley: »Selbst ein Meister der Kabale, besaß er ein bemerkenswertes Talent, die umstürzlerischen Pläne anderer aufzuspüren. Im letzten Jahrzehnt des 16. Jahrhunderts war Essex, für den Shakespeare Partei ergriffen haben soll, sein Hauptgegner am Hof.« Abschließend schreibt die *Reader's Encyclopedia*:

Dementsprechend sind viele Forscher zu der Ansicht gelangt, daß Burghley in *Hamlet* als Polonius verspottet wird. Zum Beweis dafür wird Burghleys Schrift *Certaine Preceptes, or Directions* von 1616 herangezogen, die er für seinen Sohn Robert Cecil schrieb und die Shakespeare im Manuskript gesehen haben könnte. Polonius' berühmte Ratschläge an Laertes (I,iii,58–80) ähneln auffallend Burghleys Lehren in dieser Abhandlung. Hamlets Behauptung, Polonius sei »ein Fischhändler«, kann auch als Anspielung auf Burghleys Versuch gedeutet werden, in seiner Eigenschaft als Schatzkämmerer den Fischhandel zu beleben.

Dagegen ist nichts einzuwenden, außer daß Mr. Shakspere für den Dichter Shakespeare gehalten wird. Daraus ergibt sich die unwahrscheinliche Annahme, Mr. Shakspere hätte es sich nicht nur geleistet, bei einem Umsturzversuch Partei zu ergreifen, sondern hätte es, nachdem ihm die noch unveröffentlichten Lehren Burghleys an seinen Sohn irgendwie in die Hände gefallen waren, gewagt, den mächtigen Burghley auf der Bühne zum Gespött zu machen. Oxford wäre offensichtlich viel eher in der Lage gewesen, an Burghleys Lehren zu gelangen, und er hatte sowohl ein Motiv als auch die Freiheit, sich darüber lustig zu machen.

Polonius ist in der Quelle des Stückes nicht vorhanden. In Belleforests Bericht tötet Hamlet einen namenlosen »Ratgeber«, der ihm nachspioniert hat. Shakespeare weitet diese Rolle in seinem Stück deutlich aus; er gibt ihr nicht nur viel Text, sondern macht Polonius in den ersten drei Akten zu Hamlets wichtigstem Gegenspieler. Der gemächliche zweite Akt, in dem die Handlung nahezu zum Stillstand kommt, erlaubt sich Abschweifungen, in denen ein lebhaftes Porträt von Polonius entsteht.

Wie Burghley ist Polonius ein wortreicher Staatsminister mit einer Neigung zur Bespitzelung. Wenn wir ihm das erste Mal begegnen, möchte sein Sohn Laertes nach Frankreich zurückkehren, wo er, wie wir später erfahren, ein wildes Leben geführt hat. Burghleys Sohn Thomas Cecil verbrachte zwei Jahre in Frankreich und bereitete seinem Vater viel Verdruß mit seiner ungehörigen Lebensweise, über die sich Burghley von seinen Spitzeln Bericht erstatten ließ. Shakespeare gibt uns eine dramaturgisch völlig überflüssige Szene, in der Polonius seinen Diener Reinhold ausschickt, Laertes zu bespitzeln, und ihm die Kunst erklärt, andere unauffällig auszuholen: »Durch einen Umweg auf den Weg zu kommen« (II. Akt, 1. Szene). Wenig später bespitzelt er selbst Hamlet. 1584 geriet Oxford in Wut, als er entdeckte, daß Burghley versucht hatte, einen seiner Diener als Informant zu benutzen.

Übrigens kann Polonius' Satz »da rauft' er sich beim Ballspiel« in derselben Szene ein versteckter Witz über Oxfords Tennisplatz-Renkontre
mit Sidney sein, dessen pedantische Systematik dramatischer Formen ebenfalls von Polonius verspottet wird: »Die besten Schauspieler in der Welt, sei
es für Tragödie, Komödie, Historie, Pastorale, Pastoral-Komödie, Histori-
ko-Pastorale, Tragiko-Historie, Tragiko-Komiko-Historiko-Pastorale ...«
(II. Akt, 2. Szene).

Polonius hält Hamlet für verrückt und fragt ihn in derselben Szene:
»Kennt Ihr mich, gnäd'ger Herr?« Hamlet geht darauf ein und erwidert:
»Vollkommen. Ihr seid ein Fischhändler.« Ein Seitenhieb auf Burghleys
oben erwähnte Bemühungen, im Parlament die Belange der Fischer voran-
zutreiben. 1563 hatte er ein Gesetz eingebracht, das einen zweiten Fischtag
in der Woche vorschrieb, zum Samstag hinzu den Mittwoch. In einer erhal-
tenen Aktennotiz merkt er an, es sei »notwendig für den Erhalt der Flotte
Englands, daß mehr Fisch gegessen werde und deshalb ein weiterer Tag der
Woche zum Fischtag bestimmt werde und dieser der Mittwoch eher als jeder andere«. Er bemühte sich auch um Einfuhrbeschränkungen und um
Aufhebung der Ausfuhrbeschränkungen für Fisch. Die Katholiken nannten
das Ergebnis »Cecils Fasttag«. Nichts könnte die Unterschiede zwischen
Oxford und seinem Schwiegervater besser illustrieren als diese prosaische
Maßnahme.

Solche Unterschiede spüren wir auch in Hamlets Wortwechseln mit Polonius, seinem Beinahe-Schwiegervater. »Habt Ihr eine Tochter?« fragt
Hamlet. Als Polonius das bejaht, warnt ihn Hamlet, der Geisteskrankheit
vortäuscht: »Laßt sie nicht in der Sonne gehen. Empfangen ist ein Segen,
aber nicht, wie Eure Tochter empfangen könnte –« Eine weitere Anspielung
auf die realen Beziehungen zwischen Oxford und Burghley, dessen Tochter
mit ihrer ersten Empfängnis für solchen Wirbel sorgte.

Ophelia selbst, süß und unschuldig, aber unfähig, mit den verfeindeten
Männern in ihrem Leben zurechtzukommen, ähnelt stark der jungen Anne
Cecil. Polonius will nicht glauben, daß Hamlet Ophelia ehrenhaft liebt, und
sein Zynismus erstickt ihre aufkeimende Liebe, ähnlich wie in Oxfords Augen die Schwiegereltern seine Ehe mit Anne zerstört hatten.

Als die Theatertruppe in Helsingör eintrifft, schimmert Burghleys Verachtung für Oxfords »lästerliche Freunde« in Polonius' Geringschätzung
der Schauspieler durch, die Hamlet liebt und die Rosenkranz ankündigt als

»dieselben, an denen Ihr so viel Vergnügen zu finden pfleget, die Schauspieler aus der Stadt«. Während Hamlet vom Monolog des Ersten Schauspielers, der Äneas' Erzählung an Dido vorträgt, bewegt ist, beschwert sich Polonius nur, daß die Rede »zu lang« ist. Er findet es unerträglich, daß der Schauspieler Gefühlsregungen zeigt: »Seht doch, hat er nicht die Farbe verändert und Tränen in den Augen. Bitte, halt inne!« Das sind unüberhörbare Anklänge an Oxfords oben zitierten Brief an Burghley von 1572, der die hugenottischen Flüchtlinge vor dem Blutbad der Bartholomäusnacht als »französische Äneasse« beschreibt, die von ihren »Tragödien« »unter Tränen« berichten.

Hamlet rät Polonius, die Schauspieler respektvoll zu behandeln, denn sie könnten das letzte Wort über ihn haben: »Laßt sie gut behandeln, denn sie sind der Spiegel und die abgekürzte Chronik des Zeitalters. Es wäre Euch besser, nach dem Tode eine schlechte Grabschrift zu haben als üble Nachrede von ihnen, solange Ihr lebt.« Dieser Hinweis, daß das Theater aktuell und zeitkritisch ist, überrascht uns, wenn wir davon ausgehen, daß Shakespeare »universell« schreibt, ohne enge Bezüge zu seiner eigenen Zeit. Aber Hamlet selbst sagt uns etwas anderes, und das Stück ist die Einlösung dieser Warnung: es ermöglicht uns einen faszinierenden Blick auf Oxford und Burghley.

Als Hamlet Polonius erstochen hat, muß die Tat vertuscht werden – wie es mit Oxfords Tat geschah, nachdem er Burghleys Unterkoch erstochen hatte. Sogar der Ausdruck, den Burghley zu Oxfords Exkulpierung benutzte, »*se defendendo*«, wird in der fehlerhaften juristischen Terminologie des Totengräbers parodiert: »*se offendendo*«. Hamlets grimmiges Wortspiel, daß »eine gewisse Reichsversammlung von politischen Würmern« (*politic worms*) den toten Polonius zu ihrer *diet*, ihrer Speise, macht, ist allem Anschein nach ein weiterer privater Witz: laut Gerald W. Philips berief Burghley sich gern darauf, daß er zur Zeit des *Diet of Worms*, des Reichstages von Worms, geboren wurde.

Solche Parallelen bringen uns in erstaunliche Nähe zur Person des Dramatikers und haben viele von Oxfords Verfasserschaft überzeugt. Eine erneute Betrachtung der Sonette wird Beweismaterial ergeben, das eine noch engere Annäherung an den Verfasser erlaubt und noch zwingender ist.

9. Rückkehr zu den Sonetten

Mein Name sei bei meinem Leib begraben,
Beschäme fürder weder mich noch dich.
– 72. Sonett

Der beste Schlüssel zur wahren Identität unseres größten Dramatikers läßt sich vielleicht gar nicht in den Stücken finden. Unter Umständen brauchen wir nur in das Bändchen zu schauen, das 1609 erschien und den Titel *Shake-speares Sonnets* trug. Diese erstaunlichen, wenn auch geheimnisvollen Gedichte enthalten Geständnisse, die nahelegen, daß Oxford sie geschrieben hat. Aber nicht nur Mr. Shaksperes Parteigänger, sondern sogar die von Oxford haben sich der Tragweite dieser Passagen verschlossen, hauptsächlich weil beide Seiten vor dem Eingeständnis zurückgeschreckt sind, daß der Dichter und sein junger Freund allem Anschein nach ein homosexuelles Liebespaar waren.

Wir haben einleuchtende Beweise dafür aufgeführt, daß es sich bei dem jungen Mann um Henry Wriothesley, den dritten Grafen von Southampton, handelte. Sobald wir davon ausgehen, erlaubt uns das mehrere Rückschlüsse auf den Dichter. Sie alle führen zu Oxford, nicht zu Mr. Shakspere.

Die ersten siebzehn Sonette, die sogenannten *procreation-sonnets*, die die Zeugung von Nachkommen anmahnen, gehören offensichtlich zu Burghleys Kampagne, den jungen Herrn zur Heirat mit seiner Enkeltochter, Oxfords Tochter Elizabeth Vere, zu bewegen. Oxford gehörte zum engsten Kreis der Beteiligten, als 1590 diese Kampagne begann, um den siebzehnjährigen Henry mit der vierzehnjährigen Elizabeth zu vermählen. Es ist schwer vorstellbar, daß Mr. Shakspere sie alle persönlich kannte, geschweige denn dazu aufgefordert wurde, die Heirat poetisch zu fördern.

Diese Sonette sind darüber hinaus in der Form geschrieben, die wir inzwischen als Shakespeare-Sonett bezeichnen und die von Sir Thomas Wyatt und von Oxfords Onkel Henry Howard, dem Grafen von Surrey, entwickelt wurde. Sie weisen auch viele Ähnlichkeiten mit dem »Phaeton«-Sonett auf, das 1591 an John Florio, Southamptons Freund und Lehrer, gerichtet wurde. Aufgrund des frühen Datums scheidet Mr. Shakspere als Verfasser dieses Sonetts sogar für die meisten orthodoxen Forscher aus. Wenn aber Oxford der Verfasser war, ordnet es sich ohne Schwierigkeiten in den Reigen der »gezuckerten Sonette« ein, die laut Francis Meres' Zeugnis von 1598 unter seinen »vertrauten Freunden« kursierten.

Der Dichter ist, wie wir gesehen haben, deutlich älter als der Jüngling, was er immer wieder sagt und auch dann voraussetzt, wenn er es nicht sagt. Oxford war dreiundzwanzig Jahre älter als Southampton. Der Dichter setzt sein Alter dem des Jünglings entgegen und vergleicht sich einem »gebrechlichen Vater«, der an seinem Kind Freude hat. Mr. Shakspere war nur neun Jahre älter – ein deutlicher Altersunterschied, aber nicht groß genug, um zu Southampton aus dem Abstand einer ganzen Generation zu sprechen.

Es ist auch klar, daß der Dichter demselben Stand angehört wie der Jüngling. Er lobt, rügt, ermahnt, neckt und umgarnt ihn mit der Freiheit eines gesellschaftlich Gleichgestellten, der sich keine Gedanken darüber machen muß, ob er dreist wirkt. Wie schon oben erwähnt, kann seine Bitte »Schaff dir ein zweites Ich, aus Lieb zu mir« unmöglich als die Forderung eines armen Dichters an seinen Gönner verstanden werden. Sie drückt die Hoffnung eines Vaters aus – oder vielleicht eines Schwiegervaters. Und Oxford war in der Tat Southamptons Schwiegervater *in spe*.

Im 91. Sonett schreibt der Dichter:

Thy love is better than high birth to me,
Richer than wealth, prouder than garments' cost,
Of more delight than hawks or horses be.

[Deine Liebe ist mir teurer als hohe Geburt,
Wertvoller als Reichtum, stolzer als Prunkgewänder,
Von mehr Genuß als Falken oder Pferde.]

Die Zeilen beinhalten, daß sein gesellschaftlicher Rang ihm solche Vergleiche erlaubt und daß die »hohe Geburt« seine eigene ist. Auch die übrigen Dinge, die er erwähnt, gehören zu Oxfords Lebensumständen: Reichtum, kostbare Kleidung, Jagdfalken und Reitpferde. Im 125. Sonett spricht er davon, den »Baldachin« getragen zu haben, offenbar eine Anspielung auf eine zeremonielle Pflicht bei Hofe. Als Lord Great Chamberlain gehörte es zu

Oxfords Aufgaben, bei feierlichen Staatsakten den königlichen Baldachin über Elisabeth I. oder Jakob I. zu tragen, was er bei solchen Anlässen wie der Siegesfeier über die Armada 1588 oder Jakobs Krönung 1603 wahrscheinlich tat. Diese Formulierung ist von den Forschern, die Mr. Shakspere für den Dichter halten, nie erklärt worden.

Über eines der Hauptthemen der Sonette ist die Forschung größtenteils hinweggegangen: des Dichters Gefühl der Schande. Dieses schmerzliche Motiv ist eine unserer wichtigsten Bestätigungen dafür, daß die Sonette autobiographisch sind. Der Dichter kommt immer wieder in unregelmäßigen Abständen auf seinen eigenen schlechten Ruf zu sprechen. Er ist in »Ungnade« gefallen (29), der Gegenstand von »Pöbelschimpf« (112), hat »vielbeklagte Schuld« auf sich geladen (36). Er spricht von seinem »Ausgestoßensein« (29), von »Schandflecken« (36) und »Schmach« (36, 72); er wird »verachtet« (37), ist »schuldig« (111) und gilt als »schlecht« (121); sein Name hat ein »Brandmal« erhalten (111) und so fort. Er erwartet und erhofft sich sogar ein »gemeines«, das heißt ein anonymes Grab (81), und dort soll auch sein Name begraben sein (72). Warum sollte Mr. Shakspere zu einem Zeitpunkt, als er eben berühmt und erfolgreich wurde, derartig schwarz sehen? Öffentlich wird »Shakespeare« in den Jahren nach 1590 nur lobend erwähnt, nirgendwo ist von irgend etwas Schändlichem die Rede.

Der Dichter aber bezieht sich zweifellos auf reale Vorkommnisse, deren Kenntnis er bei seinem Freund voraussetzt; er macht sogar deutlich, daß viele davon wissen – ein Beweis dafür, daß es sich bei dem Dichter um eine hochstehende Persönlichkeit handelt, die in Verruf geraten ist, und nicht um einen Unbekannten, der sich gerade erst Ansehen erwirbt. Wieder einmal entspricht die Lebenslage des Dichters der von Oxford. Wir haben gesehen, daß 1585 jemand weit unterhalb seines Ranges es wagte, ihn ob seines »zugrunde gerichteten Rufes« zu verhöhnen und zum Duell herauszufordern. Er hatte mit seinem Lebenswandel Anlaß zu etlichen Skandalen gegeben, und seine Zeitgenossen nahmen seinen Lebensweg als einen Abstieg wahr – von unermeßlichem Reichtum und prächtigsten Aussichten zu Schande und Vergessenheit. Seine Feinde überboten sich darin, ihn jeder vorstellbaren Verworfenheit zu zeihen, Vorwürfe, die er offenbar nie ganz entkräften konnte.

Mr. Shakspere gelangte derweil zu einigem Wohlstand; 1597 kaufte er New Place, eines der größten Häuser in Stratford, und wenig später sollte er um einen Titel und ein Wappen einkommen. Doch so sehr auch sein Ansehen in Stratford wuchs, in London blieb er unbekannt, hinterließ nur wenige Spuren und scheint sogar den Steuereintreibern Mühe bereitet zu haben.

Der Verfasser der Sonette erwartet und hofft, vergessen zu werden. Er ist zwar voll Zuversicht, daß seine Dichtung Marmorbilder und Fürstenmale überdauern wird, aber sie wird seinen jungen Freund unsterblich machen, nicht ihn selbst. Er sagt, sein Stil sei so unverwechselbar und unwandelbar, »daß jedes Wort fast meinen Namen nennt«, was beinhaltet, daß er eigentlich seinen Namen nicht preisgeben will – zu einer Zeit, als er unter dem Namen William Shakespeare Versepen veröffentlicht. Das scheint zu bedeuten, daß er die Sonette nicht unter diesem Namen schreibt. Und tatsächlich weist der Titel *Shake-speares Sonnets* darauf hin, daß nicht der Dichter, sondern der Herausgeber die Ausgabe von 1609 mit diesem Namen versah. »Mein Name ist Will«, sagt der Dichter zwar im 136. Sonett scherzhaft zu seiner Geliebten, doch im vorangehenden Sonett scheint er auch seinen jungen Freund als »Will« zu bezeichnen. Es handelte sich offenbar um einen gemeinsamen Kosenamen, und der Dame mag die wahre Identität beider verborgen geblieben sein. (Außerdem kreisen beide Sonette spielerisch um das Wortspiel *Will/will*, also um den Namen Will und das Wort Wille sowie das Verb wollen, noch dazu kann der Name Will hier durchaus auch als scherzhafte Bezeichnung für den Penis gedeutet werden.)

Die Schande des Dichters ist sicherlich zumindest zum Teil im sexuellen Bereich zu suchen. Im 121. Sonett spricht er zornig von den Lästermäulern, die ihn wegen seiner nicht näher definierten »Schwächen« und seines »wilden Blutes« für »schlecht« halten. Welches Vergehen ihm auch unterstellt worden sein mag, er scheint nicht willens, es zu benennen. Darüber hinaus mahnt er den Jüngling immer wieder, sich davor zu hüten, öffentlich mit ihm in Verbindung gebracht zu werden, damit die Schande nicht auch ihn besudele. Im 36. Sonett mahnt er zu Diskretion:

Let me confess that we two must be twain,
Although our undivided loves are one;
So shall those blots that do with me remain,
Without thy help, be borne by me alone. ...
I may not evermore acknowledge thee,

Lest my bewailed guilt should do thee shame,
Nor thou with public kindness honour me,
Unless thou take that honour from thy name.

[Laß dir vertrau'n: Wir müssen zwei verbleiben,
Mag unsre Lieb' unteilbar eins auch sein;
All jene Schmach, die klebt an meinem Treiben,
Hilf du mir nicht! ich trag' sie ganz allein. ...
So kenn' ich dich nicht mehr! denn meine Schuld,
Die vielbeklagte, bringt dich sonst in Schmach;
Noch ehr' mich vor der Welt durch deine Huld,
Sonst hängt noch Unehr' deinem Namen nach.]

(Übersetzung: Richard Flatter)

Im 71. Sonett wird der Jüngling sogar ermahnt, den Tod des Dichters nicht zu betrauern; »Sonst prüft die kluge Welt der Tränen Sinn, / Und höhnt dich um mich, wenn ich nicht mehr bin.« Das ist nicht Rührseligkeit, sondern ein nüchterner Rat, denn normalerweise verhöhnt die »kluge Welt« Trauernde nicht. Hier kann es also nur bedeuten: Wenn die Gewitzten dich um mich trauern sehen, werden sie daraus unweigerlich gewisse Schlüsse über uns ziehen.

Die Schande des Dichters und die Gefahr, die sie für den Jüngling darstellt, bilden einen wichtigen Schlüssel zur wahren Bedeutung der Sonette. Was man für weinerliche Selbsterniedrigung des Dichters halten könnte, ist wesentlich gezielter und sinnvoller, als die Forscher (seien sie orthodoxer oder oxfordianischer Konfession) begriffen haben. Der Jüngling ist in eine Liebesaffäre verwickelt, die seinen guten Namen ernsthaft gefährden könnte. Im Gegensatz dazu kann der Dichter recht frivol sein, wenn es in den Sonetten 127 bis 152 um sein ehebrecherisches Verhältnis mit der Geliebten geht; er sorgt sich überhaupt nicht, daß es seinem oder ihrem Ruf schaden könnte. Seine anstößigen »Schwächen« sind offenbar nicht heterosexueller Natur.

Wiederum läßt sich keine Verbindung zu Mr. Shakspere aus Stratford herstellen; soweit bekannt, ist ihm nie irgendeine Ausschweifung zur Last gelegt worden, geschweige denn Homosexualität (die damals ein Kapitalverbrechen war, auch wenn sie selten geahndet wurde). Und er hätte einen

Aristokraten vom Range Southamptons kaum davor warnen müssen, sich ja nicht mit ihm in Verbindung bringen zu lassen.

Oxford dagegen *war* in Verruf gekommen. Er hatte allen Grund, seinen jungen Liebhaber zur Vorsicht anzuhalten. Es hätte Southampton schwerlich Schande gebracht, bekanntermaßen der Kumpan eines verschwenderischen, exzentrischen Lebemannes zu sein. Aber bekanntermaßen der intime Freund eines Mannes zu sein, der als Homosexueller verschrien und beschuldigt worden war, »mit Knaben Unzucht zu treiben«, das wäre etwas ganz anderes gewesen.

Ein bemerkenswertes Charakteristikum der Sonette ist die Fülle der Ausdrücke, die Zeugnis von den juristischen Kenntnissen des Dichters ablegen. Sie enthalten nicht nur zahlreiche Termini aus dem Rechtswesen – mehr als zweihundert –, sondern auch kunstvolle juristische Metaphern. Wie viele Adlige besaß Oxford eine juristische Ausbildung: er wurde 1567 zum Gray's Inn zugelassen, einem der vier Inns of Court, den »Rechtshöfen«. (In *König Heinrich IV., 2. Teil* erinnert sich Friedensrichter Schaal an seine Studienzeit im Gray's Inn.) Oxfords Briefe, in denen oft von Rechtsangelegenheiten die Rede ist, benutzen viele Ausdrücke, die auch in den Sonetten vorkommen: *account, adversary, allege, appeal, auditor, bond, cause, charge, compounded, contract, count, counterfeit, debt, defects, defend, determination, due, exchequer, execute, forfeit, grant, heirs, impeach, inheritance, interest, issue, judgment, lawful, lease, moiety, mortgage, pardon, parties, patent, plead, possession, receipt, recompense, render, rent, revenues, seal, slanderously, statute, successor, suit, sum, sureties, tenants, title, treasons, usage, witness.*

Eine weitere Einzelheit ist besonders bemerkenswert. Der Dichter bezeichnet sich zweimal (im 37. und im 38. Sonett) als lahm. Wir haben keinen Beleg dafür, daß Mr. Shakspere hinkte oder sonst gebrechlich war, und die meisten Forscher nehmen an, das Wort sei im übertragenen Sinn gebraucht. Aber der einst so athletische Oxford bezeichnet sich in einem Brief an Burghley 1595 als »lahmen Mann«. Zwei Jahre später erklärt er, der Königin nicht seine Aufwartung machen zu können, denn »ich habe keinen gesunden Körper«. 1601 und 1602 an Robert Cecil geschriebene Briefe sprechen von seiner »lahmen Hand«. Wir kennen die genaue Natur seines Leidens nicht, aber darauf kommt es auch nicht an: etwa zu der Zeit, zu der der Dichter sich als lahm beschreibt, beschreibt Oxford sich mit demselben Wort.

Oxford entspricht also in vieler Hinsicht dem, was der Dichter von sich preisgibt. Er war im richtigen Alter und vom richtigen Stand. Er kannte sowohl Burghley als auch Southampton während Burghleys langanhaltender Bemühungen, Southampton mit einer jungen Dame zu verheiraten, die zufällig Oxfords eigene Tochter war. Er war der Neffe von Henry Howard, Graf von Surrey, der die Sonettform entwickelte, deren sich Shakespeare bediente; eines von Oxfords Gedichten – »Who taught thee first to sigh, alas, my heart?« – ist in dieser Form geschrieben. Er erhielt eine juristische Ausbildung. Er zählte zu den Großen des Landes, tat sich als Höfling hervor und hielt das Amt des Lord Great Chamberlain inne. Doch dann war er bei Hofe in Ungnade gefallen, hatte sich in Verruf gebracht und zum Gegenstand bösartiger sexueller Gerüchte gemacht. Auch seine Gesundheit lag darnieder, denn er war »lahm«. Er mag in der Zeit, in der die Sonette entstanden, das Nahen des Todes gespürt haben; das 107. Sonett, das nahezu mit Sicherheit ein Jahr vor Oxfords Tod geschrieben wurde (die Forscher sind sich überwiegend einig, daß es auf den Tod der Königin im Jahre 1603 anspielt), deutet auf eine nicht lange zurückliegende Begegnung mit der eigenen Sterblichkeit (»death to me subscribes«, der Tod unterwirft sich mir). Ferner gibt der Dichter zu verstehen, daß seine veröffentlichten Gedichte nicht seinen wahren Namen tragen; wie wir an anderer Stelle gesehen haben, galt Oxford als Verfasser von Werken, die nicht unter seinem Namen kursierten.

Nicht einer dieser Umstände will recht zu Mr. Shakspere passen; die meisten können sich unmöglich auf ihn beziehen. Er war nur neun Jahre älter als Southampton und von niedriger Geburt. Er konnte so bald nach seiner Ankunft in London Burghley und Southampton nicht persönlich kennen; selbst wenn es ihm irgendwie gelungen wäre, ihre Bekanntschaft zu machen, wäre es eine abstruse Vorstellung, Burghley könnte sich seiner poetischen Dienste versichert haben, um Southampton zur Heirat zu bewegen. Ebenso abstrus ist die Vorstellung, er könnte eine enge oder gar homosexuelle Freundschaft zu einem Mitglied des Hochadels unterhalten haben. (Sein Testament erwähnt keinen Freund, der mehr als den untersten Adelsrang aufzuweisen hatte, und keinen adligen Schirmherrn.) Es ist fraglich, ob er je eine Schule besuchte, und äußerst unwahrscheinlich, daß er sich gründliche juristische Kenntnisse erwarb. Wir haben keinen Grund, daran zu zweifeln, daß er sich in dem Jahrzehnt nach 1590 besten Wohlergehens erfreute. Er zählte keineswegs zu den Großen im Lande. Und wenn er seinem geringen Namen Schande machte, so hätte er London ohne weiteres verlassen können, aber wir haben keinen Hinweis darauf, daß er sich in der Hauptstadt irgendeinen Ruf erwarb, ob zum Guten oder Schlechten. Wenn er der Verfasser der Sonette war, hätte er kaum Anlaß zur Klage gehabt, daß sein Name »begraben« werden müsse, um sich gleichzeitig damit zu brüsten, daß seine Verse ewig weiterleben werden. Er kann diese Gedichte einfach nicht geschrieben haben. Oxford dagegen schon.

Wir haben gesehen, daß die meisten orthodoxen Forscher den Versuch aufgegeben haben, die Sonette als irgendeine Form von Selbstzeugnissen des Mr. Shakspere zu interpretieren. Doch jene, die darauf bestehen, daß die Sonette fiktiv sind, begründen das mit ihrer Unzulänglichkeit als Autobiographie, nicht mit ihrem Rang als Kunstwerke. Die Sonette müssen also entweder autobiographisch sein, weil sie nicht fiktiv sein können, oder sie müssen fiktiv sein, weil sie nicht autobiographisch sein können. Man beachte, daß es sich nur um negative Begründungen handelt. Die Forscher sind in ihrer Prämisse gefangen, daß Mr. Shakspere die Sonette schrieb, was es ihnen unmöglich macht, aus positiven Gründen zu entscheiden, ob die Sonette fiktiv oder autobiographisch sind. Den Ausweg aus diesem Dilemma bietet die Annahme, daß die Sonette weder fiktiv, noch Mr. Shaksperes Autobiographie sind.

Oxford entspricht dem Verfasser der Sonette nicht nur in vielen Einzelheiten, sondern wir haben auch einen positiven Beweis von seiner eigenen Hand, daß er der Verfasser war. Sein einleitender Brief für Thomas Bedingfields Übersetzung von Cardanos *De Consolatione*, geschrieben 1573, als er dreiundzwanzig Jahre alt war, weist in der Argumentation, der Metaphorik und im allgemeinen Wortschatz viele Ähnlichkeiten mit den Sonetten auf, und zwar in so hohem Maße, daß man eine zufällige Übereinstimmung ausschließen kann. Geradeso, wie die Sonette argumentieren, daß der Jüngling nicht das Recht hat, der Welt seine Schönheit vorzuenthalten, argumentiert Oxford, daß Bedingfield nicht das Recht hat, seinen Landsleuten dieses Buch vorzuenthalten. Geradeso, wie die Sonette versprechen, das ewige »Denkmal« des Jünglings zu sein, versichert Oxford Bedingfield, daß sein Buch ein »Denkmal« sein werde, nachdem Bedingfield selbst »tot und vergangen« sei. Geradeso, wie das 31. Sonett dem jungen Mann sagt, »Du bist die Gruft, wo Liebe lebt im Grab«, schilt Oxford Bedingfield freundschaftlich dafür, daß dieser sein Werk »ins Grab des Vergessens senken« wolle. Der Bedingfield-Brief bildet Metaphern mit Rosen, Juwelen und Schmuck, mit Medizin, Fieber und Heilsalbe, mit Mord, Kerkerhaft und Siegesbeute; die Sonette ebenfalls. Genaue Parallelen werden in Anhang 3 aufgeführt.

Die Persönlichkeit Shakespeares, die sich uns, wie Harold Bloom sagt, »wieder und wieder entzieht, sogar in den Sonetten«, und die sich uns sicherlich in den Zeugnissen von Mr. Shakspere entzieht, läßt sich deutlich erkennbar in Oxfords Brief an Thomas Bedingfield finden. Dieser Brief zeigt dieselbe höfische Eloquenz und Hochherzigkeit, die uns bei zahlreichen Königen und Helden Shakespeares begegnet. Er ist wohl der stärkste Einzelbeweis für Oxfords Verfasserschaft von Shakespeares Werken.

10. Die Neuerfindung von Shakespeare

Die orthodoxe Forschung hat im zwanzigsten Jahrhundert unserem Shake-speare-Bild bemerkenswert wenig hinzugefügt. Vielleicht wird sie eben deswegen als »orthodox« bezeichnet: sie war konservativ und wenig originell, kapselte sich ab, ließ sich viel Zeit, wenn es galt, neue Erkenntnisse von Außenseitern zu berücksichtigen, und ließ sich noch mehr Zeit, wenn es galt, Mängel am eigenen, mühsam zusammengesetzten Shakespeare-Bild einzugestehen. zugleich konnte sie bei dem geringsten Fund zu Mr. Shaksperes Erdenwalten völlig aus dem Häuschen geraten.

Im Jahre 1909 durchkämmte ein in Missouri geborener Forscher namens Charles William Wallace das Public Record Office in London, und was er dabei fand, erklärte er zum »wichtigsten Beitrag der letzten einhundertfünfzig Jahre zu unserem Wissen über Shakespeares Leben«. Spätere Forscher haben sich dieser Einschätzung angeschlossen. F. E. Halliday nennt Wallaces Hauptfund »eine der wichtigsten biographischen Entdeckungen«, und sogar der sonst so zurückhaltende Samuel Schoenbaum bejubelt ihn als »die Shakespeare-Entdeckung des Jahrhunderts«. Welcher Schatz war da gehoben worden? Es war Mr. Shaksperes Zeugenaussage in einem Zivilprozeß des Jahres 1612, von einem Gerichtsschreiber in der dritten Person festgehalten. Der Beklagte war ein Putz- und Perückenmacher namens Christopher Mountjoy, bei dem Mr. Shakspere um 1604 zur Untermiete gewohnt hatte. Mr. Shakspere förderte offenbar in dem Jahr die Heirat zwischen Mary, der Tochter seines Vermieters, und einem Lehrling namens Stephen Belott. Als der Schwiegersohn Mr. Mountjoy wegen einer angeblich versprochenen Mitgift, die nie gezahlt worden war, verklagte, benannten andere Zeugen Mr. Shakspere als den Mann, der die entscheidenden Einzelheiten wissen müßte; aber der konnte sich nicht an die Bedingungen der Mitgift erinnern. Der Prozeß hatte nichts mit dem Theater zu tun und wirft nicht das geringste Licht auf Shakespeares Werke. Der Mountjoy-Vorfall hat uns nichts als weitere dürre Akten hinterlassen. Ihre Ergiebigkeit mag man anhand eines Auszugs ermessen, der einen Teil von Mr. Shaksperes Aussage zusammenfaßt:

> In der vierten Befragung sagt dieser Zeuge, daß der Beklagte versprach, dem vorerwähnten Kläger ein bestimmtes Maß an Geld und Gütern in die Ehe mit seiner Tochter Mary zu geben, aber welches festgelegte Maß, daran erinnert er sich nicht, noch, wann es zahlbar war, und weiß auch nicht, daß der Beklagte dem Kläger mit seiner Tochter Mary für den Zeitpunkt seines Ablebens zweihundert Pfund versprach; ergänzt aber, daß der Kläger im Hause des Beklagten wohnte und mit jenem zahlreiche Vereinbarungen über die Hochzeit traf, die feierlich begangen und vollzogen wurde. Und mehr kann er nicht zu Protokoll geben.

Wallace brachte zusammen mit seiner Frau viele Jahre damit zu, unermüdlich solche und ähnliche Dokumente zu entziffern – nach seinen Schätzungen etwa fünf Millionen an der Zahl. Beide fanden tatsächlich noch einige Unterlagen über spätere Finanzgeschäfte Mr. Shaksperes im Zusammenhang mit dem Theater. Doch trotz ihrer heroischen Anstrengungen förderten sie nichts zutage, wozu William Henry Ireland sich in seiner Fälscherwerkstatt herbeigelassen hätte.

S. H. Burton, ein neuerer Biograph, gibt vernünftigerweise zu, daß sich diesen Prozeßakten wenig abgewinnen läßt: »Sein Verhältnis zu den Mountjoys (einfach das guter Nachbarschaft) teilt nichts über sein ›Seelenleben‹ mit, das so viele zu rekonstruieren versucht haben.« Andere Biographen waren weniger zurückhaltend; sie ließen sich von Wallace inspirieren, der seinen dürftigen Fund folgendermaßen auskleidete: »Daß Shakespeare bei einer arbeitsamen Familie wohnte, ihr tägliches Leben teilte und sogar hilfreich die Hand lieh, um das Glück zweier junger Leute herbeizuführen, macht ihn zu dem, vor dem die Menschheit sich verneigt, ein bescheidener, mitfühlender, zutiefst humaner Mann.« Peter Alexander tönt ähnlich hochtrabend: »Dieser beglückende Einblick, der uns den König der Dichter in vertrautem Umgang mit kleinen Leuten zeigt, bestätigt nicht nur die Berichte von seiner liebenswürdigen Menschlichkeit, sondern deutet darauf hin, daß Shakespeare, weit entfernt davon, an unüberwindlichem Widerwillen gegen das Erlernen irgendeiner Sprache außer seiner eigenen zu kranken, nicht zuletzt zu den Mountjoys gezogen sein könnte, um sein Französisch zu verbessern.« Peter Quennell bemerkt: »Wieder einmal erkennen wir Shakespeares angeborene Vorsicht; er ließ sich nicht zu einer möglicherweise unzutreffenden Aussage verleiten, sondern versuchte, beiden Parteien gerecht zu werden.« A. L. Rowse zeigt sich wie immer mit der Psyche seines Helden vertraut: »Als es um die Einzelheiten der versprochenen Mitgift oder der Erbschaft ging, die Mary Mountjoy im Testament ihres Vaters erhalten sollte, konnte Shakespeare sich nicht erinnern. Wie sieht ihm das ähnlich!« Schoenbaum kommentiert: »Unter allen Shakespeare-Dokumenten zeigt nur der Gerichtsfall Belott-Mountjoy den Dichter als lebendigen Part im Rohmaterial einer häuslichen Komödie. Das Verfahren, in all seinen selbstsüchtigen und schmutzigen Begleit-Tönen, läßt den außergewöhnlich begabten Dichter und Dramatiker als einen etwas verwirrten Sterblichen erscheinen ...« Peter Levi saugt folgenden Honig aus den Prozeßakten: »... sie verraten uns, daß junge Menschen auf ihn hörten und daß er auf Seiten der Ehe und auf Seiten der Frauen stand.« Robert Payne gelingt es in seiner volkstümlichen Biographie *By Me, William Shakespeare*, alle wissenschaftlichen Biographen in der Überinterpretation weit hinter sich zu lassen: »Was Shakespeare zu diesem Hause hinzog, mag die derbe Lustbarkeit eines Ortes gewesen sein, den schöne Frauen immerfort aufsuchten, um Perücken und juwelenbesetzten Kopfputz zu kaufen. ... Wir sollten uns nicht davon überraschen lassen, daß Shakespeare es vorzog, in einem solchen Hause zu wohnen. Wir stellen ihn uns manchmal als einen jener Männer vor, die still über dem Sturm hausen, abgeschirmt vom Leben, während sie dessen unendliche Vielfalt überdenken. Aber das hieße, alles zu vergessen, was von seiner Leidenschaftlichkeit zeugt, von seiner durchdringenden Lebenskraft, seiner überspitzten Empfindsamkeit, seiner fast unerträglichen Empfänglichkeit für Gefühle. Sein Geist arbeitete mit blitzartiger Geschwindigkeit, und seine Sinne waren in beständigem Aufruhr. Er strebte stets dorthin, wo das Leben brodelte, und wenn er davon genug hatte, schloß er die Tür und schrieb seine Verse. ... Das Haus der Mountjoys bot ihm so viel warmes Leben, wie er brauchte.«

Wie erging es dem Ehepaar Wallace selbst im Augenblick ihrer epochalen Entdeckung? Mr. Wallace hat es beschrieben:

Ich bat sie, zu mir zu kommen und sich ein Dokument anzuschauen. Wir setzten uns nebeneinander, um es zu prüfen, wie wir es in hunderten von Fällen schon getan hatten. Wir lasen es mit etwa so viel Erregung wie die Morgenzeitung. Ich sah ihrem Gesicht an, daß sie dasselbe empfand wie ich – Freude, aber auch eine gewisse Enttäuschung. Wir waren uns der Bedeutung dessen, was wir hatten, bewußt. Aber wir suchten Bedeutsameres. Wir hatten seit einigen Jahren immer wieder die Archive durchforstet, stets in der Zuversicht, wie wir sie seit langem unseren Freunden verkündet hatten, daß wir schließlich Shakespeares Unterschrift und ein persönliches Wort von ihm finden würden. Wir hatten feste Vorstellungen von dem Thema, zu dem er sich äußern würde – eine Frage, die damit ein für allemal aus der Welt geschafft wäre –, und dies war wesentlich weniger, als wir uns gewünscht hatten!

Wallaces Bemerkungen an anderer Stelle zeigen, daß für ihn die Verfasserschaftsfrage im Vordergrund stand. Er behauptete, Mr. Shaksperes Unterschrift auf dem Protokoll, die er als »deutlicher und lesbarer als die eines durchschnittlichen heutigen Hochschulabsolventen« pries, widerlege »Shakespeares Feinde«, die meinten, »daß er ein Ignorant war, der seinen Namen nicht leserlich schreiben konnte« – eine klare Anspielung auf die Anti-Stratfordianer, die nicht nur Mr. Shaksperes Verfasserschaft bestritten, sondern auch derben Spott mit ihm trieben. Sie könnten es darin zu weit getrieben haben; Mr. Shakspere kann durchaus die Lateinschule von Stratford besucht und dort lesen und schreiben und auch etwas Latein gelernt haben. Wir wissen es einfach nicht. In der Verfasserschaftsdebatte haben sich beide Seiten angewöhnt, den gegnerischen Kandidaten herabzusetzen und sogar zu diffamieren, mit all der erbitterten Leidenschaft und Übertreibung von Anwälten in einem Sorgerechtsprozeß. Jedenfalls zeigt Wallaces Bemerkung über Shakespeares »Feinde«, auf welcher Seite der Kontroverse er sich einordnete, und daß er gehofft hatte, mit seiner Sisyphusarbeit den Sieg davonzutragen.

Tatsächlich ist die Unterschrift auf dem Protokoll kaum leserlich – sie sieht aus wie »Willn Shandy«, wenn überhaupt. Das muß nichts zu bedeuten haben, da viele gebildete Menschen eine unleserliche Unterschrift haben. Sie macht jedoch nicht den Eindruck, von einer Hand zu stammen, die es gewohnt war, eine Feder zu führen. Anti-Stratfordianer bestehen gerne darauf, daß Mr. Shaksperes Unterschriften seinen Analphabetismus beweisen. Die orthodoxen Forscher erklären die drei häßlichen Krakel in seinem Testament meistens damit, daß er da bereits todkrank war. Und es ist möglich, daß seine erhaltenen Unterschriften, die alle aus den letzten fünf Jahren seines Lebens stammen, ihr Aussehen der Arthritis oder einer anderen Alterserscheinung verdanken. Immerhin behauptet niemand, daß Mr. Shaksperes halbes Dutzend Unterschriften ihn als Dichterfürsten ausweist.

Warum fühlte Wallace sich genötigt zu bestreiten, was so deutlich ins Auge springt? Weil ihm klar war, was auf dem Spiel stand. Es gab um die vorige Jahrhundertwende mindestens ebenso starke Zweifel an Shakespeares Identität wie heute. Wallaces Landsleute aus dem Mittelwesten, Mark Twain und Ignatius Donnelly, hatten diesen Zweifeln gerade lautstark Ausdruck verliehen; ebenso nobilitierte Engländer wie Sir Edward Durning-Lawrence (dessen Name für immer mit dem Wort *honorificabilitudinitatibus* verquickt bleiben wird) und Sir George Greenwood. Gleichzeitig schrieben Andrew Lang, J. M. Robertson und andere Bücher, die Mr. Shaksperes Ansprüche verteidigten. Die Wogen schlugen hoch. Was dringend gebraucht wurde, das war ein handfester dokumentarischer Beweis. Darum wühlten sich die Wallaces durch Millionen von Dokumenten, doch was sie zutage förderten, war nichts weiter als ein kleiner, mäßig interessanter Beitrag zu Mr. Shaksperes Lebenslauf, der den Argumenten zugunsten seiner Verfasserschaft nicht das geringste hinzufügte.

Wer jedoch Oxfords Lebenszeugnisse studiert, wird durchaus nicht enttäuscht, sondern erlebt ganz im Gegenteil immer wieder Momente freudigen Wiedererkennens. Die Wallaces demonstrierten, wie wenig zwischen 1604 und 1612 über Mr. Shakspere in London zu finden ist. Das war der Zeitraum, in dem er nach jeder orthodoxen Einschätzung in der Stadt eine weithin sichtbare Gestalt hätte sein müssen. Bis zu dem Jahr, in dem wir in London seine Spur verlieren, besaß er offenbar nie ein eigenes Wohnhaus, sondern zog alle ein bis zwei Jahre um. Die Prozeßakten identifizieren ihn 1612 nicht als Londoner Dramatiker, Schauspieler oder Geschäftsmann, sondern als einen *gentleman* aus Stratford-upon-Avon und verstärken den Eindruck, daß er da schon seit einiger Zeit nicht mehr in der Hauptstadt lebte. Während im ersten Jahrzehnt des neuen Jahrhunderts der Name Shakespeare immer mehr Leuchtkraft gewinnt, wird Mr. Shakspere als Person immer unsichtbarer, was kaum zu begreifen ist, es sei denn, wir sehen in ihm nichts weiter als den Kleinstadtbürger, zu dem er geworden war.

Wie wir gesehen haben, erntet die Vorstellung, daß ein Aristokrat Shakespeares Werke geschrieben habe, von den meisten Shakespeare-Forschern nur Hohn und Spott. Sie finden es absurd, daß seine Verfasserschaft verborgen bleiben konnte, obwohl es zweifellos leicht gewesen wäre, zu einer Zeit, in der alle Druckerzeugnisse der Genehmigung bedurften, die Veröffentlichung der Wahrheit zu verhindern. Wenn überhaupt etwas aus der Feder von Adligen gedruckt wurde, dann nur mit deren ausdrücklicher Erlaubnis. Nach Meinung dieser Forscher sind die Beweise für Mr. Shaksperes Verfasserschaft erdrückend. Doch angesichts der in den vorangehenden Kapiteln zusammengetragenen historischen und literarischen Indizienbeweise werden viele Leser mit Walt Whitman zu der Ansicht gelangen, daß die Stücke in der Tat von einem Aristokraten geschrieben wurden.

Oxford gehörte dem Hochadel an und war noch dazu Sproß eines uralten Adelsgeschlechts. Die Niederungen des Theaters und der Volksbelustigung lagen weit unterhalb seiner Würde, und öffentlich damit in Verbindung gebracht zu werden hätte Schande und Ehrverlust bedeutet. Andererseits hätten »Enthüllungsjournalisten« damals einen schweren Stand gehabt, denn Elisabeths Zensoren achteten strikt auf die Einhaltung gewisser Grenzen und verhängten ohne weiteres drakonische Strafen. Oxfords Theaterleidenschaft gab also den rechten Stoff für das böse Gemunkel ab, über das die Sonette klagen – ein offenes Geheimnis, obwohl es nie veröffentlicht wurde.

Sir Philip Sidneys Sonettzyklus *Astrophil and Stella*, 1591 posthum veröffentlicht, war ein allegorisches Werk über seine ehebrecherische Liebe zu Penelope Devereux, und die aktuellen Bezüge bildeten ebenfalls ein offenes Geheimnis. Die wahren Identitäten von Astrophil und Stella waren zu der Zeit und noch viele Jahre danach weithin bekannt, wurden jedoch nie gedruckt. Die Idealisierung von Sidney nach seinem Tod verbot jede öffentliche Erwähnung der skandalösen Liebschaft. Er wurde zum Inbild des ritterlichen Höflings und Dichters, ein junger Nationalheld, der mit zweiunddreißig Jahren auf dem Felde der Ehre fiel, und zu dessen feierlichem Leichenbegängnis 1586 ganz London auf die Straßen strömte. »Sobald Sidney tot war«, schreibt Roger Howell, »umgab ihn eine Aura des Ruhms, weit größer als zu seinen Lebzeiten.« Dementsprechend wurde sein Sonett-

zyklus jahrhundertelang als »reine« Dichtung gelesen, also ohne persönliche Bezüge, ganz so, wie viele Forscher immer noch Shakespeares Sonette
lesen. *Astrophil and Stella* wurde erst fünf Jahre nach seinem Tod herausgebracht. Das »Stigma der Druckerschwärze«, wie J. W. Saunders es nannte,
verbot ihm, die Veröffentlichung zu seinen Lebzeiten zu erlauben, und so
hatten sich auch viele andere adlige Dichter davor gehütet, ihre Werke in
Druck gehen zu lassen, darunter Oxfords Onkel, der Graf von Surrey. Dieses Tabu war keineswegs auf das England der Tudorzeit beschränkt, sondern ist in allen aristokratischen Gesellschaften anzutreffen. Die Tatsachen
seiner Affäre mit Penelope Devereux gerieten vollkommen in Vergessenheit, bis sie nach 1930 wiederentdeckt wurden.

Ein ähnlicher Fall aus der Musikwelt ist erst kürzlich ans Licht gekommen. 1977 entdeckte der Musikwissenschaftler Albert Dunning, daß sechs
bislang Giovanni Pergolesi zugeschriebene Concerti in Wirklichkeit von
Graf Unico Wilhelm van Wassenaer, einem holländischen Adligen, komponiert worden waren. 1692 als Sohn eines Diplomaten geboren, also sieben

Jahre nach Bach (und mehr als ein Jahrhundert nach Oxford), studierte Wassenaer später die Rechte, wurde ebenfalls Diplomat und diente als Gesandter in Paris und Köln. Er war auch ein begabter Komponist, wollte dies aber nicht öffentlich machen, da so etwas, wie der Dirigent und Musikwissenschaftler Roy Goodman schreibt, »zu jener Zeit weit unter der Würde eines wahren Edelmannes gewesen wäre«. Wassenaers Concerti waren in Holland und England außerordentlich beliebt; doch er hat sich bis zu seinem Tod 1766 nicht zu ihnen bekannt.

Nach der begeisterten Aufnahme durch das Publikum wurden die Concerti 1740 anonym gedruckt und fälschlicherweise erst Carlo Ricciotti, dann Händel und später Pergolesi zugeschrieben. Jene, die dazu neigen, traditionellen Zuschreibungen zu trauen, sollten Goodmans Feststellung bedenken: »Ungefähr 90 Prozent der 300 Werke, die in den Bibliotheken der Welt Pergolesis Namen tragen, sind nicht authentisch. Schließlich starb er schon im Alter von 26 Jahren, und sein posthumer Ruhm schuf eine große Nachfrage nach seiner Musik.« Solch eine Nachfrage nach Werken von Shakespeare führte ab 1605, dem Jahr nach Oxfords Tod, zur Veröffentlichung gefälschter Stücke.

Wir haben gesehen, wie schwierig es ist, elisabethanische Werke eindeutig mit bestimmten Autoren zu verknüpfen. Das beliebteste Stück der Zeit, *The Spanish Tragedy*, wird jetzt allgemein Thomas Kyd zugeschrieben; aber sein Name erscheint auf keiner Titelseite der ersten zehn Ausgaben. Wir wissen lediglich, daß Thomas Heywood ihn in seiner *Apology for Actors* als deren Autor bezeichnete, doch die erschien erst 1612, achtzehn Jahre nach Kyds Tod. Außer einer Stückübersetzung hat sich kein anderes Werk von Kyd erhalten.

Die führenden Dichter der späten elisabethanischen Epoche waren Sidney und Spenser, mit Shakespeare an dritter Stelle. Sein Ruhm und seine Beliebtheit blieben jedoch lange Zeit auf England beschränkt; erst nach 1740 wurden seine Werke übersetzt. Sein Genie wurde von allen bedeutenden Dichtern gefeiert – von Jonson, Milton, Dryden, Pope und Dr. Johnson –, aber um 1600 war Shakespeare noch kein Name, der Wunder wirkte. Oxford dagegen wurde als der wichtigste der Hofpoeten genannt, die es vorzogen, nicht unter ihrem Namen zu veröffentlichen – so in dem Buch *The Art of English Poesie* von 1589, dessen Autor es ebenfalls vorzog, anonym zu bleiben.

Professor Gary Taylors Buch *Reinventing Shakespeare*, das in Deutschland 1992 unter dem Titel *Shakespeare – wie er euch gefällt: die Geschichte einer Plünderung durch vier Jahrhunderte* erschien, gibt einen faszinierenden Überblick der Wandlungen, denen unser Shakespeare-Bild von der Restauration 1660 bis zur Gegenwart unterworfen war. Aber es übersieht die erste und größte Neuerfindung von Shakespeare: die der ersten Folio von 1623. Sie erschien unter dem Titel *Mr. William Shakespeares Comedies, Histories, & Tragedies* und ersetzte den Dichter Shakespeare vollständig durch den Dramatiker Shakespeare – ein Wandel, der alle Moden überdauert hat. Heute noch sehen wir Shakespeare nahezu ausschließlich als Dramatiker. Die volle Bedeutung dieser Tatsache ist den Anhängern Oxfords ebenso entgangen wie den orthodoxen Stratfordianern.

Moderne Leser machen sich selten klar, daß William Shakespeare fünf Jahre lang, nämlich von 1593 bis 1598, nicht als Dramatiker bekannt war, sondern ausschließlich als Verfasser der beiden Versdichtungen *Venus und Adonis* (1593) und *Die Schändung der Lucretia* (1594). Beide, besonders *Lucretia*, galten als Meisterwerke, und beide wurden oft nachgedruckt, *Venus* vor 1623 mindestens zehnmal, und *Lucretia* mindestens fünfmal – wohingegen von den Dramen nur *König Richard III.* und *König Heinrich IV. 1. Teil* in der Quartoausgabe so viele Nachdrucke, nämlich sechs, erfuhren. Ein Eindruck vom Geschmackswandel zwischen Shakespeares Zeit und unserer läßt sich anhand der Auflagen gewinnen, die einzelne Werke erlebten. Vor der Folio erschienen von *König Richard II.* fünf Auflagen, von *Romeo und Julia* vier, von *Perikles* vier und von *Titus Andronicus* drei. Bei den Tragödien, die uns als die bedeutendsten gelten, erschien *Hamlet* nur dreimal, *König Lear* zweimal, *Othello* einmal und *Macbeth* gar nicht. Ganz im Gegensatz dazu erfreuten sich die beiden Versdichtungen hoher Wertschätzung, lange bevor die Folio den Kanon der Shakespeare-Dramen anbot.

So wurde seinerzeit der Name Shakespeare mit *Venus* und *Lucretia* gleichgesetzt. Der Grund ist weniger darin zu suchen, daß beide seine ersten veröffentlichten Werke waren, sondern daß sie nach damaliger Überzeugung seine größten waren. Die volkstümlichen Theaterstücke galten als eine Gattung geringeren Ranges, anderen Formen der Verskunst weit unterlegen. Ben Jonson wurde 1616 dafür verspottet, daß er seine gesammelten Stücke seine »Werke« nannte. Shakespeare hauptsächlich als Stückeschreiber zu bezeichnen wäre herabsetzend gewesen. Die grobe Fehlinterpretation von *Greene's Groatsworth* hat den falschen Eindruck geschaffen, Shakespeare sei schon 1592 als Dramatiker bekannt gewesen – ein Eindruck, den die Quellen Lügen strafen. Für jeden belesenen Londoner war Shakespeare seit 1593 ein Dichter. Und als sein Name nach 1598 auf den Titelseiten von Dramen zu erscheinen begann, hieß das: »Vom selben Verfasser wie *Venus und Adonis* und *Die Schändung der Lucretia*«. Wie schon gesagt, brachte in der damaligen Zeit niemand Greenes Pamphlet mit Shakespeare in Verbindung.

Venus und Adonis, bis 1599 fünfmal nachgedruckt (und dann anscheinend fast zwanzig Jahre lang der Zensur zum Opfer gefallen), war besonders beliebt und wegen seiner ungezügelten Sinnlichkeit auch ein wenig anrüchig. Nicht jeder mochte es gutheißen. 1622 bezeichnete ein Thomas Robinson es als »unflätiges Buch«, und noch 1631 ermahnte Richard Braithwaite die Leserinnen seines Benimmbuches *The English Gentlewoman*, Venus und Adonis seien »unpassender Umgang für den Busen einer Dame«.

Die Schändung der Lucretia, das »gewichtigere Werk«, das der Dichter Southampton in seiner Widmung für *Venus* versprochen hatte, ist eine längere und ernsthaftere Versdichtung als ihre Vorgängerin. Sie stand ihr an Beliebtheit kaum nach, stand aber wegen ihres düsteren moralischen Gehalts in höherem Ansehen und befreite den Verfasser vom Vorwurf der Schamlosigkeit, den ihm das frühere Gedicht eingetragen hatte.

Einer der frühesten gedruckten Verweise auf Shakespeare findet sich in *Willobie his Avisa* von 1594, das folgende Zeilen enthält:

> Though Collatine have dearly bought
> To high renown a lasting life,
> And found that most in vain have sought,
> To have a fair and constant wife,
> Yet Tarquin pluck'd his glistering grape,
> And Shakespeare paints poor Lucrece' rape.

> [Wohl teuer erkaufte Collatin
> Dem höhern Ruhm ein langes Leben
> Und fand, daß die meisten vergeblich danach streben,

Ein schönes und getreues Weib zu haben.
Doch Tarquin pflückte seine glitzernde Traube,
Und Shakespeare schildert die Schändung der armen Lucretia.]

Neben *Willobie his Avisa* erscheinen schon ab 1594 weitere Erwähnungen der *Lucretia*, so von Michael Drayton und »W. Har.« (von einigen als Sir William Harbert identifiziert). Ein 1595 gedrucktes Gedicht von Thomas Edwards spielt auf mehrere Dichter mit den Namen ihrer Geschöpfe an; Spenser ist »Colleyn«, Daniel ist »Rosamund«, Marlowe ist »Leander« und Shakespeare ist »Adon« (»Adon verbirgt sich unzugänglich hinter wohlersonnenen prächtigen Sprachbildern«). Auch ein Gedicht von Robert Southwell von 1595 nennt *Venus und Adonis*, und im selben Jahr erwähnt William Covell in seinem *Polimanteia* den »süßen Shakespeare«, die »ehrenwerte Lucretia« und den »ungebärdigen Adonis« mit »allem Lob«. Ein Gedicht von John Lane aus dem Jahr 1600 enthält folgende Zeilen:

When chaste Adonis came to man's estate,
Venus straight courted him with many a wile;
Lucrece once seen, straight Tarquin laid a bait,
With foul incest her body to defile.

[Als der keusche Adonis zum Manne reifte,
Umwarb ihn Venus gleich mit vielen Listen;
Tarquin hatte Lucretia kaum erblickt, schon köderte er sie,
Um mit ehebrecherischer Unzucht ihren Körper zu besudeln.]

Vier der Gedichte in der Anthologie *The Passionate Pilgrim* von 1599, die der Herausgeber William Jaggard Shakespeare zuschrieb, haben Venus (auch Cytherea genannt) und Adonis zum Gegenstand; ihre Echtheit ist umstritten, aber Gedichte über Venus und Adonis konnten Shakespeare ohne weiteres untergeschoben werden, weil dieses Thema weithin mit ihm in Verbindung gebracht wurde.

Francis Meres' Sammelwerk von 1598, *Palladis Tamia: Wit's Treasury*, verzeichnet Shakespeare unter neueren dramatischen Dichtern, von denen »die englische Sprache um ein Vielfaches bereichert« worden ist: Sidney, Spenser, Daniel, Drayton, Warner, Shakespeare, Marlowe und Chapman, in dieser Reihenfolge. Die meisten davon waren überhaupt keine Dramatiker (nur Marlowe und Chapman schrieben sowohl Lyrik als auch Dramen). Ein paar Absätze später zählt Meres Sidney, Spenser, Daniel, Drayton, Shakespeare und Warner als diejenigen zeitgenössischen englischen Dichter auf, deren Werke wahrscheinlich überdauern werden; dann kommen Spenser, Daniel, Drayton, Shakespeare und Breton als die besten englischen Lyriker. Sogar eine Lobrede eigens auf Shakespeare beginnt Meres mit seinen nichtdramatischen Dichtungen: »Wie man glaubte, die Seele des Euphorbus lebe in Pythagoras weiter, so lebt Ovids anmutige, geistreiche Seele in dem lieblichen, honigzüngigen Shakespeare fort, das bezeugen seine Dichtung *Venus und Adonis*, seine *Lucretia*, seine gezuckerten Sonette unter seinen vertrauten Freunden, und so weiter.« Erst danach wendet Meres sich Shakespeares Dramen zu, von denen er ein Dutzend aufzählt. Er führt Shakespeare in seinen beiden Listen »der besten in der Tragödie« und »der besten bei uns für die Komödie« auf. Seine Liste der besten Komödiendichter wird übrigens von »Edward, Graf von Oxford« angeführt, was vielen als Beweis dafür gilt, daß Oxford und Shakespeare nicht ein und derselbe Autor gewesen sein können. Aber sie vergessen dabei, daß der Geistliche Francis Meres die Verhältnisse am Hofe Elisabeths kaum durchschaut haben mag.

Jedenfalls ist dies die erste bekannte Erwähnung von Shakespeare als Dramatiker. Sieben seiner Stücke waren schon anonym in Quartoausgaben erschienen – *nach* der äußerst erfolgreichen Veröffentlichung von *Venus* und *Lucretia* 1593 und 1594. Dabei hätte es sich für profitorientierte Verleger durchaus empfohlen, den Namen William Shakespeare auf die Titelseite seiner Stücke zu setzen, um Leser anzulocken. Trotzdem erschienen zwischen 1594 und 1598 *Titus Andronicus*, zwei Teile von *König Heinrich VI.*, *König Richard II.*, *König Richard III.* und *Romeo und Julia* anonym. Warum? Nur wenige Forscher haben diese naheliegende Frage gestellt. Der Umstand, daß Shakespeares Name auf diesen Quartos fehlte, widerlegt ebenfalls die Annahme, er sei 1592, zum Zeitpunkt von *Greene's Groatsworth*, bereits ein bekannter Theatermann gewesen (siehe 2. Kapitel). Warum keine Namensnennung des Autors? Eine mögliche Erklärung ist, daß Oxford anfangs spontan den Namen Shakespeare für seine Southampton gewidmeten Versepen benutzte und sich noch nicht entschieden hatte, ihn auch seinen Theaterstücken anzuheften.

Schließlich stellt Meres noch eine weitere Liste von Dichtern zusammen: »… die leidenschaftlichsten unter uns, um die Wechselfälle der Liebe zu beklagen und beweinen: Henry Howard Graf von Surrey, Sir Thomas Wyatt der Ältere, Sir Francis Brian, Sir Philip Sidney, Sir Walter Raleigh, Sir Edward Dyer, Spenser, Daniel, Drayton, Shakespeare, Whetstone, Gascoigne, Samuel Page, Churchyard, Breton.«

1598 sagte Richard Barnfield in *A Remembrance of Some English Poets* Shakespeare bereits Unsterblichkeit voraus, allerdings nicht aufgrund seiner Theaterstücke:

And Shakespeare, thou whose honey-flowing vein,
Pleasing the world, thy praises doth obtain,
Whose Venus and whose Lucrece, sweet and chaste,
Thy name in fame's immortal book have plac'd;
Live ever you! – at least in fame live ever;
Well may the body die, but fame dies never.

[Und Shakespeare du, dessen honigsüße Ader
Der Welt gefällt, dein Ruhm wird dir zuteil,
Dessen Venus und dessen Lucretia, lieblich und keusch,
Deinen Namen in des Ruhmes unsterbliches Buch gesetzt haben,
Lebe ewig, wenigstens im Ruhm lebe ewig;
Mag auch der Körper sterben, der Ruhm stirbt nie.]
(Übersetzung: Reinhard Kaiser)

Gabriel Harvey erwähnt etwa zur gleichen Zeit in Notizen drei Werke von Shakespeare: »Die Jüngeren ergötzen sich an Shakespeares *Venus und Adonis*, aber seine *Lucretia* und seine *Tragödie von Hamlet, Prinz von Dänemark* sprechen die Verständigeren an.« Gabriels eigene Liste »florierender Verseschmiede« – angeführt von »Dyer, Raleigh, Spenser, Constable, France, Watson, Daniel, Warner, Chapman, Sylvester, Shakespeare« – umfaßt bis auf Chapman und Shakespeare ausschließlich nichtdramatische Dichter.

Der Historiker William Camden nennt in seinem Werk *Remains* von 1605 hervorragende englische Dichter aus jüngster Zeit: »Sir Philip Sidney, Ed. Spenser, Samuel Daniel, Hugh Holland, Ben. Jonson, Th. Campion, Mich. Drayton, George Chapman, John Marston, William Shakespeare und andere höchst fruchtbare Geister unserer Tage, die künftige Zeitalter wohl zu Recht bewundern werden.«

Nur drei dieser Dichter schrieben Dramen, alle hingegen schrieben nichtdramatische Verse. Niemandes Liste der führenden Dichter aus dieser Zeit enthält Autoren, die nur Theaterstücke schrieben.

Sogar Huldigungen, die Shakespeares Dramen nennen, ehren ihn in erster Linie für seine Gedichte. Die satirischen *Parnassus*-Stücke erwähnen um 1600 kurz einige der Dramen, zitieren aber des längeren aus *Venus* und machen sich über deren Beliebtheit bei den Jüngeren lustig; eine Figur gelobt: »Soll doch diese verdummte Welt Spenser und Chaucer wertschätzen, ich will den süßen Mr. Shakespeare heilighalten und werde mir zu seinen Ehren sein *Venus und Adonis* unters Kopfkissen legen.« »Ich lese immer nur *Venus und Adonis*, nichts anderes«, sagt eine Figur in Thomas Heywoods Komödie *The Fair Maid of the Exchange*, die 1607 erschien. Solche Witzeleien verraten uns, wie sehr dieses Werk in aller Munde war.

John Weevers Sonett von 1599 zeigt, in welcher Reihenfolge die Werke geschätzt wurden:

Honey-tongu'd Shakespeare, when I saw thine issue,
I swore Apollo got them and none other;
Their rosy-tainted features, cloth'd in tissue,
Some heaven-born goddess said to be their mother:
Rose-cheek'd Adonis with his amber tresses,
Fair, fire-hot Venus charming him to love her,
Chaste Lucretia virgin-like her dresses,
Proud lust-stung Tarquin seeking still to prove her;
Romeo, Richard, more whose names I know not,
Their sugar'd tongues and pure attractive beauty
Say they are saints, although that saints they show not,
For thousands vow to them subjective duty.
They burn in love thy children. Shakespeare, let them:
Go, woo thy Muse more nymphish brood beget them.

[Honigzüngiger Shakespeare, als ich deine Sprößlinge sah,
Schwor ich, Apoll zeugte sie und niemand sonst;
Mit ihren rosenfarbenen Gliedern, in Flor gekleidet,

Muß eine himmelgeborene Göttin ihre Mutter sein:
Der rosenwangige Adonis mit den braunen Locken,
Die schöne, feuerheiße Venus, die um seine Liebe buhlt,
Die keusche Lucretia in jungfräulichen Gewändern,
Der stolze, lustgeschwellte Tarquin, der sie erobern muß;
Romeo, Richard und mehr noch, deren Namen ich nicht weiß,
Ihre zuckersüßen Zungen und ihre reine anziehende Schönheit
Sagen, sie sind Heilige, obwohl sie diese Heiligen nicht hervorkehren,
Denn tausende schwören ihnen Untertanenpflichten.
Sie verbrennen deine Kinder mit ihrer Liebe. Shakespeare, laß sie:
Geh, freie deine Muse und zeuge mit ihr weitere Elfenscharen.]

Robert Allots Anthologie von 1600, *England's Parnassus: or, The Choicest Flowers of Our Modern Poets*, enthielt 95 Shakespeare-Zitate: davon 30 aus fünf Stücken, 26 aus *Venus* und 39 aus *Lucretia*. Eine weitere Anthologie aus demselben Jahr, John Bodenhams *Belvedere, or The Garden of the Muses*, wies ähnliche Anteile auf: 88 Zitate aus sechs Stücken (allein 47 aus *König Richard II.*), 35 aus *Venus* und 92 aus *Lucretia*.

Sogar als Shakespeare, der Dramatiker, berühmt wurde, behielt Shakespeare, der Dichter, den Vorrang, von *Venus* und *Lucretia* wurden weiterhin Neuauflagen verkauft. Im Jahre 1614, lange nachdem viele der Stücke zum ersten Mal im Druck erschienen waren, richtete Thomas Freeman ein Sonett an Shakespeare und räumte den beiden Versepen zwanzig Jahre nach ihrem ersten Erscheinen immer noch den Ehrenplatz ein:

Shakespeare, that nimble Mercury, thy brain,
Lulls many hundred Argus eyes asleep,
So fit for all thou fashionest thy vein.
At the horse-foot fountain thou hast drunk full deep:
Virtue's or vice's theme to thee all one is.
Who loves chaste life, there's Lucrece for a teacher;
Who list read lust, there's Venus and Adonis,
True model of a most lascivious lecher.
Besides in plays thy wit winds like Meander,
Whence needy new composers borrow more
Then Terence doth from Plautus and Menander.

But to praise thee aright I want thy store.
Then let thine own works thine own worth upraise,
And help t'adorn thee with deserved bays.

[Shakespeare, das hurtige Quecksilber deines Hirns
Wiegt viele hundert Argusaugen in den Schlaf,
Derart für alle geeignet gestaltest du deinen Stil.
An der Quelle des Pan hast du in vollen Zügen getrunken:
Der Tugend oder des Lasters Thema gilt dir gleich.
Wer keusches Leben liebt, dem ist Lucretia eine Lehrerin;
Wer Wollust lesen mag, für den ist Venus und Adonis da,
Inbrünstiges Vorbild liebestoller Lüstlinge.
Wie ein Mäander strömt dein Geist auch in Theaterstücken,
Aus denen bedürftige junge Dichter mehr entleihen,
Als Terenz je aus Plautus und Menander nahm.
Aber um dich gebührend zu preisen, fehlt mir dein Reichtum.
So laß denn deine eigenen Werke deinen Wert emporheben
Und dich mit verdienten Lorbeerkränzen schmücken.]

Beide Werke spornten Nachahmer an. Thomas Middleton schrieb ein langes Gedicht mit dem Titel *The Ghost of Lucrece*, das 1600 erschien. Dasselbe Jahr brachte ein kürzeres Gedicht hervor, *The Shepherd's Song of Venus
and Adonis*, der Autor unterschrieb es mit H. C. und imitierte darin Shakespeare. Ein Stück von Thomas Heywood, *The Rape of Lucrece*, 1608 gedruckt, stützte sich auf Shakespeares Versdichtung; Heywood behauptete
später, auch der Verfasser des Gedichts *The Scourge of Venus, or The Wanton Lady* zu sein, das 1613 erschien, sich deutlich bei Shakespeare anlehnte
und sogar dasselbe Versmaß benutzte. William Barksteads Gedicht *Mirrha
the Mother of Adonis* sprach von Shakespeare in der Vergangenheit: »Sein,
des Shakespeare Lied war Lobes wert.« Das Gedicht erschien 1607, drei Jahre nach Oxfords Tod.

Der Dichter wurde so eng mit seinen beiden Versepen in Verbindung
gebracht, daß Henry Chettle, als er Shakespeare dafür tadeln wollte, die Königin anläßlich ihres Todes 1603 nicht entsprechend gewürdigt zu haben,
nur auf eines davon anzuspielen brauchte, um deutlich zu machen, wen er
meinte:

Nor doth the silver-tongued Melicert
Drop from his honey'd muse one sable tear
To mourn her death that graced his desert,
And to his lays open'd her royal ear.
Shepherd, remember our Elizabeth,
And sing her rape, done by that Tarquin death.

[Auch des silberzüngigen Melicert
Süße Muse vergießt nicht eine schwarze Träne,
Um ihren Tod zu beklagen, die ihm so gnädig war
Und seinen Liedern ihr königliches Ohr öffnete.
Schäfer, gedenke unserer Elisabeth
Und besinge sie, die jener Tarquin Tod schändete.]

Neuere Philologen behandeln *Venus* und *Lucretia* als Gesellenstücke. Aber Shakespeares Zeitgenossen erkannten in ihnen sofort die Zeichen der Meisterschaft: sie goutierten sie nicht als die ersten Regungen eines noch etwas ungehobelten Naturtalents, sondern als die schönsten Blüten höfischer Kultur und klassischer Bildung. Rückblickend sind wir blind für ihren damaligen Wert: wir messen sie ausschließlich am Maß der Werke, die später folgten.

Trotz der oben angeführten zahlreichen Belege beschreibt die Folio Shakespeare nur als Schauspieler und Dramatiker. Sie enthält weder *Venus*, noch *Lucretia*, noch die Sonette. Keines der sechs teils umfangreichen Vorworte und der Geleitgedichte, die selbst voll klassischer Verweise stecken, erwähnt auch nur die auf antiken Mythen beruhenden Versepen, die seinen Ruhm begründet hatten und seit dreißig Jahren als seine Hauptwerke galten. Im Gegensatz zu allen früheren Lobrednern nimmt die Folio keinerlei Notiz davon, daß Shakespeare auch nichtdramatische Dichtungen schrieb. Nicht einmal die Sonette, die erst 1609, also nicht allzu lange davor, erschienen waren, werden genannt. Die Geleitgedichte der Folio nennen ein Dutzend Namen der antiken Literatur und Mythologie, aber Venus, Adonis, Lucretia und Tarquin sind nicht darunter.

Warum dieses völlige Verschweigen bereits berühmter Werke? Der Schlüssel dazu mag im zweiten auffälligen Verschweigen der Folio zu finden sein: sie erwähnt mit keinem Wort Southampton, an den alle bedeutenderen nichtdramatischen Dichtungen Shakespeares gerichtet waren. *Venus* und

Henry Wriothesley, Graf von Southampton. Wie Oxford stand er unter der Obhut von Lord Burghley, der ihn dazu drängte, seine Enkelin und Oxfords Tochter zu heiraten. Er ist der »lovely boy« wider Willen, den das Sonett zu heiraten drängt, aber auch der Gegenstand der Leidenschaft des Dichters: »O know, dear love, I always write of you.«, »Be thou the tenth Muse.«
(© Folger Shakespeare Library)

Lucretia hatte er ihm mit warmen Worten zugeeignet. Wieder und wieder beteuern die Sonette, daß das gesamte Werk des Dichters Southampton gewidmet sei und daß sein Name »begraben« sein möge. Die Folio kommt diesem Wunsch gründlich nach. Sie ist nicht Southampton gewidmet, sondern William und Philip Herbert, den Grafen von Pembroke und Montgomery. Die Widmung feiert sie, denn sie hätten »sowohl sie [die Stücke] als auch ihren Hervorbringer im Leben mit so viel Gunst überschüttet«, daß sie die natürlichen »Schirmherren« des Buches seien. Aber es gibt keine Belege dafür, daß die Brüder je als Schirmherren des Autors oder seiner Stücke in Erscheinung traten. Der Schirmherr der King's Men war der König selbst. Der andere Schirmherr, an den der Dichter Shakespeare sich je wendete, war Southampton. Die meisten Leser des Jahres 1623 hätten sich kaum daran erinnert, daß Montgomery, der eine Bruder, 1604 Oxfords Tochter Susan geheiratet hatte oder daß Pembroke, der andere Bruder, einst mit Bridget, einer weiteren Oxford-Tochter, so gut wie verlobt gewesen war. Ein Ziel der Folio, so behaupte ich, war es, Shakespeare als einen Mann aus dem Volke darzustellen, als einen Schauspieler wie Heminge und Condell, auf die Gunst von Pembroke und Montgomery angewiesen, der nichts mit Southampton und den ihm zu Ehren geschriebenen Gedichten zu tun hatte – und so alles zu vermeiden, was an die homosexuelle Liebesaffäre zwischen Oxford und Southampton erinnern konnte, welch letzterer sich 1623 bester Gesundheit und einer gehobenen Stellung im Lande erfreute. Nach dem Essex-Aufstand von 1601 schien Southamptons Schicksal besiegelt zu sein und er wurde zum Tode verurteilt. Er blieb jedoch am Leben, und das Blatt wendete sich. Als Jakob I. 1603 den Thron bestieg, wurde Southampton nicht nur aus dem Kerker entlassen, sondern in alle Rechte und Titel wiedereingesetzt. Seine Heirat mit Elizabeth Vernon erwies sich für beide als Glücksfall. 1623 war er ein hochgeachteter und einflußreicher Aristokrat von fünfzig Jahren, der kaum geduldet hätte, an seine wilde Jugend erinnert zu werden oder gar an sein Liebesverhältnis mit einem älteren, schlecht beleumundeten und von Skandalen umwitterten Mann. Die Herausgeber der Folio gingen ihm weiträumig aus dem Weg. Niemand konnte zu diesem Zeitpunkt ahnen, daß er schon 1624 auf einem Feldzug in den Niederlanden plötzlich den Tod finden würde.

Sogar der arme Mr. Shakspere mußte einem Grafen so unähnlich wie möglich gemacht werden; nicht einmal sein bescheidener Titel *gentleman* wird in der Folio erwähnt. Der sorgfältige Leser konnte entnehmen, daß er in einer Stadt namens Stratford ein »Monument« hatte, und Jonson nennt ihn den »süßen Schwan vom Avon«. Ansonsten ist er eine körperlose Gestalt. Von seiner Persönlichkeit wird nichts Denkwürdiges berichtet; er wird in Superlativen, nicht in Einzelheiten beschrieben. Er ist nur »ein so liebwerter Freund und Kumpan«, der in Erinnerung bleiben wird durch dieses »bescheidene Anerbieten seiner Theaterstücke an eure höchst edle Schirmherrschaft«. Die stillschweigende Folgerung lautet, daß Shakespeare durch seine Gedichte *nicht* in Erinnerung bleiben würde.

Die Lobgesänge der Folio machen Shakespeare zu einem körperlosen Wesen. Sie behaupten wiederholt, sein Ruhm gründe sich einzig auf seine Dramen. Jonsons Geleitgedicht nennt ihn »ein Monument ohne Grab«. Das Gedicht von Leonard Digges sagt voraus, Shakespeares Name werde sein »Grab überleben«, auch wenn die »Zeit dein Stratford-Monument zersetzt«. Ein Sonett von Milton in der 1632 veröffentlichen zweiten Folio vertieft das Thema:

What needs my Shakespeare for his honour'd bones
The labour of an age in piled stones,
Or that his hallow'd relics should be hid
Under a stary-pointing pyramid?
Dear son of memory, great heir of fame,
What need'st thou such weak witness of thy name?
Thou in our wonder and astonishment
Hast built thyself a livelong monument …

[Was braucht mein Shakespeare für seine ehrwürdigen Gebeine
Die jahrzehntelange Arbeit aufgehäufter Steine,
Oder daß seine geheiligten Überreste geborgen werden
Von einer spitz zulaufenden Pyramide?
Teurer Sohn der Erinnerung, großer Erbe des Ruhms,
Was brauchst du solche schwachen Zeugnisse deines Namens?
In unserem Staunen und unserer Bewunderung
Hast du dir selbst ein lebenslanges Monument errichtet …]

Die Folio von 1623 konzentrierte sich ganz bewußt allein auf die Dramen und erfand so Shakespeare neu. Sie rückte ihn stillschweigend, aber wirksam von seinen nichtdramatischen Dichtungen ab, die alle mit Southampton in Zusammenhang standen. Wenn Oxfords skandalöse Beziehung zu Southampton vertuscht werden mußte, so durften weder Southampton noch die von ihm angeregten Dichtungen in der Folio vorkommen oder auch nur genannt werden. Es blieb nichts übrig, als sie gänzlich unter den Tisch fallen zu lassen, und für Shakespeare mußte eine Legende, eine völlig neue Identität geschaffen werden: ein großer Dramatiker, das versteht sich, aber zugleich nichts weiter als ein Schauspieler und deren »Kumpan«, unter der Schirmherrschaft des »höchst edlen und unvergleichlichen Brüderpaars«, der Gebrüder Herbert.

Mr. Shakspere war damit offiziell der Dichter Shakespeare. Eine bescheidene Büste von ihm mit einer Inschrift, die ihn mit Nestor, Sokrates und Vergil verglich, wurde in Auftrag gegeben und in der Pfarrkirche von Stratford aufgestellt. Nach wenigen Jahren war Oxford nahezu vergessen.

Wenn es in der Absicht der Folio lag, nicht nur Oxford, sondern auch die Southampton-Gedichte im Dunkeln verschwinden zu lassen, so gelang ihr das gründlich. *Venus*, *Lucretia* und die Sonette gerieten völlig in Vergessenheit, bis Ende des achtzehnten Jahrhunderts Edmond Malone ihnen in seiner Ausgabe zum ersten Mal die Aufmerksamkeit schenkte, die sie verdienen. Einige Herausgeber von Shakespeares Werken ließen sie einfach weg, darunter Samuel Johnson. Und obwohl die Sonette im Laufe des letzten Jahrhunderts eine Wertschätzung erfahren haben wie nie zuvor, ist den beiden Versepen im Werke Shakespeares nie wieder die Bedeutung beigemessen worden, die sie ursprünglich hatten. Fast niemand würde sie heute als Meisterwerke betrachten, was verständlich ist, oder auch nur als Meilensteine in der Entwicklung des Dichters, was etwas völlig anderes ist.

Nahezu zwei Jahrhunderte lang hatte niemand ernsthaft versucht, den Lebenslauf von Mr. Shakspere zusammenzustückeln. Erst gegen Ende des achtzehnten Jahrhunderts wurde das von Malone und anderen unternommen. Seitdem gehen nicht nur Biographen, sondern nahezu auch alle Philologen in ihren Arbeiten von der Prämisse aus, daß er, wie die Folio ihren Lesern versicherte, William Shakespeare war. Wenn aber Oxfords frühe dichterische Versuche auch zu Shakespeares Werken zählen, müssen wir den Werdegang des Dichters unter ganz anderen Vorzeichen betrachten und mithin in *Venus* und *Lucretia* nicht Talentproben sehen, sondern Schlüsselwerke. Denn als Oxford sich entschloß, *Venus und Adonis* zu veröffentlichen, eine kunstvolle Dichtung zur Verherrlichung seines homosexuellen Liebhabers Southampton, sah er sich ernsthaften Schwierigkeiten gegenüber. Sie anonym drucken zu lassen genügte nicht. Er brauchte einen Strohmann, um allen Verdächtigungen über seine Beziehung zu dem jüngeren Grafen einen Riegel vorzuschieben. Er wählte den Namen William Shakespeare, die etwas elegantere Version von Will Shakspere. War Mr. Shakspere einer der Schauspieler, die in seinen Diensten standen? Aller Wahrscheinlichkeit nach ja. Mr. Shakspere hatte erwiesenermaßen etwas mit den Lord Chamberlain's Men zu tun, als deren Teilhaber er ein paar Jahre später genannt wird. Wahrscheinlich gehörte er sogar zum engeren Kreis der Bediensteten, da er nach Oxfords Tod im Juni 1604 für mehrere Jahre aus den Londoner Dokumenten verschwindet. Im März 1604 wird William Shakespeare unter den Schauspielern in der Krönungsprozession Jakobs I. aufgeführt, aber auf einer weiteren Liste im August fehlt er. Anscheinend kehrte er nach Stratford zurück, als Oxford verstarb.

Nahezu drei Jahrhunderte lang haben tausende von Forschern, angeführt von Nicholas Rowe, nach Verbindungen zwischen Mr. Shakspere und seinen vermeintlichen Werken gesucht. Diese umfangreiche Suche, die viele hochdotierte Professoren-Arbeitsstunden verschlungen hat, förderte nichts Bedeutendes zutage und konnte die Zweifel an Mr. Shaksperes Verfasserschaft nicht ausräumen. Einer Handvoll von Amateuren, auch wenn viele unter ihnen von wissenschaftlicher Arbeitsweise gänzlich unbeleckt waren, ist es inzwischen gelungen, innerhalb eines relativ kurzen Zeitraums beeindruckende Argumente für Oxfords Verfasserschaft zusammenzutragen. Trotz all ihrer Mängel, Marotten und Benachteiligungen erfahren die Amateure ständig weiteren Zulauf. Man mag entgegenhalten, daß die vielen Parallelen von Oxfords Leben, Umfeld, Gedichten, Briefen und Bibelanmerkungen zu Shakespeares Werken reiner Zufall sein können. Daraufhin müssen wir nicht nur fragen, warum es so viele sind, sondern vor allem, warum Mr. Shaksperes Lebenszeugnisse trotz jahrhundertelanger Bemühungen keine Verbindungen ergeben haben. Alles in allem genommen steht Mr. Shaksperes Sache immer noch da, wo sie 1623 stand, als die von den Herbert-Brüdern geförderte Folio-Ausgabe ihn kurzerhand auf den Dichterthron setzte.

Es sind gerade die Stratfordianer, nicht die Oxfordianer, deren Verfassertheorie alle literarische Relevanz vermissen läßt. Ebenso wie die Bacon-

Theorie hat sich die Stratford-Theorie als völlig unfruchtbar für unser Verständnis von Shakespeares Werken erwiesen. Am deutlichsten zeigt sich das bei den Sonetten, die mit der Frage nach ihrem autobiographischen Gehalt die orthodoxen Forscher in tiefe Verwirrung gestürzt haben. Die Oxford-Theorie, um ihre Auswüchse bereinigt, ermöglicht ein völlig neues Verständnis der Dramen und der Gedichte und wird jenen Lesern und Forschern, die es fertigbringen, sich von der alten Sehweise zu verabschieden, ganz neue Einblicke gewähren. Sie wird nicht nur künftige Shakespeare-Biographen zum Umdenken verlassen, sondern auch positive Auswirkungen auf die gesamte Shakespeare-Forschung und sogar auf den Shakespeare-Kanon haben. Oxfords Briefe und Gedichte werden dazu beitragen, daß man Shakespeares Entwicklung genauer verfolgen kann. Uns werden neue Möglichkeiten zur Verfügung stehen, um zu entscheiden, ob der Verfasser des *König Lear* und des *Hamlet* auch solche umstrittenen Stücke wie *Sir Thomas More* und *Edward III* schrieb. Wir werden einschätzen können, welche Bedeutung Oxfords Umkreis – darunter Golding, Lyly, Spenser, Nashe, Southampton, Burghley und Elisabeth I. selbst – im Schaffen des größten englischen Dichters zukommt.

Wie auch immer, wenn sich erst einmal die gut begründete Überzeugung durchgesetzt hat, daß in Wahrheit Oxford der Dichter Shakespeare war, so wird das unser Shakespeare-Bild vollständig verändern. Vor nahezu einem halben Jahrhundert schrieb Harold Clarke Goddard ahnungsvoll: »Ich glaube, wir stehen eher am Anfang als am Ende unsere Erkenntnisse über Shakespeares Genie.« Es könnten die hellsichtigsten Worte sein, die je über unseren »ewig lebenden« Dichter geschrieben wurden.

Anhang

Anhang 1
Mr. Shaksperes Testament

Mr. Shaksperes Testament vom Jahre 1616 ist das einzige Dokument, in dem er in der ersten Person spricht. Es kann von seinem Anwalt Francis Collins aufgesetzt worden sein, und diese Zweifel an der Eigenhändigkeit ziehen die Frage nach sich, ob er überhaupt schreiben konnte.

Aber auch wenn Mr. Shakspere das Testament selbst niederschrieb, vermied er sorgfältig alle persönlichen Eigenwilligkeiten oder stilistischen Feinheiten, die ihn mit Shakespeare in Verbindung bringen konnten. Es läßt sich schwer vorstellen, daß ein großer Dichter ein Dokument von mehr als 1.300 Wörtern abfaßte, ohne die geringste Spur seiner Sprachkunst, seines Stilwillens und seiner schieren Wortgewalt zu hinterlassen. Das Dokument zeugt von einem ehrbaren Bürger, der sich einigen Wohlstandes und eines festen Stratforder Bekanntenkreises erfreut, dazu alter Freunde im Londoner Theater. Er läßt keinerlei literarische Begabung oder Interessen erkennen. Er vererbt keine Bücher, keine Manuskripte, keine Musikinstrumente und keine sonstigen Gegenstände, die von künstlerischen Neigungen zeugen könnten. Er erwähnt nichts, was auf eine Verbindung zu Shakespeares Schirmherren, den Grafen von Southampton, Pembroke und Montgomery, oder zu irgendwelchen Literaten deuten könnte, obwohl der Dichter Michael Drayton gar nicht weit von Stratford lebte.

Schließlich gibt es auch keinen guten Grund, warum der Stil des Testaments anders als sachlich und zweckdienlich sein sollte. Mr. Shakspere hatten den Tod vor Augen, und so ging ihm bestimmt vieles durch den Kopf. Das Problem, so tun zu müssen, als sei er der Dichter und Dramatiker William Shakespeare, mag nicht dazugehört haben.

In the name of God, Amen! I William Shackspeare, of Stratford upon Avon in the county of Warr., gent., in perfect health and memory,

God be praised, do make and ordain this my last will and testament in manner and form following; that is to say, first, I commend my soul into the hands of God my Creator, hoping and assuredly believing, through the only merits of Jesus Christ my Savior to be made partaker of life everlasting, and my body to the earth whereof it is made. Item, I give and bequeath unto my daughter Judith one hundred and fifty pounds of lawful English money, to be paid unto her in the manner and form following; that is to say, one hundred pounds in discharge of her marriage portion within one year after my decease, with consideration after the rate of two shillings in the pound for so long time as the same shall be unpaid unto her after my decease, and the fifty pounds residue thereof upon her surrendering of, or giving of such sufficient security as the overseers of this my will shall like of, to surrender or grant all her estate and right that shall descend or come unto her after my decease, or that she now hath, of, in, or to, one copyhold tenement, with the appurtenances, lying and being in Stratford upon Avon aforesaid in the said county of Warr., being parcel or holden of the manor of Rowington, unto my daughter Susanna Hall and her heirs forever. Item, I give and bequeath unto my said daughter Judith one hundred and fifty pounds more, if she or any issue of her body be living at the end of three years next ensuing the day of the date of this my will, during which time my executors are to pay her consideration from my decease according to the rate aforesaid; and if she die within the said term without issue of her body, then my will is, and I do give and bequeath one hundred pounds thereof to my niece Elizabeth Hall, and the fifty pounds to be set forth to my executors during the life of my sister Joan Hart, and the use and profit thereof coming shall be paid to my said sister Joan, and after her decease the said 50 pounds shall remain amongst the children of my said sister, equally to be divided amongst them; but if my said daughter Judith be living at the end of the said three years, or any issue of her body, then my will is, and so I devise and bequeath the said hundred and fifty pounds to be set out by my executors and overseers for the best benefit of her and her issue, and the stock to be paid unto her so long as she shall be married and covert baron; but my will is, that she shall have the consideration yearly paid unto her during her life, and, after her decease, the said stock and consideration to be paid to her children, if she have any, and if not, to her executors or assigns, she living the said term after my decease. Provided that if such husband as she shall at the end of the said three years be married unto, or at any after, do sufficiently assure unto her and the issue of her body lands answerable to the portion by this my will given unto her, and to be adjudged so by my executors and overseers, then my will is, that the said 150 pounds shall be paid to such husband as shall make such assurance, to his own use.

Item, I give and bequeath unto my said sister Joan 20 pounds and all my wearing apparel, to be paid and delivered within one year after my decease; and I do will and devise unto her the house with the appurtenances in Stratford, wherein she dwelleth, for her natural life, under the yearly rent of 12 pence. Item, I give and bequeath unto her three sons, William Hart, —— Hart, and Michael Hart, five pounds apiece, to be paid within one year after my decease. Item, I give and bequeath unto the said Elizabeth Hall, all my plate, except my broad silver and gilt bowl, that I now have at the date of this my will.

Item, I give and bequeath unto the poor of Stratford aforesaid ten pounds; to Mr. Thomas Combe my sword; to Thomas Russell, Esquire, five pounds; and to Francis Collins, of the borough of Warr. in the county of Warr., gentleman, thirteen pounds, six shillings, and eightpence, to be paid within one year after my decease. Item, I give and bequeath to Hamlet Sadler 26 s. 8 d. to buy him a ring; to William Reynolds, gent., 26 s. 8 d. to buy him a ring; to my godson William Walker 20 s. in gold; to Anthony Nash, gent., 26 s. 8 d.; and to Mr. John Nashe 26 s. 8 d.; and to my fellows John Hemings, Richard Burbage, and Henry Condell, 26 s. 8 d. apiece to buy them rings. Item, I give, will, bequeath, and devise, unto my daughter Susanna Hall, for better enabling of her to perform this my will, and towards the performance thereof, all that capital messuage or tenement with the appurtenances, situate, lying, and being in Henley Street, within the borough of Stratford aforesaid; and all my barns, stables, orchards, gardens, lands, tenements, and hereditaments whatsoever, situate, lying, and being, or to be had, received, perceived, or taken, within the towns, hamlets, villages, fields, and grounds, of

Stratford upon Avon, Oldstratford, Bushopton, and Welcombe, or in any of them in the said county of Warr. And also all that messuage or tenement with the appurtenances, wherein one John Robinson dwelleth, situate, lying, and being, in the Blackfriars in London, near the Wardrobe; and all my other lands, tenements, and hereditaments whatsoever, to have and to hold all and singular the said premises, with their appurtenances, unto the said Susanna Hall, for and during the term of her natural life, and after her decease, to the first son of her body lawfully issuing, and to the heirs males of the body of the said first son lawfully issuing; and for the default of such issue, to the second son of her body, lawfully issuing, and to the heirs males of the body of the said second son lawfully issuing; and for default of such heirs, to the third son of the body of the said Susanna lawfully issuing, and of the heirs males of the body of the said third son lawfully issuing; and for default of such issue, the same so to be and remain to the fourth, fifth, sixth, and seventh sons of her body lawfully issuing, one after another, and to the heirs males of the bodies of the said fourth, fifth, sixth, and seventh sons lawfully issuing, in such manner as it is before limited to be and remain to the first, second, and third sons of her body, and to their heirs males; and for default of such issue, to my daughter Judith, and the heirs males of her body lawfully issuing; and for default of such issue, to the right heirs of me the said William Shackspeare forever.

Item, I give unto my wife my second best bed with the furniture. Item, I give and bequeath to my said daughter Judith my broad silver gilt bowl. All the rest of my goods, chattel, leases, plate, jewels and household stuff whatsoever, after my debts and legacies paid, and my funeral expenses discharged, I give, devise, and bequeath to my son in law, John Hall, gent., and my daughter Susanna, his wife, whom I ordain and make executors of this my last will and testament. And I do entreat and appoint the said Thomas Russell Esquire and Francis Collins, gent., to be overseers hereof, and do revoke all former wills, and publish this to be my last will and testament. In witness whereof I have hereunto put my hand, the day and year first above written.

By me William Shakspeare

Im Namen Gottes, Amen! Ich, William Shackspeare, aus Stratford upon Avon in der Grafschaft Warr., Gentleman, vollkommen bei Gesundheit und bei Verstand, Gott sei gelobt, erstelle diesen meinen letzten Willen und mein Testament und verfüge in der folgenden Art und Weise: das heißt, zunächst lege ich meine Seele in die Hände Gottes, meines Schöpfers, in der Hoffnung und im gewissen Glauben, durch die alleinigen Verdienste von Jesus Christus, meinem Retter, des ewigen Lebens teilhaftig zu werden, und meinen Leib übergebe ich der Erde, aus der er besteht. Item, übergebe und vermache ich meiner Tochter Judith einhundert und fünfzig Pfund legalen Englischen Geldes; ihr auszuzahlen auf folgende Art und Weise: einhundert Pfund als ihre Mitgift innerhalb eines Jahres nach meinem Ableben, zuzüglich einem Zins von zwei Schillingen je Pfund für die gesamte Zeit, in der ihr selbige Summe nach meinem Ableben nicht ausgezahlt worden ist, und die verbleibenden fünfzig Pfund, sobald sie den Verwaltern dieses meines Willens ausreichende Sicherheit überläßt oder nachweist, daß sie auf ihre gesamten Eigentums- und anderen Anrechte, die ihr nach meinem Ableben zufallen oder zukommen werden oder die sie nun besitzt, an einem Zinslehenshaus mit Liegenschaftsrechten, dem Herrenhaus von Rowington zugehörig, gelegen in besagtem Stratford upon Avon in der genannten Grafschaft Warr., für immer zugunsten meiner Tochter Susanna Hall und deren Erben verzichtet. Item, gebe und vermache ich meiner genannten Tochter Judith weitere einhundert und fünfzig Pfund, wenn sie oder eines ihrer leiblichen Kinder nach Ablauf von drei Jahren, vom Tage nach dem Datum dieses meines letzten Willens an gerechnet, am Leben ist, während welcher Zeit meine Testamentsvollstrecker ihr einen Zins in der genannten Höhe auszahlen sollen; und wenn sie in der genannten Frist ohne leibliche Nachkommen verstirbt, dann ist es mein Wille, daß ich einhundert Pfund davon meiner Nichte Elizabeth Hall gebe und vermache und die fünfzig Pfund von meinen Vollstreckern zu Gunsten meiner Schwester Joan Hart verwaltet werden, so lange diese lebt, und der Gewinn und Profit daraus meiner genannten Schwester Joan ausgezahlt werden, und nach ihrem Ableben sollen besagte fünfzig Pfund zu gleichen Teilen unter die Kinder meiner genannten Schwester aufgeteilt werden; wenn aber meine genannte Tochter Judith oder ein leibliches Kind von ihr nach Ablauf der besagten drei Jahre am Leben ist, dann ist es mein Wille, daß die genannten einhundert und fünfzig Pfund von meinen Vollstreckern und Verwaltern zum besten Nutzen meiner Tochter Judith und ihrer Kinder angelegt werden und der Ertrag ihr ausgezahlt wird, so lange sie verheiratet und Gattin ist; aber es ist mein Wille, daß ihr der Ertrag auf Lebzeiten jährlich ausgezahlt wird und nach ihrem Ableben ihren Kindern, falls sie welche hat, und falls nicht, ihren Vollstreckern oder Rechtvertretern, so sie nach der genannten Frist nach meinem Ableben am Leben ist. Für den Fall, daß ein Gatte, mit dem sie am Ende der besagten drei Jahre oder danach verheiratet sein wird, ausreichend für sie und ihre leiblichen Kinder sorgt, sollen Länder, die dem ihr nach diesem meinem letzten Willen vermachten Anteil entsprechen, auf sie übergehen und von meinen Vollstreckern und Verwaltern entsprechend zuerkannt werden, und mein Wille ist, daß die besagten 150 Pfund einem solchen Gatten, der Obenstehendes versichert, zu eigener Verwendung ausgezahlt werden.

Item gebe und vermache ich meiner genannten Schwester Joan 20 Pfund und meine gesamte Kleidung, auszuzahlen und auszuhändigen binnen eines Jahres nach meinem Dahinscheiden; und ich überlasse ihr letzwillig auf Lebenszeit das Haus mit Zubehör, in Stratford, in welchem sie wohnt, zu der jährlichen Pacht von 12 Pence. Item gebe und vermache ich ihren drei Söhnen, William Hart, ——— Hart und Michael Hart, jeweils fünf Pfund, auszuzahlen binnen eines Jahres nach meinem Ableben. Item, gebe und vermache ich der genannten Elizabeth Hall mein gesamtes Besteck und Geschirr, mit Ausnahme meiner vergoldeten Silberschale, die ich zum Datum dieses meines letzten Willens besitze.

Item, gebe und vermache ich den Armen des besagten Stratford zehn Pfund; Mr. Thomas Combe mein Schwert; Thomas Russell, Esquire, fünf Pfund; und Francis Collins, Gentleman aus der Gemeinde Warr. in der Grafschaft Warr., dreizehn Pfund, sechs Schillinge und acht Pence, auszuzahlen binnen eines Jahres nach meinem Ableben. Item, gebe und vermache ich Hamlet Sadler 26 Schillinge, 8 Pence für den Kauf eines Rings; William Reynolds, Gentleman, 26 Schillinge, 8 Pence für den Kauf eines Rings; meinem Patensohn

William Walker 20 Schillinge in Gold; Anthony Nash, Gentleman, 26 Schillinge, 8 Pence; und meinen Gefährten John Hemings, Richard Burbage und Henry Condell jeweils 26 Schillinge, acht Pence für einen Ring. Item, gebe, vermache und spreche ich meiner Tochter Susann Hall zu, damit sie diesen meinen letzten Willen besser ausführen kann, samt Kapitalertrag das große Anwesen oder Haus mit Liegenschaften, gelegen in Henley Street, in der genannten Gemeinde Stratford; und alle meine Scheuern, Stallungen, Obstgärten, Gärten, Ländereien und sämtlichen Erbgüter in den Städten, Weilern, Dörfern und Gebieten von Stratford upon Avon, Oldstratford, Bushopton und Welcombe und anderen in besagter Grafschaft Warr. Und ebenso das Anwesen oder Haus, in welchem ein gewisser John Robinson wohnt, in dem Viertel Blackfriars in London, nahe der Königlichen Garderobenmeisterei; und über meine sämtlichen übrigen Ländereien, Häuser und Erbgüter, ausgenommen die genannten mit ihren Liegenschaften, soll die besagte Susanna Hall auf Lebenszeit verfügen und nach ihrem Ableben ihr erster leiblicher und legitimer Sohn und die männlichen leiblichen Erben ihres ersten leiblichen und legitimen Sohns; und falls es an einem solchen mangelt, ihr zweiter leiblicher und legitimer Sohn und dessen männliche Erben; und falls solche Erben fehlen, der dritte leibliche und legitime Sohn besagter Susanna und dessen leibliche und legitime Erben; und falls solche fehlen, ebenso weiter und nacheinander ihr vierter, fünfter, sechster und siebter leiblicher und legitimer Sohn und deren leibliche männlichen Erben auf jene Art und Weise, wie es zuvor bestimmt wurde, daß ihr erster, zweiter und dritter leiblicher Sohn und deren männliche Erben verfügen sollen; und falls es an solchen fehlt, meine Tochter Judith und deren legitime leibliche Söhne; und falls es an solchen fehlt, für immer die rechtmäßigen Erben von mir, William Shackspeare.

Item, vermache ich meiner Frau das zweitbeste Bett aus meinem Mobiliar. Item, gebe und vermache ich meiner besagten Tochter Judith meine vergoldete Silberschale. Meine gesamte verbleibende Habe an Waren, Vieh, Pachtbesitz, Edelmetall, Juwelen und Haushaltsgut jeglicher Art gebe und vermache ich, nachdem zuvor meine Schulden und Legate bezahlt und die Kosten meiner Beerdigung beglichen worden sind, meinem Schwiegersohn John Hall, Gentleman, und meiner Tochter Susanna, seiner Gattin, die ich zu Vollstreckern dieses meines Testaments und letzten Willens ernenne. Und zu dessen Verwaltern bestelle ich die genannten Thomas Russell, Esquire, und Francis Collins, Gentleman, und ich widerrufe sämtliche früheren Testamente und erkläre öffentlich, daß dieses mein letzter Wille und mein Testament ist. Um dies zu bezeugen habe ich unter Obengeschriebenes mit eigener Hand meinen Namen, den Tag und das Jahr gesetzt.

Von mir, William Shakspeare

(Übersetzung: Angela Praesent)

Anhang 2
Oxfords Gedichte

Da sich keine Dramen erhalten haben, die seinen Namen tragen, bieten die Gedichte, die ihm zugeschrieben werden, die beste Grundlage, seine Verse mit denen Shakespeares zu vergleichen.

Die Gedichte werden unterschiedlich beurteilt; manche Literaturwissenschaftler stufen sie als glänzend und kunstvoll ein, doch C. S. Lewis schreibt: »Edward de Vere, Graf von Oxford, zeigt hier und da ein schwaches Talent, aber es ist größtenteils durchschnittlich und langatmig.« Man darf dabei nicht vergessen, daß es die Gedichte eines jugendlichen Talents sind. Eines wurde 1573 veröffentlicht, als Oxford 23 Jahre alt war; in einem anderen bezeichnet Oxford sich als »jungen Mann«. Niemand weiß genau, wann die übrigen geschrieben wurden; Professor Steven May setzt als letztes mögliches Datum das Jahr 1593 an, und wahrscheinlich wurden sie lange davor geschrieben. Manche vermuten, daß die meisten vor 1573 entstanden. Wenige würden sie als Werke eines Genies bezeichnen. Wie können sie dann von Shakespeare sein? Vielleicht, weil es frühe Gedichte sind. Sie zeigen ohne Frage starke Ähnlichkeiten mit dem künstlichen, rhetorischen Stil der Frühwerke Shakespeares und mit seinen nichtdramatischen Dichtungen. Wir müssen uns vor Augen halten, daß der Verfasser des *Sturm* einmal fähig war, *Titus Andronicus* zu schreiben, ein Stück so weit unterhalb des Niveaus von Shakespeares reifen Werken, daß lange Zeit bezweifelt wurde, ob es überhaupt zum Shakespeare-Kanon gehört.

Die entscheidende Frage ist, ob die Parallelen zwischen Oxfords erhalten gebliebenen Gedichten (etwa 20 an der Zahl) und Shakespeares Werken zahlreicher sind, als sich dem Zufall oder poetischer Konvention zuschreiben läßt. Tatsächlich weisen diese Gedichte hunderte von Ähnlichkeiten mit Shakespeares Formulierungen auf, viel zu viele, um als unbedeutend eingestuft zu werden. Die Überschneidungen finden sich in den Themen der

Gedichte, in bestimmten Wendungen, Wortverbindungen, Metaphern, Manierismen und vor allem in der allgemeinen Ausdrucksweise.

Nicht alle Entsprechungen haben das gleiche Gewicht. Manche sind belanglos oder zeitbedingt; andere dagegen sind in hohem Maße charakteristisch und ungewöhnlich. Aber während man über einzelne Fälle streiten mag, ist die schiere Anzahl der Übereinstimmungen erdrückend. Den folgenden, Oxford zugeschriebenen Gedichten habe ich bemerkenswerte Parallelen aus dem Shakespeare-Kanon zugeordnet.

labouring man ›let the magistrates be labouring men‹ *2 Henry VI* 4.2.18. **tills the fertile soil** ›fertile England's soil‹ *2 Henry VI* 1.1.238. ›soil's fertility‹ *Richard II* 3.4.39. **reaps the harvest fruit** ›after the man That the main harvest reaps‹ *As You Like It* 3.5.103. ›And reap the harvest which that rascal sow'd‹ *2 Henry VI* 3.1.381. ›We are to reap the harvest of his son.‹ *3 Henry VI* 2.2.116. ›To reap the harvest of perpetual peace‹ *3 Henry VI* 5.2.15. ›My poor lips, which should that harvest reap‹ *Sonnets* 128.7. **harvest … toil** ›Scarce show a harvest of their heavy toil‹ *Love's Labour's* 4.3.323. **He pulls the flowers, he plucks but weeds** ›They bid thee crop a weed, thou pluck'st a flower.‹ *Venus* 946. ›which I have sworn to weed and pluck away‹ *Richard II* 2.3.167. ›He weeds the corn, and still lets grow the weeding.‹ *Love's Labour's* 1.1.96. **high degree** ›Thou wast installed in that high degree.‹ *1 Henry VI* 4.1.17. ›And thou art but of low degree.‹ *Othello* 2.3.94. ›Take but degree away, untune that string, And hark what discord follows‹ *Troilus* 1.3.109. {**The mason poor that builds the lordly halls …**} **The idle drone that labours not at all, Sucks up the sweet of honey from the bee** ›For so work the honey-bees … The singing masons building roofs of gold …} the lazy yawning drone‹ *Henry V* 1.2. {187, 198, 204. ›Not to eat honey like a drone from others' labors‹ *Pericles* 2.ch.18 ›Where the bee sucks‹ *Tempest* 5.1.88. ›Drones suck not eagles' blood, but rob beehives.‹ *2 Henry VI* 4.1.109. ›Death, that hath suck'd the honey of thy breath‹ *Romeo* 5.3.92. ›That suck'd the honey of his music vows‹ *Hamlet* 3.1.156. ›And suck'd the honey which thy chaste bee kept.‹ *Lucrece* 840. **Who worketh most to their share least doth fall** ›the fewer men, the greater share of honour‹ *Henry V* 4.3.22. **most/least** (siehe unten) **The swiftest hare unto the mastive slow** ›like a brace of greyhounds, Having the fearful flying hare in sight‹ *3 Henry VI* 2.5.130. **The greyhound thereby doth miss his game** ›like greyhounds in the slips … The game's afoot!‹ *Henry V* 3.1.31. ›thy greyhounds are as swift‹ *Shrew* ind.2.47. **speedy haste** ›Good lords,

The labouring man that tills the fertile soil,
And reaps the harvest fruit, hath not indeed
The gain, but pain; and if for all his toil
He gets the straw, the lord will have the seed.
The manchet file falls not unto his share;
On coarsest cheat his hungry stomach feeds.
The landlord doth possess the finest fare;
He pulls the flowers, he plucks but weeds.
The mason poor that builds the lordly halls,
Dwells not in them; they are for high degree;
His cottage is compact in paper walls,
And not with brick or stone, as others be.
The idle drone that labours not at all,
Sucks up the sweet of honey from the bee;
Who worketh most to their share least doth fall,
With due desert reward will never be.
The swiftest hare unto the mastive slow
Oft-times doth fall, to him as for a prey;
The greyhound thereby doth miss his game we know
For which he made such speedy haste away.
So he that takes the pain to pen the book,
Reaps not the gifts of goodly golden muse;
But those gain that, who on the work shall look,
And from the sour the sweet by skill doth choose;
For he that beats the bush the bird not gets,
But who sits still and holdeth fast the nets.

make all the speedy haste you may‹ *Richard III* 3.1.60. **the sour the sweet** ›Speak sweetly, man, although thy looks be sour‹ *Richard II* 3.2.193. ›How sour sweet music is When time is broke‹ *Richard II* 5.5.42. ›that thy sour leisure gave sweet leave‹ *Sonnets* 39.10. ›Sweetest nut hath sourest rind.‹ As *You Like It* 3.2.109. ›Touch you the sourest points with sweetest terms.‹ *Antony* 2.2.24. ›For sweetest things turn sourest by their deeds.‹ *Sonnets* 94.13. ›*To* that sweet thief which sourly robs from me.‹ *Sonnets* 35.14. ›The sweets we wish for turn to loathed sours.‹ *Lucrece* 867. **For he that beats the bush the bird not gets, But who sits still and holdeth fast the nets.** ›Poor bird, thou'dst never fear the net nor lime.‹ *Macbeth* 4.2.34. ›Look how a bird lies tangled in a net‹ *Venus* 67. ›Birds never lim'd no secret bushes fear.‹ *Lucrece* 88. Sh often has ›lim'd bushes.‹ **takes the pain … sits still** Shakespeare benutzt beide Formulierungen häufig.

Ev'n as the wax doth melt, or dew consume away / Before the sun, so I, behold, through careful thoughts decay ›as soon decay'd and done As is the morning's silver melting dew Against the golden splendor of the sun‹ *Lucrece* {23}. ›her wax must melt‹ *3 Henry VI* 3.2.51. ›solid flesh would melt, Thaw, and resolve itself into a dew.‹ *Hamlet* 1.2.129. ›let virtue be as wax And melt in her own fire‹ *Hamlet* 3.4.85. ›when sun doth melt their snow‹ *Lucrece* 1218. ›that melted at the sweet tale of the sun's‹ *1 Henry IV* 2.4.121. ›melted away with rotten dews‹ *Coriolanus* 2.3.32. ›cold snow melts with the sun's hot beams‹ *2 Henry VI* 3.1.223. ›As mountain snow melts with the midday sun‹ *Venus* 750. ›Scarce had the sun dried up the dewy morn‹ *Passionate Pilgrim* 6.1. ›That you in pity may dissolve to dew‹ *Richard II* 5.1.9. ›To dew the sovereign flower and drown the weeds‹ *Macbeth* V.2.30. **consume away** ›Therefore let Benedick, like cover'd fire, Consume away in sighs, waste inwardly.‹ *Much Ado* 3.1.78. ›consume away in rust‹ *King John* 4.1.65. **that hath myself in hate** ›My name, dear saint, is hateful to myself.‹ *Romeo* 2.2.55. ›He scowls and hates himself for his offense.‹ *Lucrece* 738. ›Whose deed hath made herself herself detest.‹ *Lucrece* 1566. **And he that beats the bush the wished bird not gets, But such, I see, as sitteth still and holds the fowling nets** (siehe oben) **The drone more honey sucks, that laboureth not at all** (siehe oben) **to whose most pain least pleasure doth befall** ›no pains, sir, I take pleasure in singing, sir‹ *Twelfth Night* 2.4.68. ›Having no other pleasure of his gain But torment that it cannot cure his pain‹ *Lucrece* 860. **So I the pleasant grape have pulled from the vine** ›For one sweet grape who will the vine destroy?‹ *Lucrece* 215. **I wove the web of woe** ›Now she unweaves the

Ev'n as the wax doth melt, or dew consume away
Before the sun, so I, behold, through careful thoughts decay;
For my best luck leads me to such sinister state,
That I do waste with others' love, that hath myself in hate.
And he that beats the bush the wished bird not gets,
But such, I see, as sitteth still and holds the fowling nets.

The drone more honey sucks, that laboureth not at all,
Than doth the bee, to whose most pain least pleasure doth befall:
The gard'ner sows the seeds, whereof the flowers do grow,
And others yet do gather them, that took less pain I trow.
So I the pleasant grape have pulled from the vine,
And yet I languish in great thirst, while others drink the wine.
Thus like a woeful wight I wove the web of woe,
The more I would weed out my cares, the more they seem'd to grow:
The which betokeneth, forsaken is of me,
That with the careful culver climbs the worn and wither'd tree,
To entertain my thoughts, and there my hap to moan,
That never am less idle, lo! than when I am alone.

web that she hath wrought‹ *Venus 991*. **weed ... grow** ›To weed my vice and let his grow‹ *Measure* 3.2.70.

crown of bays ›an olive branch and laurel crown‹ *3 Henry VI* 4.6.34. ›crowns, sceptres, laurels‹ *Troilus* 1.3.107. **The more I follow'd one, the more she fled away** ›The more I hate, the more he follows me.‹ *Midsummer* 1.1.197. ›I follow'd fast, but faster he did fly‹ *Midsummer* 3.3.4. **As Daphne did full long agone, Apollo's wishful prey** ›Apollo flies, and Daphne holds the chase‹ *Midsummer* 2.1.231. ›Tell me, Apollo, for thy Daphne's love‹ *Troilus* 1.1.98. **The more my plaints I do resound, the less she pities me; The more I sought, the less I found** ›And so by hoping more they have but less‹ *Lucrece* 137. ›Not that I loved Caesar less, but that I loved Rome more.‹ *Caesar* 3.2.22. ›A little more than kin, and less than kind.‹ *Hamlet* 1.2.65. ›More than I seem, and less than I was born to‹ *3 Henry VI* 3.1.56. ›That moves in him more rage and lesser pity‹ *Lucrece* 468. ›The lesser thing should not the greater hide.‹ *Lucrece* 663. ›The repetition cannot make it less, For more it is than I can well express.‹ *Lucrece* 1285. ›An eye more bright than theirs, less false in rolling‹ *Sonnets* 20.5. **Melpomene** Muse of tragedy. **doleful tunes** ›a very doleful tune‹ *Winter's Tale* 4.4.262. **Drown me with trickling tears** ›we drown our gains in tears‹ *All's Well* 4.3.68. ›which burns Worse than tears drown‹ *Winter's Tale* 2.1.112. ›My heart is drown'd with grief, Whose flood begins to flow within mine eyes.‹ *2 Henry VI* 3.1.198. ›Lest with my sighs or tears I blast or drown‹ *3 Henry VI* 4.4.23. ›tears shall drown the wind‹ *Macbeth* 1.7.25. ›drown the stage with tears‹ *Hamlet* 2.2.562. ›Then can I drown an eye unus'd to flow‹ *Sonnets* 30.5. ›But floods of tears will drown my oratory‹ *Titus* 5.3.90. ›who drown'd their enmity in my true tears‹ *Titus* 5.3.107. ›To drown me in thy sister's flood of tears‹ *Errors* 3.2.46. **these hands to rend my hairs** ›Is it not as this mouth should tear this hand For lifting food to 't?‹ *Lear* 3.4.15. ›These hands shall tear her‹ *Much Ado* 4.1.191. ›Whose breath indeed these hands have newly stopp'd‹ *Othello* 5.2.202. ›Let him have time to tear his curled hair‹ *Lucrece* 981. **On whom the scorching flames of love doth feed** ›whom flaming war doth scorch‹ *Kinsmen* 1.1 91. ›feed'st thy light's flame‹ *Sonnets* 1.6. ›To feed for aye her lamp and flames of love‹ *Troilus* 3.2.160. you **muses nine** ›Be thou the tenth muse‹ *Sonnets* 38.9. **An anchor's life to lead** ›An anchor's cheer in prison be my scope!‹ *Hamlet* 3.2.219. **scratch ... grave ... worms** vgl. den sterbenden Mercutio: ›A scratch, a scratch ... Ask for me tomorrow, and you shall find me a grave man ... They have made worms' meat of me.‹ *Romeo* 3.1.93 ff. ›Let's talk of graves, of

A crown of bays shall that man wear,
  That triumphs over me;
  For black and tawny will I wear,
Which mourning colours be.

The more I follow'd one,
   the more she fled away,
As Daphne did full long agone,
   Apollo's wishful prey.
The more my plaints I do resound,
   the less she pities me;
The more I sought the less I found,
   that mine she meant to be.

Melpomene alas, with doleful tunes help than;
And sing *Bis,* woe worth on me forsaken man.

Then Daphne's bays shall that man wear,
   that triumphs over me;
For black and tawny will I wear,
   which mourning colours be.
Drown me with trickling tears,
   you wailful wights of woe;
Come help these hands to rend my hairs,
   my rueful haps to show.
On whom the scorching flames
   of love doth feed you see;
Ah a lalalantida, my dear dame,
   hath thus tormented me.

Wherefore you muses nine,
   with doleful tunes help than,

worms, and epitaphs‹ *Richard II* 3.2.145. **Where earthly worms on me shall feed, Is all the joy I crave** ›I wish you all joy of the worm.‹ *Antony* 5.2.260. ›And food for —‹ ›For worms, brave Percy.‹ *1 Henry IV* 5.4.86.

past all recovery ›For grief that they are past recovery‹ *2 Henry VI* 1.1.116. **My life, through ling'ring long** ›life, which false hope lingers in extremity‹ *Richard II* 2.2.72. **My death delay'd to keep from life the harm of hapless days.** ›In the delaying death.‹ *Measure* 4.2.164. ›His days may finish ere that hapless time.‹ *1 Henry VI* 3.1.200. **deep distress** ›deeply distress'd‹ *Venus* 814. **distress are drown'd** die ertrinkende Ophelia ist ›incapable of her own distress‹ *Hamlet* 4.7.178. **loss of my good name** ›good name‹ kommt achtmal bei Sh. vor; siehe v. a. Iago **of my griefs the ground** ›the true ground of all these piteous woes‹ *Romeo* 5.3.180. ›the grounds and motives of her woe‹ *Lover's Complaint* 63. **Such piercing plaints as answer might, or would my woeful case** ›Hearing how our plaints and prayers do pierce‹ *Richard II* 5.3.127. **with tears upon my face** ›Cooling his hot face in the chastest tears‹ *Lucrece* 682. ›Poor soul, thy face is much abus'd with tears.‹ *Romeo* 4.1.29. **Of all that may in heaven or hell, in earth or air be found** ›Whether in sea or fire, in earth or air, Th'extravagant and erring spirit hies To his confine.‹ *Hamlet* 1.1.153. ›i'th'air, or th'earth?‹ *Tempest* 1.2.388. **To wail with me this loss of mine** ›Wailing our losses, whiles the foe doth rage‹ *3 Henry VI* 2.3.26. ›Wise men ne'er sit and wail their loss‹ *3 Henry VI* 5.4.1. ›That she hath thee is of my wailing chief, A loss in love that

And sing *Bis,* woe worth on me forsaken man.
Then Daphne's bays shall that man wear,
    that triumphs over me;
For black and tawny will I wear,
    which mourning colours be.

An anchor's life to lead,
    with nails to scratch my grave,
Where earthly worms on me shall feed,
    is all the joys I crave;
And hide myself from shame,
    sith that mine eyes do see,
Ah a lalalantida, my dear dame,
    hath thus tormented me.
And all that present be,
    with doleful tunes help than,
And sing *Bis* woe worth, on me forsaken man.

Fram'd in the front of forlorn hope past all recovery,
I stayless stand, t' abide the shock of shame and infamy.
My life, through ling'ring long, is lodg'd in lair of loathsome ways;
My death delay'd to keep from life the harm of hapless days.
My sprites, my heart, my wit and force, in deep distress are drown'd;
The only loss of my good name is of these griefs the ground.

And since my mind, my wit, my head, my voice and tongue are weak,
To utter, move, devise, conceive, sound forth, declare and speak,
Such piercing plaints as answer might, or would my woeful case,
Help crave I must, and crave I will, with tears upon my face,
Of all that may in heaven or hell, in earth or air be found,
To wail with me this loss of mine, as of these griefs the ground.

Help gods, help saints, help sprites and powers that in the heaven
    do dwell,
Help ye that are aye wont to wail, ye howling hounds of hell;

touches me more dearly.‹ *Sonnets* 42.3. **Help fish, help fowl** ›Of more pre-eminence than fish and fowls.‹ *Errors* 2.1.23. ›Ay, when fowls have no feathers, and fish have no fin.‹ *Errors* 3.1.79. **salt sea soil** ›salt-sea shark‹ *Macbeth* 4.1.24. ›salt sea‹ *Henry V* 1.2.209. ›this salt flood‹ *Romeo* 3.5.134. ›Neptune's salt wash‹ *Hamlet* 3.2.156. **Help echo that in air doth flee, shrill voices to resound** ›And fetch shrill echoes from the hollow earth‹ *Shrew* ind.2.46. ›As is the maiden's organ, shrill and sound.‹ *Twelfth Night* 1.4.33. ›What shrill-voiced suppliant makes this eager cry?‹ *Richard II* 5.3.75.

I am not as I seem to be ›I am not what I am.‹ *Othello* 1.1.65. **Nor when I smile I am not glad** ›I am not merry; but I do beguile The thing I am by seeming otherwise.‹ *Othello* 2.1.125. **most in mirth, most pensive sad** ›I show more mirth than I am mistress of‹ *As You Like It* 1.2.3. ›With mirth in funeral, and with dirge in marriage‹ *Hamlet* 1.2.12. ›So mingled as if mirth did make him sad‹ *Kinsmen* 5.3.52. ›But sorrow that is couch'd in seeming gladness Is like that mirth fate turns to sudden sadness‹ *Troilus* 1.1.40. ›sad tales doth tell To pencill'd pensiveness‹ *Lucrece* 1496. **As Hannibal that saw in sight/His country soil with Carthage town, By Roman force defaced down** ›And see the cities and the towns defac'd‹ *1 Henry VI* 3.3.45. Sh has four mentions of Hannibal and seven of Carthage. **Pompey** Two Roman plays and five others refer to Pompey. **A flood of tears he seemed to shed** ›to drown me in thy sister's flood of tears‹ *Errors* 3.2.46. ›Return thee therefore with a flood of tears‹ *1 Henry VI* 3.3.56. ›the tears that she hath shed for thee Like envious floods o'errun her lovely face.‹ *Shrew* ind.2.66. ›But floods of tears will drown my oratory‹ *Titus* 5.3.90. **I, Hannibal that smile for grief; And let you Caesar's tears suffice; The one that laughs at his mischief; The other all for joy that cries. I smile to see me scorned so, You weep for joy to see me woe** ›Then they for sudden joy did weep, And I for sorrow sung, That such a king should play bo-peep, And go the fools among.‹ *Lear* 1.4.175. ›weeping joys‹ *2 Henry VI* 1.1.34. ›how much better is it to weep at joy than to joy at weeping!‹ *Much Ado* 1.1.28. **a heart by Love slain dead** ›Number there in love was slain‹ *Phoenix* 28. ›Presume not on thy heart when mine is slain.‹ *Sonnets* 22.13. **O cruel hap and hard estate/That forceth me to love my foe** ›My only love sprung from my only hate!‹ *Romeo* 1.5.138. ›Prodigious birth of love it is to me, That I must love a loathed enemy!‹ *Romeo* 1.5.140. **Accursed be so foul a fate** ›I doubt some foul play ... O cursed spite!‹ *Hamlet* 1.5.188. **So long to fight with secret sore/And find no secret salve therefore** (siehe unten) **But I in vain do breathe my wind** ›You breathe in vain‹ *Timon* 3.5.59. ›no wind of blame

Help man, help beasts, help birds and worms, that on the earth do toil;
Help fish, help fowl, that flock and feed upon the salt sea soil,
Help echo that in air doth flee, shrill voices to resound,
To wail this loss of my good name, as of these griefs the ground.

I am not as I seem to be,
Nor when I smile I am not glad;
A thrall, although you count me free,
I most in mirth, most pensive sad.
I smile to shade my bitter spite
As Hannibal that saw in sight
His country soil with Carthage town,
By Roman force defaced down.

And Caesar that presented was,
With noble Pompey's princely head;
As 'twere some judge to rule the case,
A flood of tears he seemed to shed;
Although indeed it sprung of joy;
Yet others thought it was annoy.
Thus contraries be us'd I find,
Of wise to cloak the covert mind.

I, Hannibal that smile for grief;
And let you Caesar's tears suffice;
The one that laughs at his mischief;
The other all for joy that cries.
I smile to see me scorned so,
You weep for joy to see me woe;
And I, a heart by Love slain dead,
Presents in place of Pompey's head.

shall breathe‹ *Hamlet* 4.7.66. **mirth ... sad ... flood of tears ... annoy ... grief ... tears suffice** Vgl. *Lucrece* 1109–13 und 1676–80:

> For mirth doth search the bottom of annoy;
> Sad souls are slain in merry company;
> Grief best is pleas'd with grief's society.
>> True sorrow then in feelingly suffic'd
>> When with like semblance it is sympathiz'd.

> ›Dear lord, thy sorrow to my sorrow lendeth
> Another power; no flood by raining slaketh.
> My woe too sensible thy passion maketh,
>> More feeling-painful. Let it then suffice
>> To drown one woe, one pair of weeping eyes.‹

Reason's reins my strong affection stay ›for now I give my sensual race the rein‹ *Measure* 2.4.160. ›What rein can hold licentious wickedness‹ *Henry V* 3.3.22. ›curb his heat, or rein his rash desire‹ *Lucrece* 706. ›he cannot Be rein'd again to temperance‹ *Coriolanus* 3.3.28. **quiet breast** ›Truth hath a quiet breast.‹ *Richard II* 1.3.96. ›Into the quiet closure of my breast‹ *Venus* 782. **secret thoughts** ›Nor shall he smile at thee in secret thought.‹ *Lucrece* 1065. ›the history of all her secret thoughts‹ *Richard III* 3.5.28. **lurks in my breast** ›Or tyrant folly lurk in gentle breasts‹ *Lucrece* 851. **my grief through Wisdom's power oppress'd** ›To counterfeit oppression of such grief.‹ *Richard II* 1.4.14. **But who can leave to look on Venus' face, Or yieldeth not to Juno's high estate? What wit so wise as gives not Pallas place?** ›great and high estate‹ *Pericles* 4.4.16. ›his high estate‹ *Lucrece* 92. etc. ›The shrine of Venus, or straight-pight Minerva‹ *Cymbeline* 5.5.164. **What worldly wight can hope for heavenly hire** ›These earthly godfathers of heaven's lights‹ *Love's Labour's* 1.1.88. ›heaven's praise with such an earthly tongue‹ *Love's Labour's* 4.2.118. ›My vow was earthly, thou a heavenly love.‹ *Love's Labour's* 4.3.64. ›a heavenly effect in an earthly actor.‹ *All's Well* 2.3.23. ›Between this heavenly and this earthly sun‹ *Venus* 198. ›Such heavenly touches ne'er touch'd earthly faces.‹ *Sonnets* 17.8. **roll the restless stone** ›That stands upon the rolling restless stone‹ *Henry V* 3.6.29. **Yet Phoebe fair disdained the heavens above, To joy on earth her poor Endymion's love.** ›And the moon sleeps with Endymion.‹ *Merchant* 5.1.109. **happy star** ›a hap-

O cruel hap and hard estate
That forceth me to love my foe;
Accursed be so foul a fate,
My choice for to prefix it so.
So long to fight with secret sore
And find no secret salve therefore;
Some purge their pain by plaint I find,
But I in vain do breathe my wind.

If care or skill could conquer vain desire,
Or Reason's reins my strong affection stay:
There should my sighs to quiet breast retire,
And shun such signs as secret thoughts betray;
Uncomely Love which now lurks in my breast
Should cease, my grief through Wisdom's power oppress'd.

But who can leave to look on Venus' face,
Or yieldeth not to Juno's high estate?
What wit so wise as gives not Pallas place?
These virtues rare each God did yield a mate;
Save her alone, who yet on earth doth reign,
Whose beauty's string no God can well distrain.

What worldly wight can hope for heavenly hire,
When only sighs must make his secret moan?
A silent suit doth seld to grace aspire,
My hapless hap doth roll the restless stone.
Yet Phoebe fair disdain'd the heavens above,
To joy on earth her poor Endymion's love.

py star Led us to Rome‹ *Titus* 4.2.32. **A slavish smith, of rude and rascal race, Found means in time to gain a Goddess' grace.** ›as like as Vulcan and his wife‹ *Troilus* 1.3.168. **streams of tears** ›my eye shall be the stream‹ *Merchant* 3.2.46. ›weeping as fast as they stream forth thy blood‹ *Caesar* 3.1.201. ›mine eyes … shall gush pure streams‹ *Lucrece* 1076. ›And round about her tear-distained eye Blue circles stream'd‹ *Lucrece* 1587. **pine and die** ›To love, to wealth, to pomp, I pine and die.‹ *Love's Labour's* 1.1.31.

What wonders love hath wrought ›Love wrought these miracles.‹ *Shrew* 5.1.124. **Paris, Priam's son** ›As Priam was for all his valiant sons.‹ *3 Henry VI* 2.5.120. ›a son of Priam‹ *Troilus* 3.3.26. ›the youngest son of Priam‹ *Troilus* 4.5.96. ›sons, Half of the number that King Priam had‹ *Titus* 1.1.80. ›Had doting Priam check'd his son's desire.‹ *Lucrece* 1490. ›all Priam's sons‹ *Troilus* 2.2.126. ›One of Priam's daughters‹ *Troilus* 3.3.194. ›great Priam's seed‹ *Troilus* 4.5.121. ›A bastard son of Priam's.‹ *Troilus* 5.7.15. ›You valiant offspring of great Priamus.‹ *Troilus* 2.2.207. **the god of sleep** ›the god of sleep‹ *1 Henry IV* 3.1.217. Man beachte, daß weder Shakespeare noch Oxford den Namen des Gottes, Hypnos oder Somnus, benutzen. **cometh but by fits** ›a woman's fitness comes by fits.‹ *Cymbeline* 4.1.6

Rare is reward where none can justly crave,
For chance is choice where reason makes no claim;
Yet luck sometimes despairing souls doth save,
A happy star made Gyges joy attain.
A slavish smith, of rude and rascal race,
Found means in time to gain a Goddess' grace.

Then lofty Love thy sacred sails advance,
My sighing seas shall flow with streams of tears;
Amidst disdains drive forth thy doleful chance,
A valiant mind no deadly danger fears;
Who loves aloft and sets his heart on high
Deserves no pain, though he do pine and die.

My meaning is to work what wonders love hath wrought,
Wherewith I must, why men of wit have love so dearly bought.
For love is worse than hate, and eke more harm hath done;
Record I take of those that rede of Paris, Priam's son.

It seemed the god of sleep had maz'd so much his wits,
When he refused wit for love, which cometh but by fits.
But why accuse I him, whom th'earth hath cover'd long?
There be of his posterity alive, I do him wrong.
Whom I might well condemn, to be a cruel judge
Unto myself, who hath the crime in others that I grudge.

The lively lark stretched forth her wing, The messenger of Morning bright ›Lo here the gentle lark, weary of rest, From his moist cabinet mounts up on high, And wakes the morning.‹ *Venus* 853. ›the morning lark‹ *Midsummer* 4.1.94 und *Shrew* ind.2.44. ›the lark, the herald of the morn‹ *Romeo* 3.5.6. ›And then my state (Like to the lark at break of day arising From sullen earth) sings hymns at heaven's gate.‹ *Sonnets* 29.10. ›Hark! Hark! The lark at heaven's gate sings, And Phoebus 'gins arise.‹ *Cymbeline* 2.3.22. **cheerful voice** ›Lords, with one cheerful voice welcome my love.‹ *2 Henry VI* 1.1.36. **The Day's approach** ›the approach of day‹ *Henry V* 4.1.88. When that Aurora blushing red ›And yonder shines Aurora's harbinger, At whose approach, ghosts, wandering here and there, Troop home to churchyards.‹ *Midsummer* 3.2.380–2. ›When lo the blushing morrow Lends light to all‹ *Lucrece* 1082. **Thetis' bed** ›Aurora's bed‹ *Romeo* 1.1.136. ›Hymen's purest bed‹ *Timon* 4.3.383. ›Cytherea, how bravely thou becom'st thy bed!‹ *Cymbeline* 2.2.15. ›Cupid grant all tongue-tied maidens here bed‹ *Troilus* 3.2.211. ›Juno's crown, O blessed bond of board and bed!‹ *As You Like It* 5.4.142. ›Whom Jove hath mark'd The honour of your bed‹ *Kinsmen* 1.1.30. **The courteous knight** ›You are right courteous knights.‹ *Pericles* 2.3.27. **What things did please and what did pain** ›But since you make your pleasure of your pains‹ *Twelfth Night* 3.3.2.

The trickling tears that fall along my cheeks ›trickling tears‹ *1 Henry IV* 2.4.391. ›With cadent tears fret channels in her cheeks.‹ *Lear* 1.4.285. ›Tears‹ & ›cheeks‹ oft zusammen bei Sh. **The secret sighs that show my inward grief** ›my grief lies all within‹ *Richard II* 4.1.295. ›A plague of sighing and grief!‹ *1 Henry IV* 2.4.332. ›Consume away in sighs, waste inwardly‹ *Much Ado* 3.1.78. **present pains** ›'Tis good for men to love their present pains.‹ *Henry V* 4.1.18. **Bid me renew my cares without relief** ›And by her presence still renew his sorrows‹ *Titus* 5.3.82. **thy mortal foe** ›But I return his sworn and mortal foe.‹ *3 Henry VI* 3.3.257. ›I here proclaim myself thy mortal foe.‹ *3 Henry VI* 5.1.94. **The stricken deer hath help to heal his wound** ›Why, let the strikken deer go weep‹ *Hamlet* 3.2.287. ›My pity hath been balm to heal their wounds‹ *3 Henry VI* 14.8.41. **The haggard hawk with toil is made full tame** *Shrew;* siehe unten. **The strongest tower, the cannon lays on ground** ›a tower of strength‹ *Richard III* 5.3.12. ›topples down Steeples and moss-grown towers‹

The lively lark stretch'd forth her wing,
The messenger of Morning bright;
And with her cheerful voice did sing,
The Day's approach, discharging Night;
When that Aurora blushing red,
Descried the guilt [gilt?] of Thetis' bed.

I went abroad to take the air, and in the meads I met a knight,
Clad in carnation colour fair; I did salute this gentle wight:
Of him I did his name inquire,
He sigh'd and said it was Desire.

Desire I did desire to stay; awhile with him I crav'd to talk,
The courteous knight said me no nay, but hand in hand with me did
     walk;
Then of Desire I ask'd again,
What things did please and what did pain?
He smil'd and thus he answer'd than: ›Desire can have no greater pain,
Than for to see another man, that he desireth to obtain;
Nor greater joy can be than this:
Than to enjoy that others miss.‹

The trickling tears that falls along my cheeks,
The secret sighs that shows my inward grief,
The present pains perforce that Love aye seeks,
Bids me renew my cares without relief;
In woeful song, in dole display,
My pensive heart for to bewray.

Bewray thy grief, thou woeful heart with speed;
Resign thy voice to her that caused thee woe;
With irksome cries, bewail thy late done deed,
For she thou lov'st is sure thy mortal foe.
And help for thee there is none sure,
But still in pain thou must endure.

1 Henry IV 3.1.32. ›Who in a moment even with the earth Shall lay your stately and air-braving towers‹ *1 Henry VI* 3.1.12. ›When sometime lofty towers I see down rased‹ *Sonnets* 64.3. **thrall to Love by Cupid's sleights** ›Love makes young men thrall and old men dote.‹ *Venus* 837. **weigh my cause with equal weights** ›you weigh equally‹ *Measure* 2.2.126. ›I have in equal balance justly weigh'd‹ *2 Henry IV* 4.1.67. ›Commit my cause in balance to be weigh'd‹ *Titus* 1.1.55. ›equalities are so weighed‹ *Lear* 1.1.6. ›In equal scale weighing delight and dole‹ *Hamlet* 1.2.13. ›acquainted with a weighty cause‹ *Shrew* 4.4.26. **She is my joy, she is my care and woe** ›Your tributary drops belong to woe, Which you, mistaking, offer up to joy.‹ *Romeo* 3.2.103. **She is my pain, she is my ease therefore** ›Give physic to the sick, ease to the pain'd‹ *Lucrece* 901. **She is my death, she is my life also** ›Showing life's triumph in the map of death‹ *Lucrece* 402. ›But that life liv'd in death, and death in life‹ *Lucrece* 406. ›life imprison'd in a body dead‹ *Lucrece* 1456. ›Yet in this life Lie hid moe thousand deaths.‹ *Measure* 3.1.39. ›And seeking death, find life‹ *Measure* 3.1.44. ›That life is better life, past fearing death.‹ *Measure* 5.1.397. **She is my salve, she is my wounded sore** ›The humble salve which wounded bosoms fits‹ *Sonnets* 120.12. ›To see the salve doth make the wound ache more.‹ *Lucrece* 1116. ›such a salve can speak That heals the wound‹ *Sonnets* 34.8. ›A salve for any sore that may betide‹ *3 Henry VI* 4.6.88. ›My pity hath been balm to heal their wounds.‹ *3 Henry VI* 4.8.41. ›your majesty may salve The long-grown wounds of my intemperance‹ *1 Henry IV* 3.2.155. **save and end my life** ›Some happy mean to end a hapless life.‹ *Lucrece* 1045. **And shall I live on earth to be her thrall?** ›but I, my mistress' thrall‹ *Sonnets* 154.12. **And let her feel the power of all your might, And let her have her most desire with speed, And let her pine away both day and night** ›Since my young lady's going into France, sir, the fool hath much pined away.‹ *Lear* 1.4.73. ›Go to Flint Castle, there I'll pine away.‹ *Richard II* 3.2.209. **And let her moan, and none lament her need, And let all those that shall her see, Despise her state and pity me.** ›This you should pity rather than despise.‹ *Midsummer* 3.2.235. Vgl. *Lucrece* 981:

> ›Let him have time to tear his curled hair,
> Let him have time against himself to rave,
> Let him have time of time's help to despair,
> Let him have time to live a loathed slave,
> Let him have time a beggar's orts to crave,
>   And time to see one that by alms doth live
>   Disdain to him disdained scraps to give.‹

The stricken deer hath help to heal his wound,
The haggard hawk with toil is made full tame;
The strongest tower, the cannon lays on ground,
The wisest wit that ever had the fame,
Was thrall to Love by Cupid's sleights;
Then weigh my cause with equal weights.

She is my joy, she is my care and woe;
She is my pain, she is my ease therefore;
She is my death, she is my life also,
She is my salve, she is my wounded sore:
In fine, she hath the hand and knife
That may both save and end my life.

And shall I live on th'earth to be her thrall?
And shall I sue and serve her all in vain?
And kiss the steps that she lets fall,
And shall I pray the gods to keep the pain
From her that is so cruel still?
No, no, on her work all your will.

And let her feel the power of all your might,
And let her have her most desire with speed,
And let her pine away both day and night,
And let her moan, and none lament her need;
And let all those that shall her see,
Despise her state and pity me.

Fain would I sing, but fury makes me fret ›Fain would I woo her, yet I dare not speak‹ *1 Henry VI* 5.3.65. **fury makes me fret, And Rage** ›And with the wind in greater fury fret‹ *Lucrece* 648. ›the furious winter's rages‹ *Cymbeline* 4.2.259. ›Rancorous spite, more furious raging broils‹ *1 Henry VI* 4.1.185. **Rage hath sworn to seek revenge of wrong** ›seek not t'allay My rages and revenges‹ *Coriolanus* 5.3.85. ›And you both have vow'd revenge On him‹ *3 Henry VI* 1.1.55. ›I will revenge his wrong to Lady Bona‹ *3 Henry VI* 3.3.197. **fury … My mazed mind** ›wise, amaz'd, temp'rate, and furious‹ *Macbeth* 2.3.108. **in malice so is set** ›Nothing extenuate, Nor set down aught in malice‹ *Othello* 5.2.343. **As Death shall daunt my deadly dolours long** ›As ending anthem of my endless dolour‹ *Two Gentlemen* 3.1.242. ›But none where all distress and dolour dwell'd‹ *Lucrece* 1446. ›To think their dolour others have endured‹ *Lucrece* 1582. **Patience perforce is such a pinching pain** ›Patience perforce with willful choler meeting‹ *Romeo* 1.5.89. **As die I will or suffer wrong again** ›patience, tame to sufferance‹ *Sonnets* 58.7. ›a present remedy, at least a patient sufferance‹ *Much Ado* 1.3.9. ›what wrongs we suffer‹ *2 Henry IV* 4.1.68. ›the wrongs I suffer‹ *Errors* 3.1.16. ›Shall tender duty make me suffer wrong?‹ *Richard II* 2.1.164. ›such suffering souls That welcome wrongs‹ *Caesar* 2.1.140. **to suffer such abuse** ›he shall not suffer indignity‹ *Tempest* 3.2.37. **Nor will I frame myself to such as use** ›And frame my face to all occasions‹ *3 Henry VI* 3.2.185. ›That she preparedly may frame herself To the way she's forc'd to‹ *Antony* 5.1.55. ›Frame yourself to orderly soliciting‹ *Cymbeline* 2.3.46. **such despite** ›thrown such despite and heavy terms upon her‹ *Othello* 4.2.116. ›she fram'd thee in high heaven's despite‹ *Venus* 731. **No quiet sleep shall once possess mine eye** ›Sin of self-love possesseth all mine eye‹ *Sonnets* 62.1. ›What a strange drowsiness possesses them!‹ *Tempest* 2.1.199. **some device** ›Every day thou daff'st me with some device‹ *Othello* 4.2.175. ›plot some device of further misery‹ *Titus* 3.1.134. ›by some device or other‹ *Errors* 1.2.95. ›entrap thee by some treacherous device‹ *As You Like It* 1.1.151. ›I think by some odd gimmors or device‹ *1 Henry VI* 1.2.41. **pay Despite his due** ›More is thy due than more than all can pay.‹ *Macbeth* 1.4.21. ›Pay him the due of honey-tongued Boyet.‹ *Love's Labour's* 5.2.334. ›duer paid to the hearer than the Turk's tribute‹ *2 Henry IV* 3.2.307. ›be spent, And as his due writ in my testament‹ *Lucrece* 1183. **raze the ground** ›raze the sanctuary‹ *Measure* 2.2.170. ›raz'd oblivion‹ *Sonnets* 122.7. etc. **in rage of ruthful mind refus'd** ›in rage With their refusal‹ *Coriolanus* 2.3.259. **ruthful mind** ›ruthful deeds‹ *3 Henry VI* 2.5.95. ›ruthful work‹ *Troilus* 5.3.48.

Fain would I sing, but fury makes me fret,
And Rage hath sworn to seek revenge of wrong;
My mazed mind in malice so is set,
As death shall daunt my deadly dolours long;
Patience perforce is such a pinching pain,
As die I will or suffer wrong again.

I am no sot to suffer such abuse
As doth bereave my heart of his delight;
Nor will I frame myself to such as use
With calm consent to suffer such despite;
No quiet sleep shall once possess mine eye
Till Wit have wrought his will on Injury.

My heart shall fail, and hand shall lose his force,
But some device shall pay Despite his due;
And Fury shall consume my careful corse,
Or raze the ground whereon my sorrow grew.
Lo, thus in rage of ruthful mind refus'd,
I rest reveng'd of whom I am abus'd.

sweet boy ›sweet boy‹ *Venus* 155, 583, 613. ›sweet boy‹ *Sonnets* 108.5. **Fresh youth** ›whose youth and freshness Wrinkles Apollo's‹ *Troilus* 2.2.78. **Sad sighs** ›Sad sighs, deep groans‹ *Two Gentlemen* 3.1.232. **What had'st thou then to drink? Unfeigned lovers' tears.** ›drink my tears‹ *King John* 4.1.62. ›Ye see I drink the water of my eye.‹ *3 Henry VI* 5.4.75. ›Thy napkin cannot drink a tear of mine.‹ *Titus* 3.1.140. ›as lovers they do feign‹ *As You Like It* 3.3.22. ›Dismiss your vows, your feigned tears‹ *Venus* 425. **What Cradle wert thou rocked in?** ›And rock his brains In cradle of the rude ...‹ *1 Henry IV* 3.1.19. ›If drink rock not his cradle‹ *Othello* 4.4.28. **What lulled thee to thy sleep?** ›the virgin voice That babies lull asleep‹ *Coriolanus* 3.2.115. **Sweet thoughts** ›But these sweet thoughts do even refresh my labours‹ *Tempest* 3.1.14. ›That I in your sweet thoughts would be forgot‹ *Sonnets* 71.7. **What feedeth most thy sight? To gaze on beauty still.** ›with gazing fed‹ *Merchant* 3.2.68. ›I have fed mine eyes on thee.‹ *Troilus* 4.5.231. ›Her eye must be fed.‹ *Othello* 2.1.225. ›But when his glutton eye so full hath fed‹ *Venus* 399. ›He fed them with his sight‹ *Venus* 1104. ›That makes me see, and cannot feed mine eye?‹ *All's Well* 1.1.221. ›I feed Most hungerly on your sight‹ *Timon* 1.1.252. ›Fold in the object that did feed her sight.‹ *Venus* 822. ›starves the ears she feeds‹ *Pericles* 5.1.112. **Will ever age or death/Bring thee into decay?** ›Death, desolation, ruin, and decay‹ *Richard III* 4.4.409. ›folly, age, and cold decay‹ *Sonnets* 11.6.

Wing'd with desire, I seek to mount on high ›Whose haughty spirit, winged with desire‹ *3 Henry VI* 1.1.267. ›Borne by the trustless wings of false desire‹ *Lucrece* 2. ›the gentle lark, weary of rest, From his moist cabinet mounts up on high‹ *Venus* 854. ›That mounts no higher than a bird can soar‹ *2 Henry VI* 2.1.14. **Sith comfort ebbs, and cares do daily flow** ›And sorrow ebbs, being blown with wind of words.‹ *Lucrece* 1330. ›Thus ebbs and flows the current of her sorrow.‹ *Lucrece* 1569. ›ebb and

When wert thou born, Desire?
   In Pomp and prime of May.
By whom, sweet boy, wert thou begot?
   By good Conceit, men say.
Tell me who was thy Nurse?
   Fresh youth, in sugar'd Joy.
What was thy meat and daily food?
   Sad sighs with great Annoy.
What had'st thou then to drink?
   Unfeigned lovers' tears.
What Cradle wert thou rocked in?
   In Hope devoid of Fears.
What lulled thee to thy sleep?
   Sweet speech that lik'd me best.
And where is now thy dwelling place?
   In gentle hearts I rest.
Doth Company displease?
   It doth in many a one.
Where would Desire then choose to be?
   He likes to muse alone.
What feedeth most your sight?
   To gaze on Favour still.
Whom find'st thou most thy foe?
   Disdain of my good will.
Will ever Age or Death
   Bring thee unto decay?
No, no, Desire both lives and dies
   Ten thousand times a day.

Winged with desire, I seek to mount on high;
Clogged with mishap yet am I kept full low;
Who seeks to live and finds the way to die,
Sith comfort ebbs, and cares do daily flow.
  But sad despair would have me to retire,
  When smiling hope sets forward my desire.

flow with tears‹ *Romeo* 3.5.133. ›The sea will ebb and flow‹ *Love's Labour's* 4.3.212. ›ebb and flow like the sea‹ *1 Henry IV* 1.2.31. ›great ones, That ebb and flow by th' moon‹ *Lear* 5.3.19. **But sad despair would have me to retire, When smiling hope sets forward my desire** ›our hope but sad despair‹ *3 Henry VI* 2.3.9. ›Where hope is coldest and despair most fits‹ *All's Well* 2.1.144. ›past hope, and in despair‹ *Cymbeline* 1.1.137. ›Despair and hope makes thee ridiculous.‹ *Venus* 988. **Enjoying least when I do covet most ... With least abode where best I feel content ... Then least alone when most I seem to lurk** ›With what I most enjoy contented least‹ *Sonnets* 29.8. ›When most impeach'd stands least in thy control‹ *Sonnets* 125.14. ›In least speak most‹ *Midsummer* 5.1.105. ›Seeming to be most which we indeed least are‹ *Shrew* 5.2.175. **Now craz'd with Care** ›The grief hath craz'd my wits‹ *Lear* 3.4.170. **feigned joy** ›And all that poets feign of bliss and joy‹ *3 Henry VI* 1.2.31. **twixt fear and comfort toss'd** ›Is madly toss'd between desire and dread‹ *Lucrece* 171. **I speak of peace, and live in endless strife** ›as thou liv'st in peace, die free from strife‹ *Richard II* 5.6.27. ›And for the peace of you I hold such strife‹ *Sonnets* 75.3. **Bragging of heaven yet feeling pains of hell** ›If not to heaven, then hand in hand to hell.‹ *Richard III* 5.3.313. ›To shun the heaven that leads men to this hell.‹ *Sonnets* 129.14. ›Though this a heavenly angel, hell is here.‹ *Cymbeline* 2.2.50. ›If not in heaven, you'll surely sup in hell.‹ *2 Henry VI* 5.1.216. **sweet friend** die Anrede ›sweet‹

I still do toil and never am at rest,
Enjoying least when I do covet most;
With weary thoughts are my green years oppress'd,
To danger drawn from my desired coast.
    Now craz'd with Care, then haled up with Hope,
    With world at will yet wanting wished scope.

I like in heart, yet dare not say I love,
And looks alone do lend me chief relief.
I dwelt sometimes at rest yet must remove,
With feigned joy I hide my secret grief.
    I would possess, yet needs must flee the place
    Where I do seek to win my chiefest grace.
Lo thus I live twixt fear and comfort toss'd,
With least abode where best I feel content;
I seld resort where I should settle most,
My sliding times too soon with her are spent.
    I hover high and soar where Hope doth tower,
    Yet froward Fate defers my happy hour.

I live abroad but still in secret grief,
Then least alone when most I seem to lurk;
I speak of peace, and live in endless strife,
And when I play then are my thoughts at work;
    In person far than am in mind full near,
    Making light show where I esteem most dear.

A malcontent yet seem I pleased still,
Bragging of heaven yet feeling pains of hell.
But Time shall frame a time unto my will,
Whenas in sport this earnest will I tell;
    Till then (sweet friend) abide these storms with me,
    Which shall in joys of either fortunes be.

Whereas the Heart at Tennis plays and men to gaming fall ›stuff'd tennisballs‹ *Much Ado.* ›tennis-court-keeper‹ *2 Henry IV* 2.2.18. ›tennis-balls, my liege‹ *Henry V* 1.2.258. ›There was ›a gaming; … There falling out at tennis‹ *Hamlet* 2.1.56. ›The faith they have in tennis and tall stockings‹ *Henry VIII* 1.3.30. ›brought to play at tennis.‹ *Kinsmen* 5.2.56. **Sir Argus' hundred eyes, wherewith to watch and pry** ›Watch me like Argus.‹ *Merchant* 5.1.230. ›purblind Argus, all eyes and no sight‹ *Troilus* 1.2.29. **Racket … Ball** ›When we have match'd our rackets to these balls‹ *Henry V* 1.2.261. ›But that the tennis-courtkeeper knows better than I, for it is a low ebb of linen with thee when thou keepest not racket there.‹ *2 Henry IV* 2.2.18. **Court … chase** ›That all the courts of France will be disturb'd With chases.‹ *Henry V* 1.2.266.

What cunning can express ›Neither rhyme nor reason can express how much.‹ *As You Like It* 3.2.398. ›My tongue cannot express my grief‹ *Venus* 1069. ›For more it is than I can well express‹ *Lucrece* 1286. **A thousand Cupids** ›arm'd with thousand Cupids.‹ *Kinsmen* 2.2.31. **That kindleth soft sweet fire** ›his lovekindling fire‹ *Sonnets* 153.3. **The lily in the field, That glories in his white, Fair Cynthia's silver light** ›Cynthia for shame obscures her silver shine‹ *Venus* 728. ›'Tis but the pale reflex of Cynthia's brow‹ *Romeo* 3.5.20. ›Cynthia with her borrowed light‹ *Kinsmen* 4.1.153. **Compares not with her white, So bright my Nymph doth shine, With this there is a red, Exceeds the Damaskrose; Which in her cheeks is spread, Whence every favour grows.** ›feed on her damask cheek‹ *Twelfth Night* 2.4.112. ›Upon the blushing rose usurps her cheek‹ *Venus* 591. ›Her lily hand her rosy cheek lies under‹ *Lucrece* 386. ›The air hath starved the roses in her cheeks.‹ *Two Gentlemen* 4.4.154. ›Meantime your cheeks do counterfeit our roses‹ *1 Henry VI* 2.4.62. ›The roses in thy lips and cheeks shall fade‹ *Romeo* 4.1.99. ›With cherry lips and cheeks of damask roses‹ *Kinsmen* 4.1.74. ›rosy lips and cheeks‹ *Sonnets* 116.9. ›But no such roses see I in her cheeks.‹ *Sonnets* 130.6. ›as those cheek-roses Proclaim you

Love Compared to a Tennis Play

Whereas the Heart at Tennis plays and men to gaming fall,
Love is the Court, Hope is the House, and Favour serves the Ball.
The Ball itself is True Desert, the Line which Measure shows
Is Reason, whereon Judgment looks how players win or lose.
The Getty is deceitful Guile, the Stopper, Jealousy,
Which hath Sir Argus' hundred eyes, wherewith to watch and pry.
The Fault wherewith fifteen is lost is want of wit and Sense,
And he that brings the Racket in is double diligence.
And lo, the Racket is Freewill, which makes the Ball rebound,
And Noble Beauty is the chase, of every game the ground.
But Rashness strikes the Ball awry, and where is Oversight?
›A Bandy ho!‹ the people cry, and so the Ball takes flight.
    Now in the end Goodlyking proves
        Content the game and gain.
    Thus in a Tennis knit I Love,
        A Pleasure mix'd with Pain.

What cunning can express
The favour of her face?
To whom in this distress,
I do appeal for grace.
    A thousand Cupids fly
    About her gentle eye.

From whence each throws a dart,
That kindleth soft sweet fire:
Within my sighing heart,
Possessed by Desire.
    No sweeter life I try,
    Than in her love to die.

The lily in the field,
That glories in his white,

are no less!‹ *Measure* 1.4.16. **In sky there is no star, But she surmounts it far.** ›The brightness of her cheek would shame those stars‹ *Romeo* 2.2.19. **When Phoebus from the bed/Of Thetis doth arise** ›And Phoebus 'gins arise‹ *Cymbeline* 2.3.21. Sh makes 5 refs to Thetis. **The morning blushing red** ›a blush Modest as morning‹ *Troilus* 1.3.229. **In fair carnations wise; He shows in my Nymph's face, As Queen of every grace. This pleasant lily white, This taint of roseate red; This Cynthia's silver light, This sweet fair Dea spread; These sunbeams in mine eye, These beauties make me die.** Man vergleiche dieses Gedicht mit der zweiten Strophe in *Venus:*

> ›Thrice fairer than myself‹, thus she began,
> ›The field's chief flower, sweet above compare,
> Stain to all nymphs, more lovely than a man,
> More white and red than doves or roses are;
>   Nature that made thee with herself at strife
>   Saith that the world hath ending with thy life.‹

Die erste Strophe führt den Helden als ›rose-cheek'd Adonis‹ ein.

For pureness now must yield,
And render up his right;
    Heaven pictur'd in her face
    Doth promise joy and grace.

Fair Cynthia's silver light,
That beats on running streams,
Compares not with her white,
Whose hairs are all sunbeams;
    Her virtues so do shine,
    As day unto mine eyne.

With this there is a Red,
Exceeds the Damask-Rose;
Which in her cheeks is spread,
Whence every favour grows.
    In sky there is no star,
    That she surmounts not far.

When Phoebus from the bed
Of Thetis doth arise,
The morning blushing red,
In fair carnation wise;
    He shows it in her face,
    As Queen of every grace.

This pleasant lily white,
This taint of roseate red;
This Cynthia's silver light,
This sweet fair Dea spread;
    These sunbeams in mine eye,
    These beauties make me die.

Who taught thee first to sigh, alas, my heart? ›Who taught thee how to make me love thee more …?‹ *Sonnets* 150.9. **Who taught thy tongue the woeful words of plaint?** ›And if I were thy nurse, thy tongue to teach …‹ *Richard II* 5.3.113. ›To teach my tongue to be so long‹ *Passionate Pilgrim* 18.52 ›How angerly I taught my brow to frown‹ *Two Gentlemen* 1.2.62. ›And teach your ears to list me with more heed‹ *Errors* 4.1.101. ›Teach not thy lip such scorn‹ *Richard III* 1.2.171. ›Those eyes that taught all other eyes to see‹ *Venus* 952. ›O, she doth teach the torches to burn bright!‹ *Romeo* 1.5.44. ›Teaching the sheets a whiter hue than white‹ *Venus* 398. ›Teaching decrepit age to tread the measures‹ *Venus* 1148. ›Teaching stern murder how to butcher thee‹ *Richard II* 1.2.32. **woeful words** ›As if they heard the woeful words they told‹ *Venus* 1126. **tears of bitter smart** ›bitter tears‹ *Titus* 3.1.6 and 3.1.129. **Who gave thee grief and made thy joys so faint? Who first did paint with colours pale thy face?** ›Affection faints not like a pale-fac'd coward.‹ *Venus* 569. ›As burning fevers, agues pale and faint‹ *Venus* 739. **break thy sleeps** ›break not your sleeps for that.‹ *Hamlet* 4.7.30. ›broke their sleep‹ *2 Henry IV* 4.5.68; *Coriolanus* 4.4.19. **quiet rest** ›And so God give you quiet rest tonight.‹ *Richard III* 5.3.43. **strive in virtue …** **In constant truth** ›I did strive to prove The constancy and virtue of your love.‹ *Sonnets* 117.13. ›'gainst the stream of virtue they may strive‹ *Timon* 4.1.27. **In constant truth to bide so firm and sure** ›Oaths of thy love, thy truth, thy constancy‹ *Sonnets* 152.10. ›so firm, so constant‹ *Tempest* 1.2.207. **With patient mind each passion to endure** ›have patience and endure‹ *Much Ado* 4.1.254. ›endure the toothache patiently‹ *Much Ado* 5.1.36. ›God of his mercy give You patience to endure‹ *Henry V* 2.2.180. ›I must have patience to endure the load‹ *Richard III* 3.7.230. ›I must have patience to endure all this.‹ *Titus* 2.3.88. ›I have the patience to endure it now.‹ *Caesar* 4.3.192.

king … command content ›Was ever king that joy'd an earthly throne, And could command no more content than I?‹ *2 Henry VI* 4.9.2. ›a king crown'd with content‹ *3 Henry VI* 3.1.66. **content … obscure … A kingdom or a cottage or a grave** ›The king shall be contented; … I'll give… My gorgeous palace for a hermitage, … And my large kingdom for a little grave, A little little grave, an obscure grave.‹ *Richard II* 3.3.145. ›the obscure grave‹ *Merchant* 2.7.51. **no thoughts should me torment** ›the torture of the mind‹ *Macbeth* 3.2.21. ›the thought whereof Doth like a poisonous mineral gnaw my inwards‹ *Othello* 2.1.296. ›But ah, thought kills me‹ *Sonnets* 44.9. Vgl. *Richard II, Henry IV, Henry V* und *Henry VI* bezüglich der Leiden der Könige.

Who taught thee first to sigh, alas, my heart?
    Who taught thy tongue the woeful words of plaint?
Who filled your eyes with tears of bitter smart?
    Who gave thee grief and made thy joys so faint?
Who first did paint with colours pale thy face?
    Who first did break thy sleeps of quiet rest?
Above the rest in court who gave thee grace?
    Who made thee strive in virtue to be best?
In constant truth to bide so firm and sure,
    To scorn the world regarding but thy friend?
With patient mind each passion to endure,
    In one desire to settle to thy end?
Love then thy choice wherein such faith doth bind,
    As nought but death may ever change thy mind.

Were I a king I might command content;
    Were I obscure unknown would be my cares,
And were I dead no thoughts should me torment,
    Nor words, nor wrongs, nor love, nor hate, nor fears;
A doubtful choice of these things which to crave,
A kingdom or a cottage or a grave.

Sitting alone upon my thought in melancholy mood, In sight of sea, and at my back an ancient hoary wood ›Sitting on a bank‹ *Tempest* 3.2.390. ›Sitting by a brook‹ *Passionate Pilgrim* 4.1. ›Venus, with Adonis sitting by her‹ *Passionate Pilgrim* 11.1. **melancholy mood** ›moody and dull melancholy‹ *Errors* 5.1.79. **Clad all in colour of a nun, and covered with a veil** ›Where beauty's veil doth cover every blot‹ *Sonnets* 95.11. ›But like a cloistress she will veiled walk.‹ *Twelfth Night* 1.1.27. **discern her face** ›I could discern no part of his face‹ *2 Henry IV* 2.2.80. **see a damask rose hid under crystal glass** ›as sweet as damask roses‹ *Winter's Tale* 4.4.220. ›I have seen roses damask'd, red and white‹ *Sonnets* 130.5. ›Who glaz'd with crystal gate the glowing roses‹ *Lover's Complaint* 286. **her soft hand** ›her soft hand's print‹ *Venus* 353. ›thy soft hands‹ *Venus* 633. **And sigh'd so sore as might have mov'd some pity in the rocks** ›He is a stone, a very pebble stone, and has no more pity in him than a dog.‹ *Two Gentlemen* 2.3.11. ›No beast so fierce but knows some touch of pity.‹ *Richard III* 1.2.71. ›Rush all to pieces on thy rocky bosom.‹ *Richard III* 4.4.235. ›Beat at thy rokky and wrack-threat'ning heart.‹ *Lucrece* 590. ›What rocky heart to water will not wear?‹ *Lover's Complaint* 291. ›My brother's heart, and warm it to some pity, Though it were made of stone‹ *Kinsmen* 1.1.129. ›hard'ned hearts, harder than stones‹ *Lucrece* 978. ›O if no harder than a stone thou art, Melt at my tears, and be compassionate; Soft pity enters at an iron gate.‹ *Lucrece* 593. ›I would to God my heart were flint, like Edward's, Or Edward's soft and pitiful like mine.‹ *Richard III* 1.3.140. ›May move your hearts to pity if you mark him‹ *Richard III* 1.3.348. ›I am not made of stones, But penetrable to your kind entreats.‹ *Richard III* 3.7.224. ›Pity, you ancient stones, those tender babes‹ *Richard III* 4.1.98. ›a stony adversary‹ *Merchant* 4.1.4. ›whetted on thy stony heart‹ *2 Henry IV* 4.5.107. ›the stonyhearted villains‹ *1 Henry IV* 2.2.26. ›preaching to stones would make them capable … piteous action‹ *Hamlet* 3.4.125-30? ›you blocks, you stones, you worse than senseless things‹ *Caesar* 1.1.35. ›See whe'er their basest metal be not mov'd.‹ *Caesar* 1.1.61. ›You are not wood, you are not stones, but men‹ *Caesar* 3.2.142. ›move The stones of Rome to rise and mutiny‹ *Caesar* 3.2.230. ›O, you are men of stones!‹ *Lear* 5.3.258. ›No, my heart is turned to stone.‹ *Othello* 4.1.183. ›O perjur'd woman, thou dost stone my heart‹ *Othello* 5.2.63. ›And with a sigh so piteous and profound‹ *Hamlet* 2.1.91. ›… And passion in the gods.‹ *Hamlet* 2.2.515? ›barbarism itself would have pitied him.‹ *Richard II* 5.2.36. ›Who moving others are themselves as stone.‹ *Sonnets* 94.3. »›O pity,« gan she cry, »flinthearted boy«‹ *Venus* 95. (Vgl. Oxfords Brief von 1572: ›on whose tragedies we have a number of French Aeneases in this city, that tell of their own overthrows with tears falling from their eyes, a

Sitting alone upon my thought in melancholy mood,
In sight of sea, and at my back an ancient hoary wood,
I saw a fair young lady come, her secret fears to wail,
Clad all in colour of a nun, and covered with a veil;
Yet (for the day was calm and clear) I might discern her face,
As one might see a damask rose hid under crystal glass.

Three times, with her soft hand, full hard on her left side she knocks,
And sigh'd so sore as might have mov'd some pity in the rocks;
From sighs and shedding amber tears into sweet song she brake,
When thus the echo answered her to every word she spake:

Oh heavens! who was the first that bred in me this fe*ver*? Vere.
Who was the first that gave the wound whose fear I wear for *ever*?
	Vere.
What tyrant, Cupid, to my harm usurps thy golden qui*ver*? Vere.
What wight first caught this heart and can from bondage it deli*ver*?
	Vere.

Yet who doth most adore this wight, oh hollow caves tell true? You.
What nymph deserves his liking best, yet doth in sorrow rue? You.
What makes him not reward good will with some reward or ruth?
	Youth.
What makes him show besides his birth, such pride and such untruth?
	Youth.

May I his favour match with love, if he my love will try? Ay.
May I requite his birth with faith? Then faithful will I die? Ay.
		And I, that knew this lady well,
			Said, Lord how great a miracle,
		To her how Echo told the truth,
			As true as Phoebus' oracle.

piteous thing to hear but a cruel and far more grievous thing we must deem it them to see.‹ ›To see sad sights more moves than hear them told.‹ *Lucrece* 1324.) **From sighs and shedding amber tears into sweet song she brake** ›eyes purging thick amber‹ *Hamlet* 2.2.198. Bei Sh. findet sich ›shedding tears‹ 24mal; ›tears and sighs‹ 11mal, ›sigh‹ in Verbindung mit ›weep‹, ›groan‹, ›grief‹ usw. noch wesentlich öfter. **When thus the echo answered her** ›Echo replies …‹ *Venus* 695. ›And still the choir of echoes answer so.‹ *Venus* 840. **to every word she spake** ›And every word doth almost tell my name‹ *Sonnets* 76.7. **bred in me this fever** ›the raging fire of fever bred‹ *Errors* 5.1.75. **Who was the first that gave the wound whose fear I wear for ever?** Sh. verwendet und parodiert ›wound‹ als metaphorische Übertreibung: ›When griping griefs? the heart doth wound, And doleful dumps the mind oppress‹ *Romeo* 4.5.126. **What tyrant, Cupid, to my harm usurps thy golden quiver?** ›Cupid have not spent all his quiver in Venice.‹ *Much Ado* 1.1.272. Sh. gebraucht ›usurp‹ oft im übertragenen Sinne. **from bondage it deliver?** ›Cassius from bondage will deliver Cassius.‹ *Caesar* 1.3.90. **oh hollow caves tell true** ›Else would I tear the cave where Echo lies‹ *Romeo* 2.2.161. ›And fetch shrill echoes from the hollow earth‹ *Shrew* Einl. 2.46. **match with love … requite his birth with faith** ›To make a more requital to your love!‹ *King John* 2.1.34. ›I will requite you with as good a thing‹ *Tempest* 5.1.169. ›And Benedick, love on, I will requite thee.‹ *Much Ado* 3.1.111. ›And I do with an eye of love requite her.‹ *Much Ado* 5.4.24. ›love me to madness, I shall never requite him.‹ *Merchant* 1.2.65. ›Thou shalt find I will most kindly requite‹ *As You Like It* 1.1.138. ›I will requite your loves.‹ *Hamlet* 1.2.250. Ganz zu Schweigen von ›unrequited love.‹ **As true as Phoebus’ oracle** ›And in Apollo’s name, his oracle‹ *Winter’s Tale* 3.2.118. ›There is no truth at all i’th oracle!‹ *Winter’s Tale* 3.2.140. ›Apollo said, Is’t not the tenor of his oracle‹ *Winter’s Tale* 5.1.38. (Phoebus = Apollo) .

My mind to me a kingdom is, such perfect joy therein I find ›the perfectest herald of joy‹ *Much Ado* 2.1.306. **all other bliss that world affords** ›What other pleasure can the world afford?‹ *3 Henry VI* 3.2.147. ›The spacious world cannot again afford.‹ *Richard III* 1.2.245. ›The world affords no law to make thee rich.‹ *Romeo* 5.1.73. ›the sweet degrees that this brief world affords‹ *Timon* 4.3.253. **grows by kind** ›Your cuckoo sings by kind.‹ *All’s Well* 1.3.63. ›Fitted by kind for rape and villainy‹ *Titus* 2.1.116. **Though much I want which most men have, yet still my mind forbids to crave.** Vgl.: ›My library Was dukedom large enough.‹ *Tempest* 1.2.109. ›O God, I could be bounded in a nutshell, and count myself a king of infinite space, were it not

In Praise of a Contented Mind

My mind to me a kingdom is, such perfect joy therein I find,
That it excels all other bliss that world affords or grows by kind;
Though much I want which most men have, yet still my mind forbids
to crave.

No princely pomp, no wealthy store, no force to win the victory,
No wily wit to salve a sore, no shape to feed each gazing eye,
To none of these I yield as thrall; for why? My mind doth serve for all.

that I have bad dreams.‹ *Hamlet* 2.2.254. **No princely pomp, no wealthy store** ›To love, to wealth and pomp, I pine and die.‹ *Love's Labour's* 1.1.31. ›O, him she stores, to show what wealth she had.‹ *Sonnets* 67.13. **no force to win the victory** ›you have won a happy victory to Rome‹ *Coriolanus* 5.3.186. **No wily wit** ›upon my wit, to defend my wiles‹ *Troilus* 1.2.261. **to salve a sore** ›a salve for any sore that may betide‹ 3 *Henry VI* 4.6.88. **no shape to feed each gazing eye** ›So is mine eye enthralled to thy shape.‹ *Midsummer* 3.1.139. ›No shape but his can please your dainty eye.‹ *1 Henry VI* 5.3.38. ›mine eyes have drawn thy shape‹ *Sonnets* 24.10. (siehe oben ›feed‹/›eye‹) ›Gaze‹/›eyes‹: insgesamt 12mal bei Sh. **eye ... thrall** ›enthralled to thy shape,‹ s. oben. ›Whose sudden sight hath thrall'd my wounded eye‹ *Shrew* 1.1.220. **I seek no more than may suffice** ›and have no more of life than may suffice‹ *Pericles* 2.1.74. **Lo thus I triumph like a king, content with that my mind doth bring.** ›Poor and content is rich and rich enough; But riches fineless is as poor as winter to him that ever fears he shall be poor.‹ *Othello* 3.3.172. ›For 'tis the mind that make the body rich.‹ *Shrew* 4.3.172. **Some have too much yet still do crave, I little have and seek no more; They are but poor though much they have and I am rich with little store. They poor, I rich** ›If thou art rich, thou'rt poor‹ *Measure* 3.1.25. ›Wise things seem foolish and rich things but poor‹ *Love's Labour's* 5.2.378. ›Fairest Cordelia, that art most rich being poor‹ *Lear* 1.1.250. ›Rich gifts wax poor‹ *Hamlet* 3.1.100. ›poorly rich‹ *Lucrece* 97. ›My riches are these poor habiliments‹ *Two Gentlemen* 4.1.13. Vgl. diese Strophe aus *Lucrece* 134–40:

> Those that much covet are with gain so fond
> That what they have not, that which they possess,
> They scatter and unloose it from their bond,
> And so, by hoping more, they have but less;
> Or, gaining more, this profit of excess
>   Is but to surfeit, and such griefs sustain
>   That they prove bankrupt in this poor-rich gain.

I laugh not at another's loss, I grudge not at another's gain ›laugh'd at my losses, mock'd at my gains‹ *Merchant* 3.1.55. ›I earn that I eat, get that I wear, owe no man hate, envy no man's happiness, glad of other men's good, content with my harm.‹ *As You Like It* 3.2.74. **No worldly waves my mind can toss** ›By waves from coast to coast is toss'd‹ *Pericles* 2.ch.34. ›Your mind is tossing on the ocean‹ *Merchant* 1.1.8. **toss ... dread** ›madly toss'd between desire and dread‹ *Lucrece* 171. **I loathe not life**

I see how plenty suffers oft, how hasty Climbers soon do fall;
I see that those that are aloft, mishap doth threaten most of all;
They get with toil, they keep with fear, such cares my mind could never bear.

Content I live, this is my stay, I seek no more than may suffice;
I press to bear no haughty sway, look what I lack my mind supplies.
Lo thus I triumph like a king, Content with that my mind doth bring.

Some have too much yet still do crave, I little have and seek no more;
They are but poor though much they have and I am rich with little store.
They poor, I rich, they beg, I give, They lack, I leave, they pine, I live.

I laugh not at another's loss, I grudge not at another's gain,
No worldly waves my mind can toss, my state at one doth still remain;
I fear no foe nor fawning friend, I loathe not life nor dread my end.

Some weigh their pleasure by their lust, their wisdom by their rage of will;
Their treasure is their only trust, and cloaked craft their store of skill;
But all the pleasure that I find, is to maintain a quiet mind.

My wealth is health and perfect ease, my conscience clear my chief defense;
I neither seek by bribes to please, nor by desert to breed offense.
Thus do I live, thus will I die, would all did so well as I.

›the weariest and most loathed worldly life‹ *Measure* 3.1.128. ›Why then, though loath, yet must I be content.‹ 3 *Henry VI* 4.6.48. **cloaked craft** ›To cloak offenses with a cunning brow‹ *Lucrece* 749. **My wealth is health and perfect ease** ›Leaving his wealth and ease‹ *As You Like It* 2.5.52. ›With honor, wealth, and ease in waning age‹ *Lucrece* 142. **breed offense** ›sith love breeds such offense‹ *Othello* 3.3.380.

By service long to purchase their good will ›Which I will purchase with my duteous service‹ *Richard III* 2.1.64. ›purchase us a good opinion‹ *Caesar* 2.1.145. **how frail those creatures are** ›Frailty, thy name is woman.‹ *Hamlet* 1.2.146. **To mark the choice they make, and how they change** ›She must change for youth: when she is sated with his body, she will find the error of her choice. She must have change, she must.‹ *Othello* 1.3.355. **haggards** ›If I do prove her haggard‹ *Othello* 3.3.260. ›Another way I have to man my haggard.‹ *Shrew* 4.1.193. **train them to our lure** ›For then she never looks upon her lure.‹ *Shrew* 4.1.192. **subtle oath** Vgl. *Sonnets* 138.1–4:

> When my love swears that she is made of truth,
> I do believe her, though I know she lies,
> That she might think me some untutor'd youth,
> Unlearned in the world's false subtleties.

In Peascod time ›these nine and twenty years, come peascod-time‹ *2 Henry IV* 2.4.383. **when hound to horn gives ear** ›with horn and hound‹ *Titus* 1.1.494. ›hounds and horns‹ *Titus* 2.3.27. ›She hearkens for his hounds and for his horn‹ *Venus* 868. ›Anon Adonis comes with horn and hounds‹ *Passionate Pilgrim* 9.6. **with pipes of Corn sit keeping beasts in field** ›And in the shape of Corin sat all day, playing on pipes of corn‹ *Midsummer* 2.1.67. {›When shepherds pipe on oaten straws‹ *Love's Labour's* 5 .2.903. } **parch'd my face with Phoebus** ›parch in Afric

If women could be fair and yet not fond,
Or that their love were firm, not fickle still,
I would not marvel that they make men bond,
By service long to purchase their good will;
    But when I see how frail those creatures are,
    I muse that men forget themselves so far.

To mark the choice they make, and how they change,
How oft from Phoebus do they flee to Pan,
Unsettled still like haggards wild they range,
These gentle birds that fly from man to man;
    Who would not scorn and shake them from the fist
    And let them fly, fair fools, which way they list.

Yet for disport we fawn and flatter both,
To pass the time when nothing else can please,
And train them to our lure with subtle oath,
Till, weary of their wiles, ourselves we ease;
    And then we say when we their fancy try,
    To play with fools, O what a fool was I.

In Peascod time when hound to horn gives ear while Buck is kill'd,
    And little boys with pipes of Corn sit keeping beasts in field,
I went to gather Strawberries tho' when woods and groves were fair,
    And parch'd my face with Phoebus lo, by walking in the air.
I lay me down all by a stream and banks all over head,
    And there I found the strangest dream, that ever young man had.

sun‹ *Troilus* 1.3.369. ›Lo! whilst I waited on my tender lambs, And to sun's parching heat display'd my cheeks‹ *1 Henry VI* 1.2.77. ›Phoebus‹ burning kisses‹ *Coriolanus* 2.1.218. ›that am with Phoebus‹ amorous pinches black‹ *Antony* 1.5.28. ›Sweats in the eye of Phoebus‹ *Henry V* 4.1.273. **And there I found the strangest dream, that ever young man had** ›I have had a dream, past the wit of man to say what dream it was.‹ *Midsummer* 4.1.205. ›Strange dream, that gives a dead man leave to think‹ *Romeo* 5.1.7. ›the rarest dream that e'er dull'd sleep‹ *Pericles* 5.1.161. **Christmas game** ›a Christmas gambold‹ *Shrew* ind.2.138. **I lack the skill to draw** ›I have no skill in sense To make distinction‹ *All's Well* 3.4.39. ›Sir, I have not much skill in grass.‹ *All's Well* 4.5.21. ›Had I sufficient skill to utter them‹ *1 Henry VI* 5.5.13. ›with the little skill I have‹ *Titus* 2.1.43. ›I have not the skill.‹ *Hamlet* 3.2.362. ›Julius Caesar Smil'd at their lack of skill‹ *Cymbeline* 2.4.22. ›if I have any skill‹ *Kinsmen* 5.2.53. ›Which far exceeds his barren skill to show‹ *Lucrece* 81. ›With too much labour drowns for want of skill.‹ *Lucrece* 1099. **But Venus shall not scape my pen** ›thou shalt not escape calumny‹ *Hamlet* 3.1.136. ›and who shall scape whipping?‹ *Hamlet* 2.2.530. ›the villain shall not scape‹ *Lear* 2.1.80. ›in sooth you scape not so‹ *Shrew* 2.1.240. ›we shall not scape a brawl‹ *Romeo* 3.1.3. **Cupid's bow hath slain** ›Cupid's bow-string‹ *Much Ado* 3.2.10. ›I swear to thee, by Cupid's strongest bow‹ *Midsummer* 1.1.169. ›slain in Cupid's wars‹ *Pericles* 1.1.38. ›by Cupid's bow she doth protest‹ *Venus* 581. **And that blind Boy sat all in blood, bebathed to the Ears** ›bath'd in maiden blood‹ *Titus* 2.3.232. ›And let us bathe our hands in Caesar's blood‹ *Caesar* 3.1.106. ›Or bathe my dying honour in the blood‹ *Antony* 4.2.6. ›The mailed Mars shall on his altar sit Up to the ears in blood‹ *1 Henry IV* 4.1.117. **scorned lovers' tears** ›Scorn and derision never come in tears.‹ *Midsummer* 3.2.123. ›My manly eyes did scorn an humble tear.‹ *Richard III* 1.2.164. ›Hunting he lov'd, but love he laugh'd to scorn.‹ *Venus* 4. So mild that patience seem'd to scorn his woes.‹ *Venus* 1505. **like a conqueror he stood** ›which he stood seiz'd of to the conqueror‹ *Hamlet* 1.1.89. **conqueror … Caesar** ›a kind of conquest Caesar made here‹ *Cymbeline* 3.1.22. ›What conquest brings [Caesar] home?‹ *Caesar* 1.1.32. **Caesar:** ›Have I in conquest stretch'd mine arm so far‹ *Caesar* 2.2.66. ›O mighty Caesar … Are all thy conquests, glories, triumphs, spoils‹ *Caesar* 3.1.149. ›our Caesar tells, »I am conqueror of myself«‹ *Antony* 4.14.62. **than Caesar could command** ›Hath given the dare to Caesar and commands The empire of the sea‹ *Antony* 1.2.184. ›As i'th‹ command of Caesar‹ *Antony* 3.13.25. ›fit to stand by Caesar And give direction‹ *Othello* 2.3.122. **like the deer I make them fall** ›Here wast thou bayed, brave hart; Here didst thou fall … How like a deer strucken by many princes Doth thou here

Methought I saw each Christmas game, both revels all and some,
    And each thing else that man could name or might by fancy come,
The substance of the thing I saw, in Silence pass it shall,
    Because I lack the skill to draw, the order of them all;
But Venus shall not scape my pen, whose maidens in disdain,
    Sit feeding on the hearts of men, whom Cupid's bow hath slain.

And that blind Boy sat all in blood, bebathed to the Ears,
    And like a conqueror he stood, and scorned lovers' tears.
›I have more hearts,‹ quod he, ›at call, than Caesar could command.
    And like the deer I make them fall, that overcross the land.‹

I do increase their wand'ring wits, till that I dim their sight.
    ›Tis I that do bereave them of their Joy and chief delight.‹
Thus did I see this bragging Boy advance himself even then,
    Deriding at the wanton toys, of foolish loving men.
Which when I saw for anger then my panting breast did beat,
    To see how he sat taunting them, upon his royal seat.
O then I wish'd I had been free, and cured were my wound.
    Methought I could display his arms, and coward deeds expound.

But I perforce must stay my muse, full sore against my heart
    For that I am a Subject wight, and lanced with his dart.
But if that I achieve the fort, which I have took in charge,
    My Hand and Head with quivering quill, shall blaze his name at
        large.

lie!‹ *Caesar* 3.1.205. **dim their sight** ›Gazing on that which seems to dim thy sight‹ *2 Henry VI* 1.2.6. **bereave them of their Joy and chief delight** ›joy delights in joy‹ *Sonnets* 8.2. ›bereave him of his wits with wonder‹ *1 Henry VI* 5.3.195. ›restoring his bereaved sense‹ *Lear* 4.4.9. **this bragging Boy …wanton toys** ›To toy, to wanton, dally, smile, and jest‹ *Venus* 106. ›toys Of feather'd Cupid‹ *Othello* 1.3.268. ›wanton tricks‹ *Lucrece* 320. Sh. verbindet 6mal ›wanton‹ mit ›Cupid‹ und ›boys‹. **my panting breast** ›To ease his breast with panting‹ *Coriolanus* 2.2.122. **royal seat** ›The rightful heir of England's royal seat‹ *2 Henry VI* 5.1.178. ›in the seat royal of this famous isle‹ *Richard III* 3.1.164. ›this poor seat of England‹ *Henry V* 1.2.269. ›in Richard's seat to sit‹ *Richard II* 4.1.218. ›this the regal seat‹ *3 Henry VI* 1.1.26. ›Have shaken Edward from the regal seat‹ *3 Henry VI* 4.6.2. ›the supreme seat‹ *Richard III* 3.7.118. ›the seat of majesty‹ *Richard III* 3.7.169. **cured were my wound** ›and cureless are my wounds.‹ *3 Henry VI* 2.6.23. ›For with a wound I must be cur'd.‹ *Antony* 4.14.78. ›A smile recures the wounding of a frown.‹ *Venus* 465. ›the deer That hath receiv'd some unrecuring wound.‹ *Titus* 3.1.90. **coward deeds expound** ›to expound His beastly mind‹ *Cymbeline* 1.6.152. **my muse** ›But my muse labours, And thus she is deliver'd.‹ *Othello* 2.1.127. ›How can my muse want subject to invent‹ *Sonnets* 38.1. ›my slight muse‹ *Sonnets* 38.13. ›So oft have I invok'd thee for my muse‹ *Sonnets* 78.1. ›And my sick muse doth give another place‹ *Sonnets* 79.4. ›I grant thou wert not married to my muse‹ *Sonnets* 82.1. ›My tongue-tied muse in manners holds her still‹ *Sonnets* 85.1. ›Alack, what poverty my muse brings forth‹ *Sonnets* 103.1. **achieve the fort** ›the half-achiev'd Harfleur‹ *Henry V* 3.3.8. **with quivering quill, shall blaze his name** ›One that exceeds the quirks of blazoning pens‹ *Othello* 2.1.63.

Oxfords Briefe bieten gänzlich andere, aber ebenso reichhaltige Proben seiner Ausdrucksweise. Die meisten dieser Briefe sind nur erhalten geblieben, weil sein Schwiegervater Lord Burghley seine Korrespondenz zu den Amtsakten legte. Lediglich einem dieser Briefe kann man literarischen Charakter zusprechen, und ich werde in Anhang 4 darauf zurückkommen; die übrigen sind mehr oder minder alltägliche Mitteilungen, die häufig das angespannte und manchmal ernsthaft gestörte Verhältnis der beiden Männer zueinander widerspiegeln. Trotzdem weisen die Briefe viele der für Shakespeare typischen Eigenheiten auf. Sie stellen Beweismaterial von der Art dar, die Shakespeare-Forscher einst in Stratford auszugraben hofften.

Die Briefe zeigen Oxford nicht in inspirierten Momenten; die meisten wurden hastig hingeworfen und nicht redigiert. Sie bilden eine zufällige Auswahl aus seiner Korrespondenz, die zum größten Teil verlorengegangen ist; aber sie zeigen, wie er sich in seinem täglichen Umgang ausdrückte, insbesondere gegenüber einem schwierigen und herrischen Schwiegervater.

Viele Lieblingswörter wirken wie aus Shakespeares Stücken entliehen. Ein Brief benutzt z. B. den Ausdruck »yet so extenuated«; in *1 Heinrich IV.* finden wir »Yet such extenuation let me beg« (Doch so viel Milderung laßt mich erbitten), und »so extenuate« kommt vor in *Maß für Maß* und *Viel Lärm um nichts*. Oxford schreibt: »This I am assured your Lordship hath good cause to remember«; Shakespeare schreibt in *2 Heinrich IV.*: »I am assured, if I be measured rightly, / Your Majesty hath no just cause to hate me« (Ich bin gewiß, wenn man gerecht mich mißt, / Hat Eure Majestät zum Haß nicht Ursach'). Oxford schreibt: »But these things I call only to mind for your Lordship's better remembrance«; Shakespeare schreibt im *Timon*: »Let it not cumber your better remembrance«. Oxford schreibt: »eased of many griefs«; Shakespeare, wiederum im *Timon*, benutzt die Wendung »to ease them of their griefs«.

Viele der Überschneidungen sind mehr als nur wörtlich; oft finden sie sich auch in Gedanken und Metaphern. Oxford zitiert den lateinischen Sinnspruch *finis coronat opus* (Das Ende krönt das Werk). In *2 Heinrich VI.* erscheint die Sentenz auf Französisch: »La fin couronne les oeuvres«, auf Englisch in *Troilus* (»The end crowns all«) und in *Ende gut*: »All's well that ends well. Still the fine's the crown. / What'er the course, the end is the renown.« (Ende gut, alles gut: das Ziel beut Kronen; / Wie auch der Lauf, das Ende wird ihn lohnen.)

Oxford schreibt: »But now time and truth have unmasked all difficulties«; Shakespeare schreibt in *Lucretia*: »Time's glory is to calm contending Kings, / To unmask falsehood and bring truth to light.« (Der Zeit Ruhm ist, Zwist der Könige beizulegen, / Den Trug entlarvend, Wahrheit aufzudekken.) Oxford benutzt die Formulierung »bring all my hope in her Majesty's words to smoke«; *Lucretia* liefert »this helpless smoke of words« und *König Johann* »calm words folded up in smoke«.

In seiner unentbehrlichen Untersuchung *»Shakespeare« Revealed in Oxford's Letters*, der die meisten dieser Beispiele entnommen sind, beobachtet William Plumer Fowler eine Reihe von Übereinstimmungen zwischen Oxford und Shakespeare auch in der Syntax und der Rhetorik, so zum Beispiel eine ausgeprägte Vorliebe für das Gerundium (das oft vom bestimmten Artikel und manchmal auch von einem Adjektiv begleitet wird). Wenn Oxford sich solcher Formulierungen wie »to signify your liking« oder »to supply in writing the want of speaking« oder »for my liking of Italy« bedient, hören wir vertraute Shakespeare-Manierismen. Ein einziger Abschnitt in Oxfords Bedingfield-Brief enthält vier Gerundien: *the setting forth, the publishing of your book, profited in the translating, reap knowledge by the reading*. Ein Absatz in einem anderen Brief weist ebenfalls vier auf: *the wise proceeding and orderly dealing, the better achieving, the great liking*, und ein Absatz in einem weiteren Brief sogar sechs: *evil dealings, the changing of the name, the putting in another, the cozening of so many tenants, the forfeiting of my lease, for forbearing my suit*.

Oxford bildet mehrmals dieselben Wortpaare wie Shakespeare, so, wenn er schreibt »... you will make the end answerable to the rest of your most friendly proceeding«; dem entsprechen bei Shakespeare »If his own life answer the straitness of his proceeding« (*Maß für Maß*), »a feigned friend to our proceedings« (*3 Heinrich VI.*) und »equal friendship and proceeding (*Heinrich VIII.*). Oxfords »promised expedition« spiegelt sich in Shakespeares »his expeditions promises /Present approach« (*Timon*), so auch Oxfords »conceit, which is dangerous« in Shakespeares »dangerous conceits« (*Othello*), und ferner Oxfords »an end according to my expectation« in Shakespeares »Our expectation hath this day an end« (*Heinrich V.*).

Oxfords Formulierung »in an eternal remembrance of yourself« klingt sehr nach Shakespeare, auch wenn uns nicht gleich »Together with remembrance of ourselves« aus *Hamlet* einfällt. Oxford schreibt: »... although it be some discouragement to me, yet I cannot alter the opinion I have conceived of your constancy.« Mr. Ford in *Die lustigen Weiber* grübelt: »Though Page be a secure fool, and stands so firmly on his wife's frailty, yet I cannot put off my opinion so easily.«

Wenn Oxford schreibt »... in all kindness and kindred ...«, erinnert das an Hamlets »... a little more than kin, and less than kind«. Oxfords Wendung »decked with pearls and precious stones« hat ihre Entsprechung in Shakespeares »decked with diamonds and Indian stones (*3 Heinrich VI.*), ebenso Oxfords »by these lewd fellows« in Shakespeares »by this lewd fellow« (*Maß für Maß*), und ähnlich Oxfords »experience doth manifest« in Shakespeares »manifest experience« (*Ende gut*). Natürlich kann man solchen gebräuchlichen Ausdrücken zu viel Gewicht beimessen, und jeder für sich genommen beweist wenig. Aber ihre Häufung ist das mindeste, was wir erwarten sollten, wenn Oxford Shakespeare war. Es ist eher unwahrscheinlich, daß zwei Schreibende sich in so hohem Maß in ihrer Wortwahl überschneiden, selbst bei Wörtern, die nicht besonders auffällig sind. So haben Oxford wie Shakespeare eine Vorliebe für Adverbien wie *earnestly* und *heartily*, ein weiterer kleiner Beweis dafür, daß sie ein und derselbe sind. Beide gebrauchen auch, und zwar jeweils einmal, das seltene Verb *to repugn*.

Man beachte Oxfords Brief an Burghley aus Siena vom 3. Januar 1576. Er beginnt:

My Lord, I am sorry to hear how hard my fortune is in England, as I perceive by your Lordship's letters, but knowing how vain a thing it is to linger a necessary mischief, (to know the worst of myself, & to let your Lordship understand wherein I would use your honorable friendship) in short I have thus determined, that whereas I understand, the greatness of my debt, & greediness of my creditors, grows so dishonorable to me, and troublesome unto your Lordship, that that land of mine which in Cornwall I have appointed to be sold according to that first order for mine expenses in this travel be gone through withal.

[Mylord, zu meinem Bedauern höre ich, wie schlecht es um mein Vermögen in England steht, was ich den Briefen Ew. Lordschaft entnehme, aber da ich weiß, welch eitles Unterfangen es ist, ein notwendiges Übel hinauszuschieben (um mich dem Schlimmsten zu stellen und um Ew. Lordschaft in Kenntnis zu setzen, welchen Dienst ich mir von Eurer ehrenwerten Freundschaft erwarte), so habe ich kurzum beschlossen, angesichts der Höhe meiner Schulden und der Geldgier meiner Gläubiger, welche mir zur Unehre und Ew. Lordschaft zur Sorge gereichen, diejenigen meiner Ländereien in Cornwall, die ich in meiner ersten Verfügung zum Verkauf vorsah, um die Kosten dieser Reise zu begleichen, nunmehr zu veräußern.]

Einige dieser Formulierungen kommen zwar auch bei Shakespeare vor, sind aber Gemeinplätze: »I am sorry to hear«, »to let your Lordship understand«, »the greatness of my debt«. Andere sind ungewöhnlicher, so z.B. »to linger a necessary mischief«, was uns an »to linger out a purposed overthrow« im 90. Sonett und an »and linger not our sure destruction on« in *Troilus* erinnert.

Bei anderer Gelegenheit schreibt Oxford zornig an Burghley: »Ich diene Ihrer Majestät und bin, der ich bin.« Er fordert Burghley auf, seine Würde zu achten. Beide Halbsätze haben bedeutsame Entsprechungen bei Shakespeare, wo dieselben schlichten Worte das Selbstwertgefühl des Sprechers zum Ausdruck bringen. Im *Lear* protestiert Kent, der in den Block gelegt werden soll, empört: »I serve the king«, womit er wie Oxford meint, daß er nur dem Monarchen Gehorsam schuldet, nicht jedoch dem, den er gerade anredet. Das 121. Sonett enthält den stolzen Satz »I am that I am«: »No, I am that I am, and they that level / At my abuse, reckon up their own.«

»I have no help but of mine own, and mine is made to serve me and myself, not mine«, schreibt Oxford in einem anderen Brief an Burghley, was an »I must serve my turn out of mine own« im *Timon* erinnert. Der Schluß des Briefes – »thus I leave you to the protection of almighty God« läßt wieder *Timon* anklingen mit »So I leave you / To the protection of the prosperous gods«. Nicht nur die Wortwahl ist ähnlich, sondern der Gedanke und der Rhythmus sind identisch. Wenn Oxford von seinen Ländereien schreibt: »The woods were preserved, the game cherished, the forest maintained in their full state«, verweist das auf eine ähnliche Dreiergruppe von Verben in *Richard III.*: »preserved, cherished, and kept«.

Oxford schreibt Burghley, er dächte nicht daran, »to trouble your Lordship with so much if I were not kept back here with this tedious suit«; Shakespeare benutzt die Formulierungen »to trouble you with no more suit« (im *Kaufmann*) und »kept a tedious fast« (in *Richard II.*). In Oxfords Briefen finden sich immer wieder Wendungen und Ausdrücke, die auch Shakespeare häufig benutzt: *yet notwithstanding, if it please you, find means, bear with me, take another course, ill bestowed, as I perceive, think it strange, stand indebted, put in mind, think fit, most especial, as concerning, most singular, friendly help, I dare presume, laid open, with all kindness, amend the fault, take occasion, give opportunity, as I take it, bear with patience, through ignorance, dearly welcome, in this cause* – sowie auch weniger gebräuchliche Wörter wie *propound, intercept, endued, privity, molestation, commodious* und *decipher*.

Das Verb *to decipher* (entziffern, enträtseln) verdient so, wie es in diesen Zusammenhängen gebraucht wird, besondere Aufmerksamkeit. Sowohl Oxford als auch Shakespeare verwenden es metaphorisch auf Personen. Oxford schreibt in Bezug auf seine Gegner Howard, Southwell und Arundel »... I do not but so to decipher them to the world«, und meint damit, er wolle sie als Verräter bloßstellen. Shakespeare benutzt das Verb in ganz ähnlicher Bedeutung in der *Komödie der Irrungen* (»Which is the natural man, / And which the spirit; who deciphers them?«), in den *Lustigen Weibern* (»The white will decipher her well enough«) und im *Titus* (»What's the news? – That you are both decipher'd, that's the news.«)

Wie schon Fowler aufgefallen ist, teilt Oxford Shakespeares Neigung zu Gegensätzen und Paradoxa. Sogar in diesen verhältnismäßig wenigen Briefen spielt Oxford ganz wie Shakespeare mit gegensätzlichen Paarungen wie groß und klein, Hoffnung und Verzweiflung, Worten und Taten, Vergessen und Erinnern, Tun und Lassen, Schatten und Substanz, etwas und nichts,

Anfang und Ende. Seine Formulierung »to supply in writing the want of speaking« ist charakteristisch. Ebenso »but of a hard beginning we may hope a good and easy ending«, was »Find sweet beginning but unsavory end« aus *Venus* anklingen läßt. Oxfords »if by mine industry I could make something out of nothing« hat mehrere Verwandte bei Shakespeare, so in *Richard II.*: »For nothing hath begot my something grief, /Or something hath the nothing that I grieve.« Und in *Lucretia*: »Make something nothing by augmenting it.« Im selben Absatz schreibt Oxford »... only desiring you to remember that you may know I do not forget«, Anklänge daran finden sich in *Die beiden Veroneser*: »I will forget that Julia is alive, /Remembering that my love to her is dead« und im 122. Sonett: »To keep an adjunct to remember thee / Were to import forgetfulness in me«.

An anderer Stelle verwendet Oxford gleichsam Shakespeares Lieblingsgegensatz, wenn er schreibt: »But the world is so cunning as of a shadow they can make a substance, and of a likelihood a truth.« Fowler hat bei Shakespeare vierzehn Stellen entdeckt, wo er mit »shadow« und »substance« spielt, darunter:

Whilst that this shadow doth such substance give (37. Sonett)

What is your substance, whereof you are made,
That millions of strange shadows on you tend? (53. Sonett)

He takes false shadows for true substances. (*Titus*)

Each substance of a grief hath twenty shadows. (*Richard II.*)

By the Apostle Paul, shadows tonight
Have struck more terror to the soul of Richard
Than can the substance of ten thousand soldiers. (*Richard III.*)

In *Maß für Maß* schreibt Shakespeare: »For truth is truth to the end of rekkoning.« Oxford schreibt in einem Brief etwas erstaunlich Ähnliches: »... for truth is truth though never so old, and time cannot make that false which was once true.« Dieser Gedanke findet sich bei Shakespeare mehrmals: »Truth is truth« (*Liebes Leid*); »A truth's a truth« (*Ende gut*); »But truth is truth« (*König Johann*); »Is not the truth the truth?« (*1 Heinrich IV.*). Alle diese Stellen könnten versteckte Spielereien mit dem wortspielhaften Motto der de Veres sein, *Vero nihil verius* (Nichts ist wahrer als die Wahrheit), zumal auch Oxfords Brief damit spielt; er liebte Wortspiele um seinen Namen, ob auf Englisch oder Lateinisch. Es sieht so aus, als habe er sie sich auch in seiner Rolle als Shakespeare nicht verkneifen können.

Shakespeare bedient sich so häufig juristischer Metaphern, daß mehrere Forscher (natürlich Stratforder Observanz) zu der Ansicht gelangten, Mr. Shakspere müsse seine »verlorenen Jahre« als Anwaltsgehilfe zugebracht haben. Beweise dafür, etwa in Form seiner Unterschrift unter Testamenten, Zeugenaussagen und anderen juristischen Dokumenten, fanden sie allerdings nicht. Oxford dagegen erhielt eine juristische Ausbildung, und in seinen Briefen ist oft von Rechtsangelegenheiten die Rede. Ein Brief von 1590 erwähnt ein »lease ... supposed void« und erinnert an das 107. Sonett: »Can yet the lease of my true love control, / Supposed as forfeit to a confined doom.« Der Brief nennt auch »casualties and defects«, Fachausdrücke, die Shakespeare ebenfalls benutzt. Wir finden in dem Brief ferner die Begriffe *eligit, fierifacias* und *levare facias*.

In anderen Briefen verwendet Oxford Dutzende von juristischen Fachausdrücken: *acquitted, annuity, arbitrement, arrearages, attainder, champerty, copyholder, detriment, escheat, feoffs, furtherance, jointure, license, monopoly, nominate, patent, petition, precedent, preemption, prescription, proportion, prosecute, redress, solicitation, sureties, tales, testimony* und viele andere.

Shakespeare benutzt mehr als sechshundert juristische Fachausdrücke, allein in den Sonetten folgende: *accessory, account, adverse, advocate, allege, appeal, arrest, audit, bail, bankrupt, bond, cancel, cause, charge, charter, compound, contract, count, counterfeit, debtor, decease, defect, defendant, determinate, due, empanel, exchequer, executor, forfeit, grant, heir, impediment, impeach, informer, inheritor, interest, issue, judgment, lawful, league, lease, misprision, moiety, mortgage, pardon, part, party, patent, plea, possession, privilege, quest, quietus, receipt, recompense, release, render, rent, revenues, seal, session, slander, statute, suborn, subscribe, succession, suit, sum, summon, surety, tenant, title, treason, use, usurer, verdict, will, witness.*

Die meisten dieser Wörter oder doch nahverwandte kommen auch in Oxfords Briefen vor, besonders in seinen Briefen aus dem Jahr 1595, in denen es um Zinngruben geht: *account, adversary, allege, appeal, audit, bond, cause, charge, compounded, contract, count, counterfeit, debt, defects, defend, determination, due, exchequer, execute, forfeit, grant, heirs, impeach, informations, inheritance, interest, issue, judgment, lawful, lease, moiety, mortgage, pardon, parties, patent, plead, possession, receipt, recompense, render, rent, revenues, seal, slanderously, statute, successor, suit, sum, sureties, tenants, title, treasons, usage, witness.*

Die Sprache der Juristen geht Shakespeare leicht von der Zunge und erscheint oft in einfallsreichen Metaphern (siehe die Sonette 13, 30, 35, 46, 49, 58, 87, 117, 125, 126, 134 und 146). Im Gegensatz dazu gibt es in den Sonetten nur eine einzige Theatermetapher, nämlich im 23. Das deutet auf einen Mann, der seine prägenden Jahre eher in juristischen Hörsälen als auf der Bühne zubrachte. Wäre Mr. Shakspere unser Kandidat, würden wir das umgekehrte Verhältnis erwarten, denn wir müßten davon ausgehen, daß er vom Theater mehr verstand als von der Juristerei. Ein Biograph, Hesketh Pearson, beklagte gar, daß juristische Fachausdrücke »immer wieder in seinem Werk vorkommen, allzu häufig zum Schaden seiner Dichtkunst und zur Beeinträchtigung der Charaktere«.

Der schon oben erwähnte Brief von 1590 verlangt »the supply of my present wants«, eine Formel, die Shakespeare mehrere Male verwendet. Im *Kaufmann* will Antonio »… supply the ripe wants of my friends«, und Shylock will seinerseits »… supply your present wants«; *Richard II.* benutzt die Wendung »… send them after to supply our wants«.

In einem Brief an Sir Robert Cecil bezeichnet Oxford 1603 Elisabeths Tod traurig als »the common shipwreck«, eine Metapher, zu der auch Shakespeare neigt. Im *Timon* finden wir »the common wreck« (von Athen), im *Titus* »his shipwreck and his commonweal's«, in *Macbeth* »his country's wreck« und in *2 Heinrich VI.* »The commonwealth hath daily run to wreck«. Oxfords »among the alterations of time and chance« klingt mehrmals bei Shakespeare an, so in *2 Heinrich IV.*: »How chances mock /And changes fill the cup of alteration / With divers liquors!«

Oxford weitet die Schiffbruch-Metapher aus und schreibt, der Tod der Königin hinterlasse ihn »either without sail whereby to take advantage of any prosperous gale, or without anchor to ride till the storm be overpast«. Bei Shakespeare finden wir zahlreiche solche nautischen Bilder, so im *Wintermärchen* »a prosperous south-wind friendly«, in der *Widerspen-*

stigen »happy gale«, im *Sturm* »auspicious gales« und »till the dregs of the storm be past« und im 137. Sonett »anchored in the bay where all men ride«.

Auffällig ist, daß Oxford selbst in Geschäftsbriefen gern zu Metaphern greift, die oft aus dem Bereich des Militärs und der Seefahrt kommen. Er beschreibt sich als »having passed the pikes of so many adversaries«, in *Venus* finden sich »bristly pikes that ever threat his foes«. Oxford schreibt von seiner Familie und der Burghleys, sie seien »knit in alliance«. Shakespeare benutzt diese Metapher über ein dutzend Mal. In *Antonius und Cleopatra* heißt es von Antonius und Octavius Cäsar, sie seien durch Antonius' Heirat mit Octavia »forever knit together«; König Johann schlägt Philipp von Frankreich vor, »to knit our powers« (welcher Ausdruck wortgleich in *2 Heinrich IV.* vorkommt), und sagt an anderer Stelle »This royal hand and mine are newly knit«; Jago sagt zu Rodrigo »I confess me knit to thy deserving«; und das 26. Sonett beginnt: »Lord of my love, to whom in vassalage /Thy merit hath my duty strongly knit.«

Oxford benutzt einmal die Formulierung »when the serpent lay hid in the herb«. Das Bild findet sich mehrmals auch bei Shakespeare, so in *Romeo und Julia* (»O serpent's heart, hid with a flow'ring face!«), in *Macbeth* (»Look like the innocent flower, / But be the serpent under't«) und in *Richard II.* (»And when they from thy bosom pluck a flower, / Guard it, I pray thee, with a lurking adder«).

Wenn Oxford von »fruits of golden promise« schreibt, erinnert uns das vielleicht an Shakespeare, auch wenn uns die »golden promises« aus *Titus* nicht einfallen. Aber wenn er schreibt, er habe Anlaß, »to bury my hopes in the deep abyss and bottom of despair«, werden nur wenige bestreiten, daß das sehr nach Shakespeare klingt, zumal sich vergleichbare Stellen aufdrängen, von »In the deep bosom of the ocean buried« aus *Richard III.* bis zu »In the dark backwards and abysm of time« aus dem *Sturm*. Man könnte noch »Is it not my sorrow deep, having no bottom?« aus *Titus* hinzufügen, »And deeper then oblivion do we bury / Th'incensing relics of it« aus *Ende gut*, »Finds bottom in the uncomprehensive deeps« aus *Troilus*, »Or dive into the bottom of the deep« aus *1 Heinrich IV.* und »In so profound abysm I throw all care« aus dem 112. Sonett.

Oxfords »salve so great an inconvenience« deckt sich mit Shakespeares Gebrauch von *to salve* im übertragenen Sinn wie in »salving thy amiss«

(35. Sonett). Wie wir gesehen haben, wird in zwei von Oxfords Gedichten das Verb ganz ähnlich eingesetzt.

Selbst in diesen kurzen Kostproben aus Oxfords unambitioniertem, alltäglichem Schriftverkehr finden wir Shakespeares Lieblingsausdrücke, seinen freien Umgang mit Redewendungen, seine Lust am Prägen neuer Wörter, seinen bilderreichen Stil, seine Vorliebe für das Gerundium, seinen Sprachfluß, seine Rhythmik, sein moralisches Empfinden, seine Verstärkungsformen und seine schiere Sprachgewalt.

Anhang 4
Das Geleitwort zu *Cardanus Comfort*

Kehren wir zurück zu Oxfords einleitendem Brief für Thomas Bedingfields 1573 veröffentlichte Übersetzung *Cardanus Comfort*, wobei wir nicht
vergessen sollten, daß Hardin Craig dieses Werk »Hamlets Buch« nannte.
Oxford redet in diesem Brief Bedingfield die Bedenken gegen eine Veröffentlichung seiner Arbeit aus. Dieses Dokument läßt deutlich die Southampton-Gedichte von Shakespeare vorausahnen: die Sonette, *Venus und Adonis*
und *Die Schändung der Lucretia*. Geschrieben, als Oxford erst dreiundzwanzig war, nimmt der Brief diese Gedichte in Geisteshaltung, Themen-
kreis, Bildsprache und anderen Einzelheiten vorweg. Wie in diesen Gedichten
macht er für die Metaphorik Anleihen bei der Sprache der Rechtswissen-
schaft, des Handels, des Gartenbaus und der Medizin. Er spricht von der
Veröffentlichung als einer Pflicht und von literarischen Werken als Ehren-
malen und Denkmälern ihrer Verfasser. Anklänge an diesen Brief finden
sich auch in den Dramen, aber die Ähnlichkeiten mit den Southampton-Gedichten sind besonders bemerkenswert.

To my loving friend Thomas Bedingfield Esquire, one of Her Majesty's gentleman pensioners.
    After I had perused your letters, good Master Bedingfield, fin-
ding in them your request far differing from the desert of your labour, I could not choose but greatly doubt whether it were better for
me to yield you your desire, or execute mine own intention towards
the publishing of your book. For I do confess the affections that I
have always borne towards you could move me not a little. But when
I had thoroughly considered in my mind of sundry and divers arguments, whether it were best to obey mine affections or the merits of
your studies, at the length I determined it better to deny your unlaw-

ful request than to grant or condescend to the concealment of so worthy a work. Whereby as you have been profited in the translating, so many may reap knowledge by the reading of the same, that shall comfort the afflicted, confirm the doubtful, encourage the coward, and lift up the base-minded man, to achieve to any true sum or grade of virtue, whereto ought only the noble thoughts of men to be inclined.

And because next to the sacred letters of divinity, nothing doth persuade the same more than philosophy, of which your book is plentifully stored, I thought myself to commit an unpardonable error, to have murdered the same in the waste bottoms of my chests; and better I thought it were to displease one, than to displease many: further considering so little a trifle cannot procure so great a breach of our amity, as may not with a little persuasion of reason be repaired again. And herein I am forced like a good and politic captain oftentimes to spoil and burn the corn of his own country, lest his enemies thereof do take advantage. For rather than so many of your countrymen should be deluded through my sinister means of your industry in studies (whereof you are bound in conscience to yield them an account) I am content to make spoil and havoc of your request, and that, that might have wrought greatly in me in this former respect, utterly to be of no effect or operation: and when you examine yourself what doth avail a mass of gold to be continually imprisoned in your bags, and never to be employed to your use? I do not doubt even so you think of your studies and delightful Muses. What do they avail, if you do not participate them to others? Wherefore we have this Latin proverb: *Scire tuum nihil est, nisi te scire hoc sciat alter.* What doth avail the tree unless it yield fruit unto another? What doth avail the vine unless another delighteth in the grape? What doth avail the rose unless another took pleasure in the smell? Why should this tree be accounted better than that tree, but for the goodness of his fruit? Why should this vine be better than that vine, unless it brought forth a better grape than the other? Why should this rose be better esteemed than that rose, unless in pleasantness of smell it far surpassed the other rose?

And so it is in all other things as well as in man. Why should this man be more esteemed than that man, but for his virtue, through which every man desireth to be accounted of? Then you amongst men I do not doubt, but will aspire to follow that virtuous path, to illuster yourself with the ornaments of virtue. And in mine opinion as it beautifieth a fair woman to be decked with pearls and precious stones, so much more it ornifieth a gentleman to be furnished in mind with glittering virtues.

Wherefore considering the small harm I do to you, the great good I do to others, I prefer mine own intention to discover your volume before your request to secret the same; wherein I may seem to you to play the part of the cunning and expert mediciner or physician, who, although his patient in the extremity of his burning fever is desirous of cold liquor or drink to qualify his sore thirst, or rather kill his languishing body, yet for the danger he doth evidently know by his science to ensue, denieth him the same. So you being sick of too much doubt in your own proceedings, through which infirmity you are desirous to bury and insevill your works in the grave of oblivion, yet I, knowing the discommodities that shall redound to yourself thereby (and which is more, unto your countrymen) as one that is willing to salve so great an inconvenience, am nothing dainty to deny your request.

Again, we see if our friends be dead, we cannot show or declare our affection more than by erecting them of tombs; whereby when they be dead indeed, yet make we them live as it were again through their monument; but with me, behold, it happeneth far better, for in your lifetime I shall erect you such a monument, that as I say [in] your lifetime you shall see how noble a shadow of your virtuous life shall hereafter remain when you are dead and gone. And in your lifetime, again I say, I shall give you that monument and remembrance of your life, whereby I may declare my good will, though with your ill will as yet that I do bear you in your life.

Thus earnestly desiring you in this one request of mine (as I would yield to you in a great many) not to repugn the setting forth of your own proper studies, I bid you farewell. From my new country muses at Wivenghole, wishing you as you have begun, to proceed in these virtuous actions. For when all things shall else forsake us, virtue yet will ever abide with us, and when our bodies fall into the bowels of the earth, yet that shall mount with our minds into the highest heavens.

By your loving and assured friend,

–E. Oxenford.

An meinen lieben Freund Thomas Bedingfield Esquire, Leibgardist Ihrer Majestät.

Nachdem ich Eure Briefe, guter Master Bedingfield, eingehend gelesen hatte und feststellen mußte, daß Euer Ersuchen stark von den Verdiensten Eurer Arbeit abweicht, konnte ich nicht umhin, ernstlich zu zweifeln, ob es besser für mich wäre, Eurem Wunsche zu entsprechen oder meine eigenen Absichten zur Veröffentlichung Eures Buches auszuführen. Denn ich gestehe, daß die Liebe, die ich Euch immer entgegengebracht habe, mich recht bewegte. Aber als ich im Geiste alle möglichen Argumente gründlich gegeneinander abgewogen hatte, ob es das Beste wäre, meiner Liebe oder den Vorzügen Eurer Studien zu gehorchen, dünkte es mich schließlich besser, Euer unrechtmäßiges Ersuchen abzulehnen als ihm stattzugeben oder zum Hehl eines so lobenswerten Werkes beizutragen. Denn so wie Euch seine Übersetzung Gewinn brachte, so werden viele aus der Lektüre desselben Erkenntnis schöpfen, die die Betrübten trösten, die Zweifelnden bestärken, den Feigling ermutigen und den Niederträchtigen bessern wird, um ein wahres Maß an Tugend zu erreichen, worauf einzig das edle Trachten der Menschen gerichtet sein sollte.

Und weil nächst der Heiligen Schrift nichts die Menschen mehr erhebt als die Philosophie, an der Euer Buch so überreich ist, dünkte es mich ein unverzeihlicher Fehler meinerseits, selbiges in den untersten Laden meiner Truhen zu ermorden, und ich dachte, es wäre besser, einen zu vergrämen als viele zu vergrämen, weiters bedenkend, daß eine solche Geringfügigkeit keinen derart großen Bruch unserer Freundschaft herbeiführen kann, der sich nicht durch ein wenig Überredung der Vernunft wieder schließen ließe. Und hierin bin ich gezwungen, wie oftmals ein guter und staatskluger Herrscher, das Getreide des eigenen Landes zu verderben und zu verbrennen, damit nicht die Feinde davon Vorteil haben. Eher als daß so viele Eurer Landsleute durch mein unheilvolles Tun um Euren Studienfleiß betrogen werden (wovon Euer Gewissen Euch zwingt, ihnen Bericht zu erstatten), bin ich deshalb willens, Euer Gesuch zu verwüsten und vernichten, auf daß Eure Bitte, die mich vorher stark bewegt hätte, gänzlich ohne Wirkung oder Umsetzung bleibe: und wenn Ihr Euch selbst prüft, zu was ist eine Menge Goldes nütze, fortwährend eingekerkert in Eure Beutel und nie zu Eurem Gewinne verwendet? Ich zweifle nicht, daß Ihr von Euren Studien und erbaulichen Musen ebenso denkt. Zu was sind sie nütze, wenn Ihr sie anderen nicht mitteilt? Weshalb wir das lateinische Sprichwort haben: *Scire tuum nihil est, nisi te scire hoc sciat alter.* Zu was ist der Baum nütze, außer er spendet anderen Früchte? Zu was ist die Weinrebe nütze, außer andere erfreuen sich ihrer Traube? Zu was ist die Rose nütze, außer andere fänden Genuß an dem Duft? Warum sollte dieser Baum für besser gelten als jener Baum, außer um der Güte seiner Früchte willen? Warum sollte diese Weinrebe besser sein als jene Weinrebe, außer sie brächte eine bessere Traube hervor als die andere? Warum sollte diese Rose für besser erachtet werden als jene Rose, außer sie überträfe in der Angenehmheit des Duftes weit die andere Rose?

Und so ist es in allen anderen Dingen wie beim Menschen. Warum sollte dieser Mensch höher geschätzt werden als jener Mensch, denn um seiner Tugend willen, nach der jeder Mensch geachtet werden möchte? Demgemäß werdet Ihr unter den Menschen, so zweifle ich nicht, nach nichts anderem streben, als jenem tugendsamen Weg zu folgen, um Euch mit den Zierden der Tugend zu schmücken. Und wie es nach meiner Meinung eine hübsche Frau verschönt, mit Perlen und Edelsteinen geputzt zu werden, so ziert es einen Edelmann um so mehr, im Geiste mit glänzenden Tugenden ausgestattet zu sein.

Deshalb, in Anbetracht des kleinen Schadens, den ich Euch zufüge, und des großen Nutzens, den ich anderen bringe, ziehe ich meine eigene Absicht vor, Euer Buch öffentlich zu machen entgegen Eurem Ersuchen, selbiges zu verheimlichen; wobei ich, so mag Euch scheinen, die Rolle des klugen und kundigen Medikus oder Wundarztes spiele, der, obschon sein Patient in der Höllenpein seines brennenden Fiebers nach kaltem Wasser oder Getränk verlangt, um seinen rasenden Durst zu stillen oder gar den siedenden Körper abzutöten, dennoch ob der Gefahr, die, wie ihn seine Wissenschaft lehrt, davon ausgeht, ihm selbiges versagt. Da Ihr von so viel Zweifeln an Eurem eigenen Vorhaben krank seid, so verlangt Ihr danach, Eure Werke ins Grab des Vergessens zu senken: doch ich, der die Nachteile kennt, die Euch daraus erwachsen werden (und, schlimmer noch, Euren Landsleuten), als einer, der gewillt ist, ein so schweres Leiden zu heilen, stehe nicht an, Euch Eure Bitte zu versagen.

Wiederum sehen wir, wenn unsere Freunde tot sind, so können wir ihnen unsere Liebe nicht anders zeigen oder erweisen, als ihnen Ehrenmale zu errichten; wodurch, wenn sie wirklich tot sind, wir sie gleichsam durch ihr Denkmal wieder lebendig machen; aber siehe, mir ergeht es weitaus besser, denn ich werde Euch zu Lebzeiten ein solches Denkmal errichten, so daß Ihr, sage ich, bei Lebzeiten sehen werdet, welch edler Schatten Eures tugendsamen Lebens bleiben wird, wenn Ihr dereinst tot und vergessen seid. Und zu Euren Lebzeiten, sage ich wiederum, werde ich Euch dieses Denkmal und Andenken Eures Lebens setzen, wodurch ich mein Wohlwollen bekunde, auch wenn es Eurem Wollen noch entgegensteht, welches ich für Euch in Eurem Leben hege.

Und so, mit dem inständigen Wunsch, Ihr möget dieser meiner einen Bitte entsprechen (wie ich es Euch in sehr vielen tun würde) und Euch der Bekanntgabe Eurer eigenen Studien nicht widersetzen, sage ich Euch Lebewohl. Von meinen neuen ländlichen Musen in Wivenghole her wünsche ich Euch, Ihr möget so tugendsam fortfahren, wie Ihr begonnen habt. Denn wenn alle anderen Dinge uns verlassen, wird die Tugend immer bei uns ausharren, und wenn unsere Leiber ins Gedärm der Erde fallen, wird sie dennoch mit unseren Seelen zum höchsten Himmel aufsteigen.

Von Eurem innigen und treuen Freund

– E. Oxenford.

Oxford beschuldigt Bedingfield liebevoll, mit seinen Tugenden hinter dem Berg zu halten, geradeso, wie die frühen Sonette den »schönen und lieblichen Jüngling«, vermutlich Southampton, anklagen, der Welt seine Schönheit vorzuenthalten. Bei Shakespeare finden wir oft das Thema, daß der

Träger einer Tugend die Pflicht hat, sie mit anderen zu teilen; so, wenn Cominius dem Coriolanus Vorwürfe macht, weil er seine Heldentaten nicht preisen lassen will:

> You shall not be
> The *grave* of your *deserving*; Rome must know
> The value of her own. 'Twere a *concealment*
> Worse than a theft, no less than a traducement,
> To hide your doings. (I, ix, 19–23)

> [Nicht darfst du
> Das Grab sein deines Werts. Rom muß erkennen
> Wie köstlich sein Besitz. Es wär' ein Hehl,
> Ärger als Raub, nicht minder als Verrat,
> Zu decken deine Tat.]

Oxford erwähnt »the desert« von Bedingfields Arbeit, beschließt, daß »the concealment« falsch wäre, und wirft dem Übersetzer vor, es »in the grave of oblivion« senken zu wollen. Oxfords »so worthy a work« klingt auch an in Menenius Agrippas Lob von Coriolanus' »worthy work«.

Man vergleiche auch die an Angelo gerichteten Worte des Herzogs in der ersten Szene von *Maß für Maß*:

> Thyself and thy belongings
> Are not thine own so proper, as to waste
> Thyself upon thy virtues, they on thee.
> Heaven doth with us as we with torches do,
> Not light them for themselves; for if our virtues
> Did not go forth of us, 'twere all alike
> As if we had them not. (I, i, 29–35)

> [Du selbst und dein Talent
> Sind nicht dein eigen, daß du dich verzehrst
> Für deinen eignen Wert, den Wert für dich.
> Der Himmel braucht uns, so wie wir die Fackeln,
> Sie leuchten nicht für sich; wenn unsre Kraft

Nicht strahlt nach außen hin, wär's ganz so gut,
Als hätten wir sie nicht.]

Nahezu jedes Wort, das Oxford im Bedingfield-Brief benutzt, darunter das ausgefallene »repugn«, kommt auch bei Shakespeare vor. Angesichts der Größe von Shakespeares Wortschatz mag das kaum überraschen. Aber Oxford zeigt selbst in diesem kurzen Brief einen Wortschatz, der ebenfalls umfangreich und obendrein für Shakespeare charakteristisch ist.

Etwa neunzig solcher charakteristischer Wörter finden sich auch in den Sonetten, so z.B. *perused, desert, labour, doubt, yield, publishing, confess, affections, considered, arguments, merits, determined* und *unlawful*. Eine einzige solche Übereinstimmung würde nahezu nichts bedeuten, aber ihre Vielzahl ist bezeichnend, besonders, wenn sie gemeinsam auftreten, so wie »sum« und »account« im Brief in verschiedenen Absätzen. Im 2. Sonett finden wir »sum my count«, in vier weiteren das Wort »account«, und das 136. spricht von »thy stores' account«, das Wort »stored« erscheint im selben Absatz des Briefes wie »account«. Oxfords »encourage the coward« entspricht »courage to the coward« in Zeile 1158 von *Venus*.

Abgesehen von ganz gebräuchlichen und unvermeidlichen Wörtern sollten wir in diesem Brief nach Wörtern suchen, die wie bei Shakespeare gebraucht werden. Nichts kennzeichnet einen Autor deutlicher als seine Bildsprache, und Oxford benutzt im kurzen Bedingfield-Brief, angetrieben von rhetorischer Verve, mehr als zwei Dutzend Metaphern. Bemerkenswerterweise finden sich alle diese Metaphern auch in Shakespeares Southampton-Gedichten.

Oxford fragt Bedingfield: »[W]hat doth avail a mass of *gold* to be continually imprisoned in your bags, and never to be employed to your *use*?« Das Thema des Nutzens, im Gegensatz zur Vergeudung, spielt eine große Rolle in den frühen Sonetten und in *Venus*, wo wir in Zeile 768 erfahren, daß »*gold* that's put to *use* more *gold* begets«. Der Jüngling der Sonette muß »thy beauty's *use*« (2) bedenken; seine »beauty« darf nicht »*unused*« sterben (4); rechtmäßiger »*use*« darf nicht mit »forbidden *usury*« verwechselt werden (6).

Oxfords *rose, smell, ornaments, virtue, fair* und *beautifieth* gemahnen auch an Shakespeare; diese Wörter und ihre Synonyma kommen dutzendfach in den Southampton-Gedichten vor. Hier zum Vergleich das 54. Sonett:

O, how much more doth *beauty beauteous* seem
By that fair *ornament* which truth doth give:
The *rose* looks *fair*, but *fairer* we it deem
For that sweet *odor* which doth in it live.
But, for their *virtue* only is their show, ...

[O wie ist Schönheit zwiefach schön und hehr,
Wenn sie der Wahrheit goldner Schmuck erhebt!
Die Ros' ist lieblich, aber lieblicher
Macht sie der Wohlgeruch, der in ihr lebt.
Doch weil ihr Wert nur Schein ist, ...]

(Übersetzung: Gottlob Regis)

Oxfords »*decked* with pearls and precious *stones*« entspricht in *3 Heinrich VI.* Shakespeares »*decked* with diamonds and Indian *stones*«. Oxfords »What doth avail the *vine* unless another delighteth in the *grape*?« ahnt eine auffallend ähnliche rhetorische Frage in *Lucretia* (Zeile 215) voraus: »For one sweet *grape* who will the *vine* destroy?«

Oxford schreibt, er hätte Bedingfields Manuskript ermordet, *murdered*, wenn er nicht die Veröffentlichung veranlassen würde; das 9. und das 10. Sonett nennen den Jüngling *murd'rous*, weil er sich weigert, ein Abbild seiner selbst zu zeugen. Venus »*murders* with a kiss«, was Adonis sagen will (Zeile 54); Adonis' Augen, sagt sie später (in Zeile 502), haben »*murdered* this poor heart of mine«; ihre eigenen Augen sind »as *murd'red*« von dem Anblick seiner Leiche (Zeile 1031). Lucretia klagt die Gelegenheit in ihrer bitteren Apostrophe an: »Thou smother'st honesty, thou *murd'rest* troth« (Zeile 885); als sie Selbstmord begeht, um Tarquins Vergewaltigung zu sühnen, sagt sie (in Zeile 1189): »For in my death I *murder* shameful scorn«.

Oxford benutzt ein weiteres Lieblingsbild von Shakespeare, wenn er das Gold als »*imprisoned* in your bags« beschreibt. In den Sonetten finden wir »a liquid *prisoner* pent in walls of glass« (5); »his *imprison'd* pride« (52); »*th'imprisoned* absence of your liberty« (58); und »*prison* my heart in thy steel bosom's ward« (133). *Venus* liefert uns »a lily *prison'd* in a jail of snow« (Zeile 362); »*prison'd* in her eye like pearls of glass« (980); und »the wind *imprison'd* in the ground« (1046). In *Lucretia* sperrt die Dunkelheit den Tag »in her vaulty *prison*« (119); Lucretia hegt die verzweifelte Hoffnung, daß »true respect will *prison* false desire« (642); ferner finden sich »life *imprison'd* in a body dead« (1456); Lucretias Ehre »ta'en *prisoner* by the foe« (1608); und ihr geschändeter Körper als »polluted *prison*« ihrer Seele (1726).

Oxford vergleicht sich mit einem »physician«, dessen »patient« nach etwas verlangt, was ihm schaden würde, und spricht im selben Absatz von »burning fever« und »infirmity«. In *Venus* finden wir »infirmities« (735) und »burning fevers» (739) nur vier Zeilen voneinander getrennt. Das 147. Sonett benutzt denselben Gedanken und dieselben Bilder:

My love is as a *fever*, longing still
For that which longer nurseth the disease,
Feeding on that which doth preserve the ill,
The uncertain sickly appetite to please.
My reason, the *physician* to my love ...

[Mein Lieben gleicht dem Fieber: voll Begehren
Stets nur nach dem, was ihm sein Übel weigert;
Wer krank ist, hat Gelüste, will sich nähren
Grad nur von dem, was seine Krankheit steigert.
Der Wundarzt meiner Liebe, der Verstand ...]
(Übersetzung: Richard Flatter)

Und Lucretia sagt in Zeile 904: »The *patient* dies while the *physician* sleeps.«

Oxford teilt Shakespeares Vorliebe für medizinische Metaphern und gebraucht das Wort »salve« ebenfalls metaphorisch (»to salve so great an inconvenience«). In den Southampton-Gedichten benutzt Shakespeare das Wort in gleicher Weise, als Verb und als Substantiv: »such a salve« (34. Sonett), »salving thy amiss« (35), »the humble salve« (120), »Earth's sovereign salve« (*Venus* Zeile 28), »to see the salve doth make the wound ache more« (*Lucretia* Zeile 1116).

Oxford klagt Bedingfield scherzhaft an, er sei »desirous to *bury* and insevill your works in the *grave* of *oblivion*«. Diese Formulierung gemahnt sehr an Shakespeare, sowohl durch das Bild als durch die Ausdrucksweise. Das 1. Sonett benutzt dieselben Bilder wie Oxfords Brief und wirft dem Angeredeten ähnlich vor, sich selbst zu schaden:

Thou that art now the world's fresh *ornament*,
And only herald to the gaudy spring,
Within thine own bud *buriest* thy content,
And, tender churl, mak'st *waste* in niggarding.
Pity the world, or else this glutton be,
To eat the world's due, by the *grave* and thee.

[Du, eben jetzt der Erde Zier und Preis,
Der schönste Herold jeder Frühlingspracht,
Begräbst dein Glück in deiner Knospe Kreis,
Ein Krösus, der sich selbst zum Bettler macht!
Denk' an die Welt: wenn dich der Tod entführt,
Daß nicht dein Grab verschlingt, was ihr gebührt!]

(Übersetzung: Richard Flatter)

Und man vergleiche das 31. Sonett: »Thou art the *grave* where *buried* love doth live«.

Shakespeare neigt überhaupt zu Grab- und Begräbnisbildern. Richard II. fürchtet Vergessenheit und ein »obscure grave« (der Ausdruck findet sich auch im *Kaufmann*), und Shakespeare spricht oft, wie Oxford in diesem Brief, von der Notwendigkeit von *tombs, monuments, remembrances* und dergleichen gegen die »gefräßige Zeit«, die Sterblichkeit und das Vergessen. Ein Denkmal kann sogar literarischer Natur sein: »Your *monument* shall be my gentle verse«, versichert das 81. Sonett dem Jüngling, auch wenn der Dichter selbst zu »a common *grave*« verurteilt ist, während sein Freund »*entombed* in men's eyes« sein wird. Und Oxford schreibt Bedingfield ganz ähnlich, durch die Veröffentlichung seines Buches errichte er ihm »that *monument* and *remembrance* of your life«. (Man vergleiche auch Heinrichs V. »*tombless*, with no *remembrance* over them«.)

Ähnlich, wie die Sonette dem Jüngling Vorhaltungen wegen seiner Heiratsunwilligkeit machen, fragt Venus den Adonis (Zeilen 757–762):

What is thy body but a swallowing *grave*,
Seeming to *bury* that posterity
Which by the rights of time thou needs must have,
If thou destroy them not in dark *obscurity*?

If so, the world will hold thee in disdain,
Sith in thy pride so fair a hope is *slain*.

[Was ist dein Leib, als ein verschlingend Grab
Für alle sie, die durch das Recht der Zeit
Dir die Natur zu deinen Kindern gab,
Zerstörtest du sie nicht in Dunkelheit?
Ist dem also, muß dich die Welt verachten:
Nie so den Stolz die Hoffnung sah sie schlachten.]

(Übersetzung: Ferdinand Freiligrath)

Man beachte die Nähe von »obscurity« zu *oblivion* und den bildlichen Gebrauch von »slain« ähnlich wie *murder*. In *Lucretia* lesen wir (Zeilen 946–7): »Time's glory ... [is] ... to fill with wormholes stately *monuments,* / To feed *oblivion* with decay of things.« Und zum Vergleich noch zwei Formulierungen aus *Ende gut*: »*oblivion* is the *tomb*« (II,iii,139) und »deeper than *oblivion* do we *bury*« (V,iii,24). Freunden, so schreibt Oxford an Bedingfield, sollte man »Ehrenmale ... errichten« (ein Ausdruck, den Shakespeare zweimal benutzt, in *1 Heinrich VI.* und *Viel Lärm*), »wodurch, wenn sie wirklich tot sind, wir sie gleichsam durch ihr Denkmal wieder lebendig machen«; aber um Bedingfield steht es besser, denn Oxford wird ihm mit der Veröffentlichung seines Buches »ein solches Denkmal errichten, so daß Ihr ... bei Lebzeiten sehen werdet, welch edler Schatten Eures tugendsamen Lebens bleiben wird, wenn Ihr dereinst tot und vergessen seid«. Man vergleiche, mit welchen Worten Venus Adonis drängt, einen Sohn zu zeugen (Zeilen 171–174):

By law of nature thou are bound to breed,
That thine may *live when thou thyself art dead*;
    And so *in spite of death* thou dost *survive*,
    In that thy *likeness* still is left *alive*.

[Sieh, die Natur gebietet dir, zu zeugen,
Daß dein Geschlecht lebt, wenn du selbst gestorben:
    So wirst du ganz nicht in den Tod gegeben,
    Dein Bild ja lebt, und in ihm wirst du leben!]

Das 17. Sonett drückt die Hoffnung aus, der Jüngling werde »zweimal leben«: in einem Sohn und in den Versen des Dichters. Mehrere weitere Sonette beschäftigen sich mit dem Gedanken, der in »to bury and insevill your works in the grave of oblivion« steckt. So das 18.: »So long lives this, and this gives life to thee«; das 19.: »My love shall in my verse ever live young«; das 65.: »That in black ink my love may still shine bright«; man beachte auch die Sonette 3, 4, 17, 77 und 101; sowie die Zeilen *Venus* 244; *Sturm* V,i,312; *Titus* V,iii,192; *Richard II.* I,iv,15 und III,ii,145; *Richard III.*, I,i; *Romeo und Julia* II,iii,9 und V,iii,83; *Sturm* IV,i,55; *Wintermärchen* II,i,155; *Die beiden edlen Vettern* V,iii,45 und *Timon* V,i,222. Vielleicht am auffallendsten ist jedoch der sinngemäß gleiche Gebrauch von »monument«: »Your monument shall be my gentle verse« (81. Sonett); »And thou in this shalt find thy monument« (107); »Not marble nor the gilded monuments /Of princes shall outlive this powerful rhyme« (55); *Hamlet* V,i,297; *Macbeth* III,iv,71 und schließlich im 81. Sonett:

> Your name from hence immortal life shall have,
> Though I, once gone, to all the world must die;
> The earth can yield me but a common grave,
> When you entombed in men's eyes shall lie.
> Your monument shall be my gentle verse …
>
> You still shall live – such virtue hath my pen –
> Where breath most breathes, even in the mouths of men.
>
> [Dein Name wird unsterblich Leben haben,
> Wenn ich, dahin einst, für die Welt gestorben;
> Mich mögen sie im Erdenstaub begraben,
> Du hast ein Grab im Aug' der Welt erworben.
> Dein Monument seien meine sanften Verse …
>
> Der Feder hier ist solche Macht gegeben:
> So lange Menschen atmen, wirst du leben!]
>
> (Übersetzung: Richard Flatter)

Oxfords Brief gemahnt auch im weiteren Sinne an Shakespeare: durch seine überwältigende Wärme und Großzügigkeit, die er fast übertreibt, doch mit wohltuender Ironie in Zaum hält. Er lobt gerne, vermeidet aber ein Übermaß durch Vorwürfe, in die er sein Lob kleidet. »Schäm dich!« sagt er: »Du willst deine Vortrefflichkeit für dich behalten, der Welt vorenthalten!« Das entspricht ganz der rhetorischen Strategie der ersten siebzehn Sonette, die sich derselben Sprache und oft auch derselben Bilder bedienen, wenn Shakespeare seinem jungen Freund liebevoll vorwirft, sich selbst der schlimmste Feind zu sein. So zum Beispiel im 1. Sonett (»Thyself thy foe, to thy sweet self too cruel«), aber man beachte besonders das 4., 9. und 10. Sonett. Venus beschuldigt Adonis ähnlich des Selbstmordes (Zeilen 763–6):

> So in thyself art made away;
> A mischief worse than civil home-bred strife,
> Or theirs whose desperate hands themselves do slay,
> Or butcher sire that reaves his son to life.

> [So in dir selber stirbst du selber nun –
> Ein Unheil, schlimmer, als wenn Brüder streiten,
> Als wenn Verzweifler sich ein Leides tun,
> Als wenn dem Sohn die Eltern Tod bereiten.]

Natürlich ist die Sprache der Sonette, von *Venus* und *Lucretia*, weitaus reicher und poetischer als die des Bedingfield-Briefes, der schließlich aus der Feder eines jungen Mannes stammt. Trotzdem gibt es gute Gründe, in diesem jungen Mann den künftigen Dichter Shakespeare zu vermuten.

Anhang 5
Die Totenklage

Die Shakespeare-Forschung erfreute sich vor kurzem einer seltenen Medienpräsenz, als Professor Donald Foster vom Vassar College William Shakespeare für den Verfasser eines bislang unbeachteten Gedichts mit dem Titel *A Funeral Elegy* (Eine Totenklage) erklärte. Der volle Titel des Gedichts, wie auf der Titelseite angegeben, lautet: *A Funeral Elegy in Memory of the Late Virtuous Master William Peter of Whipton near Excester* (einer alten Schreibweise für Exeter); als Autor ist nur »W.S.« angegeben.

Das 578 Zeilen lange Gedicht wurde 1612 von Thomas Thorpe, der 1609 schon *Shake-speares Sonnets* verlegt hatte, als Broschüre herausgebracht. Es gilt vorgeblich einem jungen Herrn namens William Peter, der, wie Foster ermittelte, im Januar 1612 in Exeter ermordet wurde. Die Initialen W.S. hätten die Leser aufgefordert, den Autor für William Shakespeare zu halten. In dieser Zeit wurden mehrere Theaterstücke unter diesen Initialen veröffentlicht, da man sich mit ihm als Verfasser brüsten wollte, fast alle zu Unrecht. (Andererseits erschienen mehrere Stücke, die heute dem Shakespeare-Kanon zugeordnet werden, ohne ihn als Verfasser zu nennen.) Aber Thorpe war ein ungewöhnlich ehrlicher Verleger, der es, soweit wir wissen, nie darauf anlegte, seine Leser zu betrügen.

Die Elegie gemahnt, wie Foster als erstem auffiel, durchaus an Shakespeare. Sie beginnt:

Since Time, and his predestinated end,
Abridg'd the circuit of his hopeful days,
Whiles both his youth and virtue did intend
The good endeavors of deserving praise,
What memorable monument can last
Whereon to build his never-blemish'd name

But his own worth, wherein his life was grac'd,
Sith as it ever he maintain'd the same?
Oblivion in the darkest day to come,
When sin shall tread on merit in the dust,
Cannot raise out the lamentable tomb
Of his short-liv'd deserts; but still they must,
Even in the hearts and memories of men,
Claim fit respect, that they, in every limb
Rememb'ring what he was, with comfort then
May pattern out one truly good by him.

[Da die Zeit und sein vorbestimmtes Ende
Den Erdenlauf seiner hoffnungsfrohen Tage verkürzten,
Indes seine Jugend wie auch seine Tugend
Im Guten danach strebten, Lob zu verdienen,
Welch Monument des Gedenkens kann Bestand haben,
Zu künden von seinem makellosen Namen,
Als sein eigener Wert, der sein Leben zierte,
Solange er es hienieden führte?
Vergessenheit wird dereinst am dunkelsten Tag,
Wenn die Sünde den Edelsinn in den Staub tritt,
Nicht tilgen können den trauernden Gedenkstein
Seiner kurzlebigen Verdienste; sondern sie werden
In den Herzen und Köpfen der Menschen
Beachtung heischen, auf daß jene, in Haupt und Gliedern
Durch die Erinnerung an ihn getröstet,
Seinem guten Beispiel folgen mögen.]

Mit Hilfe von computergestützten Stilanalysen kommt Foster zu dem Schluß, daß Shakespeare tatsächlich der Verfasser von *A Funeral Elegy* war. Foster zeigt kein Interesse für den Streit um die Verfasserschaft; er geht davon aus, daß Shakespeare jener Mr. Shakspere aus Stratford ist, und er hat keine Probleme damit, diesem ein angeblich 1612 entstandenes Gedicht zuzuschreiben. Wenn er mit seinen Schlußfolgerungen recht hat, ergeben sich daraus weitreichende Konsequenzen für die Verfasserfrage: Derjenige, den wir für Shakespeare halten, hätte dann noch zu Beginn des Jahres 1612 Verse geschrieben. Oxford wäre somit aus dem Rennen, denn er war seit acht Jahren tot.

Foster behauptet, die Elegie weise in Wortschatz, Stil und Thematik starke Ähnlichkeiten mit Shakespeare auf, besonders mit seinen Sonetten. Allerdings hat er bei seiner Untersuchung der Elegie einiges übersehen, und zwar aufgrund seiner Gleichsetzung von Mr. Shakspere und Shakespeare.

Zuallererst: diese Elegie gilt nicht William Peter aus Exeter. Sie wurde über jemand anders geschrieben, und das höchstwahrscheinlich viele Jahre vor 1612. Fosters Nachforschungen haben vieles über William Peter zu Tage gefördert, aber Tatsache bleibt, daß er nur drei Jahre nach seiner Heirat im Alter von neunundzwanzig Jahren den Tod fand. Darüber hinaus beantragte der Verleger Thomas Thorpe in London schon drei Wochen nach Peters Tod die Druckgenehmigung. Die Elegie selbst benennt weder den Betrauerten, noch bringt sie ihn mit Exeter in Verbindung. Der Verfasser ging offenbar davon aus, daß seine Leserschaft wußte, wem die Elegie galt. Entscheidende Umstände werden deshalb nur am Rande erwähnt, nicht ausgeführt. Einer der wenigen Sachverhalte, die aus dem Gedicht hervorgehen, ist, daß der Tote eine Witwe hinterließ, mit der er »neun Jahre lang« verheiratet war und der der Dichter sein Mitleid ausspricht. Das kann sich nicht auf William Peter beziehen, der zum Zeitpunkt seines Todes erst seit drei Jahren verheiratet war. Hier die entscheidende Stelle:

As then the loss of one, whose inclination
Strove to win love in general, is sad,
So specially his friends, in soft compassion
Do feel the greatest loss they could have had.
Amongst them all, *she who those nine of years*
Liv'd fellow to his counsels and his bed
Hath the most share in loss; for I in hers
Feel what distemperature this chance hath bred.
The chaste embracements of conjugal love,
Who in a mutual harmony consent,
Are so impatient of a strange remove
As meager death itself seems to lament,
And weep upon those cheeks which nature fram'd
To be delightful orbs in whom the force

Of lively sweetness plays, so that asham'd
Death often pities his unkind divorce.
Such was the separation here constrain'd
(Well worthy to be term'd a rudeness rather),
For in his life his love was so unfeign'd
As he was both a husband and a father –
The one in firm affection and the other
In careful providence, which ever strove
With joint assistance to grace one another
With every helpful furtherance of love.

[Wie denn der Verlust eines, der danach strebte,
Die Liebe aller zu gewinnen, traurig ist,
So empfinden besonders seine Freunde gemeinsam
Den größten Verlust, der sie treffen konnte.
Von ihnen allen trägt sie, die neun Jahre lang
Mit ihm den Lebensweg und das Bett teilte,
Den größten Anteil am Verlust; denn in dem ihren
Spüre ich, welches Leid dieses Mißgeschick verursacht hat.
Die keuschen Umarmungen ehelicher Liebe,
Die sich einträchtig miteinander vereinen,
Sind einem jähen Auseinander ganz und gar abhold,
Da der dürre Tod selbst es zu beklagen scheint
Und zu beweinen auf jenen Wangen, die Natur formte
Zu wonnigen Äpfeln, in denen die Kraft
Lebendiger Lieblichkeit spielt, so daß beschämt
Der Tod seine harsche Scheidung oft bedauert.
Solcherart war die hier erzwungene Trennung
(Die wohl verdient, eine Roheit genannt zu werden),
Denn Zeit seines Lebens war seine Liebe aufrichtig,
Sei es als Ehegatte, sei es als Vater,
Der eine in fester Zuneigung und der andere
In weiser Vorsorge, die stets danach strebten,
Sich gemeinsam glücklich zu ergänzen,
Aufs hilfsreichste von Liebe unterstützt.]

346

Es gibt noch ein weiteres Problem. Zwischen Peters Ermordung und der Registrierung der Elegie in London lagen nur drei Wochen. Wenig Zeit genug, wäre Peter in London ermordet worden, aber er wurde in Exeter ermordet, 170 Meilen entfernt. Die Nachricht hätte London innerhalb weniger Tage erreichen können, wenn es dringend gewesen wäre, dort jemanden davon in Kenntnis zu setzen. Aber zu dieser Annahme haben wir keinen Grund. Und wenn Mr. Shakspere, wie die meisten Forscher glauben, sich zu diesem Zeitpunkt schon nach Stratford aufs Altenteil zurückgezogen hatte, wachsen die Schwierigkeiten ins Unwahrscheinliche. Um innerhalb von drei Wochen die Nachricht von Peters Tod nach Stratford zu übermitteln, das Gedicht abzufassen, es nach London zu schicken und im Stationers' Register eintragen zu lassen, hätten alle Beteiligten sich gewaltig sputen müssen. Ferner ist nicht zu erkennen, warum der Dichter und der Verleger es so eilig hatten, das Gedicht unter die Leute zu bringen. Peter gehörte dem Kleinadel an und war in London offenbar unbekannt. Es hätte keine öffentliche Nachfrage nach einem Gedicht ihm zu Ehren gegeben. Der einzige Kaufanreiz wäre der Ruhm des Dichters gewesen – doch der wird nur mit den Initialen erwähnt.

Das Gedicht selbst scheint sich an einen privaten Leserkreis zu richten, an jene, die den Toten kannten. Nichts deutet darauf hin, daß es geschrieben wurde, um ein großes Publikum zu erreichen, geschweige denn, um dieses Publikum so schnell wie möglich zu erreichen. Als wäre das alles nicht seltsam genug, war der Verleger der Elegie auch noch jener Thomas Thorpe, der erst drei Jahre zuvor, nämlich 1609, *Shake-speares Sonnets* herausgebracht hatte – und das offensichtlich ohne die Mitwirkung des Dichters, worüber in der Forschung überwiegend Einigkeit besteht. Wäre Mr. Shakspere über diese unerlaubte Veröffentlichung seiner intimsten Gedichte völlig zu Recht erbost gewesen, hätte er Thorpe als seinen Feind betrachtet. Er wäre schwerlich 1612 mit einem weiteren Gedicht zu ihm geeilt. Doch davon sollen wir der orthodoxen Sehweise zufolge ausgehen.

Foster räumt weitere Schwierigkeiten ein. Es gibt keine Belege dafür, daß William Peter und Mr. Shakspere sich je begegneten. Aufenthalte von Peter in London oder Stratford lassen sich nicht nachweisen. Allerdings war Peter nach 1600 Student an der Universität Oxford, und so flüchtet sich Foster in die Vermutung, daß die beiden sich dort miteinander anfreundeten, denn schließlich lag Oxford auf dem Weg, der von London nach Stratford führte.

Um noch weiteres Dunkel in die Angelegenheit zu bringen, schreibt der Dichter von sich und dem Toten, sie seien beide in ihrer »Jugend«. Wie kann das auf Mr. Shakspere passen, der im Januar 1612 schon 47 Jahre zählte? Foster nimmt an, daß der Dichter von seinem eigenen Alter nur metaphorisch spricht. Aber das ist recht weit hergeholt. Es gibt keinen ersichtlichen Grund, warum der Dichter sich so eine Freiheit herausnehmen sollte. Sie konnte den angestrebten Leserkreis nur verwirren, zumal das Gedicht auch sonst zu verstehen gibt, daß der Dichter und der Tote, der offenkundig zum Zeitpunkt seines Todes noch ein junger Mann war, gleichaltrig und enge Freunde waren. Wenn wir uns der etablierten Sehweise anschließen, stehen wir vor einem Dichter, der sich 1593 in den Sonetten metaphorisch als »alt« beschreibt und dann 1612, wiederum metaphorisch, als in seiner »Jugend«. In der Elegie klagt er über sein geschmälertes Ansehen, über »die undankbare Fehlschätzung meines Landes, die mir Name und Leumund verschattet«; doch er hofft, seinen guten Ruf bald wiederherstellen zu können. In den Sonetten dagegen hat er sich von dieser Hoffnung verabschiedet. Er ist im Leben gescheitert und fügt sich voll Verbitterung in sein Schicksal. Gibt es einen Ausweg aus dieser Wirrnis? Nur, wenn wir dem orthodoxen Glauben abschwören. Sobald wir uns der Last entledigen, diese Gedichte in Mr. ShakESPeres Leben unterbringen zu müssen, wird alles viel einfacher: offenbar wurde die Elegie lange *vor* den Sonetten geschrieben. Schenken wir doch dem Dichter Glauben: er verfaßte die Elegie, als er noch jung an Jahren war, und die Sonette, als er in fortgeschrittenem Alter war.

Diese Ansicht wird vom Stil der Gedichte bestätigt. Die Elegie zeigt Anflüge von Talent; der Verfasser hält sich an Reim und Metrum. Aber dem Gedicht fehlt es an der Feinsinnigkeit, Tiefgründigkeit und Ausdruckskraft der Sonette. Aus der Häufigkeit der Enjambements schließt Foster, daß die Elegie zur selben Zeit entstanden sei wie Shakespeares späte Dramen, aber das ist völlig unhaltbar. Die Elegie befleißigt sich in ihrem Metrum außerordentlich regelmäßiger fünfhebiger Jamben. Das Metrum der späten Stücke hingegen ist außerordentlich unregelmäßig und zeugt von souveräner Beherrschung der Syntax. Jeder Vergleich der salbungsvollen Elegie mit einem der Monologe aus *Antonius*, dem *Wintermärchen* oder dem *Sturm*, wie dem nun folgenden, bringt es an den Tag:

Ye elves of hills, brooks, standing lakes, and groves,
And ye that on the sands with printless foot
Do chase the ebbing Neptune, and do fly him
When he comes back; you demipuppets that
By moonshine do the green sour ringlets make,
Whereof the ewe not bites; and you whose pastime
Is to make midnight mushrumps, that rejoice
To hear the solemn curfew; by whose aid,
Weak masters though ye be, I have bedimm'd
The noontide sun, call'd forth the mutinous winds,
And 'twixt green sea and the azur'd vault
Set roaring war; to the dread rattling thunder
Have I given fire, and rifted Jove's stout oak
With his own bolt; the strong-bas'd promontory
Have I made shake, and by the spurs pluck'd up
The pine and cedar; graves at my command
Have wak'd their sleepers, op'd, and let 'em forth
By my so potent art. But this rough magic
I here abjure; and when I have requir'd
Some heavenly music (which even now I do)
To work mine end upon their senses that
This airy charm is for, I'll break my staff,
Bury it certain fathoms in the earth,
And deeper than did ever plummet sound,
I'll drown my book.

[Ihr Elfen von den Hügeln, Bächen, Hainen;
Und ihr, die ihr am Strand, spurlosen Fußes,
Den ebbenden Neptunus jagt und flieht,
Wann er zurückkehrt; halbe Zwerge, die ihr
Bei Mondschein grüne saure Ringlein macht,
Wovon das Schaf nicht frißt; die ihr zur Kurzweil
Die nächt'gen Pilze macht; die ihr am Klang
Der Abendglock' euch freut; mit deren Hülfe
(Seid ihr gleich schwache Fäntchen) ich am Mittag
Die Sonn' umhüllt, aufrühr'sche Wind' entboten,

Die grüne See mit der azurnen Wölbung
In lauten Kampf gesetzt, den furchtbar'n Donner
Mit Feu'r bewehrt, und Jovis' Baum gespalten
Mit seinem eignen Keil, des Vorgebirgs
Grundfest' erschüttert, ausgerauft am Knorren
Die Ficht' und Zeder; Grüft', auf mein Geheiß,
Erweckten ihre Toten, sprangen auf
Und ließen sie heraus, durch meiner Kunst
Gewalt'gen Zwang: doch dieses grause Zaubern
Schwör' ich hier ab; und hab' ich erst, wie jetzt
Ich's tue, himmlische Musik gefordert,
Zu wandeln ihre Sinne, wie die luft'ge
Magie vermag: so brech' ich meinen Stab,
Begrab' ihn manche Klafter in die Erde,
Und tiefer, als ein Senkblei je geforscht,
Will ich mein Buch ertränken.]

Wenn man davon ausgeht, daß ein Zeitraum von zehn Jahren zwischen der Elegie und den Sonetten liegt, wäre die Elegie bald nach 1580 geschrieben worden, als Mr. Shakspere noch ein Milchbart in Stratford war. Es ist kaum anzunehmen, daß er sich in diesem Alter mit einem verheirateten, mehrere Jahre älteren Mann angefreundet oder Grund zu der Klage hatte, sein Ansehen habe bereits im ganzen Land Schaden genommen. So kann der Dichter der Elegie unmöglich Mr. Shakspere sein. Die Elegie kann den Werken Shakespeares nur hinzugefügt werden, wenn wir Mr. Shakspere als Verfasser insgesamt ablehnen. Wenn Oxford die Elegie schrieb, verschwinden die Schwierigkeiten. Er hätte sie in den Jahren vor 1580 geschrieben, als er noch davon sprechen konnte, in seinen »Jugendtagen« zu sein. Er war prominent genug und stolz genug, um über »die undankbare Fehlschätzung meines Landes« und eine »Schmach« zu klagen, obwohl wir nur raten können, worauf sich das bezieht. Für einen Mann geringeren Ranges wäre es recht anmaßend gewesen, in einer Elegie seine eigenen Sorgen zur Sprache zu bringen, doch für einen Mann hohen Standes, der vielleicht mächtige Feinde hatte, weitaus weniger. Darüber hinaus sprechen die Klagen des Dichters über sein geschmälertes Ansehen dagegen, daß die Elegie zur sofortigen Veröffentlichung gedacht war. Sie deuten eher darauf hin, daß er für einen privaten Leserkreis schrieb, dem seine Sorgen bereits bekannt waren.

Wenn also Oxford der Verfasser war, ist folgender Ablauf denkbar: Thorpe gelangte irgendwann nach Oxfords Tod 1604 in den Besitz der *Funeral Elegy*, der Sonette und von *Der Liebenden Klage*. 1609 brachte er die Sonette zusammen mit *Der Liebenden Klage* heraus. Als er dadurch Schwierigkeiten bekam, mußte er die Veröffentlichung der Elegie zurückstellen. Aber als er 1612 vom gewaltsamen Tod eines anderen Mannes namens Peter erfuhr, nahm er dies zum Vorwand, die Elegie drucken zu lassen – und benutzte diesmal, um weitere Schwierigkeiten zu vermeiden, nur Shakespeares Initialen. (Natürlich wären niemandem in London die Unstimmigkeiten zwischen William Peter aus Exeter und dem im Gedicht beklagten Toten aufgefallen; vielleicht waren sie nicht einmal Thorpe bekannt.) Wenn wir davon ausgehen, daß die Elegie bereits existierte und in Thorpes Besitz war, als William Peter ermordet wurde, müssen wir nicht mehr erklären, wie ein sehr langes Gedicht über einen Vorfall in Exeter so kurz danach in London in Druck gehen konnte.

Die meisten Philologen, die sich weigern, die Elegie als ein Werk Shakespeares anzuerkennen, tun dies aus Qualitätsgründen. Ihre Einwände wären berechtigt, wenn die Elegie, wie Foster behauptet, ein spätes Werk wäre. Aber ihre salbungsvolle Rhetorik und ihr beflissenes Moralisieren stehen in starkem Gegensatz zu Shakespeares Spätstil. Hätte sich der Dichter in vorgerückten Jahren zu einem bemühten Gelegenheitsgedicht herbeigelassen, würde es ganz andere Mängel aufweisen als die Elegie. Die Unzulänglichkeiten der Elegie entsprechen in vielem Shakespeares Frühstil – bevor er zu dem wurde, den wir heute »Shakespeare« nennen.

Danksagung

Für dieses Buch schulde ich vielen Dank, allen voran jedoch Peter Moore. Nahezu ein Jahrzehnt lang stand er mir mit Rat und Tat zur Seite, leitete mich an, gab mir wertvolle Hinweise, machte mich auf Irrtümer aufmerksam und ermutigte mich stets aufs Neue. Er prägte meine Anschauung vom Elisabethanischen Zeitalter. Die zahllosen Fehler, vor denen er mich bewahrt hat, stellen nur die geringste seiner Hilfeleistungen dar.

Tom Bethell ist mir ein standhafter Freund gewesen, und die Gespräche mit ihm über die Verfasserfrage und über das Schreiben ganz allgemein waren oft hilfreich und immer erfreulich. Andere Freunde, die mir zugehört, mir widersprochen und mir Anregungen gegeben haben, sind zu zahlreich, um hier aufgeführt zu werden; nennen will ich jedoch Robert Royal, Roy Pulsifer, Phil Collier und die Mitglieder der Shakespeare Oxford Society, darunter vor allem ihren Präsidenten Charles Burford.

Zwei liebe Freunde, Phil Nicolaides und Bill Rickenbacker, starben, während dieses Buch geschrieben wurde. Beide waren kluge Shakespeare-Kenner, denen ich wesentliche Einsichten verdanke.

Ich stehe in der Schuld vieler Shakespeare-Forscher, die sich meinen Thesen überhaupt nicht anschließen können. Stephen May vom Georgetown College muß ich nachträglich Abbitte leisten. Alan Nelson von der UC Berkeley hat mich an seinen Entdeckungen großzügig teilhaben lassen. Irvin Leigh Matus hat mir heftig, aber immer gut gelaunt widersprochen. Die geistreichen Einwände meiner alten Freunde Hugh Kenner von der University of Georgia und Robert Grant von der Glasgow University haben mich auf Trab gehalten und waren mir Ansporn, dieses Buch zu vollenden; hoffentlich finden sie dessen Lektüre zumindest unterhaltsam.

Adam Bellow ist in der Verlagswelt bereits eine lebende Legende, und ich weiß nun, warum, denn seine zielgerichteten Ratschläge haben mein

352

Buch sehr bereichert. Stephen Morrow, mein Lektor, hat jedes Kapitel sanft beschnitten und neu geformt, und nur diejenigen, die es mit meinem ursprünglichen Manuskript zu tun bekamen, wissen, wieviel ich ihm verdanke. Meine Agenten Glen Hartley und Lynn Chu haben wahre Wunder vollbracht.

Ich brauche nicht zu sagen, daß niemand der Vorerwähnten für meine Schlußfolgerungen oder für verbliebene Fehler in diesem Buch verantwortlich ist. Sie alle haben mir jede Ausrede genommen.

Anmerkung der Übersetzerin:

Für die deutsche Fassung der Zitate aus Shakespeares Dramen wurde die Übersetzung von August Wilhelm Schlegel, Dorothea Tieck und Wolf Heinrich Graf von Baudissin übernommen: *William Shakespeare – Sämtliche Werke*, hg. v. Günther Klotz, 4 Bde., Berlin 2000.

Anmerkungen

Seite 7   Bloom, Harold: *The Western Canon. The Books and School of the Ages.* New York: Harcourt Brace & Company, 1994, S. 84.

Seite 8   Matus, Irvin Leigh: *Shakespeare. The Living Record.* New York: St. Martin's Press, 1991, S. 1.

Seite 9   Durning-Lawrence, Sir Edwin: *Bacon Is Shakespeare.* New York: John McBride, 1910, S. 84–102.

Seite 10   Allen, Percy: *Talks with Elizabethans.* London: Rider & Company, 1947, S. 74, 98, 120–21, 131.

Seite 12   Schoenbaum, Samuel: *Shakespeare's Lives.* New York: Oxford University Press, 1970, S. 629.

Seite 13   Evans, Gareth und Evans, Barbara Lloyd: *Everyman's Companion to Shakespeare.* London: J. M. Dent & Sons, 1978, S. 24.

Seite 14   Wright, Louis B. und LaMar, Virginia A.: Einleitung zu *Shakespeare's Sonnets.* Folger Library General Reader's Shakespeare. New York: Washington Square Press, 1967, S. XXVI–XXVII.

Seite 14–15   Schoenbaum, Samuel: *Shakespeare. The Globe and the World.* New York: Folger Shakespeare Library and Oxford University Press, 1979, S. 183.

Seite 15   Bentley, Gerald Eades: Shakespeare: *A Biographical Handbook.* New Haven: Yale University Press, 1961, S. 16–18.

Seite 15   Fraser, Russell: *Young Shakespeare.* New York: Columbia University Press, 1988, S. 137.

Seite 15   Wells, Stanley: *Shakespeare. A Life in Drama.* New York: W. W. Norton & Company, 1995.

Seite 15   Bloom, Harold: *The Western Canon. The Books and School of the Ages.* New York: Harcourt Brace & Company, 1994, S. 52.

Seite 16   Greer, Germaine: *Shakespeare.* Oxford: Oxford University Press, 1986, S. 5.

Seite 16   Whitman, zitiert nach Ogburn, Charlton: *The Mysterious William Shakespeare.* New York: Dodd, Mead & Co., 1984, S. 151, 255.

Seite 17   Milano, Paolo (Hg.): *The Portable Dante.* New York: The Viking Press, 1947, S. VIII.

Seite 18   Bloom, Harold: *The Western Canon. The Books and School of the Ages.* New York: Harcourt Brace & Company, 1994, S. 84.

Seite 43   Warren Austins Studie wird bei Schoenbaum diskutiert: Schoenbaum,
Samuel: *William Shakespeare. A Compact Documentary Life*. New York:
Oxford University Press, 1977, S. 156–57, und bei Ogburn, Charlton: *The
Mysterious William Shakespeare*. New York: Dodd, Mead & Co., 1984, S. 62–64.

Seite 33   Moore, Peter: Privatgespräche mit dem Autor.

Seite 58   Rowse, A. L.: *William Shakespeare. A Biography*. New York: Harper
& Row, 1963, S. 58.

Seite 60   Taylor, Gary: Reinventing Shakespeare. New York: Weidenfeld & Nicol-
son, 1989, S. 121–23.

Seite 67   James, zitiert nach: Ogburn, Charlton: *The Mysterious William Shakespeare*. New York: Dodd, Mead & Co., 1984, S. 151–52, 819.

Seite 71   Schoenbaum, Samuel: *William Shakespeare. A Compact Documentary Life*.
New York: Oxford University Press, 1977, S. 75.

Seite 73–74   Rowse, A. L.: *William Shakespeare. A Biography*. New York: Harper &
Row, 1963, S. 37–58.

Seite 74   »Untersuchungen« etc.: Rowse, A. L.: *William Shakespeare. A Biography*.
New York: Harper & Row, 1963, S. VII.

Seite 75   »kein Adliger«: Rowse, A. L.: *William Shakespeare. A Biography*. New
York: Harper & Row, 1963, S. 162.

Seite 75   Marlowe als »Dichterrivale«: Rowse, A. L.: *William Shakespeare. A Biography*. New York: Harper & Row, 1963, S. 175–98.

Seite 75   »Dunkle Dame«: Rowse, A. L.: *William Shakespeare. A Biography*. New
York: Harper & Row, 1963, S. 197.

Seite 75   O'Connor, Garry: *Shakespeare. A Life*. London: Sceptre, 1992, S. 9, 36,
294.

Seite 80   Lambin, zitiert nach: Campbell, Oscar James und Quinn, Edward G.: The
Reader's Encyclopedia of Shakespeare. New York: Thomas Y. Crowell, 1966,
S. 392.

Seite 80   Grillo, Ernesto: *Shakespeare and Italy*. Glasgow: Robert Maclehose
and Company und The University Press, 1949, S. 32.

Seite 81–82   Grillo, Ernesto: *Shakespeare and Italy*. Glasgow: Robert Maclehose
and Company und The University Press, 1949, S. 97–98.

Seite 83–84   Grillo, Ernesto: *Shakespeare and Italy*. Glasgow: Robert Maclehose
and Company und The University Press, 1949, S. 135–37.

Seite 96–97   Schoenbaum, Samuel: *William Shakespeare. A Compact Documentary
Life*. New York: Oxford University Press, 1977, S. 180.

Seite 97   Quennell, Peter: *Shakespeare. A Biography*. Cleveland: The World Publishing Company, 1963, S. 120.

Seite 97   Wells, Stanley: *Shakespeare. A Life in Drama*. New York: W. W. Norton &
Company, 1995, S. 39.

Seite 97   Winny, James: *The Master-Mistress. A Study of Shakespeare's Sonnets*.
New York: Barnes & Noble, 1968, S. 24.

Seite 97   Booth, Stephen (Hg.): *Shakespeare's Sonnets*. New Haven: Yale University
Press, 1977, S. 549.

Seite 97–98   Halliday, F.E.: *The Life of Shakspeare*. London: Gerald Duckworth & Company, 1964, S. 210.

Seite 98–99   Bush, Douglas: Einleitung zu *The Sonnets*, herausgegeben von Douglas Bush und Alfred Harbage. Baltimore: Penguin Books, 1961, S. 9–10.

Seite 99   Barber, C.L.,»An Essay on the Sonnets«, aus: *Elizabethan Poetry. Modern Essays in Criticism*, herausgegeben von Paul J. Alpers. New York: Oxford University Press, 1967, S. 300.

Seite 99   Wright, Louis B. und LaMar, Virginia A.: Einleitung zu *Shakespeare's Sonnets*. Folger Library General Reader's Shakespeare. New York: Washington Square Press, 1967, S. XXII.

Seite 99   Pearson, Hesketh: *A Life of Shakespeare*. New York: Walker and Company, 1949, S. 33.

Seite 99–100   Auden, W.H., Einleitung zu *The Sonnets*. New York: New American Library, 1965, S. XVII. (Nachdruck in *Forewords and Afterwords*, New York: Random House, 1973.)

Seite 100   Frye, Northrop, »How true a Twain«, aus: *The Riddle of Shakespeare's Sonnets*, herausgegeben von Edward Hubler. New York: Basic Books, 1962, S. 26–27.

Seite 100   Ramsey, Paul: *The Fickle Glass*. New York: AMS Press, 1979, S. 19.

Seite 100   Edwards, Philip: *Shakespeare. A Writer's Progress*. New York: Oxford University Press, 1986, S. 13.

Seite 100   Lewis, C.S.: *English Literature in the Sixteenth Century*. Oxford: Clarendon Press, 1954, S. 503.

Seite 101   Bradley, A.C.: *Oxford Lectures on Poetry*. Bloomington: Indiana University Press, 1961, S. 331.

Seite 101   Eliot, T.S., »Hamlet and His Problems«, oftmals nachgedruckt, aus: *Hamlet. Enter Critic*, herausgegeben von Claire Sacks und Edgar Whan. New York: Appleton-Century-Crofts, 1960, S. 56. (s.a. Eliot, T.S.: *Selected Essays, 1917–1932*. New York: Harcourt, Brace and Company, 1932.)

Seite 101–02   Kerrigan, John (Hg.): *The Sonnets and A Lover's Complaint*. London: Penguin Books, 1986, S. 11.

Seite 109   Brooke, Tucker (Hg.): *Shakespeare's Sonnets*. New Haven: Yale University Press, 1923, S. 81.

Seite 111   Roolins, zitiert nach: Ingram, W.G. und Redpath, Theodore (Hg.): *Shakespeare's Sonnets*. New York: Barnes & Noble, 1965, S. 3.

Seite 111   Ingram, W.G. und Redpath, Theodore (Hg.): *Shakespeare's Sonnets*. New York: Barnes & Noble, 1965, S. 3.

Seite 112   Rollins, Hyder Edward (Hg.): *Shakespeare's Sonnets*. New York: Appleton-Century-Crofts, 1951, S. VIII–IX.

Seite 112–13   Rollins, Hyder Edward (Hg.): *Shakespeare's Sonnets*. New York: Appleton-Century-Crofts, 1951, S. IX–X.

Seite 118   Lewis, C.S.: *English Literature in the Sixteenth Century*. Oxford: Clarendon Press, 1954, S. 503.

Seite 119   Bush, Douglas, Einleitung zu *The Sonnets*, herausgegeben von Douglas
Bush und Alfred Harbage. Baltimore: Penguin Books, 1961, S. 13.

Seite 119   Auden, W. H., Einleitung zu *The Sonnets*. New York: New American Library, 1965, S. XXIX. (Nachdruck in *Forewords and Afterwords*, New York:
Random House, 1973.)

Seite 149   Ward, B. M.: *The Seventeenth Earl of Oxford, 1550–1604*. London: John
Murray, 1928, S. 206.

Seite 152   Moore, Peter: Privatgespräche mit dem Autor.

Seite 178   Chambers, Edmund und Williams, Charles: *A Short Life of Shakespeare*.
Oxford: Oxford University Press, 1933, S. 446.

Seite 182   Bethell, Tom, »The Case for Oxford«, aus: *The Atlantic Monthly*,
October 1991, S. 46.

Seite 182   Bullough, Geoffry: *Narrative and Dramatic Sources of Shakespeare*. Acht
Bände. London: Routledge and Kegan Paul, 1957, passim.

Seite 199   Kermode, Frank: Einleitung zu *The Tempest*. The Arden Shakespeare.
London: Methuen, 1954, S. LIV.

Seite 202   Pine, L. G.: *Heraldry, Ancestry, and Titles*. New York: Gramercy Publishing Company, 1965, S. 18.

Seite 227   Campbell, Lily B.: *Shakespeare's Tragic Heroes*. Cambridge: Cambridge
University Press, 1930, S. 133–34, zitiert nach: Ogburn, Charlton: *The Mysterious William Shakespeare*. New York: Dodd, Mead & Co., 1984, S. 528.

Seite 227   Craig, zitiert nach: Ogburn, Charlton: *The Mysterious William Shakespeare*. New York: Dodd, Mead & Co., 1984, S. 528.

Seite 233   Phillips, Gerald W.: *Lord Burghley in Shakespeare*. London: Thornton
Butterworth, 1936, S. 144.

Seite 243   Halliday, F. E.: *A Shakespeare Companion 1564–1964*. New York:
Schocken Books, 1964, S. 519.

Seite 243   Schoenbaum, Samuel: *Shakespeare's Lives*. New York: Oxford University
Press, 1970, S. 468.

Seite 244   Wallace, zitiert nach: Greenwood, George: *The Vindicators of Shakespeare: A Reply to Critics*. London: Sweeting and Company, ohne Datum,
S. 172.

Seite 244   Burton, S. H.: *Shakespeare's Life and Stage*. Edinburgh: W&R Chambers
Ltd., 1989, S. 63.

Seite 244   Wallace, zitiert nach: Schoenbaum, Samuel: *Shakespeare's Lives*. New
York: Oxford University Press, 1970, S. 468.

Seite 244–45   Alexander, Peter: *Shakespeare's Life and Art*. New York: New York
University Press, Nachdruck 1967, S. 142.

Seite 245   Quennell, Peter: *Shakespeare. A Biography*. Cleveland: The World Publishing Company, 1963, S. 273.

Seite 245   Rowse, A. L.: *William Shakespeare. A Biography*. New York: Harper &
Row, 1963, S. 338.

Seite 245   Schoenbaum, Samuel: *William Shakespeare. A Compact Documentary
Life*. New York: Oxford University Press, 1977, S. 264.

Seite 245   Levi, Peter: *The Life and Times of William Shakespeare*. London: Macmillan, 1988, S. 267.

Seite 245   Payne, Robert: *By Me, William Shakespeare*. New York: Everest House, 1980, S. 222.

Seite 246   Wallace, zitiert nach: Schoenbaum, Samuel: *Shakespeare's Lives*. New York: Oxford University Press, 1970, S. 468.

Seite 246   Wallace, zitiert nach: Greenwood, George: *The Vindicators of Shakespeare: A Reply to Critics*. London: Sweeting and Company, ohne Datum, S. 186.

Seite 248   Howell, Roger: *Sir Philip Sidney. The Shepherd Knight*. Boston: Little, Brown and Company, 1968, S. 5.

Seite 249   Saunders, zitiert nach: Howell, Roger: *Sir Philip Sidney. The Shepherd Knight*. Boston: Little, Brown and Company, 1968, S. 291, Anmerkung 1.

Seite 250   Goodman, Anmerkungen zu Wassenaer, *Concerto Armonici*, aufgeführt von dem Brandenburg Consort, 1993 (Hyperion Records Ltd. CDA 66670).

Seite 252   Robinson, s. Bartlett, Henrietta C.: *Mr. William Shakespeare. Original and Early Editions of His Quartos and Folios; His Source Books and Those Containing Contemporary Notices*. New York: Kraus Reprint Company, 1969 (Erstausgabe 1922), S. 178.

Seite 252   Braithwaite, s. Bartlett, Henrietta C.: *Mr. William Shakespeare. Original and Early Editions of His Quartos and Folios; His Source Books and Those Containing Contemporary Notices*. New York: Kraus Reprint Company, 1969 (Erstausgabe 1922), S. 179–80.

Seite 253   Drayton, s. Bartlett, Henrietta C.: *Mr. William Shakespeare. Original and Early Editions of His Quartos and Folios; His Source Books and Those Containing Contemporary Notices*. New York: Kraus Reprint Company, 1969 (Erstausgabe 1922), S. 142–43.

Seite 253   Harbert, s. Bartlett, Henrietta C.: *Mr. William Shakespeare. Original and Early Editions of His Quartos and Folios; His Source Books and Those Containing Contemporary Notices*. New York: Kraus Reprint Company, 1969 (Erstausgabe 1922), S. 143.

Seite 253   Edwards, s. Bartlett, Henrietta C.: *Mr. William Shakespeare. Original and Early Editions of His Quartos and Folios; His Source Books and Those Containing Contemporary Notices*. New York: Kraus Reprint Company, 1969 (Erstausgabe 1922), S. 144–45.

Seite 253   Southwell, s. Bartlett, Henrietta C.: *Mr. William Shakespeare. Original and Early Editions of His Quartos and Folios; His Source Books and Those Containing Contemporary Notices*. New York: Kraus Reprint Company, 1969 (Erstausgabe 1922), S. 145.

Seite 253   Covell, s. Bartlett, Henrietta C.: *Mr. William Shakespeare. Original and Early Editions of His Quartos and Folios; His Source Books and Those Containing Contemporary Notices*. New York: Kraus Reprint Company, 1969 (Erstausgabe 1922), S. 144.

Seite 253   Lane, s. Bartlett, Henrietta C.: *Mr. William Shakespeare. Original and Early Editions of His Quartos and Folios; His Source Books and Those*

Containing Contemporary Notices. New York: Kraus Reprint Company, 1969
(Erstausgabe 1922), S. 157.

Seite 255 Barnfield, s. Bartlett, Henrietta C.: *Mr. William Shakespeare. Original
and Early Editions of His Quartos and Folios; His Source Books and Those
Containing Contemporary Notices.* New York: Kraus Reprint Company, 1969
(Erstausgabe 1922), S. 141–42.

Seite 255 Harvey, zitiert nach: Halliday, F.E.: *A Shakespeare Companion
1564–1964.* New York: Schocken Books, 1964, S. 209.

Seite 256 Parnassus, zitiert nach: Halliday, F.E.: *A Shakespeare Companion
1564–1964.* New York: Schocken Books, 1964, S. 353–54.

Seite 256 Heywood, s. Bartlett, Henrietta C.: *Mr. William Shakespeare. Original
and Early Editions of His Quartos and Folios; His Source Books and Those
Containing Contemporary Notices.* New York: Kraus Reprint Company, 1969
(Erstausgabe 1922), S. 169–70.

Seite 256–57 Weever, s. Bartlett, Henrietta C.: *Mr. William Shakespeare. Original
and Early Editions of His Quartos and Folios; His Source Books and Those
Containing Contemporary Notices.* New York: Kraus Reprint Company, 1969
(Erstausgabe 1922), S. 149–50.

Seite 257 Freemann, s. Bartlett, Henrietta C.: *Mr. William Shakespeare. Original
and Early Editions of His Quartos and Folios; His Source Books and Those
Containing Contemporary Notices.* New York: Kraus Reprint Company, 1969
(Erstausgabe 1922), S. 176.

Seite 258 Chettle, s. Bartlett, Henrietta C.: *Mr. William Shakespeare. Original and
Early Editions of His Quartos and Folios; His Source Books and Those Containing Contemporary Notices.* New York: Kraus Reprint Company, 1969 (Erstausgabe 1922), S. 141.

Seite 265 Goddard, Harold: *The Meaning of Shakespeare.* Chicago: University
of Chicago Press, 1951, S.V.

Seite 277 May, Steven W. (Hg.), »The Poems of Edward de Vere, Seventeenth Earl
of Oxford and of Robert Devereux, Second Earl of Essex.«, aus: *Studies in
Philology 77,* 1980.

Seite 326 Pearson, Hesketh: *A Life of Shakespeare.* New York: Walker and Company, 1949, S. 25.

Register

Adams, Joseph Quincy, 37, 68, 173
Ad Gulielmum Shakespeare (Weever), 48
Äneis (Vergil), 130, 213
Aithiopika (Heliodorus), 133
Akrigg, G.P.V., 98, 119
Alençon, Herzog von, 148
Alexander, Peter, 244
Allen, Percy, 9, 10
Alleyn, Edward, 44, 63
Allot, Robert, 257
Ann Vavasor's Echo, 152
Antonius und Cleopatra (Shakespeare), 32, 193, 202, 327, 348
Apology for Actors (Heywood), 250
Arden, Familie, 69
Armin, Robert, 27
Art of English Poesie, The, 160, 250
Arundel, Charles, 150, 151, 219, 323
Ashbourne-Porträt, 23
Astrophil and Stella (Sidney), 85, 102, 248, 249
Aubrey, John, 55, 57, 58
Auchincloss, Louis, 98
Auden, W.H., 99, 119
Austin, Warren, 43

Bacon, Delia, 9, 14, 66
Bacon, Francis, 9, 10, 13, 14, 66, 67, 123–126, 182
Baconian Heresy, The (Robertson), 125
Barber, C.L., 99
Barkstead, William, 168, 172, 173, 258
Barnes, Barnabe, 123
Barnfield, Richard, 48, 123, 255
Bartholomew Fair (Jonson), 191
Beaumont, Francis, 54
Beckingsale, Roger, 128, 129

Bedingfield, Thomas, 128, 141, 142, 162, 241, 242, 320, 329, 332, 334–336, 338–340, 342
Beiden edlen Vettern, Die (Shakespeare), 28, 179, 181, 341
Beiden Veroneser, Die (Shakespeare), 80, 82, 192, 324
Belleforest, François de, 186, 231
Belott, Stephen, 243
Belvedere, or The Garden of the Muses (hg. v. Bodenham), 257
Bentley, Gerald Eades, 15, 34, 97, 173
Bethell, Tom, 182, 352
Bevington, David, 27
Bierce, Ambrose, 22
Biographien (Plutarch), 34
Blackfriars Theater, 157, 162
Bloom, Harold, 7, 15, 18, 94, 242
Boccaccio, Giovanni, 184, 224
Bodenham, John, 257
Booth, Stephen, 97
Boswell, James, 62, 70
Bradbrook, Muriel, 85
Bradley, A.C., 101
Braithwaite, Richard, 252
Branagh, Kenneth, 11
Breton, Nicholas, 254, 255
Breviary of Britain (Twyne), 141
Brian, Sir Francis, 255
Brinknell, Thomas, 132
Brooke, Christopher, 211
Brooke, Tucker, 109
Brown, Ivor, 98
Buc, Sir George, 164
Bullough, Geoffrey, 182
Burbage, Richard, 27, 31, 33, 34, 36, 44, 96, 123
Burgess, Anthony, 98
Burghley, Lady, 140, 146